古典文獻研究輯刊

四 編

潘美月・杜潔祥 主編

第 11 冊

漢代《尚書》讖緯學述

黃復山 著

國家圖書館出版品預行編目資料

漢代《尚書》讖緯學述／黃復山著 — 初版 — 台北縣永和市：
花木蘭文化出版社，2007〔民96〕

序 4+ 目 2+336 面；19×26 公分
（古典文獻研究輯刊 四編：第 11 冊）
ISBN：978-986-6831-23-2（全套精裝）
ISBN：978-986-6831-04-1（精裝）
1. 尚書–研究與考訂 2. 讖緯學
621.117 96004361

ISBN - 9866831041

古典文獻研究輯刊
四 編 第十一冊 ISBN：978-986-6831-04-1

漢代《尚書》讖緯學述

作 者 黃復山
主 編 潘美月 杜潔祥
企劃出版 北京大學文化資源研究中心
出 版 花木蘭文化出版社
發 行 所 花木蘭文化出版社
發 行 人 高小娟
聯絡地址 台北縣永和市中正路五九五號七樓之三
電話：02-2923-1455／傳真：02-2923-1452
電子信箱 sut81518@ms59.hinet.net
初 版 2007 年 3 月
定 價 四編 30 冊（精裝）新台幣 46,500 元
版權所有・請勿翻印

漢代《尚書》讖緯學述

黃復山　著

作者簡介

輔仁大學文學博士，淡江大學中文系教授。著有《王安石《字說》之研究》、《漢代《尚書》讖緯學述》、《東漢讖緯學新探》等書，以及論文〈王安石三不足說考辨〉、〈讖緯文獻學方法論〉、〈《尚書》嵎夷今古文考釋〉等數十篇。近年來專力於古代預言書與漢代讖緯學之探討，並於淡江中文研究所開設「古代預言書專題研究」、「讖緯研究」課程，陸續主持國科會個人研究計畫「漢代河圖、洛書研究」、「漢定型圖讖考釋」、中央研究院「經典與文化形成之研究」計畫之「儒家經典與讖緯」等案。

提　要

　　漢代之「讖」，具備二種型式：一為「日常生活依準所用之讖書」，賈誼、淮南王時已見其書；二為「政治目的所造作之讖語」，則歷代屢見不鮮，以王莽時最為熾盛，君臣、宗室、百姓皆藉以為篡位、爭寵、起義之口實，遂行各自之政治意圖。

　　漢光武帝既賴讖文興復漢室，基於政治目的，乃命朝臣校定當世流傳之圖讖，並著意使之與經義結合，費時三十載，纂成「圖讖八十一卷」，更宣布於天下，以為習學者之依準。此即歷代學者論述所依據之「緯書」。漢末鄭玄為此「八十一卷」作注 或名之曰「緯」或名之曰「讖」，並視為孔子所親撰，以提高讖緯書之學術地位。迨《隋書‧經籍志》取後世崇緯觀念，乃強分八十一卷為「讖」、「緯」二部分，致使歷代學者鑽研時產生誤解，以為古代本有孔子所撰之「緯書」，內容與預言徵祥之「讖書」相異。

　　析論《尚書緯》之內容，涵括地理、天文、曆法等類題，間有符合後世科學理念之載錄者，多可由秦 漢傳世之成書尋繹其說根源；而學者以為新奇可喜之「地動說」亦非今日所謂之「地球自轉說」。其餘《尚書緯》讖文之內容，實多與《尚書》經旨無關，而論及《尚書》議題之讖文，又有祇見於其他緯書者，是皆可證光武帝朝臣編纂圖讖諸書時，並未專就其篇名與內容作仔細考量，加以鎔鑄也。至若緯書視為重要內容之星曆、祭祀、受命、禮壇、災驗諸事，《尚書緯》所論並不明晰，實應更取其他緯書詳作比覈，始能考論證成議題之原旨。

　　《尚書緯》之價值在於裒輯東漢初年所流行之學術文獻，頗類《說苑》之流，今日吾人研討《尚書緯》，其中方士夸誕之讖文固不足取信，而解經義、論天文、說曆象之佚文，若已無法見於今存漢代文獻中，則亦可藉為探討漢代學術之資也。固不必盲目崇之、偉之，亦不必任意貶之、棄之也。

目錄

序 言

　　余自就讀大學時即偏好文字學，暨考入臺灣大學中研所碩士班，乃得拜於先師金祥恆教授門下，研習《說文》及甲骨學。先師爲近代古文字學巨擘，熟稔經傳、史籍，課堂中輒以靈活之經史觀念證成字形、字義之遷革，每申言戴東原〈與是仲明論學書〉：「經之至者道也。所以明道者，其詞也；所以成詞者，字也。由字以通其詞，由詞以通其道，必有漸。」並以是期勉諸生作爲治學研究之基礎，此語於吾日後偏好中國經學與諸子思想，觸發實深。

　　嗣入輔仁大學中研所博士班，於一九九四年初春修習「中國經學史」課程中，汪師惠敏嘗命同學蒐檢《漢書》、《後漢書》中，五經、讖緯之引用實例，欲以探討兩漢經學流變之具體概況。吾見唐晏《兩漢學案》已條錄史籍中諸經學案之相關文獻，惟於讖緯學案則付之闕如，乃不腆駑鈍，請纓討索「讖緯」部分，亦欲藉此機會一窺爭議甚大之「異學」眞味也。

　　是年寒假乃逐卷檢掇《漢書》、《後漢書》史傳、注文中言及讖緯之文句，並逐條鍵入電腦，製成文字檔案。既竣事，凡得八萬餘字，然而各條佚文以逐卷編列，頗覺內容雜蕪無章，學述主旨難以掌握。爲釐清眉目，遂進而考究各條佚文出現之可能年月，再一一逐年編次，因成「兩漢讖緯編年」雛型。

　　此時即已察覺前賢所論「讖、緯」之名義與內容等辨說，實有待商榷之餘地，或可更作深入探究，遂於課程結束後，再窮朞年，更在兩漢史書之外，旁蒐《三國志》、《晉史》以迄於《宋史》等正史中，與讖緯有關之載錄及佚文，又得三十餘萬字，仍逐年條列，遂使「讖緯編年」之內容更爲詳盡，於漢以後之讖緯學述更形明瞭。以是乃知魏、晉以後所言之讖、緯，與東漢初年迄至鄭玄所言者，於內容及名義上，皆有漸次加深之差異，致使後儒論述時，逐漸偏離本題，而產生諸多誤解。

　　余檢索文獻資料之同時，亦逐一審閱歷代「緯書」輯佚文，如《古微書》、《重修緯書集成》等，以期了解「讖緯」之實際內容。因而發現諸輯佚本所收佚文，偶有字句上之關鍵性差異，遂將所輯兩漢讖緯資料相互比覈，發現歷代輯本頗見轉引之疏漏與沿襲之失誤，輒使原本平順之字句或謠諺，因鈔謄之訛舛，致成斷

殘難解、句讀不通之怪文；更有輯者誤收傳注以爲佚文者，致使今文學之讖緯思想，摻入古文學之假象。故又再重新自《十三經注疏》及《帝王世紀》、《五行大義》、《玉燭寶典》、《北堂書鈔》、《初學記》、《藝文類聚》、《開元占經》、《文選注》、《太平御覽》、《事類賦》、《路史》、《天中記》等，大量引用讖文之裨史、類書，搜檢讖文之原貌。所鈔輯之資料亦累增至五十餘萬字。

為考覈光武官定之圖讖來源究竟如何，乃試尋繹東漢文獻論及經讖者，如《白虎通》、《東觀漢紀》、《論衡》等，並上溯西漢、周、秦，逐一檢索《呂氏春秋》、《周髀算經》、《新語》、《淮南子》、《韓詩外傳》、《說苑》、《新論》……等十餘種可能與「讖緯」有關之秦漢經傳、子書、史籍，將相關資料逐一擷錄，一一迻入「編年」中，遂成秦、漢以迄趙宋之「讖緯流傳年表」增修稿，凡六十餘萬字。細閱其文，更明白前人所論之讖緯流衍，於觀念上有根本之誤失。

再就文本言之，今傳諸多緯書輯本之內容龐雜錯置，若在字句、真僞之根本問題紛紜難定之際，即欲率然作整體系統內容之探究或思想分析，輒將出現扣盤捫象、結論矛盾之浮泛推論，無法澄清此一學門之真象。今存輯本之佚緯凡十種，篇目繁多有至於百數者，佚文更多至四、五千條，以筆者一己之力，固難輕易探窺其全盤奧秘。前年因師執引薦，得以請教讖緯學專家政治大學呂凱教授。呂教授誨以由點而面，逐一研究之方式，先由某一緯作起，涉及層面將可更爲專精；再以所得成果爲根基，逐步擴及它緯；逮諸緯皆逐一澄清後，再彙整作系統之總論。教授一語，不啻醍醐灌頂，頓開茅塞。思量再三，《河圖》、《雒書》、《易緯》、《春秋緯》等，篇章紊雜、佚文條數最夥，難以倉卒成功；至若《尚書讖》五篇、《尚書中候》十八篇，內容雖亦蕪雜而一人足可底績，且相關之議題尚有探究價值，例如光武帝就學時嘗鑽研《尚書》，其所編定之《尚書讖》在東漢經學上之地位如何？與《尚書》正經有何關聯？《中候》別出於《尚書讖》之外，二者究竟有何實質差別？故本論文以「《尚書》讖緯」爲議題，期能釐清其在漢代學述中之疑義。

本論文所以用「《尚書》讖緯」爲題名者，乃因光武帝宣布天下之八十一卷「圖讖」，原無「緯」名；迄至鄭玄徧注羣經並及於光武帝官定之「圖讖」，始拈出「讖」、「緯」之異名。鄭玄雖知二名一義，後世乃強爲區分二者高下，曰「緯以配經」、「讖爲預言」，「讖」、「緯」有優劣之別。

至於文本依據，本論文所採用之《尚書讖》佚文，實即出自光武帝宣布天下之「圖讖八十一卷」中，後世輯本所以名之《尚書緯》者，實因「讖」、「緯」內容之高下、優劣分別，已積非成是，衍爲定論矣，故習以《尚書緯》稱光武帝官

定之《尙書讖》。今用「《尙書》讖緯」爲名題，僅以說明二者史實流衍：「讖」爲原名，「緯」乃後起之別名；二者並無實質之差異。行文之際，若無特別必要，則仍以俗稱之「《尙書緯》」名之。再者，「《尙書》讖」與《尙書中候》雖別爲二書，而內容實有複見雷同處；是以本論文行文之際，若非特別標明，則泛以《尙書緯》涵括《尙書中候》。

第一章　漢代讖緯學流衍

第一節　「讖、緯」異同之評議

　　何謂「讖、緯」？其事造生於何時？歷來異說紛紜。就「圖讖、符命」為其內容而言，則自古已有，迨西漢哀、平之際浸盛，重以王莽及東漢光武、明、章諸帝極力倡導，遂蔚為洪流，籠罩東漢政治、經學，影響甚為深遠。此一學門，後世泛稱曰「讖緯」。

　　就其造生之時代言，則學者論之甚詳，鍾肇鵬考證異說多至十二種〔註1〕。惟綜括眾說，殆可歸為四種：或謂起於秦、漢之際；或謂造生於漢武之時；而「讖起哀、平」則為多數學者之常言；惟近人顧頡剛慧眼獨具，以為「緯書起時，新已滅亡，緯書中更無為王氏作宣傳之辭也」〔註2〕，則成書之下限又迄於東漢初年矣。惟生成年代之論述，涉及「讖、緯」實質內容之認定，待「內容」之異同論斷澄清後，此一造生時代之問題自然分明。

　　以下先論「讖、緯」內容之同異，蓋有「名實皆異」、「名異實同」兩種說法：

一、名實皆異

　　又可分為三類

〔註1〕　鍾肇鵬：《讖緯論略》第1章，頁11〜26。其餘又有陳槃：〈讖緯起源舊說〉，見《古讖緯研討及其書錄解題》頁99〜108；呂凱：《鄭玄之讖緯學》頁1〜20；王令樾：《緯學探源》頁57〜75；皆嘗詳考起源問題。

〔註2〕　顧頡剛：《中國上古史研究講義》頁275。惟顧氏《秦漢的方士與儒生》第19章〈讖緯的造作〉又謂：「具有緯書的形式，以書籍的體制發表它的，決不能早於王莽柄政的時代。」（頁128）與「新已滅亡」之說辭略異。

（一）謂「讖為隱語、緯以配經」，二者各為不同之專書

主此說者如：

（1）唐魏徵《隋書・經籍志》，以「讖」與「緯」各有不同之專書，謂《河圖》、《洛書》四十五篇合《七經緯》三十六篇等八十一篇為「緯」，其餘若「《尚書中候》、《洛罪級》、《五行傳》、《詩推度災》、《氾曆樞》、《含神務》、《孝經勾命決》、《援神契》、《雜讖》」等為「讖書」，並論述曰：「孔子既敘六經，以明天人之道，知後世不能稽同其意，故別立緯及讖，以遺來世。」〔註3〕

（2）明胡應麟《四部正譌》謂：「二書雖相表裏而實不同，緯之名所以配經，故自六經、《語》、《孝》而外，無復別出；《河圖》、《洛書》等緯，皆《易》也。……凡讖皆託古聖賢以名其書，與緯體制迥別。」其下述列讖書十部，如《孔老讖》十二卷、《劉向讖》一卷、《嵩山道士歌》一卷……等〔註4〕。蓋謂「緯以配經」，「讖」則「託古聖賢」以名其書也。

（3）清紀昀《四庫全書總目》亦謂「讖自讖，緯自緯，非一類」，而「讖者詭為隱語，預決吉凶」、「緯者經之支流，衍及旁義」，「如伏生《尚書大傳》、董仲舒《春秋陰陽》，核其文體，即是緯書，特以顯有主名，故不能託諸孔子。其他私相撰述，漸雜以術數之言，既不知作者為誰，……遂與讖合而為一」〔註5〕。以讖為「隱語」、緯乃經學「支流」，說義與《隋志》同，惟視《大傳》、《繁露》等西漢成書，亦視為緯書之流，則將「讖、緯」之定義延伸更廣矣。

胡氏、紀氏蓋循《隋志》立論，以解經與否為判分，略以《孔老讖》、《劉向讖》等民間占卜書為「讖」，而以光武帝詔定之「圖讖」（河、洛、經讖）八十一篇為「緯」。故有「讖為隱語」、「緯以配經」之區別。

今考《隋志》之「書目」部分，錄有「七經緯」三十六篇，其中有「《詩緯》十八卷、《孝經勾命決》六卷、《孝經援神契》七卷、《孝經內事》一卷，凡三十二卷，皆屬之緯書「十三部、九十二卷」；而撰史者於下段解說時，又視《孝經勾命決》諸書為「七經緯」外之「讖書」。是說辭前後矛盾，無法自圓也。再考光武帝封禪（西元 56）詔文，已嘗引用《孝經勾命決》；而鄭玄注《易乾鑿度》「日角連衡」，亦嘗引用《詩含神霧》，曰：「《詩含神霧》云：『四角主張，熒惑司過。』」〔註6〕三則《隋志》定為「讖」之《詩推度災》、《孝經勾命決》等五種，《後漢書・樊英傳》李賢注

〔註3〕〔唐〕魏徵：《隋書》（北京：中華書局，1987年）卷32，〈經籍志〉頁941。

〔註4〕〔明〕胡應麟：《四部正譌》（臺北：華聯出版社，1968年）卷上，〈讖緯諸書〉頁12。

〔註5〕〔清〕紀昀：《四庫全書總目》卷6，〈易類六・附錄〉頁45。

〔註6〕〔清〕黃奭輯：《易乾鑿度》頁63。

皆列入「七緯」中。此皆可見《詩》與《孝經》二「緯」，自東漢迄於唐世，實與其餘「緯書」皆屬「八十一卷」之篇目，而《隋志》所言顯然非實。

魏徵《隋書》約竣稿於唐高宗顯慶元年（西元 656），章太子李賢注《後漢書》則撰成於唐高宗永隆元年（西元 680），二人年代相近而說辭相異，惟就上文考述，可知《隋志》之判分立論甚爲疏漏。然而後世蠭從《隋志》而不察，致使「讖、緯」衍生「預言」、「配經」之異說，研究方向因之紛歧不明。

（二）《河圖》、《洛書》及篇名有「讖」字者為「讖書」，七經緯則為「緯書」。

主此說者，如：

（4）王葆玹《西漢經學源流》，雖承《隋志》倡言「讖、緯」有別，而於定義上則略有差異，謂：「讖書乃是一種得到驗證的預言，……緯書是與經書相輔相成的。」又云：「《符命》、《河圖》、《洛書》都是讖書，《七經緯》是緯書，兩者有很大的不同。」王氏並舉例說明，曰：「東漢人對讖類書籍和緯類書籍是嚴格區分的。現在已知讖書名目有《春秋讖》、《詩讖》……《孔老讖》等，給人一種讖書似也附經的假象，其實這都是《隋志》所謂的『雜讖』，在漢代『河洛五九』之外，是『河洛五九』以後的學者所附益的。」〔註7〕

東漢人對讖、緯究竟如何「嚴格區分」，王葆玹未就東漢史實作一解說，反而據五百年後之《隋志》所言，並列舉東漢尚未出世之《孔老讖》爲證，皆爲時代上之錯置，難爲取信。而其視爲「讖」之《春秋讖》，亦早見於張衡奏疏、班固《白虎通》及鄭玄《駁五經異義》中，乃三人引自光武帝詔定之「圖讖八十一卷」（包有王氏所謂之「七經緯」）中，並非「河洛九五」以後所臆增附驥之「雜讖」。是則王氏所言之「讖、緯」區別，並非東漢實情也。

（三）謂「緯書」乃漢代之著作，後世逐漸摻入預言之「讖語」，乃成為今日所見「讖」、「緯」各半之情況。

主此說者，如：

（5）皮錫瑞《經學歷史》云：「圖讖本方士之書，與經義不相涉。漢儒增益祕緯，乃以讖文牽合經義。其合於經義者近純，其涉於讖文者多駁。故緯，純駁互見，未可一概詆之。其中多漢儒說經之文。」〔註8〕

（6）安居香山《緯書與中國神秘思想》曰：「儒教確立爲國教，……是漢武帝立

〔註7〕　王葆玹：《西漢經學源流》，〈高於五經的讖書和超乎傳記的緯書〉頁386。

〔註8〕　皮錫瑞：《經學歷史》頁109，〈經學極盛時代〉。

五經博士爲學官以後的事。不久，緯書也得以形成。」又謂：「緯書的內容大別之可分爲讖和緯。……相對經書而言的緯書，有補充經書不足的意思。……讖字有未來預言的意思。在今天殘存的緯書中，被稱爲讖的內容也摻入到某些緯書之中，其數量大概占全部的一半。……因此它只能代表緯書的半面，應該稱爲讖。」而二者性質之異，則在於「緯—解釋經書內容的書，讖—天文占卜等預言未來的書」〔註9〕。

皮氏以爲方士原本即有「圖讖」之書，與經義原不相涉，惟漢儒以讖文牽合經義，因而衍生「純駁互見」之「祕緯」。安居香山說辭與之略似，以爲「緯書」乃漢代之原書，而後世逐漸摻入預言之「讖」，乃成今日所見「讖、緯」摻雜之「緯書輯佚本」。

然則安居香山纂輯《重修緯書集成》，其佚文來源大體依據歷代緯書輯本，另增東漢迄唐、宋之子史、類書所引讖緯文句，以及鄭玄、宋均所注之「讖緯」篇章，詳覈其源，實皆出自光武帝所宣布之「圖讖八十一卷」。由是而言，後世學者所謂後世「讖言」雜入東漢「緯書」之說法，並非光武帝時之圖讖流傳實情也。

吾嘗纂輯兩漢以迄唐、宋子史文獻中，言及讖緯之相關資料，編爲「讖緯流傳年表」，並由其中考知「緯書」一詞，始出於東漢末季，東漢初年尚未見此專名。是以光武帝時之官定「圖讖八十一卷」，漢末始別稱曰「緯書」，則「讖」與「緯」當爲內容相同之「專書」在不同時代之異名。如此，仍強分「讖爲隱語」、「緯以配經」，乃爲悖離史實。況且，光武帝時之「圖讖」（即學者俗稱之「緯書」）是否原本即有解經之重要功能？東漢儒生解經之際是否重視、引用？皆未見學者引據兩漢文獻作深入之論斷。是以學者泛取漢末以後之成說，而論定前世「讖、緯」之異同，顯然爲顛倒時代次序，淆亂史實眞象，流於「崇緯貶讖」之偏見，使「讖緯」之學憑添臆說，於「讖」、「緯」與「五經」關係之釐清，固無意義也。

二、「讖、緯」二名通用互文，內容本無差異

又有學者以爲「緯書」已內含於「經讖」、「圖讖」之中，三者在漢代同時出現。主此說者，如：

（1）陳槃撰〈讖緯互辭考〉，專言「讖緯不可區分」〔註10〕；又撰〈讖緯釋名〉，列述《隋志》、《四庫》等異說十一種，並斷言：「所謂讖也，符也，錄也，圖也，書也，候也，緯也，漢人通用，互文，未始以爲嫌也。」〔註11〕

〔註9〕見安居香山著、田人隆譯：《緯書與中國神祕思想》頁6、14。
〔註10〕該文收入陳槃：《古讖緯研討及其書錄解題》頁149～161。
〔註11〕見陳槃：〈讖緯釋名〉，《史語所集刊》第11本，頁300。

（2）陳槃又謂：「緯名雖配經，但其材料實一本諸讖。」「讖、緯一也，讖書之出，厥初皆託名。河圖、洛書，漢武以後，始有緯稱，蓋依附經名之讖緯，由是漸興。」〔註12〕是以「緯之稱，雖亦可能早見於西漢中世，然稱謂猶未固定也」〔註13〕。所言略謂「讖書」出自河、洛，而「緯書」則出於漢武以後，始有「緯」以附經之意。

（3）陳槃更云：「緯者，配經之名。其實先有讖稱，緯名後起。讖本亦依附經義，復以爲緯者，方士之詭也。」〔註14〕

陳槃三說，固有其理，然而取歷代民間之「符、讖、圖、候」皆視作「讖、緯」，則流於「泛讖」、「泛緯」之意，其內容實與《隋志》、《四部正譌》專指孔聖、先王等「八十一篇」之「緯」不同。彼此所據之「讖緯」內容既非一物，實不應混淆竝論也。若其「漢武以後，始有緯稱」一語，未見論證依據，當爲推測之辭。至於所言「讖本亦依附經義」，則頗爲符合光武帝宣布圖讖八十一卷之用心；唯其下文又以爲稱「緯」之故，乃「方士之詭也」，則因不察「緯」名肇自鄭玄，致有誤解也。

（4）王利器〈讖緯五論〉列舉史籍，考知「《詩緯》、《春秋緯》亦得名讖」，「《春秋合誠圖》亦得名《春秋讖》」，「《禮緯》亦名讖」，故斷曰：「不僅讖緯歷史地證明了無嚴格的區分，就是讖緯和六經有時也是沒有什麼區分的。」〔註15〕

王氏所據之「緯亦得名讖」，實爲泛取魏、晉以後之熟語，附會東漢之史實；而「讖緯和六經有時也是沒有什麼區分」之說，更爲本末倒置之論也，鍾肇鵬已作辯正矣〔註16〕。

（5）鍾肇鵬之《讖緯論略》，嘗以八例證明「讖、緯不分」。因須論定其說之失實處，故引述其文如下：

　　1、《後漢書·張純傳》謂張純「案七經讖」；同書〈樊英傳〉則言樊英善「七緯」，而唐李賢注文更列舉七經之「緯」爲證；再者《隋志》舉「七經緯

〔註12〕〈論早期讖緯及其與鄒衍書說之關係〉，見陳槃：《古讖緯研討及其書錄解題》頁107。按：原文難解，斷句似當作「讖書之出，厥初皆託名河圖、洛書；漢武以後，始有緯稱」，首句同於桓譚所言：「讖出《河圖》、《洛書》，但有朕兆而不可知。」（《後漢書·桓譚傳》）

〔註13〕陳槃：〈讖緯命名及其相關之諸問題〉，見《古讖緯研討及其書錄解題》頁161、163。

〔註14〕陳槃：〈論早期讖緯及其與鄒衍書說之關係〉，見《古讖緯研討及其書錄解題》頁107。

〔註15〕王利器：〈讖緯五論〉，收入安居香山編《讖緯思想之綜合的研究》頁381～394。

〔註16〕王利器以《大戴禮》引「《易》曰：『君子慎始，差若豪氂，失之千里。』」與《易緯乾鑿度》相同，故有此說。鍾肇鵬《讖緯論略》云：「『差之毫氂，謬以千里』，本是古《易傳》之文，故爲漢代儒者廣泛引用。正因爲是古傳記，所以在《易緯》中既見於《通卦驗》，又見於《乾鑿度》、《坤靈圖》，都是抄的古傳記，所以在《易緯》中幾次出現就并不足怪。」（頁7）

三十六篇」，鄭玄注《易緯》則云「讖三十六卷」。此皆「讖、緯」互稱
不別之證。

2、《後漢書・張衡傳》言衡上疏引「春秋讖」等，皆是「緯書」之流。

3、《東觀漢記・明帝紀》述及明帝詔文引《尚書璇璣鈐》等「緯書」，稱之
曰「圖讖」。

4、《續漢書・律曆志中》蔡邕引「緯書」《元命包》而稱之爲「讖」。

5、鄭玄注引「緯書」《春秋合誠圖》，名其書曰「春秋讖」。

6、《鄭志》鄭玄答張逸問，謂「尚書緯」即「圖讖」。

7、明帝詔書引「緯書」《河圖》、《尚書璇璣鈐》，曹褒謂之「五經讖記」。

8、裴松之注《三國志・魏書・文帝紀》所引「緯書」，皆稱曰「圖讖」。〔註17〕

鍾氏據東漢明帝、張衡等人詔令、奏疏中「讖」及「圖讖」之引文，同於後世「緯
書」《春秋元命包》、《尚書璇璣鈐》等佚文，故證得：「圖、讖、緯、候」往往互稱，
並無區別，而「緯書」之出，在「西漢中世」、遲至「東漢明帝」時已存於世。更據
此斷曰：「在漢人的著述中，所謂『經讖』、『圖讖』實際上都包含了緯書，而『讖』、
『緯』也往往互稱，并無區別。」又謂：「《論語》在漢代視爲傳記，不稱『經』，因
之亦不得有緯，以其爲記孔子言行的專書，故亦有『讖』。……漢代神化儒學，方士
化的儒生以讖附經，於是產生了緯書。」〔註18〕

　　詳覈八例，實難得見鍾氏結論之所據。蓋明帝、張衡二人皆未言及「緯」字，
至若二人所引述之「圖讖」或《元命包》等，後世稱之曰「緯書」，絕不可等同於二
人當時所見者已名曰「緯書」。再者，光武帝時張純「案七經讖」（西元 50）、安帝
時樊英善「七緯」（西元 121 前後），皆爲劉宋范曄（西元 445 卒）撰《後漢書》時
之行文熟語，並非張純、樊英當年自作此稱（此類范曄以「緯書」一詞稱呼漢代圖
讖之事例，實爲不少）。確嘗自言「緯」者，僅漢末鄭玄（西元 160 後）與唐初李賢
（西元 680）而已，其年歲去明帝詔引圖讖之時（西元 60），已逾百年。安可據此後
世熟語，以論斷前朝之史實？

　　再者，鍾氏以爲《論語》「不得有緯」，與《隋志》及《後漢書》李賢注中之「七
緯」所言相同。惟玄宗於開元三年（西元 715）敕編《羣書四部錄》時，參與之撰
者殷踐猷等十餘文臣又以《論語緯》名之，成「八經緯」矣〔註19〕。《隋志》、李賢

〔註17〕鍾肇鵬：《讖緯論略》第 1 章，頁 9～10。

〔註18〕鍾肇鵬：《讖緯論略》第 1 章，頁 9、11。

〔註19〕〔後晉〕劉昫等：《舊唐書》卷 46，〈經籍志上〉頁 1982。又見〔宋〕歐陽修等：
　　　《新唐書》卷 57，〈藝文志一〉頁 1444。

注、《羣書四部錄》三說，相去不過五十載，學術環境並未改變，當非《論語》由「讖」轉「緯」之關鍵時刻，而是《論語讖》本與其餘「七經讖」皆內含於光武帝所宣布之圖讖八十一卷中，東漢時概作「圖讖」、「經讖」之稱，並無「緯」名也。

　　三則鍾氏所言「方士化的儒生以讖附經，於是產生了緯書」一語，是謂方士所撰附經之讖爲「緯書」。然而詳究諸子、史籍等文獻，自哀、平以迄東漢光武帝宣布圖讖八十一卷之六十年間（約西元前6～西元56），實未見任何解說經義之「讖書」、「緯書」存世。

　　是以上述諸家所謂「讖、緯」區分之說，皆有史實文獻上之疑問，未可據爲定論也。至若再就明、清以來編纂之緯書輯本言，則十緯各篇中，除頗見內容雷同複見之佚文外，又有佚文與先秦迄至西漢之子史、傳注文句相類者。下節將就此諸事一一詳論，以明「讖、緯」流衍眞象。

第二節　緯書內容複見之情況

　　緯書讖文原本即頗多雷同複見之例，如《禮記・月令》鄭玄注云：「《易》及《樂》、《春秋說》：『冬至人主與羣臣從八能之士作樂五日。』」孔穎達《正義》云：「此《易乾鑿度》文，及《樂緯》、《春秋緯》，其語同也。」〔註20〕《晉書・天文志》云：「《洛書甄曜度》、《春秋考異郵》皆云：『周天一百七萬一千里，一度爲二千九百三十二里。』」〔註21〕孔穎達〈尚書序正義〉亦云：「《尚書緯》及《孝經讖》皆云『三皇無文字』。」〔註22〕徐彥《公羊傳注疏》謂：「閔因〈敍〉云：『昔孔子受端門之命，制《春秋》之義，使子夏等十四人求周史記，得百二十國寶書，九月經立。』《感精符》、《考異郵》、《說題辭》具有其文。」〔註23〕孔穎達〈詩譜序正義〉：「《樂緯動聲儀》、《詩緯含神務》、《尚書璿璣鈐》皆云『三百五篇』。」〔註24〕羅泌《路史》「次是民沒，元皇出，天地易以地紀」，羅苹《註》云：「此《春秋命歷敍》文，與《洛書摘亡辟》同。」〔註25〕羅苹又謂：「《春秋演孔圖》及《春秋元命苞》敍帝王之相，云：『倉頡四目，是謂並明……。』」「《中候契握》『湯云：

〔註20〕〔唐〕孔穎達：《禮記正義》（臺北：藝文印書館，1978年）卷17，〈月令〉頁19。鄭注又見於同書卷16，頁6。

〔註21〕〔唐〕房玄齡等：《晉書》（北京：中華書局，1987年）卷11，〈天文志上〉頁286。

〔註22〕〔唐〕孔穎達：《尚書正義》（臺北：藝文印書館，1978年）卷1，〈尚書序〉頁2。

〔註23〕〔唐〕徐彥：《公羊傳注疏》（臺北：藝文印書館，1978年）卷1，〈隱公元年〉頁1。

〔註24〕〔唐〕孔穎達：《詩經正義》（臺北：藝文印書館，1978年），〈詩譜序〉頁7。

〔註25〕〔宋〕羅泌：《路史》（臺北：臺灣中華書局，1970年），〈前紀〉卷3，頁10羅苹《註》。

契賜子氏』，《孝經援神契》同。」〔註26〕此九例皆爲東漢以迄南宋之時，學者所見讖緯原書之文句複見情況，並非明、清輯佚者失察所致。

　　余爲此嘗崇覈緯書輯本之內容，於一再比較中，發現諸緯各篇之間，佚文字句確有重複之現象，亦有與其他子史諸書文句相同或相近者，是皆與傳統所言「緯以解經、讖爲預言」之定義相違。以下即依據黃奭所輯《逸書考・通緯》論述之。

一、諸緯內容複見之情況

（一）《春秋內事》與《河圖始開圖》二條文句完全相同

（1）《春秋內事》：「伏犧氏以木德王，天下之人未有宅室，未有水火之和，於是乃仰觀天文，俯察地理，始畫八卦，定天地之位，分陰陽之數，推列三光，建分八節，以文應瑞，凡二十四，消息禍福，以制吉凶。」

（2）《河圖始開圖》：「伏羲以木德王，天下之人未有宅室，未有水火之和，於是乃仰觀天文，俯察地理，始畫八卦，足天地之位，分陰陽之數，推列三光，建分八節，以文應瑞，凡二十四，消息禍福，以制吉凶。」

　　按：《隋志》將《春秋內事》歸屬於「七經緯」中，而《河圖始開圖》則爲「河洛九五」之列，惟由此組二條雷同佚文觀之，二篇似無內容之差異。

（二）《春秋運斗樞》、《河圖》、《河圖握矩記》與《河圖祿運法》等四條文意相同，而篇名不同

（1）《春秋運斗樞》：「黃金千歲生黃龍，青金千歲生青龍，赤金千歲生赤龍，白金千歲生白龍，元金千歲生元龍。」

（2）《河圖》：「黃金千歲生黃龍，青金千歲生青龍，赤金千歲生赤龍，白金千歲生白龍，玄金千歲生玄龍。」

（3）《河圖握矩記》：「黃金千歲生黃龍，青金千歲生青龍，赤金千歲生赤龍，白金千歲生白龍，玄金千歲生玄龍。」

（4）《河圖祿運法》：「黃金千歲生黃龍，青金千歲生青龍，赤金千歲生赤龍，白金千歲生白龍，玄金千歲生玄龍。五帝起，則五龍出也。」

　　按：四條讖文雷同，當爲東漢之圖讖編撰者將同一文辭雜入不同篇章中所致。

（三）《河圖》與《河圖祿運法》相同：

（1）《河圖》：「洛水地理，陰精之官，帝王明聖，龜書出文，天以與命，地以授瑞，接河合際，居中護羣，王道和洽，吐圖佐神，逆名亂教，摘亡弔存，故

〔註26〕分別見於〔宋〕羅泌：《路史》，〈前紀〉卷6，頁1、《後紀》卷11，頁13之羅苹《註》。

聖人觀河洛也。」

（2）《河圖祿運法》：「洛水地理，陰精之官，帝王明聖，龜以出文，天以與命，地以受瑞，按河合際，居中護羣，王道和洽，吐圖佐神，逆名亂教，弔亡摘存，故聖王觀河洛也。」

（3）《雒書靈準聽》：「洛水地理，陰精之官，帝王明聖，龜書出文，天以與命，地以授瑞，接河合際，居中護羣，王道和洽，吐圖佐神，逆名亂教，摘亡弔存，故聖人觀河洛也。」

　　按：三條佚文相同，當為前人引用時，（2）、（3）引用篇名，（1）則未引篇名，而黃奭輯佚時未作細察，故並存之。至若《雒書靈準聽》與《河圖》相同，則為東漢編纂圖讖時，所據之文獻已有重複收錄之情況矣。

（四）《禮含文嘉》、《春秋感精符》與《樂稽耀嘉》互有詳略：

（1）《禮含文嘉》：「天命以黑，故夏有元圭；天命以白，故殷有白狼銜鈎；天命以赤，故周有赤雀銜書。」

（2）《樂稽耀嘉》：「其天命以黑，故夏有元珪；天命以赤，故周有赤雀銜書；天命以白，故殷有白狼銜鈎。」

（3）《春秋感精符》：「帝王之興，多從符瑞，周感赤雀，故尚赤；殷感白狼，故尚白；夏錫玄珪，故尚黑。」

　　按：《禮》、《樂》二讖，文字相同，必為一條文句迻鈔兩篇讖書之中；而《感精符》雖於字句、朝代次序略異，文義則全然相同，當與前二條有相同之來源。

（五）《尚書璇璣鈐》二條與《春秋緯》、《春秋潛潭巴》相同：

（1）《尚書璇璣鈐》：「北斗第一星變色，數赤不明，七月兩日蝕。」

（2）《尚書璇璣鈐》：「北斗第一星變色，微赤不明，六月而日蝕。」

（3）《春秋潛潭巴》：「日之將蝕，則斗弟二星變色，微赤不明，七日而食。」

（4）《春秋緯》：「日之將食，則斗弟二星變色，微赤不明，七日而食。」

　　按：四條佚文應屬同一文句。《璇璣鈐》「數赤、七月兩」、「微赤、六月而」述敘不同，應屬抄胥謄鈔致誤者。《春秋緯》與《春秋潛潭巴》文字相同，當為黃奭輯佚時既收詳細篇目，又收泛稱《春秋緯》之引文所致。比覈四條佚文，當以《春秋潛潭巴》為是，蓋言「日將蝕」之兆，且斷言有此天象之後，「七日而食」。「斗第二星」者，北斗第二星曰「璇星」，宋均注云：「謂旋星也。」可知宋均所見原文為「第二星」無誤。

　　此類複出情況，於明、清各種緯書輯本皆為習見現象。詳覈《河》、《洛》、七經

緯、《論語讖》、《孝經緯》等十種緯書佚文，其雷同互見之文句，凡得二百餘組、五百多條佚文，並非僅見於某些讖緯篇章之少數特例。可見複見情況絕非歷代引用者誤記篇名所致，而爲光武帝官定之圖讖原書即已如此。

二、讖緯襲取他書內容之情況

蕭子顯《南齊書・禮志》云：「案《禮》及《孝經援神契》竝云『明堂有五室，天子每月於其室聽朔布教……』。」〔註27〕所云《禮》者，謂《禮記・月令》也。孔穎達《詩經・生民正義》謂：「《大戴禮》及《春秋元命包》皆云『人十月而生』。」〔註28〕所言「十月而生」見《大戴禮・易本命》。羅泌亦云：「据《大戴禮・三朝記》孔子之言：『昔西王母獻舜白玉琯及益地圖。』注言『神也』。亦見《書帝驗期》及《世紀》。」〔註29〕西王母事見《大戴禮・三朝記・少閒第七十六》。可證讖緯原文亦有掇拾西漢文獻而成者。

今考緯書佚文與秦、漢文獻中相類之文句，可知光武帝朝官定圖讖八十一卷，頗有襲取眾書文字而略作刪易者。筆者嘗作蒐檢考證，略得相關數例，製爲左右互見表，列述如下：

（一）《中候立象》文句，與《呂氏春秋・知分》、《淮南子・精神篇》、《新序》相近

《尚書中候・立象》	《呂氏春秋・知分》	《淮南子・精神篇》	《新　　序》
南巡狩濟江，	禹南省，方濟乎江，	禹南省方，濟于江，	禹南濟於江，
中流有二龍負舟，	黃龍負舟。	黃龍負舟，	黃龍負舟。
舟人皆懼，	舟中之人，五色無主。	舟中之人五色無主，	舟中之人皆失色。
禹笑曰：	禹仰視天而歎曰：	禹乃熙笑而稱曰：	禹仰天而歎曰：
「吾受命於天，	「吾受命於天，	「我受命于天，	「吾受命於天，
屈力以養人，	竭力以養人。	竭力而勞萬民。	
性也。	生，性也；	生，寄也；	
死，命也。	死，命也。	死，歸也。	死、生，命也。」
奚憂龍哉？」	余何憂於龍焉？」	何足以滑和！」	
		視龍猶蝘蜓，顏色不變，	
龍於是曳尾而逃。	龍俛耳低尾而逝。	龍乃弭耳掉尾而逃。	龍俯首低尾而逝。
	（卷20，頁1347）	（卷7，頁233）	（《御覽》卷60〈地部〉引）

〔註27〕〔梁〕蕭子顯《南齊書》（北京：中華書局，1987年）卷9，〈禮志上〉頁119。

〔註28〕〔唐〕孔穎達：《詩經正義》卷17之1，〈生民〉頁7。

〔註29〕〔宋〕羅泌：《路史》，〈餘論〉卷9，頁1。

按：《尚書中候・立象》當為改易《呂氏春秋》文句而成者，據《淮南子》、《新序》等西漢文獻可證其實。

（二）《尚書中候・握河紀》與《史記・孝武本紀》、《史記・封禪書》、《漢書・郊祀志》、《列仙傳・黃帝》、《論衡・道虛》所言相類

《中候握河紀》	《史記・孝武本紀》	《史記・封禪書》	《漢書・郊祀志》	《列仙傳・黃帝》	《論衡・道虛》
	申公曰：……	申公曰：……	申公曰：……	《仙書》曰：「	儒書言：「
乃鑄鼎荊山之下，	黃帝采首山銅，	黃帝采首山銅，	黃帝采首山銅，	黃帝採首山之銅，	黃帝採首山銅，
成，	鑄鼎於荊山下。	鑄鼎於荊山下。	鑄鼎於荊山下。	鑄鼎於荊山之下。	鑄鼎於荊山下。
有龍	鼎既成，	鼎既成，	鼎既成，	鼎成，	鼎成，
下迎，	有龍垂胡髯，	有龍垂胡髯，	有龍垂胡髯，	有龍垂胡髯，	有龍垂胡髯，
黃帝上龍，	下迎黃帝	下迎黃帝。	下迎黃帝。	下迎帝，	下迎黃帝
羣臣、后宮，	黃帝上騎，	黃帝上騎，	黃帝上騎，	乃升天。	黃帝騎龍，
從上天者桼秩余人。	羣臣、後宮	羣臣、後宮	羣臣、後宮	羣臣、百僚	羣臣、後宮
	從上者七十餘人。	從上者七十餘人。	從上龍七十餘人。		從上七十餘人，
	龍乃上去，	龍乃上去，	龍乃上去，		龍乃上去，
小臣	餘小臣不得上，	餘小臣不得上，	餘小臣不得上，		餘小臣不得上，
悉持龍髯，	乃悉持龍髯，	乃悉持龍髯，	乃悉持龍髯，	悉持龍髯，從帝而升。	乃悉持龍髯。
拔，	龍髯拔，	龍髯拔墮，	龍髯拔墮，	攀帝弓及龍髯，拔而弓	龍髯拔，
墜黃帝弓。	墮黃帝之弓。	墮黃帝之弓。	墮黃帝之弓。	墜。（卷上，頁9）	墮黃帝之弓。」
	（卷12，頁468）	（卷28，頁1394）	（卷25上，頁1228）		（卷7，頁313）

按：《中候握河紀》與子、史諸書，當皆襲取漢武帝時之方士傳說而來。

（三）《河圖玉版》與《史記・秦始皇本紀》載事相類

《河　圖　玉　版》	《史記・秦始皇本紀》
湘夫人者，帝堯之女也。秦始皇	始皇還，過彭城……
浮江至湘山，逢大雨，	逢大風，幾不得渡。浮江，至湘山祠，
而問博士：「湘君何神？」	上問博士曰：「湘君何神？」
博士曰：「聞之，堯二女，舜妃也，死而葬此。」	博士對曰：「聞之，堯女，舜之妻，而葬此。」

按：《河圖玉板》與《史記》所言類似，《史記》成書在前，《河圖玉版》若非襲取《史記》，則應與《史記》皆取西漢方士傳說而來。

（四）《易乾鑿度》與孟、京《易》說相類

《易　乾　鑿　度》	許慎《五經異義》
孔子曰：「《易》有君人五號也： 帝者，天稱也；王者，美行也；天子者，爵號也； 大君者，與上行異也；大人者，聖明德備也。 變文以著明，題德以別操。	《易》孟、京說：「《易》有周人五號： 帝，天稱一也；王，美稱二也；天子，爵號三也； 大君者，興盛行異四也；大人者，聖人德備五也。」 （《禮記注疏》卷 4，〈曲禮下〉頁 19 引）

按：《易乾鑿度》當爲襲取孟、京氏《易說》之文而成者。〔註30〕

（五）《禮含文嘉》與《周禮・宗伯・保章氏》相類

《禮　含　文　嘉》	《周　禮・司　常》
牙旂者，將軍所建也。旂有九名： 日月爲常，交龍爲旂，通帛爲旃， 雜帛爲物，熊虎爲旗，鳥隼爲旟， 龜蛇爲旐，全羽爲旞，析羽爲旌。 夫旗， 王載大常，諸侯載旂，百官載旟， 軍吏載旗，師都載旜， 鄉遂載物，郊野載旐。	司常，掌九旗之物名，各有所屬，以待國事： 日月爲常，交龍爲旂，通帛爲旃， 雜帛爲物，熊虎爲旗，鳥隼爲旟， 龜蛇爲旐，全羽爲旞，析羽爲旌。 《周禮・大司馬》： 辨旗物之用，王載大常，諸侯載旂， 軍吏載旗，師都載旜， 鄉遂載物，郊野載旐，百官載旟，各書其事。

按：《禮含文嘉》當爲刪易《周禮・司常》與〈大司馬〉經文而成者，是以文句大致相同。

（六）《禮稽命徵》與《周禮・考工記》相類

《禮　稽　命　徵》	《周　禮・考　工　記》
輿車：軫之方，以象地；蓋之員，以象天； 輪輻三十，以象日月；蓋弓二十有八，以象星也； 龍旗九斿，以象大火；鳥旟七斿，以象鶉火； 熊旗六斿，以象伐；龜蛇四斿，以象營室； 弧旌枉矢，以象弧矢。	軫之方也，以象地也；蓋之圜也，以象天也； 輪輻三十，以象日月也；蓋弓二十有八，以象星也； 龍旂九斿，以象大火也；鳥旟七斿，以象鶉火也； 熊旗六斿，以象伐也；龜蛇四斿，以象營室也； 弧旌枉矢，以象弧也。

按：《禮稽命徵》當爲取用《周禮・考工記》文句而成者。

〔註30〕鍾肇鵬〈孟京易學與易緯〉迻錄此二條，謂：「可見《乾鑿度》本於孟京《易》說。」
（鍾肇鵬：《讖緯論略》第 5 章，頁 133）又取兩書相同之文句八段，並總結曰：「以
上八條足以證明《易緯》爲孟京《易》學一派，無容置疑。」（仝上引書，頁 128～
134）

（七）《禮稽命徵》與《周禮・考工記》相同

《禮　稽　命　徵》	《周　禮・考　工　記》
坐而論道，謂之王公；	坐而論道，謂之王公；
作而行之，謂之士大夫；	作而行之，謂之士大夫；
審曲面埶，以飭五財，以辨民器，謂之百工；	審曲面埶，以飭五材，以辨民器，謂之百工；
通四方之商旅；	通四方之珍異以資之，謂之商旅；
飭力以長地財，謂之農夫；	飭力以長地財，謂之農夫；
治絲麻以成之，謂之婦功。	治絲麻以成之，謂之婦功。

按：《稽命徵》當爲鈔錄《周禮・考工記》文句而成，惟漏缺「珍異以資之謂之」七字。

考此類圖讖佚文之來源，皆屬東漢迄唐、宋之學者引用光武帝所宣布、鄭玄、宋均所注之「八十一卷」原書，是亦可證《河圖》、《洛書》、《春秋》、《周易》、《論語》、《孝經》等「圖讖」（共計十種，即後世認定之「緯書」、「讖書」），皆包含在光武帝宣布之八十一卷中。故後世所謂「緯以配經」、「讖爲預言」之區分，實非東漢圖讖學之原貌。而後人所謂之「讖中雜緯」，亦爲魏、晉以後之說辭，光武帝時所宣布之圖讖八十一卷底本，原即爲「解經、讖語」并具之形式。光武帝之前並無解經之「讖書」，光武帝之後亦未新造配經之「緯書」。

今存之緯書，有六經緯及《河圖》、《雒書》、《孝經》、《論語》等十種；輯本則自元陶宗儀《說郛》纂集以來，約有十八種〔註31〕；文獻資料可謂龐雜，而內容則

〔註31〕明、清迄至現代，緯書輯本約得十八種：
  （1）〔元〕陶宗儀輯：百卷本《說郛》（元末），收有緯書6種、14篇、37條。
  （2）〔明〕佚名輯：一百二十卷本《說郛》（明萬曆末），緯書9種、34篇、412條。
  （3）〔明〕孫瑴：《古微書・刪微》（明萬曆中），收得緯書10種、70篇、1400餘條。
  （4）〔清〕朱彝尊：《經義考・揔緯》。（朱氏卒於康熙48年〔1709〕）
  （5）〔清〕殷元正：《緯書》（一名《集緯》）。（約康熙末年〔1720?〕）
  （6）〔清〕紀昀：《四庫全書》本《易緯》。（紀昀〈提要〉撰於乾隆38年〔1773〕）
  （7）〔清〕馬國翰：《玉函山房輯佚書》本。（乾隆、嘉慶中）
  （8）〔清〕王謨輯：《經翼鈔・尚書中候》。（〈自序〉於嘉慶3年戊午〔1798〕）
  （9）〔清〕趙在翰：《七緯》。（嘉慶9年〔1804〕阮元序）
  （10）〔清〕孔廣林：《尚書中候鄭注》。（嘉慶10年〔1805〕六月刊行）
  （11）〔清〕劉學寵：《詩緯集證》。（約道光15年？〔1835〕）
  （12）〔清〕顧觀光：《七緯拾遺》。（自序於道光17年〔1837〕）
  （13）〔清〕喬松年：《緯攟》。（劉秉璋序於光緒4年〔1878〕）
  （14）〔清〕黃奭：《黃氏逸書考・通緯》。（道光間初刊，光緒19年〔1893〕補版）
  （15）〔清〕皮錫瑞：《尚書中候疏證》。（自序於光緒25年〔1899〕）
  （16）〔清〕陳喬樅：《詩緯集證》。（自序於光緒32年〔1906〕）

有諸緯雷同、或一緯前後內容互異之情況。明、清以來之各種緯書輯本，皆以裒集歷代經史傳注及類書中所引錄之讖緯文句爲主，片言隻語，靡不載錄。惟編纂之際，未作內容之整理，是以雖有條列之功，卻無法呈顯各緯之思想體系。若欲藉以推究緯書之學術面貌，終將流於浮泛籠統之概述，易致捫象扣盤之誤解。是以論述讖緯思想，實應先將此十種緯書，逐一釐清其內容，確定各緯之學術特質，而後再彙整考論十緯之思想全貌，當更能論斷其本旨。

第三節　「讖」之考原

　　由上節論述，可知緯書輯本各緯篇目之間，不分「讖、緯」，輒有文句重複之處，而其原始出處頗有襲取西漢以前之文獻者。至於歷代論斷「讖」、「緯」有區別與優劣、主從者，實多取擷隋、唐以後之成說爲據，並未振葉尋根，觀瀾索源，釐清後世俗稱之「緯書」與兩漢諸儒所謂「圖讖」、「經讖」有無異同，難以視爲漢代史實。今欲澄清此類混淆，當考據史實與學術流衍，確切區別「讖」、「緯」名義之異同，以見「讖」、「緯」是否本屬互稱，其於經學史上，是否確如前人所言：「讖」爲「預言」、「緯」具「配經」之重要地位。今試廣爲蒐檢兩漢經史、諸子文獻中有關「讖、緯」之資料，與近世學者相關論著，爬羅剔抉，以見正本清源之效。至若魏、晉以後之論述，或與考源無關，或流於臆斷附會，非有必要，則不予論列。

一、「讖」之原起

　　「讖」之解義，許慎《說文》云：「讖，驗也，有徵驗之書。河、雒所出書曰讖。」〔註32〕以「河、雒所出，有徵驗之書」爲讖。而張衡所言則涵蓋較廣，曰：「立言於前，有徵於後，故智者貴焉，謂之讖書。」〔註33〕以爲凡能「立前驗後」者，皆稱讖書。此意與司馬遷論述先秦騶衍之學說，若合符節，史遷稱騶衍學說：「必先驗小物，推而大之，至於無垠。先序今，以上至黃帝……。稱引天地剖判以來，五德轉移，治各有宜，而符應若茲。」〔註34〕殆以「驗小推大、有符應」者爲意。故陳

（17）〔日〕安居香山、中村璋八：《重修緯書集成》。（1971～1991）
（18）上海古籍出版社：《緯書佚文輯錄》（收於該社《緯書集成》中。1993 年出版）其中（2）～（7）、（9）、（11）～（14）、（16）等十二種，上海古籍出版社編入《緯書集成》中。（17）爲日本明德出版社原刊，1996 年河北人民出版社翻譯標點後，重新排版刊印。
〔註32〕〔漢〕許慎：《說文解字注》三篇上，頁9。
〔註33〕〔劉宋〕范曄：《後漢書》卷59，〈張衡傳〉頁1912。
〔註34〕〔漢〕司馬遷：《史記》卷74，〈孟子荀卿列傳〉頁2344。

檠即謂：「余以爲此鄒書內容，與吾人現在所見之讖緯，並無二致。直謂此爲整部讖緯之大綱扼要，未嘗不可。」〔註35〕鄒衍之觀念，嘗下及於《呂氏春秋》。《呂氏春秋・觀表篇》云：「事與國皆有徵，……《河圖》出焉。」以《河圖》爲事象、國運之徵兆，蓋即此意也。

與騶衍同時之荀卿，則推諸「言古驗今」、「以人徵天」之義於人性倫理中，作〈性惡篇〉云：「善言古者，必有節於今；善言天者，必有徵於人。凡論者貴其有辨合，有符驗。」說辭並無陰陽占驗之意。其後漢武帝亦執其說而行諸人事，策問賢良曰：「蓋聞：善言天者必有徵於人，善言古者必有驗於今」〔註36〕云云。蓋以政事爲主，而落實於世事經驗層面。然而董仲舒對策則多引災異占驗爲說，如「天瑞應誠而至，……此蓋受命之符」、「刑罰不中，則生邪氣」〔註37〕云云，皆近於讖語徵驗之流。此殆因漢初圖讖已盛行一時故也。

比覈今存之讖緯佚文，言及「推驗符應」之載錄不少，如《尚書中候・雒師謀》云：

> 王將畋，史編卜之，曰：「將大獲。非熊非羆，天遺汝師臣。太祖史疇爲禹卜，得皐陶，其兆如此。」王即回駕水畔，至磻谿之水，呂尚釣於崖，王趨拜曰：「切望公七年矣。乃今見光景於斯。」〔註38〕

《雒師謀》言：文王將畋獵，史編爲王卜吉凶，所呈現之兆文，與編之太祖史疇爲夏禹所卜者相同，而當時禹得皐陶，故知文王亦將得師臣。其後文王果於水畔得太師呂望，以興周室。

此類以「先言後驗」之兆象卜辭爲「讖」者，早於殷商甲骨文中已有類似之載錄。如武丁時（約西元前1300）卜辭：

(1) 癸巳卜，𣪊貞：「旬无咎？」王占曰：「乃茲亦出（有）祟。」若偁，甲午王往逐兕，小臣甾（載）車，馬硪，馭王車子央亦墜。（羅振玉《殷墟書契菁華》三版）〔註39〕

(2) 癸未卜，𣪊貞：「旬无咎？」王占曰：「往，乃茲亦出祟。」六日戊子，子𤔲死。（仝前引）

前條卜辭蓋云：癸巳日，貞人𣪊占卜「今日以下十日，有無災咎」？王見兆文，乃預言將有災咎；次日甲午，王出畋獵，於逐兕時，車馬果因遇石而翻覆。次條卜辭

〔註35〕陳槃：《古讖緯研討及其書錄解題》頁120。

〔註36〕〔漢〕班固：《漢書》卷56，〈董仲舒傳〉頁2513、2515。

〔註37〕〔漢〕班固：《漢書》卷56，〈董仲舒傳〉頁2500。

〔註38〕〔清〕黃奭輯：《尚書中候・雒師謀》卷7，頁40。

〔註39〕又見嚴一萍：《甲骨綴合新編》第272片。中國社科院史研所《甲骨文合集》10450版。譯文參酌李圃：《甲骨文選注》頁231。

則謂：癸未日，貞人般占卜，王見兆文，又預言有災；六日後，王子名殼者果因故而死。可知貞人進行占卜時，其所顯示之兆文，必可歸納爲若干類型，並依長久所得之經驗，預測將發生之情事。春秋時，晉臣韓簡諫惠公之言，嘗略及此理，曰：「龜，象也；筮，數也。物生而後有象，象而後有滋，滋而後有數。」〔註40〕王充《論衡‧實知篇》亦謂：「凡聖人見福禍也，亦揆端推類，原始見終，從閭巷論朝堂，由昭昭察冥冥。」

　　衡諸「甲骨卜辭」與《尚書中候》之「驗辭」，皆以「揆端推類，原始見終」爲意，除撰作時代早晚不同外，其內容與功用殆無二致。

二、政治上造作「讖言」以逞所謀

　　上述卜辭與緯書中「先占後驗」之事例，亦多見於歷代文獻載錄中，如《史記‧趙世家》、《左傳‧魯僖公》述秦穆公、晉文公事：

（1）趙簡子疾，五日不知人，大夫皆懼。醫扁鵲視之，出，董安于問。扁鵲曰：「血脈治也，而何怪。在昔秦穆公嘗如此，七日而寤。寤之日，告公孫支與子輿曰：『我之帝所，甚樂。吾所以久者，適有學也。帝告我：「晉國將大亂，五世不安；其後將霸，未老而死。霸者之子且令而國男女無別。」』公孫支書而藏之，秦讖於是出矣。」（《史記‧趙世家》）〔註41〕

（2）（魯僖公）三十二年冬，晉文公卒，庚辰，將殯於曲沃，出絳，柩有聲如牛。卜偃使大夫拜，曰：「君命大事，將有西師過軼我，擊之，必大捷焉。」（《左傳‧魯僖公三十二年》）

扁鵲言：秦穆公嘗昏睡七日（西元前659），夢至帝所，帝告以晉國五世之大事，其後果驗於晉獻公之亂及晉文公之霸；而「霸者之子且令而國男女無別」一語，更驗於秦、晉殽之戰。蓋晉文公卒（西元前627），襄公初立，秦穆公乘晉國邊防空虛之際，假道出兵襲鄭。惟事前晉文公亡靈竟於柩中示警，並告以「擊之必大捷」，因使國喪中之晉軍能大敗秦師於殽，皆如預言。故扁鵲謂「秦讖於是出矣」，蓋即視此類載事爲「讖語」也。

　　秦穆公「寤夢」之事，又見於《史記‧封禪書》：

秦繆公立，病臥五日不寤；寤乃言夢見上帝，上帝命繆公平晉亂。史

〔註40〕見〔周〕左丘明：《春秋左傳‧僖公十五年》九月載事。

〔註41〕除司馬遷《史記‧趙世家》外，又見應劭：《風俗通‧皇霸‧六國》、王充：《論衡‧紀妖》。唯「秦讖」作「秦策」，然義亦無別也，如賈誼〈鵩鳥賦〉，《史記》作「策言其度」，亦與《漢書》不同。見陳槃：〈讖緯溯源上〉所言，收入《史語所集刊》第11本，頁333。顧頡剛：《顧頡剛讀書筆記》頁5114，言及此事，說意亦同。

書而記藏之府。而後世皆曰秦繆公上天。

「秦繆公立」於周惠王十八年（魯僖公元年，西元前 659），是年「夢見上帝」。其後三十二年（魯僖公 33 年，西元前 627），秦軍大敗於殽，上帝讖言及晉文公之預警皆見應驗。

其次，《春秋左傳‧昭公二十六年》亦載王子朝使告於諸侯，曰：

> 在定王六年（前 601），秦人降妖曰：「周其有鬍王，亦克能修其職。
> 諸侯服享，二世共職。王室其有間王位，諸侯不圖，而受其亂災。」

顧頡剛以爲：「此所謂『降妖』，即後世所云讖書也。在周定王之世，秦人有此關于周室之豫言，足證秦讖之早且富也。」〔註42〕是則「秦讖」之流，於孔子生（前 551）前百餘年已出世矣。依此說，則「讖」與「不語怪力亂神」之孔門儒家，並無淵源，亦與後出之儒家「六經」無任何關連。此條載錄若爲可信，當爲文獻中「讖語」出現之最早者。

與此夢中告語、樞中示警、秦人降妖相類之預言，亦見於《墨子》書中。《墨子‧非攻下》載「赤鳥銜珪」、「三神告語」，命文王、武王伐紂興周，曰：

> 商王紂，……十日雨土于薄，九鼎遷止，婦妖宵出，有鬼宵吟，有女爲男，天雨肉，棘生乎國道，王兄自縱也。赤鳥銜珪，降周之岐社，曰：「天命周文王，伐殷有國，泰顚來賓。」河出綠圖，地出乘黃，武王踐功，夢見三神曰：「予既沈漬紂于德矣，往攻之，予必使汝大堪之。」武王乃攻狂夫，反商之周。天賜武王黃鳥之旗。

一則曰「赤鳥銜珪，降周之岐社」，告以當伐殷紂；二則曰「河出綠圖，地出乘黃，武王踐功，夢見三神」，亦告以伐紂必勝。與上引「寢夢」、「牛鳴」事頗爲相近，所異者，其有「珪書」、「綠圖」之具體物證。是以《呂氏春秋‧觀表篇》謂：「人亦有徵，事與國皆有徵。聖人上知千歲，下知千歲，非意之也，蓋有自云也。綠圖、幡薄，從此生矣。」然而此類「物證」，亦多爲有心者造生以爲徵信者，如秦季陳勝、吳廣起義時，即嘗詐爲此計。《史記》述其事曰：

> 秦二世元年七月，……（吳廣）乃行卜。卜者知其指意，曰：「足下事皆成，有功。然足下卜之鬼乎！」陳勝、吳廣喜，念鬼，曰：「此教我先威眾耳。」乃丹書帛曰「陳勝王」，置入所罾魚腹中。卒買魚烹食，得魚腹中書，固以怪之矣。又閒令吳廣之次所旁叢祠中，夜篝火，狐鳴呼曰：「大楚興，陳勝王。」卒皆夜驚恐。旦日，卒中往往語，皆指目陳勝。〔註43〕

〔註42〕顧頡剛：《顧頡剛讀書筆記》頁 2051。

〔註43〕〔漢〕司馬遷：《史記》卷 48，〈陳涉世家〉頁 1950；又見〔漢〕班固：《漢書》卷

陳、吳二人因悟卜者「卜之鬼」一語，乃行「丹書帛」、「狐呼鳴」等詐術以「威眾」，起義之事亦因而得逞。其理頗近於秦讖、牛鳴之事。惟此類詐術，前此二年即已有庶民為之矣。《史記》嘗載其事：

> 三十六年，熒惑守心，有墜星下東郡，至地為石，黔首或刻其石曰「始皇帝死而地分」。始皇聞之，遣御史逐問，莫服，盡取石旁居人誅之。（《史記·秦始皇本紀》）

庶民不堪始皇之暴政，乃於新墜之隕石上偽刻讖語，藉言上天降命，以咒暴君死而國亡。其用意實與陳勝之「丹書」相似。此外，漢文帝、武帝時，亦見此類造作之事。文帝時，新垣平詐刻「人主延壽」之玉杯銘文：

（1）（文帝）十五年，……趙人新垣平以望氣見，因說上設立渭陽五廟。欲出周鼎，當有玉英見。……十七年，得玉杯，刻曰「人主延壽」。於是天子始更為元年，令天下大酺。其歲，新垣平事覺，夷三族。（《史記·孝文本紀》卷10，頁430）

（2）趙人新垣平以望氣見上，言：「長安東北有神氣，成五采，若人冠絻焉。或曰：東北神明之舍，西方神明之墓也。天瑞下，宜立祠上帝，以合符應。」於是作渭陽五帝廟，同宇。……其明年，平使人持玉杯，上書闕下獻之。平言上曰：「闕下有寶玉氣來。」已視之，果有獻玉杯者，刻曰「人主延壽」。平又言「臣候日再中」。居頃之，日卻復中。於是始更以十七年為元年，令天下大酺。平言曰：「周鼎亡在泗水中，今河決通於泗，臣望東北汾陰直有金寶氣，意周鼎其出乎？兆見不迎則不至。」於是上使使治廟汾陰南，臨河，欲祠出周鼎。人有上書告平所言皆詐也。下吏治，誅夷平。（《漢書·郊祀志》卷25上，頁1213）

新垣平善「望氣」，能以天文異象預說徵驗，其詐刻玉杯，託言文帝「延壽」，以應長安東北「神氣」，又欲「祠出周鼎」，以臻漢世如周之盛，皆見其迎合人主延壽絺長、治平天下之心。惟其詐術不旋踵而見敗跡，自身亦慘遭大戮。然而後世君主未能借鑒，仍深信方士之詐言，如漢武帝即為顯例：

（1）其明年，齊人少翁以鬼神方見上，……為文成將軍。……居歲餘，其方益衰，神不至。乃為帛書以飯牛，詳弗知也，言此牛腹中有奇。殺而視之，得書，書言甚怪，天子疑之。有識其手書，問之人，果偽書。於是誅文成將軍而隱之。（《史記·孝武本紀》卷12，頁458）

31，〈陳勝傳〉頁1786。

（2）其夏六月中，……得鼎，鼎大異於眾鼎，文鏤無款識。……（公孫）卿曰：
　　「申公，齊人，與安期生通，受黃帝言，無書，獨有此鼎書。曰：『漢興復
　　當黃帝之時。』曰：『漢之聖者，在高祖之孫且曾孫也。寶鼎出而與神通，
　　封禪。封禪七十二王，唯黃帝得上泰山封。』申公曰：『漢主亦當上封，上
　　封則能僊登天矣。』」（《史記·封禪書》卷 28，頁 1393）

齊少翁之帛書「言甚怪」，而申公之鼎書則言「漢興復當黃帝之時」。所造奇聞，亦
與「秦讖」相類，顯然爲契合武帝求僊登天之意。此類造作雖未名「讖」，然其有意
於「先撰後驗」之奇，則與後世常見之「妄造讖言」相符矣。如東漢和帝永元中，
清河人宋景亦「以歷紀推言水災，而僞稱洞視《玉版》。……後皆無效，而復采前世
成事，以爲證驗」〔註 44〕。宋景見所言既無效，乃「復采前世成事，以爲證驗」，
可見其以成事附會之實。

　　由後世之造讖諸例上溯，則《史記·趙世家》之「秦讖」殆爲有心人之造作者，
如陳槃即謂：「〈趙世家〉此文，亦猶《左傳》豫言並著應驗之類，無疑爲好事者所
增飾。抑或由於家譜、世錄故意渲染，亦有可能。不可信《左傳》當時確有此等記
錄。」〔註 45〕呂凱亦謂秦穆寤夢之事，「史之所載，推言後世愈詳，愈足取爲『後
世造作以應前事』之明證」〔註 46〕。考諸《史記·封禪書》亦引此事，惟稱穆公「上
天」而未以「讖」名之，則〈趙世家〉「秦讖」云云，當屬後世之附會也。

　　此類政治爭攘之際，當事者造作「讖言」以逞所謀之例，歷代多有，而以王莽、
劉秀時爲盛。

三、日常生活遵循「讖書」以爲規範

　　「讖」既爲「先言後驗」之語，則於政治上造作之「讖」外，亦當有日常生活
之「讖」，即歸納生活常見之事理而爲預言者，如《淮南子·道應篇》載「卜官預知
地震」即是。齊景公問太卜：「有何異能？」太卜觀畢星象，知某處將有地震，乃詐
曰：「能動地。」景公異之，以告晏子，晏子乃見太卜曰：「昔吾見句星在房、心之
間，地其動乎？」太卜知晏子之意，乃往謁景公謝罪曰：「臣非能動地，地固將自動
也。」此類以星象占驗所言之「鈎星見於房宿、心宿之間，將有地震」等日常可見、
有規律、能相互感應之事〔註 47〕，作爲預測事件發生之依據也。是以王充論曰：「使

〔註 44〕〔劉宋〕范曄：《後漢書》卷 59，〈張衡傳〉頁 1912。
〔註 45〕見《史語所集刊》第 11 本，〈讖緯溯源上〉頁 333。又氏著〈讖緯起源舊說〉亦有
　　　　相同之說法，見《古讖緯研討及其書錄解題》頁 108。
〔註 46〕呂凱：《鄭玄之讖緯學》（臺北：臺灣商務印書館，1982 年），頁 111。
〔註 47〕〔漢〕班固《漢書·天文志》云：「凡以宿星通下之變者，維星散，句星動，則地動。」

晏子不言鈎星在房、心，則太卜之奸對不覺。」〔註48〕

又如陸賈答樊噲「人君受命於天，有瑞應」之問，亦嘗言及歸納日常現象而得推論結果：

> 夫目瞤得酒食，燈火花得錢財，乾鵲噪而行人至，蜘蛛集而百事喜。小既有徵，大亦宜然，故目瞤則咒之，火花則拜之，乾鵲噪則餧之，蜘蛛集則放之。況天下大寶，人君重位，非天命何以得之哉？瑞者，寶也，信也；天以寶爲信，應人之德，故曰「瑞應」。無天命、無寶信，不可以力取也。〔註49〕

「目瞤、火花、鵲噪、蛛集」皆日常可見之事，或因所見次數甚多，而得以歸納出每次遇見後所得之特定影響，其後產生制式反應而期待此類「影響」，乃漸成生活上之經驗習慣，謂將有「得酒食、得錢財、行人至、百事喜」之靈驗，終則遂成定論。

此類小驗，若推而廣之，亦可驗於君王之得位，蓋具有「天命、寶信」之「瑞應」，始可受命爲帝王。如王莽末年時，盛傳「劉氏當復起」之讖言，竟使原欲稱兵盤據之竇融，遙聞「漢承堯運，歷數延長，今皇帝姓號見於圖書」之語，遂臣服於光武帝劉秀〔註50〕。是知圖讖所言之「天命」，乃爲光武帝得以興復漢室之依據也。

惟此類「鈎星知地動」、「目瞤得酒食」、「劉氏當復起」等預言事例，如零金碎玉，難窺全豹，故後世乃有裒輯相關預言爲專書者，如賈誼與《淮南》書所見者。賈誼《鵩鳥賦》云：

> 異物來萃，私怪其故。發書占之，讖言其度，曰：「野鳥入室，主人將去」。問于子服，余去何之？吉虖告我，凶言其災。（《漢書》卷48，〈賈誼傳〉頁228）

《淮南子·說山篇》亦謂：

> 求美則不得美，……六畜生多耳目者不吉祥，讖書著之。

賈誼「發書占之」、《淮南》謂「讖書著之」，皆明言所據爲專書無疑也。「六畜多耳目不吉」之讖，《河圖》確有所言，如「羔羊四耳，名孽，見即有起王」、「蛇四足、

（卷26，頁1288）可知星見而造成地動乃古代星象占驗之觀念。

〔註48〕地動之事，又見《晏子》卷7，〈太卜紿景公能動地〉第21，頁432～433。王充之言見《論衡·變虛篇》。又，景公臣柏常騫「禳熒動地」之事，亦與此相似，見《晏子》卷6，〈伯常騫禳熒死〉第4，頁336；劉向《說苑》卷18，〈辨物〉頁616。

〔註49〕〔宋〕李昉：《太平御覽》卷948，頁3，引《西京雜記》。又見題名〔晉〕葛洪：《西京雜記》卷3，頁22；〔宋〕李昉：《太平廣記·陸賈》引殷芸《小說》，卷135，頁273。

〔註50〕〔劉宋〕范曄：《後漢書》卷23，〈竇融傳〉頁798。

翼，各羣立，見則兵作」、「雞有六指，亦殺人；雞有四距，亦殺人」〔註51〕，可歸諸「先言後驗」之類。若「鵩鳥集舍」乃賈誼爲長沙太傅時之事，其後賈誼遷爲梁王太傅，竟以梁王墮馬薨，自責失職，鬱鬱而卒，適符讖書「主人將去」之預言。

「野鳥入室」之占驗，與春秋魯昭公二十五年「鸜鵒來巢」相類。春秋時以鸜鵒乃夷狄之鳥，不當來入中國。魯大夫師己解其兆曰：「童謠有之，曰：『鸜之鵒之，公出辱之。……稠父（昭公名）喪勞，宋父（昭公弟）以驕。鸜鵒鸜鵒，往歌來哭。』」〔註52〕其言謂：鸜鵒本非魯產，不當南踰濟水，今既來巢，將致國君出奔。其後魯昭公果爲季氏所攻，出奔於齊，薨於乾侯，而宋父即位爲定公。是則《春秋》之「童謠」與賈誼之「讖書」相近，皆有預言之效。

然而王充論此類異事，以爲彼等實無先驗之功，曰：「野鳥雖殊，其占不異。夫鳳騏之來，與野鳥之巢、服鳥之集，無以異也。」〔註53〕並析述所以應驗之故，曰：

> 鸜鵒之巢，服鳥之集，偶巢、適集，占者因其野澤之物，巢集城宮之
> 內，則見魯國且凶、傳舍人不吉之瑞矣。非鸜鵒、服鳥知二國禍將至，而
> 故爲之巢集也。（《論衡·指瑞篇》）

其言以爲：占者因罕見事物之或至，乃附會徵兆，妄言吉凶，實則該物本身與異象之驗否，全然無關。近人丁鼎亦謂：「仔細的揣摩一下（鸜鵒）童謠的內容，我們就會想到上述記載有可能是倒因爲果、顛倒了時序。……可能是昭公客死於乾侯之後，人們才將昭公被逐與當時鸜鵒來巢之事聯繫起來。」〔註54〕

此類「鸜鵒來巢」與賈誼「鵩集」、陸賈「目瞤、火花、鵲噪、蛛集」等異事，雖多屬附會，惟或偶有所驗，足供日常面臨時之依準，當時遂有裒集此類有迹可循之異事以爲專書者，並傳諸世，供用者遵循。此類預言福禍之專書，時人名曰「讖書」。

賈誼「發（讖）書」之舉，疑或類似今日之「求籤」。呂思勉嘗比覈《說文》「讖，驗也，有徵驗之書」、「籤，驗也」，以爲「讖、籤」二字「音義皆同，即今所謂豫言也」。又謂：「今所謂求籤，實即求讖，乃古之遺言也。」〔註55〕今人心有所疑，則求籤、問卜，以得行事依據，與賈誼有疑而「發書占之」，實爲「人同此心」之反應也。

與此類「讖書」相似之專書，《漢書·藝文志》頗見載錄，如「雜占書」專門「紀百事之象、候善惡之徵」，有《嚏耳鳴雜占》十六卷、《人鬼精物六畜變怪》二十一卷

〔註51〕〔唐〕徐堅：《初學記》卷30，頁729引《龍魚河圖》。又見黃奭輯：《河圖》，卷1，頁11、55。

〔註52〕〔周〕左丘明：《春秋左傳·昭公二十五年》夏載事。

〔註53〕黃暉：《論衡校釋》卷17，〈指瑞篇〉頁750。

〔註54〕丁鼎：《神祕的預言——中國古代讖言研究》頁39。

〔註55〕呂思勉：〈圖讖一〉，收入呂思勉：《呂思勉讀史札記·乙帙》頁740。

等〔註56〕；又有「舉人及六畜骨法之度數」，「求其聲氣、貴賤、吉凶」之《相人》二十四卷、《相六畜》三十八卷。班固以爲此類「相形」之術，「非有鬼神，數自然也」〔註57〕，是則與賈誼、《淮南》所言之「讖書」，內容應相似，惟不以「讖」名而已。觀「漢末郎中郗萌，集圖、緯、讖、雜占爲五十篇，謂之《春秋災異》」〔註58〕，可知「雜占」與「圖書、讖緯」之類，迄至後漢，仍有人視爲一類也。

范曄嘗謂：「河洛之文，龜龍之圖，箕子之術，師曠之書，緯候之部，鈐決之符，皆所以探抽冥賾，參驗人區，時又有同者焉。」〔註59〕今存之緯書，有名「圖」（《易稽覽圖》）、名「候」（《尚書中候》）、名「鈐」（《尚書璇璣鈐》）、名「決」（《孝經鈎命決》）、名「符」（《春秋感精符》）者，可知范曄視「緯書」與《河》、《洛》、《師曠書》等，皆同爲「探抽冥賾，參驗人區」之書。而《師曠書》三卷，見錄於《隋書·經籍志》「五行類」，列次於《海中仙人占災祥書》之前，陳槃以爲此書「蓋東漢時讖緯家本諸前漢《師曠》八篇而別標名目之書」〔註60〕。考諸《後漢書》載光武帝時，蘇竟嘗斥責假藉祥瑞謀反之劉龔，「猥以《師曠雜事》，輕自眩惑」〔註61〕，可知當屬災祥占驗之書。

細覈蘇竟以《師曠雜事》爲陰陽書，未與泛稱之「讖」混淆，且彼時（約西元26）光武帝尚未宣布圖讖八十一卷，其後頒定時（西元56），亦未將此書收入官定本中，是以《師曠雜事》實與東漢流行、今日學界所探討之「緯書」主體（即光武帝官定、鄭玄與宋均皆有注解之圖讖八十一卷）並無牽涉，而范曄、《隋志》混言之，《宋書·符瑞志》襲二人說辭以之爲「讖」，皆爲後世衍生之觀念，並非東漢眞有其實也。

此外，《隋書·經籍志》又有《劉向讖》一卷、《雜讖書》二十九卷、《尹公讖》四卷、《老子河洛讖》一卷、《孔老讖》十二卷〔註62〕，則讖之內容，除光武帝宣布之八十一卷外，又雜入道家者流矣。可見東漢初年光武帝官定之「圖讖」，於南北朝以後已與《師曠雜占》及緯、候、鈐、決等名義混爲一談矣。此亦造成今日讖緯學於範圍、名義之界定上，輒致混淆之結果。

顧頡剛謂：「讖緯……是在向、歆父子校書之後纔出現的，這種東西是王莽時的

〔註56〕〔漢〕班固：《漢書》卷30，〈藝文志·數術略·雜占〉頁1772、1773。

〔註57〕〔漢〕班固：《漢書》卷30，〈藝文志·數術略·雜占〉頁1774、1775。

〔註58〕〔唐〕魏徵：《隋書》卷32，〈經籍志〉頁941。

〔註59〕〔劉宋〕范曄：《後漢書》卷82上，〈方術列傳〉頁2703，范曄〈序言〉。

〔註60〕見陳槃：〈師曠占、師曠書、師曠紀〉，收入陳槃：《古讖緯研討及其書錄解題》頁293～299。案：《漢書·藝文志》有《師曠》六篇，班固列入「小說家」，並注云：「見《春秋》，其言淺薄。」可知是書此時尚未流入「五行、災祥」中。

〔註61〕〔劉宋〕范曄：《後漢書》卷30上，〈蘇竟傳〉頁1041。

〔註62〕〔唐〕魏徵：《隋書》卷32，〈經籍志〉頁940。

種種圖書、符命激起來的。零碎的讖固然早已有了，但其具有緯的形式，以書籍的體制發表它的，決不能早於王莽柄政的時代。」〔註63〕以爲「讖」乃王莽時「圖書、符命」激發而來，並「以書籍的體制發表」。是其所言僅著重政權攘奪而衍爲解經之「讖」，並未涵括賈誼時已出現日常生活之「讖」也。

前述或眞或假之「讖語」、秦穆之「寤夢」、晉文之「牛鳴」、武王之「綠圖」，與日常生活中有迹可尋之「鵲噪」預言等，或流爲「雜讖書」、「劉向讖」之類「生活讖語」，或流爲「赤伏符」之類「政治讖語」，後者又經帝王提倡，乃逐漸牽合經義，以提高其學術地位。

四、與光武帝「官定圖讖」有關之經解專著

由上所述，可知先秦迄漢之「讖」，當別爲兩類：一爲執政者政權爭攘、虛張聲勢之用，一爲百姓日常生活之憑依。前者源起甚早，初無專書而散見於各代，迄王莽攝政，寖欲篡漢之際，始藉朝廷之力，僞造刊行《符命》四十二篇，並宣布於天下；後者若百姓日用之讖，則早有專書，漢初之賈誼、《淮南》皆嘗用之。然而此二類「讖文」皆與儒家之經典無關。與儒家經義有所牽涉者，當爲成書於西漢，頗言災異而未嘗名「讖」之解經專著，如伏生《尚書大傳》、董仲舒《春秋災異》、京房《易傳》、劉向《洪範五行傳》之流，《四庫全書總目》以爲「核其文體，即是緯書，特以顯有主名，故不能託諸孔子」〔註64〕。此類預言災異、祥瑞之經解，東漢光武帝時，由朝臣學者擇要編入官定圖讖八十一卷中，乃逐漸比傅爲與「經書」相輔助之「讖書」（亦即學者所指稱「配經」之「緯書」）〔註65〕。

呂宗力嘗「將緯書思想與西漢前期今文學的代表著作《尚書大傳》、《公羊傳》、《春秋繁露》作一番對照」，發現緯書與今文學著作文意相同或相似者：「《尚書大傳》爲四十八例，《公羊傳》爲三十三例，《春秋繁露》爲六十三例。」因而循此結論推斷：「孟、焦、京《易》學，齊《詩》學，二戴《禮》學，大小夏侯、劉向《尚書》學，《穀梁春秋》學等對緯書的影響，也予人深刻的印象」〔註66〕。可見緯書之比傅當有其實也。呂氏又云：「如果對這些資料作一全面整理，緯書中的政治思想、倫理思想、禮樂制度的源流就比較清楚了。」〔註67〕

〔註63〕顧頡剛：《秦漢的方士與儒生》頁128。

〔註64〕〔清〕紀昀：《四庫全書總目提要》卷6，〈易類六・附錄〉頁45。

〔註65〕比附之實，見鍾肇鵬：《讖緯論略》第五章〈讖緯與漢代今文經學〉。

〔註66〕呂宗力：〈緯書與西漢今文學〉，見安居香山編：《讖緯思想之綜合的研究》頁397、425。

〔註67〕全上引，頁426。

呂氏此言可謂創見，雖則所舉例證頗有浮泛失實之處〔註68〕，然已使讖緯學之研究另闢蹊徑矣。余初始尋繹讖文源流時，除比對各篇讖緯文句複見之狀況，以推測諸緯互襲之概況外，亦博蒐秦、漢文獻中與讖文字句相同或相似處，以求其源。其後既得數十組結果，衷心頗以爲喜，及閱呂氏之文，乃訝於呂氏已早我先得矣。此亦可證：讖緯之研究，殆有另一視野爲歷來學者所忽略者也。

「圖讖」本以災異、祥瑞爲主，解經實非其旨意所在，而後世所以輒將解釋經義之《大傳》、《繁露》、《洪範五行傳》等書與「讖緯」混淆難分，蓋以彼此皆有相近之內容所致。考《漢書・劉向傳》云：

> 向見《尚書・洪範》，箕子爲武王陳五行、陰陽休咎之應。向乃集合上古以來，歷春秋、六國，至秦、漢符瑞災異之記，推迹行事，連傳禍福，著其占驗，比類相從，各有條目，凡十一篇，號曰《洪範五行傳論》。（卷36，頁1590）

所言「符瑞災異」、「著其占驗」，實與董仲舒之災異學、京房之《易傳》及漢代讖語內容相近。是以班固乃謂：

> 漢興，承秦滅學之後，景、武之世，董仲舒治《春秋》，始推陰陽，爲儒者宗。宣、元之後，劉向治《穀梁春秋》，數其　福，傳以〈洪範〉，與仲舒錯。（《漢書》卷27上，〈五行志〉頁1317）

又云：

> 漢興，推陰陽、言災異者，孝武時有董仲舒、夏侯始昌，昭、宣則眭孟、夏侯勝，元、成則京房、翼奉、劉向、谷永，哀、平則李尋、田終術。此其納說時君著明者也。察其所言，仿佛一端。假設經誼，依託象類，或不免乎「億則屢中」。（《漢書》卷75，〈李尋傳〉頁3194）

「推陰陽、言災異」、「億則屢中」，皆即「讖」之原始功用；而「假設經誼」則爲光武帝頒定「經讖」八十一卷之眞正目的也。是以清徐養原考論曰：

> 緯書當起於西京之季，而圖讖則自古有之。……蓋前漢說經者好言災

〔註68〕如論定《大傳》「定鐘石、論人聲、乃及鳥獸」一語，意同《樂叶圖徵》「樂聽其聲，和以音，考以俗，驗以物類」，實屬牽強。又誤以《周禮・秋官司寇》之賈公彥《疏》文爲《孝經援神契》本文，故謂該條源出《大傳》。考《周禮・秋官司寇》「佐王刑邦國」，鄭注：「《孝經說》曰：『刑者，側也，過出罪施。』」賈《疏》云：「『《孝經說》曰』者，《孝經援神契・五刑章》曰：『刑者，側也。』『過出罪施』者，下側爲著也。行刑者，所以著人身體，過誤者出之，實罪者施刑，是以《尚書》云：『眚災肆赦，怙終賊刑。』」（卷34，頁1）呂氏未察賈《疏》文例，因誤判「過誤者出之……怙終賊刑」爲緯文。再者，《樂稽耀嘉》言「賜姓」一條，與《繁露・三代改制質文》全同，呂文亦未言及。

異,《易》有京房,《尚書》有夏侯勝,《春秋》有董仲舒,其說頗近於圖

讖,著緯書者因而文飾之。〔註69〕

京房等人著書「頗近於圖讖」,是以後世學者頗視其書爲讖,甚或假藉名義造僞「讖

書」,陳槃即謂:「京房有《易緯》,《易候》,《易鈔》,劉向有《劉向讖》等,世皆

以爲讖緯書。」又云:「其間憑依僞附,諒亦不免,要不失爲諸君研習讖緯之一種

暗示。」〔註70〕可知此類敘說「災異」之經解,後世遭假借而衍生爲政權攘奪所

用之「劉向讖」者流〔註71〕,故於史料文獻中較受學者忽視,呂思勉即論此類讖

語曰:「所謂讖者,亦家人言耳,無與於國家興亡之大事也。有國有家者,偶或以

此自神,則亦如閭里之小知者之所爲,所言者特一姓之事,未有能知歷代興亡,

帝王統緒者。」〔註72〕以下略述成帝以後假藉政治手段,造作讖語,以遂所圖之

史實。

第四節　成帝迄莽新時造讖事例

漢初多見方士爲帝王所造作之讖語,如文帝時有玉杯延壽之僞,武帝朝有帛書

飯牛、鼎書封禪諸事,幸以君王聖明,國力未衰,方士詐謀尚未造成立即傷害。迄

於成帝,既酖溺酒色,外戚、嬖倖橫恣專政,漢家寖有中衰阢隉之象,因而示警之

謠讖如「燕燕尾涎涎」、「黃爵巢其顚」〔註73〕等,亦往往而有。此時雖有劉向、歆

父子各撰《洪範五行傳》,專事解說災異之事,與東漢「緯書」所言之占驗文意相類,

惟其本初以詮解《尚書大傳》與五行生剋爲意,並非讖緯之流,是以東漢張衡論曰:

「讖書始出,蓋知之者寡。自漢取秦,用兵力戰,功成業遂,可謂大事,當此之時,

莫或稱讖。若夏侯勝、眭孟之徒,以道術立名,其所述著,無讖一言。劉向父子領

校祕書,閱定九流,亦無讖錄。成、哀之後,乃始聞之。」〔註74〕

〔註69〕〔清〕徐養原:〈緯候不起於哀平辨〉,收入〔清〕嚴杰:《經義叢鈔》,《皇清經解》
　　　　卷1390,頁28。

〔註70〕陳槃:〈讖緯溯源上〉,《史語所集刊》第11本,頁331。按:京房著作中並無《易
　　　　緯》,陳氏所言偶失查證也。

〔註71〕《劉向讖》爲後世假名附會者,書目見〔唐〕魏徵:《隋書》卷32,〈經籍志〉頁940。
　　　　其內容應屬政權攘奪之預言,如宋武帝將取代東晉,太史令駱達奏陳天文符讖謂:「劉
　　　　向讖曰:『上五盡寄致太平,草付合成集羣英。』前句則陛下小諱,後句則太子諱也。」
　　　　(〔梁〕沈約:《宋書》卷27,〈符瑞志上〉頁786)

〔註72〕呂思勉:〈圖讖二〉,載入《呂思勉讀史札記・乙帙》頁741。

〔註73〕分見〔漢〕班固:《漢書》卷27,〈五行志中之上〉頁1395、1396。

〔註74〕〔劉宋〕范曄:《後漢書》卷59,〈張衡列傳〉頁1912。

一、成帝、哀帝時讖言浸起

朝臣奏疏內容頗類後世之讖書文字者，頻見於成帝之時，史籍實例斑斑可考，如谷永深究天官星象與京氏《易》，最善言說災異，永始二年（前 15）星隕如雨，谷永答詔問，曰：「日月星辰燭臨下土，其有食隕之異，則遐邇幽隱靡不咸睹。星辰附離于天，猶庶民附離王也。王者失道，綱紀廢頓，下將叛去，故星叛天而隕，以見其象。」〔註75〕又如元延元年（前 12）災異繁多，谷永上言：「垂三統，列三正，去無道，開有德」，「明天下乃天下之天下，非一人之天下也」，「黎庶和睦，則卦氣理效，五徵時序，百姓壽考，庶艸蕃滋，符瑞並降，以昭保右」，「災異屢臻，日月薄食，五星失行，山崩川潰，水泉踊出，妖孽並見，茀星耀光，饑饉荐臻，百姓短折，萬物妖傷」〔註76〕。其中「天下乃天下之天下」一句，《尚書中候·立象》襲用；「山崩川潰，水泉踊出」見於《詩緯》、《尚書中候·摘雒戒》；行文與詞義皆具東漢官定圖讖之特質。

再者，李尋亦為好言災異且與朝臣親近之方士，綏和二年（前 7）春，熒惑守心，李尋進言宰相曰：「今提揚眉，矢貫中，弓且張，金歷庫，土逆度，輔湛沒，火守舍，萬歲之期，近慎朝暮。」〔註77〕所言極似經讖中之三字歌謠文體。

可知成帝時，朝臣論及國運之奏疏中，類似圖讖之文句浸次增多，更有造作「讖書」以遂其詐術者，其中以《赤精子讖》最令人矚目。

成帝時（約前 23）〔註78〕，齊人甘忠可詐造《天官曆包元太平經》十二卷，以言「漢家逢天地之大終，當更受命於天」，並藉口「天帝使真人赤精子，下教我此道」。後世稱此書曰《赤精子讖》。惟中壘校尉劉向奏：「忠可假鬼神罔上惑眾。」下獄治服，未斷而忠可病死，其事乃止。

成帝無嗣而崩，哀帝以元帝庶孫即位，年號建平（前 6），夏賀良又取《包元太平經》奏上，盛陳「漢國再受命之符」，並言「漢家運歷中衰，當再受命。成帝不應天命，故絕嗣」。迄二年（前 5）春，哀帝久寢疾，冀其有益，遂從其議，六月甲子詔改建平二年為「太初元將元年」，號曰「陳聖劉太平皇帝」。事下奉車都尉劉歆議論，歆以為「不合五經，不可施行」。其後帝疾自若，變異屢仍，所倡言之事皆不驗，

〔註75〕〔漢〕班固：《漢書》卷 27，〈五行志下之下〉，頁 1510。

〔註76〕〔漢〕班固：《漢書》卷 85，〈谷永傳〉頁 3466～67。

〔註77〕〔漢〕班固：《漢書》卷 84，〈翟方進傳〉頁 3421。

〔註78〕顧頡剛：《顧頡剛讀書筆記》謂「劉向作中壘校尉在陽朔二年（前 23）」（頁 1260）。錢穆：〈劉向歆父子年譜〉亦於陽朔二年條下，載「以向為中壘校尉」。（見錢穆：《兩漢經學今古文評議》頁 36）可知《包元太平經》當在此時以後奏上。

八月丁巳「悉復除之」，賀良等人遂伏誅〔註 79〕。此一讖書，當屬成、哀之際方士造作，朝臣附會，影響頗為深遠之政治讖語專書，惟已由詳校蘭臺祕書之劉向、歆父子二次驗定，皆明言其偽。

建平四年（前 3）春，民驚走，持稾或栴一枚，傳相付與，曰「行詔籌」，又爭祠西王母，並有傳書曰：「母告百姓，佩此書者不死。不信我言，視門樞下，當有白髮。」其釋文頗類後世鄭玄、宋均注解圖讖之語。杜鄴上疏解說此「傳書」，曰：

> 《春秋》災異，以指象為言語。「籌」，所以紀數。「民」，陰，水類也。水以東流為順走，而西行，反類逆上。象數度放溢，妄以相予，違忤民心之應也。「西王母」，婦人之稱。「博弈」，男子之事。於街巷仟伯，明離闑內，與疆外。臨事盤樂，炕陽之意。「白髮」，衰年之象，體尊性弱，難理易亂。「門」，人之所由；「樞」，其要也。居人之所由，制持其要也。其明甚者。（《漢書》卷 27 下之上，〈五行志下之上〉頁 1476）〔註 80〕

是年，哀帝欲封親舅王商等五侯，天適赤黃，晝昏，日中有黑氣，尚書僕射鄭崇乃諫曰：

> 無故欲復封商，壞亂制度，逆天人心，非傅氏之福也。臣聞師曰：『逆陽者厥極弱，逆陰者厥極凶短折，犯人者有亂亡之患，犯神者有疾夭之禍。』故周公著戒曰：『惟王不知艱難，唯耽樂是從，時亦罔有克壽。』故衰世之君夭折蚤沒，此皆犯陰之害也。（《漢書》卷 77，〈劉輔傳〉頁 3255）

鄭崇引述「師曰」、「周公著戒」云云，蓋言逆天亂度，將致朝廷蔓生災祥。其語頗類〈洪範〉災異等經解句式，光武帝編定圖讖時，或嘗擷取此類語詞為讖文。惟此時哀帝體尊性弱，常年臥疾，非但未能振衰起弊，反而誤信方士詿言，遂使朝廷上下侈傳訞言，民間百姓競造邪說，讖語遂成亡國之徵，漢祚亦微而難返。其後國事疲弊，哀帝果以久疾而崩，適以印證杜鄴、鄭崇所為解說之靈驗也。由此亦可窺知哀帝時說「讖」風氣之大要。

二、王莽時期造讖事例

「讖語」中政權攘奪諸例，多為事後追述、附會者，自秦末黔首偽刻石銘（前 211）、

〔註 79〕 《包元太平經》諸事，分別見於〔漢〕班固：《漢書》卷 75，〈李尋傳〉頁 3192；〈哀帝紀〉卷 11，頁 340；〈天文志〉卷 26，頁 1312。〔劉宋〕范曄：《後漢書》卷 1 下，〈光武帝紀〉頁 86。

〔註 80〕 「行詔籌」事，又見〔漢〕班固：《漢書》卷 26，〈天文志〉頁 1311；卷 85，〈杜鄴傳〉頁 3476；〔漢〕荀悅：《漢紀》卷 29，頁 1。

吳廣造作丹書（前 209），迄東漢末董卓欲循《石包讖》遷都（西元 190）〔註81〕，三百年間，秦、漢文獻中所載造讖之事，實不勝枚舉，而以王莽時爲最盛。是以後世咸謂「讖起哀、平」，即指此事也。

初，元始四年（前 4），安漢公王莽爲宣明德化，萬國齊同，乃選派太僕王惲等八人，使行風俗〔註82〕。五年春，風俗使者八人還，言「天下風俗齊同」，並詐爲郡國造歌謠，頌功德，凡三萬言。王莽奏請爲定著令。又上奏請施行「市無二價，官無獄訟，邑無盜賊，野無飢民，道不拾遺，男女異路」等理想政制，犯者象刑〔註83〕。由此乃有浸次詐造類似圖讖之「歌謠文字」諸事矣。

五年五月，王莽因歌謠著令，諷使羣臣吏民誦其功德，遂議九錫之法，於是「吏民上書薦莽者，前後四十八萬七千五百七十二人」〔註84〕，而公卿大夫、博士、議郎、列侯張純等九百二人皆奏曰：

> 聖帝明王招賢勸能，德盛者位高，功大者賞厚。故宗臣有九命上公之尊，則有九錫登等之寵。……謹以六藝通義，經文所見，《周官》、《禮記》宜於今者，爲九命之錫。臣請錫命。（《漢書》卷 99 上，〈王莽傳上〉頁 4072）

詔許其議。於是王莽稽首再拜，受「綠韍袞冕衣裳，瑒琫瑒珌，句履，鸞路乘馬，龍旂九旒，皮弁素積，戎路乘馬，彤弓矢，盧弓矢，左建朱鉞，右建金戚，甲冑一具，秬鬯二卣，圭瓚二，九命青玉珪二，朱戶納陛」〔註85〕。惟此「九錫」乃羣臣據「六藝」、「經文」所商定者，與緯書《禮含文嘉》所載「九錫」不同〔註86〕。

「九錫之命」雖不見「讖緯」痕跡，而平帝詔文所言，則頗見造作「符命」之跡。詔曰：

> （王莽）輔朕五年，……《詩》之靈臺，《書》之作雒，鎬京之制，商邑之度，於今復興。……尋舊本道，遵術重古，動而有成，事得厥中。至德要道，通於神明，祖考嘉享。光耀顯章，天符仍臻，元氣大同。麟鳳龜龍，眾祥之瑞，七百有餘。……今加九命之錫，其以助祭。（《漢書》卷

〔註81〕〔劉宋〕范曄：《後漢書》卷 54，〈楊彪傳〉頁 1787。

〔註82〕〔漢〕班固：《漢書》卷 10，〈成帝紀〉頁 359。又見〔劉宋〕范曄：《後漢書》卷 81，〈獨行列傳〉頁 2666；〔漢〕荀悅：《漢紀》卷 30，頁 5。

〔註83〕〔漢〕班固：《漢書》卷 99 上，〈王莽傳上〉頁 4076。

〔註84〕〔漢〕班固：《漢書》卷 99 上，〈王莽傳上〉頁 4075。

〔註85〕〔漢〕班固：《漢書》卷 99 上，〈王莽傳上〉頁 4073。

〔註86〕〔唐〕孔穎達《禮記正義》引：「《禮含文嘉》云：『禮有九錫，一曰車馬，二曰衣服，三曰樂則，四曰朱戶，五曰納陛，六曰虎賁，七曰斧鉞，八曰弓矢，九曰秬鬯。』」（卷 1，〈曲禮〉頁 19）內容與王莽時九錫不同。

99 上，〈王莽傳上〉頁 4073）

詔中雖仍以《詩》、《書》爲據，惟賜九錫之故，乃因「天符仍臻」，「麟鳳龜龍，眾祥之瑞，七百有餘」，則符命、祥瑞之大量造生，乃成爲封爵行賞之有力依據矣。呂凱謂：「阿附苟合之徒，奏上者日多，先後竟得七百餘件。」〔註87〕誠不誣也。惟「符命仍臻」之內容實爲祥瑞異象，逮如「孝宣皇帝之時，鳳皇五至，騏驎一至，神雀、黃龍、甘露、醴泉，莫不畢見」，「祭后土天地之時，神光靈耀，可謂繁盛累積矣」〔註88〕。此類祥瑞皆屬民間所見之異象，與儒家經籍並無關係。

是秋，王莽「既致太平，北化匈奴，東致外海」，遂欲重定疆域，因「〈堯典〉十有二州」，乃奏言：「謹以經義正十二州名分界，以應正始。」〔註89〕十二州之說，亦與後世《春秋文曜鉤》所言「七星主九州」不同。

十二月丙午，平帝崩，無子，《漢書》載王莽主導擇選嗣王之事，云：「時元帝世絕，而宣帝曾孫有見王五人，列侯廣戚侯顯等四十八人，莽惡其長大，曰：『兄弟不得相爲後。』乃選玄孫中最幼廣戚侯子嬰，年二歲，託以爲卜相最吉。」〔註90〕

由上可知，王莽既「考論五經定取禮」，又諷令羣臣據「六藝」「經文」以議九命之錫，復依〈堯典〉「經義正十二州名分界」；當平帝之崩，更假藉卜相以定嗣王。考王莽所爲諸事，皆依經義而未恃其所擅長之「讖言」爲助，則是「圖讖、符命」之說雖多至七百餘件，顧未有集結專書，更未牽涉經義也。

王莽牽涉入「讖言」之最早載錄，當爲元始五年（西元 5）十二月平帝崩殂之時。王莽既立孺子嬰，「武功長孟通浚井得白石，上圓下方，有丹書著石，文曰『告安漢公莽爲皇帝』」，王莽陽爲謙讓，私下則諷使羣臣以此「丹石之符」白太后，令己晉位於居攝，如周公故事〔註91〕。

惟王莽雖藉白石丹書篡位，而羣臣奏言與王莽謙辭，仍據《尚書大傳》、《尚書》、《禮・明堂記》、《逸周書・嘉禾篇》等儒學正經爲辭，並未雜入任何讖語〔註92〕。雖然自此以後，王莽「居攝篡弒之際，天下之士莫不競褒稱德美，作符命以求媚容」〔註93〕，而班固亦謂「符命之起，自此始矣」〔註94〕，其所指仍爲政治性之符命讖

〔註87〕　呂凱：《鄭玄之讖緯學》（臺灣商務印書館），頁 45。陳槃：〈秦漢間之所謂「符應」論略〉亦言及此事，見陳槃：《古讖緯研討及其書錄解題》頁 44～45。
〔註88〕　分別見於〔漢〕王充：《論衡》卷 17，〈指瑞篇〉頁 743；卷 19，〈宣漢篇〉頁 820。
〔註89〕　〔漢〕班固：《漢書》卷 99 上，〈王莽傳上〉頁 4077。
〔註90〕　〔漢〕班固：《漢書》卷 98，〈元后傳〉頁 4031。卜相事，又見卷 99 上，〈王莽傳上〉頁 4078；卷 84，〈翟方進傳〉頁 3426；〔漢〕荀悅：《漢紀》卷 30，頁 6。
〔註91〕　〔漢〕班固：《漢書》卷 99 上，〈王莽傳上〉頁 4078。
〔註92〕　〔漢〕班固：《漢書》卷 99 上，〈王莽傳上〉頁 4080、4167。
〔註93〕　〔劉宋〕范曄：《後漢書》卷 28 上，〈桓譚傳〉頁 956。

語，內容與儒家經義並無關係。

王莽既居攝，乃漸次造讖爲據，以行奪政之實。居攝二年（西元 8）十月，前宰相翟方進之子翟義奉宗室劉信起義興漢，莽乃仿《周書》作〈大誥〉，文曰：

> 太皇太后肇有元城沙鹿之右，陰精女主聖明之祥，配元生成，以興我天下之符，遂獲西王母之應，神靈之徵，以祐我帝室。……昔我高宗崇德建武，克綏西域，以受白虎威勝之瑞，天地判合，乾坤序德。太皇太后臨政，有龜龍麟鳳之應，五德嘉符，相因而備。《河圖》、《雒書》遠自昆侖，出於重�。古讖著言，肆今享實。（《漢書》卷84，〈翟方進傳〉頁3432）

所言「《河圖》、《雒書》遠自昆侖，出於重壋。古讖著言，肆今享實」、「龜龍麟鳳之應」等語，皆有類讖語。而「古讖」一詞，實爲王莽言「讖」之首見者，此亦王莽自恃篡位必成之依據也。所謂「古讖」，或即成、哀時之《赤精子讖》也。

逮居攝三年十一月，王莽欲「受命」篡漢時，嘗藉口「漢家氣數已盡」，奏言元后曰：「案其本事，甘忠可、夏賀良讖書臧蘭臺。」〔註95〕是前世所詐造，劉向、歆父子所駿斥之僞書，王莽已視爲藏諸蘭臺、預言國運之「讖書」矣。

除王莽假藉前世所僞造讖書之外，羣下亦頗見造作，除上述武功丹石之外，三年十一月九日有巴郡石牛之祥，十五日有扶風雍石之文，二十一日又有齊郡新井之異，乃齊郡臨淄縣昌興亭長辛當，一暮數夢神人告曰：「吾，天公使也。天公使我告亭長曰：『攝皇帝當爲眞。』即不信我，此亭中當有新井。」亭長晨起視亭中，誠有新井，入地且百尺〔註96〕。王莽皆與太保王舜等人迎受祥符，且奏言太后曰：

> 臣與太保安陽侯舜等視，天風起，塵冥，風止，得銅符帛圖於石前，文曰：「天告帝符，獻者封侯。承天命，用神令。」騎都尉崔發等眡說。（《漢書》卷99上，〈王莽傳上〉頁4093）

於是眾庶知王莽奉承符命，羣臣亦博議別奏，以視居攝即眞之漸矣。疏中「天告帝符」之語，與《論語比考讖》「河圖將來告帝符」、《中候握河紀》「河圖將來告帝以期」頗爲相似。然而《論語讖》等乃倡言周公歸政、成王鼓琴歌太平之事，與王莽以「居攝即眞」爲意者，實相違背，可知必非王莽即政之前及新莽建國之初所能容忍者。是以張衡謂圖讖「大起於哀、平之際」，於此類「還政天子」之讖語並不相符也。

〔註94〕〔漢〕班固：《漢書》卷99上，〈王莽傳上〉頁4079。

〔註95〕〔漢〕班固：《漢書》卷99上，〈王莽傳上〉頁4093。

〔註96〕〔漢〕班固：《漢書》卷99上，〈王莽傳上〉頁4093。

　　先此，梓潼人哀章「見莽居攝，即作銅匱，爲兩檢，署其一曰『天帝行璽金匱圖』，其一署曰『赤帝行璽邦傳予黃帝金策書』」。「邦」者，高祖之名也。《金策書》詐言：「王莽爲眞天子，皇太后如天命。」所爲之「圖、書，皆書莽大臣八人，又取令名王興、王盛，（哀）章因自竄姓名，凡爲十一人，皆署官爵，爲輔佐」〔註97〕。哀章既聞齊井、石牛等符命事下，乃衣黃衣，持匱至高祖廟。王莽聞知其事，遂御王冠，於二十七日至高廟拜受「金匱神嬗」。拜受之後，乃謁太后，並自下詔書曰：

　　　　赤帝漢氏高皇帝之靈，承天命，傳國金策之書，予甚祇畏，敢不欽受！
　　以戊辰直定，御王冠，即眞天子位，定有天下之號曰新。其改正朔，易服
　　色，變犧牲，殊徽幟，異器制。以十二月朔癸酉爲建國元年正月之朔，以
　　雞鳴爲時。（《漢書》卷99上，〈王莽傳上〉頁4095）

「即眞天子位」、「號曰新」，皆由哀章造僞之圖、書而得。王莽既藉圖讖纂位，乃更創設「五威將」、「說符侯」等官職，專司頒布符瑞之事，並於始建國元年（西元 9 年），「班《符命》四十二篇於天下」，其中有〈德祥〉五事，〈符命〉二十五，〈福應〉十二，「其文爾雅依託，皆爲作說，大歸言莽當代漢有天下」〔註98〕。

　　諸多符瑞中，與莽新有直接關聯者，殆即〈福應〉十二篇，專言上帝降生十二福應，喻意王莽應即位建國，以解救蒼生。十二篇內容爲：

　　　　（1）武功丹石，（2）三能文馬，（3）鐵契，（4）石龜，（5）虞符，（6）
　　　　文圭，（7）玄印，（8）茂陵石書，（9）玄龍石，（10）神井，（11）大神石，
　　　　（12）銅符、帛圖。

十二福應者，武功丹石出於平帝末年（西元5），銅符、帛圖僞造於居攝三年（西元8），皆爲王莽於居攝前後四年中，諷使朝臣陸續造生者。

　　王莽既「封符命臣十餘人」〔註99〕，又以崔發爲說符侯，欲令「中德既成，天下說符」〔註100〕。臣民見此封賞，乃爭爲符命冀以封侯，其不爲者則相戲曰：「獨無天帝除書乎？」司命陳崇頗以爲患，乃白王莽曰：「此開姦臣作福之路而亂天命，宜絕其原。」王莽心亦厭之，遂於始建國二年（西元 10），使尚書大夫趙並驗治，其非五威將率所班者皆下獄〔註101〕。始建國五年，王莽欲遷都雒陽，長安民不肯繕

〔註97〕〔漢〕班固：《漢書》卷99上，〈王莽傳上〉頁4095。哀章事，又見〔漢〕荀悅：《漢紀》卷30，頁9。
〔註98〕「班符命」之引文，分見於〔漢〕班固：《漢書》卷99中，〈王莽傳中〉頁4116、4112～14。
〔註99〕〔漢〕班固：《漢書》卷99中，〈王莽傳中〉頁4110。
〔註100〕〔漢〕班固：《漢書》卷99中，〈王莽傳中〉頁4116。
〔註101〕〔漢〕班固：《漢書》卷99中，〈王莽傳中〉頁4122。

治室宅，或頗徹之，王莽乃謂：「玄龍石文曰：『定帝德，國雒陽。』符命著明，敢不欽奉！以始建國八年，歲纏星紀，在雒陽之都。其謹繕脩常安之都，勿令壞敗。敢有犯者，輒以名聞，請其罪。」〔註102〕

以此可知，王莽之好讖，並非好其內容，僅爲藉讖語售其政治詐謀而已。今考王莽朝政諸多設施，殆依《周官》、《左傳》等古文經傳義理爲之，而概未引據「讖緯」也。

王莽既禁臣民造讖，此後迄至莽新滅亡（西元22）之十三年間，兩漢史書所逐錄新朝君臣言詞類似讖語者，僅約七則，其文意皆異於今存之讖緯佚文〔註103〕。是可知後世學者所論述之「讖緯學」，實以光武帝官定之圖讖八十一卷爲主，少有王莽新朝所造生者。

官方之讖語外，民間亦有爲起義而造作讖文者。如新莽地皇二年（西元 21）秋，卜者王況爲魏成大尹李焉謀，曰：「新室即位以來，……百姓怨恨，盜賊並起，漢家當復興。君姓李，李音徵，徵，火也〔註104〕，當爲漢輔。」遂替李焉造作圖讖專書，以謀復漢室，其讖略云：「文帝發忿，居地下趣軍，北告匈奴，南告越人。江中劉信，執敵報怨，復續古先，四年當發軍。江湖有盜，自稱樊王，姓爲劉氏，萬人成行，不受赦令，欲動秦、雒陽。十一年當相攻，太白揚光，歲星入東井，其號當行。」又言莽大臣吉凶，各有日期，凡十餘萬言，然以事敗收捕，獄治皆死〔註105〕。同年，「莽以王況讖言『荊楚當興，李氏爲輔』，欲厭之，乃拜侍中掌牧大夫李棽爲大將軍」〔註106〕。李焉「讖書」實屬明知其僞而爲當時人所信守，且因緣載入史籍中並流傳廣徧者，其後甚至衍生爲「劉秀發兵捕不道」之著名讖記。

由上述可知，王莽之世詐造「讖言」者，僅風俗使者歌謠、《符命》四十二篇、李焉讖等三件，已高達「四十二篇」又「十三萬言」以上。惟民間讖書字數不論多寡，皆無篇目專名。以此亦可揣想王莽居攝、建新之十餘年間，圖讖造生風行之概況，是則張衡稱圖讖「大起於哀、平之際」，或可由此得證也。

〔註102〕〔漢〕班固：《漢書》卷99中，〈王莽傳中〉頁4132。

〔註103〕分別見於〔漢〕班固：《漢書》卷99下，〈王莽傳下〉頁4169、74、78、84、86、87。

〔註104〕古有「吹律定姓」之說，以「宮、商、角、徵、羽」五音以定姓氏之聲，如京房「本姓李，推律自定爲京氏」（〔漢〕班固：《漢書·京房傳》），《古今姓纂》亦云：「李姓音徵，京姓音角。」（〔宋〕謝維新：《古今合璧事類備要外集》引）又五音之「徵」，於四季爲夏，於四方爲南，於五行爲火，故王況曰：「李音徵，徵，火也。」

〔註105〕〔漢〕班固：《漢書》卷99下，〈王莽傳下〉頁4166。

〔註106〕〔漢〕班固：《漢書》卷99下，〈王莽傳下〉頁4168。

三、王莽時未見「經讖」專著

　　「經讖」者，說解經義之讖文也，後世又稱「緯書」。史書既謂王莽好符命，學者又持「讖緯大起於哀、平」之論，故認定莽新之時已有解經之讖書存在。惟詳覈正史載錄，王莽初入仕途，以迄平帝元始元年（西元 1 年）掌國大政、任安漢公時，與朝廷羣臣所奏言行事，輒引經義傳注，作爲僭踰之依據；而阿諛之輩欲求媚寵，所造作符命祥瑞，亦僅限於事蹟假象，絕無解經之「讖書」造生也。至若劉向校中秘書時，嘗見《圖書秘記》十七篇，《漢志》歸諸《數術略‧天文類》中，是其書與《漢五星彗客行事占驗》及《海中星占驗》等星經相似，《漢志》又云：「天文者，序二十八宿，步五星日月，以記吉凶之象。」〔註107〕可見《圖書秘記》與後世「經讖」並不相同。以下即依史料所載，逐年論述王莽時實無「經讖」專著存世。

　　元始三年（西元 3），王莽欲以己女婚配平帝爲皇后，以穩固其權勢，乃執五經文義爲請事依據，曰：「皇帝即位三年，長秋宮未建，……請考論五經，定取禮。」〔註108〕同年，大司徒司直陳崇欲稱王莽功德，請博通士張竦代撰奏疏，疏文凡二千字，多引《詩》、《書》、《易》、《左傳》經句，絕無類讖之語〔註109〕。可知此時王莽所言政事，佞臣欲求媚寵，皆引經義爲準據，尙未藉助讖言、符籙也。

　　如《漢書‧平帝紀》載：元始四年（西元 4），「徵天下通知逸經、古記、天文、歷算、鍾律、小學、史篇、方術、本草，及以五經、《論語》、《孝經》、《爾雅》教授者，在所爲駕一封軺傳，遣詣京師。至者數千人」〔註110〕，除五經、《爾雅》教授外，又徵「逸經」等九類專家。同書〈王莽傳〉亦載此事，而說辭略異，謂王莽奏言，請「起明堂、辟雍、靈臺，爲學者築舍萬區，……益博士員，經各五人。徵天下通一藝教授十一人以上，……皆詣公車。網羅天下異能之士，至者前後千數，皆令記說廷中，將令正乖繆，壹異說云」〔註111〕；除「通一藝」者外，又徵求通曉「逸禮、古書、《毛詩》、《周官》、《爾雅》、天文、圖讖、鍾律、月令、兵法、史篇、文字」等十二類學問之「異能之士」。可知朝廷所徵詔，實以「五經、《論語》、《孝經》」等「經博士」爲重，另外又旁及「通一藝」之異能人士。既藉此事以「正乖繆，壹異說」，則必據儒家傳統正經，而無與於讖文符命者〔註112〕。

〔註107〕〔漢〕班固：《漢書》卷30，〈藝文志〉頁1765。
〔註108〕〔漢〕班固：《漢書》卷99上，〈王莽傳上〉頁4052。
〔註109〕〔漢〕班固：《漢書》卷99上，〈王莽傳上〉頁4054～63。
〔註110〕〔漢〕班固：《漢書》卷12，〈平帝紀〉頁359。〔漢〕荀悅：《漢紀‧平帝紀》則
　　　　作：「徵天下有才能及小學、異藝之士，前後至者數千人。」（卷30，頁5）
〔註111〕〔漢〕班固：《漢書》卷99上，〈王莽傳上〉頁4069。
〔註112〕所徵異士並無「圖讖」一類，詳下節考論。

今取〈平帝紀〉、〈王莽傳〉所言，排比成表，以作相較〔註113〕：

〈平帝紀〉	逸經	古記			爾雅	天文	方術	鍾律	曆算	本草		小學	史篇
〈王莽傳〉	逸禮	古書	毛詩	周官	爾雅	天文	圖讖	鍾律	月令		兵法	文字	史篇

平帝此次徵才，除今文經學之外，又旁及十類學門（〈王莽傳〉作十二類），其中一項爲「方術」（〈王莽傳〉作「圖讖」），乃後人論及西漢末季盛行讖緯學之概況，多引以爲證者。惟此事頗有可疑。

蓋當時應詔而至者數千人，以古文經學爲主，又旁及天文、方術、曆算、兵法、小學等學門，項目繁複，並未特別重視「圖讖」；再者，〈王莽傳〉之「圖讖」，實即〈平帝紀〉之「方術」，僅爲所徵十二類中之一項而已；又次列於「天文」之後，當屬占驗之流，並非解經之書。更詳覈此時學術風潮，實無「圖讖」專書，亦無傳世之讖語需作「正乖繆，壹異說」之必要，觀諸後世史家追述此事，如《漢書·律曆志》云：「元始中王莽秉政，欲燿名譽，徵天下通知鐘律者百餘人，使羲和劉歆等典領條奏，言之最詳。」〔註114〕《後漢書·律曆志》亦曰：「王莽世，徵天下通鍾律之士，劉歆總而條奏之。」〔註115〕《漢紀》則謂：「徵天下有才能及小學異藝之士，前後至者數千人。」〔註116〕皆不言「圖讖」之事。故〈王莽傳〉所言，疑爲班固撰作時據後世成說熟語，以「圖讖」代〈平帝紀〉之「方術」爲詞也。

亦在是年，王莽遣風俗使者循行天下，明年乃返朝稱述「天下風俗齊同」，並詐爲郡國造歌謠，頌功德，凡三萬言。惟此類造作，以泛稱功德爲意，並未與儒家經義產生關聯。其稱頌文字當以王莽爲對象，亦不見於光武帝宣布之八十一卷圖讖之中，是以與後世讖緯學所依據之「緯書輯本」無關。

五年春，王莽任大司馬，欲改郊祀祭禮而論及「六宗」，乃數度上奏平帝，曰：

> 《書》曰：「類於上帝，禋于六宗。」歐陽、大小夏侯三家說六宗，皆曰上不及天，下不及墬，旁不及四方，在六者之間，助陰陽變化，實一而名六，名實不相應。《禮記》祀典，功施於民則祀之：天文日月星辰，所昭仰也；地理山川海澤，所生殖也。《易》有八卦，〈乾〉、〈坤〉六子，

〔註113〕按：〈平帝紀〉之「五經、《論語》、《孝經》」當與〈王莽傳〉之「通一藝教授十一人以上」相同，皆爲徵求已立官學之今文經教授。再者，〈平帝紀〉之「本草」、〈王莽傳〉之「兵法」，皆爲對方所無之項目。

〔註114〕〔漢〕班固：《漢書》卷21上，〈律曆志〉頁955。

〔註115〕〔劉宋〕范曄：《後漢書·志》第一，〈律曆上〉頁3000。又見〔北齊〕魏收：《魏書》（北京：中華書局，1987年）卷107上，〈律曆志上〉頁2657。

〔註116〕〔漢〕荀悅：《漢紀》卷30，〈平帝紀〉頁5。

水火不相逮，雷風不相誖，山澤通氣，然後能變化，既成萬物也。(《漢書》
卷 25 下，〈郊祀志下〉頁 1267)

疏中泛引經、傳之說，除《尚書》歐陽、大小夏侯三家說、《禮記》、《易》卦之外，
尚有《春秋穀梁傳》、《詩》等，絕無「讖語」雜入。故後人評曰：「《尚書》『禋于六
宗』，諸儒互說，往往不同。王莽以《易》六子，遂立六宗祠。」〔註117〕此皆可證：
王莽此時之學術，仍以儒家正經爲主，尚無光武帝時之經讖痕跡〔註118〕。

五年五月，王莽諷使朝廷爲己晉封九錫，主事大臣乃據「六藝」、「經文」以商
定「九錫」。其「九錫」之內容，與今傳緯書《禮含文嘉》「九錫者，車馬、衣服、
樂懸、朱戶、納陛、武賁、鈇鉞、弓矢、秬鬯也」，詳略明顯不同，其事已見上文考
述。可知此時並無後世「經讖」所言之「九錫」存在。

再者，哀帝賜封九錫之詔命，言及「天符仍臻，元氣大同。麟鳳龜龍，眾祥之
瑞，七百有餘」，可知此時所造生之祥符甚夥。然而詳覈「符命」之內容，皆以瑞徵
異象爲主，並未與儒家經義產生牽連，更未編造解經、配經之文字；至於詔命與奏
疏所論及封賞九錫之事由，仍爲引據《詩》、《書》、《禮》之正文無它。故後世所言
「讖緯大起哀、平」之「緯」字，於此時尚未見任何跡象也。是以「符命」之出現，
絕不能等同於解經之「讖緯書」出現也。

王莽首次言及「讖書」之載錄，當爲居攝二年（西元 7）撰〈大誥〉所云之「古
讖」一詞，其詞或爲指稱成帝時之《赤精子讖》也。此乃藉用前世成書，並非自造
專門讖書者。且《赤精子讖》經劉向、歆父子考定，皆明言其不合經義，可知此書
純爲方士造作，與解經之「緯」毫無瓜葛也。

再觀平帝初始元年（西元 8）十一月，王莽藉口齊井、石牛、哀章圖書等「符
命」，以遂其篡位建「新」之謀。細繹此類驟然興起之「福應」內容，與儒家經義毫
無關聯，全屬政治權力之攘奪造作者，更與王莽居攝前藉經義以文飾篡奪野心之用
詞大異，致使「疏遠欲進者，並作符命」，其不爲者亦相戲曰：「獨無天帝除書乎？」
〔註119〕可知此時「符命」之起，概爲時人求官乞祿而造作者。是以後世學者持光武
帝「圖讖八十一卷」以論新莽時之「符命」，毋乃風馬牛不相及之附會也。

至於符命編爲文字，且集結爲專書，當以元始五年王莽諷令風俗使者「詐爲郡

〔註117〕〔唐〕房玄齡：《晉書》卷 19，〈禮志上〉頁 596。又，〔唐〕賈公彥：《周禮注疏》
卷 18，〈大宗伯之職〉頁 5，亦有類似之語。
〔註118〕〔明〕孫瑴《古微書‧尚書帝命驗》收有「六宗」讖文一條，內容與王莽此處奏疏
不同。惟《帝命驗》此條實屬孫瑴誤收，並非光武帝詔編之圖讖佚文。詳見本書頁
217～219 考論。
〔註119〕〔漢〕班固：《漢書》卷 99 中，〈王莽傳中〉頁 4122。

國造歌謠，頌功德，凡三萬言，莽奏定著令」者爲首，其次乃居攝後所宣布之「《符命》四十二篇」，三則爲王莽所常言之《紫閣圖》，內容略謂：「太一、黃帝皆僊上天，張樂崑崙虔山之上。後世聖主得瑞者，當張樂秦終南山之上。」〔註120〕由此觀之，其內容概與儒家經義無關，更非爲解經、配經而撰作者。

史載：「莽性躁擾，不能無爲，每有所興造，必欲依古得經文。」國師劉歆論及「泉府」，而引《易》「理財正辭，禁民爲非」之言，王莽乃於始建國三年（西元11）下詔曰：「夫《周禮》有賒貸，《樂語》有五均，傳記各有幹焉。今開賒貸，張五均，設諸幹者，所以齊眾庶，抑兼也。」遂於長安及五都立五均官，以《周官》稅民，期抑止兼併之風〔註121〕。是王莽於建國之初，仍依據經義、傳記作爲施政準則，並無圖讖、符命之雜說也。

天鳳二年（西元15）前後，「莽意以爲制定則天下自平，故銳思於地里，制禮作樂，講合六經之說。公卿旦入暮出，議論連年不決」〔註122〕。四年六月，粗有所定，曰：「予制作地理，建封五等，考之經藝，合之傳記，通於義理，論之思之，至於再三，自始建國之元以來，九年于茲，乃今定矣。」〔註123〕所言「考之經藝，合之傳記」，皆與「圖讖」無涉，是以班固謂「莽好空言，慕古法」〔註124〕，王符亦謂：「莽爲宰衡，……卒以篡位，十有餘年，……動爲姦詐，託之經義，迷罔百姓，欺誣天地。」〔註125〕皆謂王莽「慕古法」、「託之經義」以施行政事，並未質言王莽與解經之讖語有任何關係。

王莽亦偶有解釋經文之作，類似鄭玄、宋均所作之讖語注解，如地皇四年（西元23）宗室劉伯升起義，大破莽軍於昆陽，王莽乃據《易·同人卦》九三爻辭「伏戎于莽，升其高陵，三歲不興」，解其兆象云：「『莽』，皇帝之名；『升』謂劉伯升；『高陵』謂高陵侯子翟義也。言劉〔伯〕升、翟義爲伐戎之兵於新皇帝世，猶殄滅不興也。」〔註126〕稍後，局勢愈危，王莽愈憂懼，不知所出，說符侯崔發乃謂：「《周禮》及《春秋左氏》：國有大災，則哭以厭之。故《易》稱『先號咷而後笑』。宜呼咩告天以求救。」莽因搏心大哭，氣盡，伏而叩頭〔註127〕。此類說辭與行止，頗類

〔註120〕〔漢〕班固：《漢書》卷99下，〈王莽傳下〉頁4154、4159。
〔註121〕「史載」云云，見〔漢〕班固：《漢書》卷24下，〈食貨志〉頁1179～80。
〔註122〕〔漢〕班固：《漢書》卷99中，〈王莽傳中〉頁4140。
〔註123〕〔漢〕班固：《漢書》卷99中，〈王莽傳中〉頁4149。
〔註124〕〔漢〕班固：《漢書》卷99中，〈王莽傳中〉頁4149。
〔註125〕〔漢〕王符：《潛夫論》卷3，〈忠貴〉頁117。
〔註126〕〔漢〕班固：《漢書》卷99下，〈王莽傳下〉頁4184。
〔註127〕〔漢〕班固：《漢書》卷99下，〈王莽傳下〉頁4187。

後世解經讖語之內容，惟皆不見於東漢官定之圖讖中。

　　蓋王莽「慕古法」，好古文經義，而今存之東漢圖讖佚文多用今文經義，是東漢圖讖當非纂成於王莽之手，亦非見於王莽之前。若王莽時已有依今文說解經義之讖書，莽必爲一己偏好與政治意圖強力壓制；若已有依古文經義而作之讖書存世，則王莽必藉爲篡奪之理據，不必再依附正經、傳記爲辭。是以顧頡剛亦謂：「緯書起時，新已滅亡，緯書中更無爲王氏作宣傳之辭也。」〔註128〕

　　總歸上述王莽時之「讖語」、「讖書」，其事頗類陸賈「非天命何以得之哉」之「瑞應」也，此類造「讖」之事，多用於政治權力之爭鬥中，可證新莽之世，並無後世所謂之「緯書」產生，而當時傳流之「讖」，亦與儒家經籍無關。使「讖」得以附會經義者，當自光武帝始，清徐養原謂：「圖讖乃術士之言，與經義初不相涉，至後人造作緯書，則因圖讖而牽合於經義。」〔註129〕亦頗得其實也。

第五節　光武帝官定圖讖始末

一、光武帝初年圖讖之流衍

　　史書或謂：哀帝即位之初（約前6），時傳讖語《赤伏符》曰：「劉秀發兵捕不道，四夷雲集龍鬭野，四七之際火爲主。」宗室劉歆因而改名曰「秀」，欲以合讖〔註130〕。其後光武帝劉秀竟藉此讖即位，此讖亦傳流廣遠，大享盛名。惟深究其源，實屬歷代史家誤傳。

　　其事肇起於新莽地皇二年（西元21）秋，卜者王況爲李焉謀，曰：「漢家當復興，君姓李，……當爲漢輔。」然於七月事敗收捕，獄治皆死。同年，「莽以王況讖言『荊楚當興，李氏爲輔』，欲厭之，乃拜侍中掌牧大夫李棽爲大將軍」（詳上文所述）。王莽說辭將「漢家當復興」易爲「讖言『荊楚當興』」，又將「李……當爲漢輔」省作「李氏爲輔」，是爲傳聞衍變之第一層。至地皇四年，道士西門君惠「好天文讖記，爲（衛將軍王）涉言：『星孛掃宮室，劉氏當復興。』國師公姓名是也。」〔註131〕事覺被殺，

〔註128〕顧頡剛：《中國上古史研究講義》頁275。

〔註129〕〔清〕徐養原：〈緯候不起於哀平辨〉，收入〔清〕阮元：《皇清經解》卷1390，頁52。

〔註130〕符文見〔劉宋〕范曄：《後漢書》志第七，〈祭祀志上〉頁3165；又見〔漢〕班固：《漢書》卷36，〈劉歆傳〉頁1972，應劭注引《河圖赤伏符》。彊華之事，見《漢書》卷1上，〈光武帝紀〉頁21。

〔註131〕〔漢〕班固：《漢書》卷99下，〈王莽傳下〉頁4185。「道士」一詞，〔漢〕劉珍：《東觀漢記》、〔劉宋〕范曄：《後漢書》等史籍皆同，惟桓譚：《新論》作「方士」

君惠乃謂百姓觀者曰:「劉秀真汝主也!」〔註132〕顯然將「漢家、荊楚」易為「劉氏」,並直指宗室劉秀(即劉歆,時為王莽國師)〔註133〕將興復漢室。同年一月,光武帝劉秀始與其兄劉縯起兵於南陽舂陵,二月初,劉玄入都宛城,即位建號為「更始」。義軍皆奉更始為帝,明年二月,光武帝受更始之命征討河北,乃令屬下王霸至市中募人,而「市人皆大笑,舉手撇揄之」〔註134〕。更始三年,平陵人方望游說豪強弓林曰:「更始必敗,劉氏真人當受命。劉嬰本當嗣孝平帝,……今在民間,此當是也。」弓林乃聚黨數千人,立劉嬰為天子〔註135〕。可知此時光武帝劉秀名望未顯,各地起義者亦不見有引盼「劉秀為天子」之意。

　　其後,宛人李守「初事劉歆,好星歷、讖記,為王莽宗卿師」,即常說讖云:「劉氏復興,李氏為輔。」其子李通為莽五威將軍從事,私懷其父之讖語,並以慫動宗室劉縯、劉秀兄弟起義〔註136〕。未幾,此讖乃衍成「劉秀為天子」等語,而光武帝亦藉此「天命」作為起義建國之準據矣〔註137〕。

　　光武帝起義之初,昔日同舍生彊華自長安奉《赤伏符》而來。其讖文內容,據建武三十二年(西元56)二月封禪刻石文所引《河圖赤伏符》觀之,為七字三句之歌謠體,曰:「劉秀發兵捕不道,四夷雲集龍鬥野,四七之際火為主。」〔註138〕惟徧查相關文獻所載,光武帝初年祇稱此語曰「讖」,並無「赤伏符」篇目之名,且字句亦有繁簡之異。如建武元年(西元25)光武帝即位於鄗,為壇營於鄗之陽,乃祭告天地,祝文曰:

　　　　　(〔唐〕馬總:《意林》引)。詳究其別,則西漢之「道士」多指「博學有道之士」,與東漢指稱道教修鍊之「道士」略有差異。

〔註132〕〔劉宋〕范曄:《後漢書》卷23,〈竇融傳〉頁798。

〔註133〕哀帝名「欣」,故劉歆避諱改名曰劉秀。蓋哀帝既立,時人皆避諱而以「喜」字替代「欣」字,是以荀悅曰:「諱欣之字曰喜。」(班固《漢書》卷11,〈哀帝紀〉頁334,顏師古注引)而劉歆適於其時由王莽薦舉典校祕書,是以其〈上山海經表〉,亦避諱改「歆」曰「秀」,一則曰「臣秀領校祕書」,再則曰「時臣秀父向為諫議大夫」(嚴可均《全漢文》〔京都:中文出版社,1978年〕,卷40,頁3)。

〔註134〕〔漢〕劉珍撰、吳樹平校:《東觀漢記校注》卷10,〈王霸傳〉頁364。

〔註135〕〔劉宋〕范曄:《後漢書》卷11,〈劉玄列傳〉頁473。又見〔晉〕袁宏:《後漢紀》卷1,頁25。

〔註136〕〔劉宋〕范曄:《後漢書》卷15,〈李通傳〉頁573。又見〔晉〕袁宏:《後漢紀》卷1,頁1。

〔註137〕〔劉宋〕范曄:《後漢書》卷1上,〈光武帝紀〉頁2、吳樹平:《東觀漢記校注》卷1,〈光武帝皇帝〉頁2。

〔註138〕符文見〔劉宋〕范曄:《後漢書》志第七,〈祭祀志上〉頁3165;又見〔漢〕班固:《漢書》卷36,〈劉歆傳〉頁1972,應劭注引《河圖赤伏符》。彊華之事,見《漢書》卷1上,〈光武帝紀〉頁21。

　　王莽篡位，秀發憤興義兵，……平定天下。……讖記曰：「劉秀發兵
捕不道，卯金修德爲天子。」秀固辭，至于再，至于三，……敢不敬承。
（《後漢書》卷1上，〈光武帝紀〉頁22。又見全書〈志〉第8，〈祭祀中〉
頁3181）

是光武帝祭告祝文中，讖文僅衹兩句，稱之曰「讖記」而無篇名。詳考史籍，「劉秀
讖」除上述《漢書》等載記之外，尚有八則，逐錄原文如下：

（1）劉珍《東觀漢記》：光武帝微時，與鄧晨觀讖云：「劉秀當爲天子。」
（2）范曄《後漢書》：光武帝嘗與兄伯升及晨俱之宛，與穰人蔡少公等讌語。少
　　　公頗學圖讖，言：「劉秀當爲天子。」
（3）沈約《宋書》：初光武帝微時，穰人蔡少公曰：「讖言：『劉秀發兵捕不道，
　　　卯金修德爲天子。』」
（4）華嶠《漢後書》：聞道術之士西門君惠、李守等多稱讖云：「劉秀爲天子。」
（5）華嶠《漢後書》：李通父守說讖云：「劉氏復興，李氏爲輔。」
（6）范曄《後漢書》：莽末，百姓愁怨，通素聞守說讖云：「劉氏復興，李氏爲輔。」
　　　私常懷之。
（7）范曄《後漢書》：莽末……宛人李通等以圖讖說光武帝云：「劉氏復起，李氏
　　　爲輔。」光武帝初不敢當。
（8）劉珍《東觀漢記》：（莽）末年，……（李軼）數遣客求上，……因具言讖文
　　　事：「劉氏當復起，李氏爲輔。」上殊不意。〔註139〕

八則載記中，（1）至（3）則當爲一組，乃鄧晨、蔡少公與光武帝所共見者，前二則
衹言「劉秀當爲天子」，第三則乃與光武帝之祝文相同，惟三則皆與後世光武帝官定
圖讖之《赤伏符》文句不同。以後事轉精之常理，可以推論此三則應屬初始讖語，「四
七之際火爲主」則爲後世增修補定之新說。深覈杜篤〈論都賦〉，更可證實此說。

〔註139〕八則載事，依次見於下列各書：
（1）〔漢〕劉珍撰、吳樹平校注：《東觀漢記校注》卷9，〈鄧晨〉頁281。
（2）〔劉宋〕范曄：《後漢書》卷15，〈李通列傳〉頁582；《東觀漢記校注》卷1，
　　　〈光武帝皇帝〉頁7。
（3）〔梁〕沈約：《宋書》卷27，〈符瑞志上〉頁770。
（4）〔漢〕華嶠：《漢後書》卷2：收入《八家後漢書輯注》頁534。
（5）〔漢〕華嶠：《漢後書》卷2：收入《八家後漢書輯注》頁516。
（6）〔劉宋〕范曄：《後漢書》卷15，〈李通列傳〉頁573；〔晉〕袁宏：《後漢紀》
　　　卷1，頁1。
（7）〔劉宋〕范曄：《後漢書》卷1上，〈光武帝紀〉頁2。
（8）〔漢〕劉珍撰、吳樹平校注：《東觀漢記校注》卷1，〈世祖光武帝皇帝〉頁2。

杜篤於建武十八年（西元 42）上奏〈論都賦〉，有「海內雲擾，諸夏滅微，羣龍並戰，未知是非，于時聖帝，赫然申威，荷天人之符，兼不世之姿」之語〔註140〕。唐李賢注此賦，引「《赤伏符》曰：『四夷雲擾，龍鬪于野。』」〔註141〕為四字謠讖形式，與俗作「四夷雲集龍鬪野」七字者微異。「海內雲擾」、「四夷雲擾」皆有「擾亂」之意，而「四夷雲集」則難見亂象之徵，再查《易是類謀》亦有「四野擾擾，鬱快芒芒」之辭，可見讖文本有「擾亂」之意，非僅「雲集」而已。

考杜篤此賦作於光武帝宣布圖讖之前十四年，讖語字句仍在刪修之中，杜篤賦「雲擾」一辭，乃漢世熟語〔註142〕，是此條讖文本作「四夷雲擾」，其後改作「雲集」，反失本義；「羣龍並戰」實因天下不知受命者誰屬，如平陵人方望即謂：「今皆云：劉氏眞人，當更受命。」乃諷勸豪強弓林，於更始三年（西元 25）立前孺子劉嬰為天子〔註143〕。鄧曄於更始二年正月起兵南鄉，游說邑宰時亦曰：「劉帝已立，君何不知命也！」其視更始為正統天子無疑。可知此時「劉秀」、「劉氏」一詞，並未專指何人，更非稱謂光武帝之名號也。由此亦可推論，此一讖語初始流傳，或為六字「劉秀當為天子」，其後光武帝即位祭天，乃改作祝文中之七字「劉秀發兵捕不道」，杜篤時或增修成「四夷雲擾」四字句，迄成書後，乃又回復為封禪刻石文之七字句。

（5）至（8）四則又為一組，乃李守父子襲取李焉讖而來，言讖之初，光武帝皆不敢受，可知光武帝實不以此讖為眞。

（4）乃為二組之混合型，蓋其說者為李守，而文句卻同於蔡少公之讖，若非當時傳頌已有混淆，則為史家華嶠於撰作時，雜取二說而散作編排所致。

細繹此八則載事，祇云「觀讖」、「稱讖」、「說讖」、「圖讖」、「讖文」，全未指稱任何特定篇目，建武元年之即位告天祝文中，亦僅名之曰「讖記」，可信其說原本即屬無篇名之讖語。而建武三十二年之封禪泰山銘文中，乃稱名此讖曰《河圖赤符伏》，顯然為後加之篇目也。推論其定名緣由，或因哀、平以後，漢為火德已成定論，故造此符者乃將文字書寫於赤色錦帛上；光武帝既以火德興漢，故編定篇目時以「赤」

〔註140〕〔劉宋〕范曄：《後漢書》卷 80 上，〈文苑列傳・杜篤〉頁 2606。

〔註141〕〔劉宋〕范曄：《後漢書》卷 80 上，〈文苑列傳・杜篤〉頁 2606。

〔註142〕漢世以「雲擾」為詞者頗多，例如《東觀漢記・光武紀》：「（李通）為帝言……下江兵盛，南陽豪右雲擾。」（卷 1，頁 2）班固《漢書》：「天下雲擾，大者連州郡，小者據縣邑。」（卷 100 上，頁 4207）范曄《後漢書》：辯士說陳康曰：「四方雲擾，公所聞也。」（卷 18，頁 677）漢・黃憲《天祿閣外史・尊王》：「王莽之亂，不待雲擾而新室立矣。」（卷 7，頁 7。《漢魏六朝筆記小說》〔河北教育出版社，1994年〕）

〔註143〕〔劉宋〕范曄：《後漢書》卷 11，〈劉玄列傳〉頁 473。

字爲稱，而「伏」字或即「厭伏禳除」之意，乃漢代方術家之常言也，暗指此符預言「亂賊終將厭服」；以此意加諸「赤色命符」中，則成《赤伏符》專名矣。惟起義之初，並無附會儒家經籍之圖讖存世，是以編修之際，乃歸諸《河圖》類中。

至於後世史家列述光武帝起義南陽諸事，偶或引用《赤伏符》爲證，當屬史家撰作時之行文熟語，並非光武帝初期已有此篇名也。

光武帝既即位鄗京（西元 25），年號建武，元年七月乃依讖文拜官。以讖文曰「孫咸征狄」，故用平狄將軍孫咸爲大司馬；又以讖文「王梁主衛作玄武」，遂拜野王令王梁爲大司空，蓋以野王乃衛元君之所徙，應「王梁主衛」之讖。玄武，水神之名；司空，水土之官也；以之爲司空，乃應「作玄武」之讖〔註144〕。惟光武帝此舉竟使「眾咸不悅」，遂又「詔舉可爲大司馬者，羣臣所推唯吳漢及丹」，乃以吳漢爲大司馬，而拜景丹爲驃騎大將軍〔註145〕。次年二月，又免王梁大司空之職。由此可知，羣臣信「讖」實未如光武帝之深，而此時之「讖」多如歌謠形式之符籙短文，其效用亦僅限於政治預言而已，與經義並無關係。

建武二年（西元 26），銅馬等地賊眾共立孫登爲天子於上郡，敵對陳營乃取此事造作讖文一條：「賊臣起，名孫登，大形小口，長七尺九寸，巧用法，多技方，詩書不用，賢人杜口。」〔註146〕孫登旋爲部將樂玄所殺。近百年後之安帝永寧元年（西元 120），侍中翟酺將試大夫六百石，忌故太史令孫懿先用，乃往候曰：「圖書有『漢賊孫登』，將以才智爲中官所害。」孫懿憂懼，移病不試，由是酺乃遂其謀〔註147〕。唐李賢注《後漢書》引此條讖文，名之曰《春秋保乾圖》。可知東漢初年爲政治目的所造作之讖文，其後始賦予特定篇名也。

建武六年（西元 30）二月，吳漢下朐城，天下悉定，唯獨公孫述、隗囂未平。光武帝曰：「取此兩子置度外。」當此之時，雖賊檄日以百數，憂不可勝，光武帝仍以餘間「講經藝，發圖讖」〔註148〕。

范曄《後漢書・隗囂列傳》載：

（公孫）述亦好爲符命鬼神瑞應之事，妄引讖記。以爲孔子作《春秋》，爲赤制而斷十二公，明漢至平帝十二代，歷數盡也，一姓不得再受命。又

〔註144〕言依讖拜官者，散見〔劉宋〕范曄：《後漢書》卷1上，〈光武帝紀〉頁23；卷22，〈景丹列傳〉頁773；卷22，〈王梁列傳〉頁773；卷22，〈朱祐傳〉頁774；卷82上，〈方術列傳〉頁2705。

〔註145〕〔劉宋〕范曄：《後漢書》卷22，〈景丹列傳〉頁773。

〔註146〕〔劉宋〕范曄：《後漢書》卷1上，〈光武帝紀〉頁31。

〔註147〕〔劉宋〕范曄：《後漢書》卷48，〈翟酺列傳〉頁1602。

〔註148〕〔漢〕劉珍撰、吳樹平校注：《東觀漢記校注》卷1，〈世祖光武帝皇帝〉頁8。

引《錄運法》曰：「廢昌帝，立公孫。」《括地象》曰：「帝軒轅受命，公孫氏握。」《援神契》曰：「西太守，乙卯金。」謂西方太守而乙絕卯金也。（卷13，頁538）

以范書所載，似言公孫述於建武六年已見《河圖錄運法》、《河圖括地象》及《孝經援神契》矣。然而范書此文之下又引光武帝與述書，云：

帝患之，乃與述書曰：「圖讖言『公孫』，即宣帝也。『代漢者當塗高』，君豈高之身邪？乃復以掌文爲瑞，王莽何足效乎！」（《後漢書》卷13，〈隗囂列傳〉頁538）

光武帝於答覆公孫述之書函中以「公孫」等語出自「圖讖」，又駁「代漢者當塗高」曰：「承赤者，黃也；姓當塗者，其名高也。」〔註149〕其中「當塗高」一詞，見於緯書輯本《春秋元命包》「許昌爲周當塗」、《春秋保乾圖》「當塗在世，名行四方」。惟光武帝答書中只言「圖讖」並無篇名，可知此時尚無《保乾圖》等篇名之撰造。

光武帝之親筆書函，固然較諸三百餘年後范曄《後漢書》之行文近實。更詳覈光武帝回覆書函後之二十餘年間，史書載事，凡稱引圖讖者，概曰「讖」、「圖讖」或「圖書」，未再見任何篇名。迄光武帝宣布圖讖（西元56）前後兩年，始於詔令、奏章中驟見《河圖合古篇》、《雒書甄耀度》、《孝經鉤命決》、《樂動聲儀》等八則讖書篇名。是則《後漢書》此段三條孤見特起之讖文篇名，當屬范曄於述行文時，據劉宋傳流之讖緯篇名副之者，並非公孫述之時已流傳此類讖書篇目矣。

再者，由此三則與光武帝答書所引，可知讖語仍限於政治造作之用，並未與儒家經籍產生任何關聯。

二、「圖讖」初與經義無關

光武帝自爲布衣時，即數聞讖言「劉秀當爲天子」，及後終爲天子，故甚信其術。是時方士讖語紊雜，或有編纂成冊者，文意亦浮淺疏漏，故即位之初，乃擇「博通經記」之大司空掾尹敏，「令校圖讖，使刪去崔發所爲王莽著錄次比」。

敏於經學，「初習歐陽《尚書》，後受古文，兼善《毛詩》、《穀梁》、《左氏春秋》」，側重古文經詁訓章句，建初二年（西元26）嘗上疏陳《洪範》消災之術。既校定圖讖，頗以讖文爲非，乃諫光武帝曰：「讖書非聖人所作，其中多近鄙別字，頗類世俗之辭，恐疑誤後生。」光武帝不納。敏因其闕文增之曰：「君無口，爲漢輔。」帝見而怪之，召問其故。敏對以：「臣見前人增損圖書，敢不自量，竊幸萬一。」光武帝

〔註149〕〔劉宋〕范曄：《後漢書》卷13，〈公孫述列傳〉頁538，李賢注引。

深非其行，雖竟不罪，而尹敏亦以此沈滯〔註150〕。

由尹敏之言，可知光武帝校定圖讖之初，讖書雖或有成冊者，而其中「多近鄙別字，頗類世俗之辭」，內容似未定型，裝訂亦相當粗疏，故可隨意「增損圖書」。此亦今所考知，最早、最直接、亦最眞實言及圖讖內容之說明也。尹敏善〈洪範〉消灾之術，乃今輯本《尙書緯》常言者。若此時讖書已定，則應與尹敏所學相似，尹敏何拒之若此其遠乎？是可推知光武帝初年之讖書，既非聖人所作，又多別字，類世俗之辭，若偶有與經義攸關之讖文，亦非方士所著重者。

與尹敏同時「受詔校定圖讖」者，尙有「世習《韓詩》」，「尤善說灾異讖緯」之博士薛漢〔註151〕。黃開國以爲「《河圖》、《洛書》和七緯就是經薛漢等人之手，成於這個時期」〔註152〕。可知王莽時臣民（如哀章、石牛）與官方（如說符侯崔發）所造作之符命、圖讖，爲數必夥，且與先秦、西漢原本流傳如陸賈、淮南、賈誼所見之「生活之讖」相異，始有光武帝「校定」之舉。而校定又以「博通經記」之掾吏、「善說讖緯」之博士主事，則光武帝或有意使「圖讖」與「經義」融合。

惟光武帝雖意使「經、讖」融合，朝中儒臣卻不副光武帝之初願。如給事中桓譚以爲「讖出《河圖》、《洛書》，但有朕兆而不可知。後人妄復加增，依託稱是孔丘，誤之甚也」〔註153〕。更於建武三年（西元 27），不顧觸犯光武帝，上疏反對〔註154〕，曰：

〔註150〕尹敏事，見〔劉宋〕范曄：《後漢書》卷79上，〈儒林列傳·尹敏〉頁2558。又見謝承：《後漢書》卷5：收入《八家後漢書輯注》頁163；〔漢〕劉珍撰、吳樹平校注：《東觀漢記校注》卷18，〈尹敏傳〉頁799。

〔註151〕〔劉宋〕范曄：《後漢書》卷79下，〈儒林列傳·薛漢〉頁2573。

〔註152〕黃開國：〈論漢代讖緯神學〉，《中國哲學史研究》1984年第1期。

〔註153〕〔漢〕桓譚：《新論·啓寤第七》，引自〔唐〕馬總：《意林》卷3，頁9。又見〔清〕嚴可均：《全後漢文》卷14，頁5；〔劉宋〕范曄：《後漢書》卷28上，〈桓譚傳〉頁959。

〔註154〕按：上疏時間當在建武三年（西元27），一般論述多定在七年（西元31）以後，非是。蓋〔劉宋〕范曄：《後漢書·桓譚列傳》云：大司空宋弘於二年二月後「薦譚，拜議郎給事中，因上疏陳時政所宜。……書奏，不省。」桓譚疏中言及「今宜申明舊令，……不得雇山贖罪」。雇人上山伐材以贖罪，爲高祖時舊法，桓譚此言，當爲針對光武帝三年七月之詔：有罪可「雇山歸家」而言。此時爲其第一次上疏，未久，「天下不時安定，譚復上疏」，論及「讖之非經」，又言及「今聖朝興復祖統，爲人臣主而四方盜賊未盡歸伏」，並籲請：「陛下誠能輕爵重賞，與士共之，則何招而不至？何說而不釋？何向而不開？何征而不克？」查〔漢〕劉珍：《東觀漢記》云：光武帝於「六年二月，吳漢下朐城，天下悉定，唯獨公孫述、隗囂未平」。可知桓譚二疏必在「雇山贖罪」之後、「吳漢下朐城」之前。考建武四年桓譚即去位，至七年始復職（天下已定之次年），當不必論及「四方盜賊」等問題。

> 臣前獻瞽言，未蒙詔報，不勝憤懣，冒死復陳。……蓋天道性命，聖
> 人所難言也。自子貢以下，不得而聞，況後世淺儒，能通之乎？今諸巧慧
> 小才伎數之人，增益圖書，矯稱讖記，以欺惑貪邪，註誤人主，焉可不抑
> 遠之哉！臣伏聞陛下窮折方士黃白之術，甚爲明矣；而乃欲聽納讖記，又
> 何誤也！其事雖有時合，譬猶卜數隻偶之類。陛下宜垂明聽，發聖意，屏
> 羣小之曲說，述五經之正義，略雷同之俗語，詳通人之雅謀。(《後漢書》
> 卷 28 上，〈桓譚列傳〉頁 959)

圖讖本爲政治利益而造作，故侈言「天命」，桓譚以爲此類「天道性命，聖人所難言」之讖文，必非聖人所作，故於疏中極力維護「五經之正義」。至若圖讖，則以爲與學術全然無關，如直指圖讖爲當代造生，「今諸巧慧小才伎數之人，增益圖書，矯稱讖記」，所預測諸事「雖有時合，譬猶卜數隻偶之類」。皆謂讖以預言爲主，與經義無關，是以奏請光武帝「屏羣小之曲說」，「略雷同之俗語」。

由此疏亦可證知：光武帝初即位之三年中，仍有「巧慧小才伎術之人，增益圖書，矯稱讖記」，異於新莽時期爲政治目的而造作者。是則光武帝所編定之「圖讖八十一卷」中，當亦含有光武朝之僞造增補。

桓譚起家於成帝朝，新莽時熟見符命造作，知彼詐術詳矣，故當爲由衷之言。二十餘年後，光武帝詔會朝臣，議論靈臺所處（按：建武 32 年、西元 56，築靈臺），並謂桓譚曰：「天下事吾欲以讖決之，何如？」譚默然良久，對以：「臣不讀讖。」上問其故，譚復極言讖之非經。光武帝大怒，曰：「桓譚非聖無法，將下斬之。」譚叩頭流血，良久得解。由是失旨〔註 155〕。

由靈臺議事可知，即使光武帝編校圖書將成，譚仍一本初衷，極言「讖之非經」。是亦可知東漢初年儒者心目中，「經自經、讖自讖」，二者並不相同。光武帝之用心，其實未得大儒如桓譚輩之認同。

建武四年（西元 28），朝中公卿、大夫、博士等會聚於雲臺，陳元、范升辯難《左氏傳》議立博士事。會後雖立《左氏》博士，旋又廢除。四十餘載後，《公羊》學李育論及此事，以爲陳、范二人「更相非折，而多引圖讖，不據理體」〔註 156〕。《左氏》學賈逵則謂：光武帝「興立《左氏》、《穀梁》，會二家先師不曉圖讖，故令中道而廢」〔註 157〕。

李育既非議二人「多引圖讖，不據理體」，是責二人所據之圖讖不副經義也；而

〔註 155〕〔漢〕劉珍撰、吳樹平校注：《東觀漢記校注》卷 14，〈桓譚傳〉頁 535。
〔註 156〕〔劉宋〕范曄：《後漢書》卷 79 下，〈儒林列傳・李育〉頁 2582。
〔註 157〕〔劉宋〕范曄：《後漢書》卷 36，〈賈逵傳〉頁 1236。

賈逵又謂二人「不曉圖讖，故令中道而廢」，又似責難二人不稔圖讖。詳考其故，實因建武四年之「圖讖」正在校定之初，故其內容原本浮淺，不及日後賈逵所見之定稿完備也。由此亦可推知：未作校定之圖讖，文義蕪雜，強欲持以解經，乃易喪失理據也。

建武七年（西元 31），太僕朱浮「幸得與講圖讖」，乃諫言「國學既興，宜廣博士之選」，光武帝然之〔註158〕。光武帝既「講經藝，發圖讖」，朱浮亦「得與講圖讖」、請「廣博士之選」，是二人皆有意使「圖讖」與太學所教授之「經義」相結合矣。衡以前述尹敏、桓譚、范升、陳元等事，可知此事不虛也。

同時又有「少學《公羊春秋》，晚善《左氏傳》」之鄭興，「依經守義，文章溫雅」，建武初為太中大夫，光武帝亦多納其奏議。七年（西元 30），光武帝論郊祀事，「欲以讖斷之」而問鄭興，鄭興乃對以「臣不為讖」。光武帝怒曰：「卿之不為讖，非之邪？」鄭興惶恐曰：「臣於書有所未學，而無所非也。」由君臣對答，可知光武帝之推行「經、讖融合」，實採強制手段。

所論郊祀之禮，或即建武二年（西元 26）之事。朝臣議及郊祀配天，曰：「昔周公郊祀后稷以配天，宗祀文王以配上帝。圖讖著『伊堯，赤帝之子』，俱與后稷並受命而為王。漢劉祖堯，宜令郊祀帝堯以配天，宗祀高祖以配上帝。」惟有司則持異議，請「以高祖配堯之後」〔註159〕。事乃未決。

朝臣所云「圖讖著『伊堯，赤帝之子』」一語，或本自《詩含神霧》所言之「慶都與赤龍合昏，生赤帝伊祁堯」〔註160〕，乃源自興漢建業之感生神話，與儒家經義本無關係。或因如此，遂使「依經守義，文章溫雅」，善言《公羊》災異之鄭興，未視圖讖為正經。由此亦可推知讖文之原貌當如張衡所譏，為淺薄不稽之書也。然而鄭興終以「不善讖，故不能任」〔註161〕。

建武十二年（西元 36）十一月，吳漢平公孫述，述將竇融降漢，光武帝待之甚為禮遇，遷官大司空。融「自以非舊臣，一旦入朝，在功臣之右」，久不自安，每求謙退，上疏曰：「臣融年五十三。有子年十五，質性頑鈍。臣融朝夕教導以經藝，不

〔註158〕〔劉宋〕范曄：《後漢書》卷 33，〈朱浮傳〉頁 1145。

〔註159〕〔漢〕劉珍撰、吳樹平校注：《東觀漢記校注》卷 1，〈世祖光武帝皇帝〉頁 7。

〔註160〕〔清〕黃奭輯：《通緯·詩含神霧》卷 2，頁 9。又，全書《河圖稽命徵》、《河圖》皆言：「慶都與赤龍合，生帝堯於伊祁。」（分別見於《通緯·河圖》卷 12，頁 60；卷 1，頁 18）

〔註161〕鄭興事，見〔劉宋〕范曄：《後漢書》卷 36，〈鄭興列傳〉頁 1223；〔漢〕劉珍撰、吳樹平校注：《東觀漢記校注》卷 15，〈鄭興傳〉頁 608；〔隋〕虞世南：《北堂書鈔》卷 96，〈藝文部二〉頁 7。

得令觀天文、見讖記。誠欲令恭肅畏事，恂恂循道，不願其有才能。」〔註162〕是亦可知光武帝即位十二年、已令掾臣、博士校定圖讖多年之後，學者研習時，仍視「經藝」與「天文、讖記」爲二類截然不同之學問。則此時光武帝「融讖入經」之意圖，當尚未成功就緒也。

其後建武二十六年（西元 50），光武帝詔問張純：「禘、祫之祭，不行已久矣。『三年不爲禮，禮必壞』，宜據經典，詳爲其制。」純乃據經義奏曰：

> 《禮》「三年一祫，五年一禘」。《春秋傳》曰：「大祫者何？合祭也。毀廟及未毀廟之主皆登，合食乎太祖，五年而再殷。」漢舊制三年一祫，……元始五年……始爲禘祭。……《禮說》：三年一閏，天氣小備；五年再閏，天氣大備，故三年一祫，五年一禘。禘之爲言諦，諦定昭穆尊卑之義也。斯典之廢，於茲八年，謂可如禮施行，以時定議。（《後漢書》卷35，〈張純列傳〉頁 1195）

光武帝從其言，自是禘、祫之禮遂定。

考源張純所引用《禮》、《禮說》與《春秋傳》三文：《春秋傳》出自《春秋》文公三年《公羊傳》：「大祫者何？合祭也。其合祭，柰何？毀廟之主陳于大祖，未毀廟之主皆升，合食于大祖。五年而再殷祭。」張純奏疏中文字，略有刪易。

《禮》「三年一祫，五年一禘，禘之爲言諦，諦定昭穆尊卑之義」一句，出自「周禮」〔註163〕，《說苑・脩文》亦見述及，曰：「三歲一祫，五年一禘；祫者，合也；禘者，諦也。祫者，大合祭於祖廟也；禘者，諦其德而差優劣也。」

至於《禮說》「三年一閏，天氣小備；五年再閏，天氣大備」，則取自漢代通行之《殷曆》置閏法：「三年一閏、五年再閏……十九年七閏」。《易・繫辭上》亦云：「四時歸奇於扐以象閏，五歲再閏，故再扐而後掛。」皆可見《禮說》文義之根源。建武六年（西元 30）朱浮上疏論吏治，嘗略言其義，曰：「事積久則吏自重，吏安則人自靜。《傳》曰：『五年再閏，天道乃備。』夫以天地之靈，猶五載以成其化，況人道哉！」〔註164〕所引《傳》曰「再閏、天道」之語，與《大戴禮・誥志》「日

〔註162〕〔劉宋〕范曄：《後漢書》卷22，〈竇融列傳〉頁807。又見〔漢〕劉珍撰、吳樹平校注：《東觀漢記校注》卷 12，〈竇融傳〉頁 410；〔唐〕歐陽詢：《藝文類聚》卷21，頁380；〔宋〕李昉：《太平御覽》卷424，頁1。

〔註163〕〔漢〕許慎：《說文》一篇上，說「禘」、「祫」二字云：「周禮曰：『三歲一祫。』」、「周禮曰：『五歲一禘。』」惟今本《周禮》不見此文，其言或指稱周朝之禮。又許慎《五經異義》謂：「謹案：叔孫通宗廟有日祭之禮，知古而然也。三歲一祫，此周禮也；五歲一禘，疑先王之禮也。」（〔唐〕徐堅：《初學記》卷13，〈宗廟〉頁324引）

〔註164〕〔劉宋〕范曄：《後漢書》卷33，〈朱浮列傳〉頁1143。

月成歲厤，再閏以順天道，此謂歲虞汁月」相似。

由是可知，張純所言三段「禘、祫」解義，實爲光武帝編修圖讖之前，即已傳世。比覈三段解義，又與後世緯書《春秋運斗樞》、《禮稽命徵》文句相同。

光武帝既詔張純「宜據經典，詳爲其制」，又據張純奏言以定「禘、祫」之禮，若此時光武帝偏好之「經讖」已纂成傳世，張純當直接標其篇目，必不以《禮》、《傳》等通稱含糊其辭。其所以未標者，蓋因官修之「經讖」此時尚未編成故也。

官修「經讖」出現之最早年代，以今存史籍考之，或在建武三十年（西元 54），張純奏請封禪，疏文嘗引經讖：「《樂動聲儀》曰：『以雅治人，風成於頌。』」〔註165〕明年建武三十一年，張純更「案七經讖、《明堂圖》、《河閒古辟雍記》、《孝武太山明堂制度》，及平帝時議」，奏請建立辟雍，以崇禮義。章下太常，遂於次年「初起明堂、辟雍」〔註166〕。可見此時「經讖」已成七部，脫離粗疏浮淺之圖讖原型，亦由此而肇啓後世學者「解經」、「預言」等「讖」、「緯」異同之辨。

建武三十二年（西元 56，四月改元爲中元元年）正月，光武帝夜讀《河圖會昌符》，至「赤劉之九，會命岱宗。不慎克用，何益於承。誠善用之，姦僞不萌」，感其九世封禪之意，乃詔羣臣梁松等案索《河》、《雒》讖文言「九世封禪」事者。松等乃列奏「《河》、《雒》、讖書，赤漢九世，當巡封泰山，凡三十六事」〔註167〕。二月初，光武帝遂行封禪泰山之事。封禪刻石引用圖讖篇目有：《河圖赤伏符》、《河圖會昌符》、《河圖合古篇》、《河圖提劉予》、《雒書甄曜度》、《孝經鉤命決》等六種〔註168〕。

再者，刻石銘文言及「《河》、《雒》命后，經讖所傳」，謂「九世封禪」乃《河》、《洛》與「經讖」所明言者，是光武帝已將「經」與「讖」視爲一物矣。銘文又曰：「皇帝唯愼《河圖》、《雒書》正文。……建武元年已前，文書散亡，舊典不具，不能明經文，以章句細微相況八十一卷，明者爲驗，又其十卷，皆不昭晢。」〔註169〕意謂舊典不具、經文不明，只得退求其次，以「章句細微相況八十一卷」。

所謂「章句細微」者，蓋因西漢章句說解之學日益繁密細微，一句經文之章句甚或可至三萬言，其附會傳聞、造生新說之處必夥，是以經讖編撰之際，乃取章句能證明讖文句義者爲「驗」。由此可證，此時尹敏、薛漢等人先後校定之「圖讖」當已定稿，卷數爲八十一，有不明處，概以「章句」補足其義。惟尚有十卷圖讖意旨

〔註165〕〔劉宋〕范曄：《後漢書》卷35，〈張純列傳〉頁 1197。又，全書卷 1 下，〈光武帝紀〉頁 84，亦載其事。

〔註166〕〔劉宋〕范曄：《後漢書》卷35，〈張純傳〉頁 1196。

〔註167〕〔劉宋〕范曄：《後漢書‧志》第七，〈祭祀上〉頁 3163。

〔註168〕〔劉宋〕疏曄：《後漢書‧志》第七，〈祭祀上〉頁 3165。

〔註169〕〔劉宋〕范曄：《後漢書‧志》第七，〈祭祀上〉頁 3166。

不明，無法得相況之章句爲旁證，故其文意遂不昭晢。是以「章句」與「經讖」或已逐漸相融，互爲表裏矣。

所謂「又有十卷，皆不昭晢」之意，或可由楊統事見其梗概。

先是蜀公孫述之將楊春卿善圖讖學，建武十二年（西元 36）述敗死，春卿自殺，臨命戒子楊統曰：「吾綈袠中有先祖所傳祕記，爲漢家用，爾其修之。」統乃傳習父業，從犍爲周循學習先法，又就同郡鄭伯山受河洛書及天文推步之術，其後更作「家法章句」及《內讖二卷解說》，於章帝建初中（約西元 80）奏上朝廷〔註170〕。此「《內讖》二卷」即爲光武帝當年無法通讀，乃徧求天下有通知其說解者，惟至光武帝宣布圖讖八十一卷時，仍未得之。由此可證光武帝編纂圖讖，仍有不能通解而闕疑者。惜楊統雖上奏其書解說，而「《內讖》二卷竟未詳」〔註171〕，終不知其內容究竟如何。

亦在建武三十二年，光武帝明令「宣布圖讖於天下」〔註172〕，其後乃漸次有以「經讖」取代「經典」之意圖。

三、官定圖讖之地位

光武帝即位之初，已命文官尹敏、博士薛漢等人校定圖讖，其後當數易纂修者，耗時凡三十餘載，至此始定爲「八十一卷」之官方刊行本，可見其「附讖入經」用心之深也。惟考覈八十一卷中，草率不經之處，俯拾皆是，如相同文句重複出現於不同篇目之中，大量襲取節鈔經傳子史之文字，應屬甲讖（如《尚書緯》）主旨之說解，反而見於乙讖（如《易緯》）中。後人於此亦多所批駁，如侍中賈逵「摘讖互異三十餘事，諸言讖者皆不能說」〔註173〕，張衡則云：「一卷之書，互異數事，聖人之言，埶無若是。」〔註174〕劉洪亦謂「孔子緯一事見二端」〔註175〕，孔穎達更鄙其書無用，曰：「緯候紛紜，各相乖背，且復煩而無用。」〔註176〕皆謂圖讖諸書之

〔註170〕楊統事，見〔劉宋〕范曄：《後漢書》卷 30 上，〈楊厚列傳〉頁 1047。按：《內讖二卷解說》之史實，程元敏：〈東漢蜀楊厚經緯學宗傳〉有詳論，見《國立編譯館館刊》第 17 卷第 1 期。

〔註171〕〔晉〕常璩撰、劉琳校注：《華陽國志校注》卷 10 中，〈先賢士女總贊‧楊統〉頁 741。按，《志》言「永平中……上家法」云云，查〔劉宋〕范曄：《後漢書‧楊厚傳》，統於建初後始出仕，故從范說。

〔註172〕〔劉宋〕范曄：《後漢書》卷 1 下，〈光武帝紀〉頁 84。

〔註173〕〔劉宋〕范曄：《後漢書》卷 59，〈張衡列傳〉頁 1912。

〔註174〕〔劉宋〕范曄：《後漢書》卷 59，〈張衡列傳〉頁 1912。

〔註175〕〔劉宋〕范曄：《後漢書‧志》卷 2，〈律曆志中〉頁 3042。

〔註176〕〔唐〕孔穎達：《禮記正義》，〈禮記正義序〉頁 6。

說辭前後矛盾也。

　　圖讖諸書雖不受學者看重，然而帝王既深愛其術，又極力倡導，是以頒定之後，仍然蔚爲風潮，學者不能束書，好奇者亦多取資以證經義。以下略述八十一卷頒定天下後之流傳概況。

　　明帝「尤垂意於經學，即位，刪定擬議，稽合圖讖」〔註177〕。即位之初（永平元年、西元58），長水校尉樊鯈即附從所好，「與公卿雜定郊祠禮儀，以讖記正五經異說」〔註178〕。可謂嗣成光武帝「以章句細微相況八十一卷」之遺志，而更主客易位，以讖文爲驗矣。

　　二年，明帝「以《禮讖》及《月令》有五郊迎氣服色，因采元始中故事，兆五郊於雒陽四方」〔註179〕。

　　三年秋八月，公卿奏議世祖廟樂，東平王蒼雜引《元命包》、《琁機鈐》、《叶圖徵》、《詩傳》、《漢書》等經讖、史、傳爲說，以爲「漢制舊典，宗廟各奏其樂，不皆相襲，以明功德」〔註180〕。博士曹充亦引據經讖：「《河圖括地象》曰：『有漢世禮樂文雅出。』《尚書璇機鈐》曰：『有帝漢出，德洽作樂，名予。』」〔註181〕明帝善其議，乃詔改郊廟樂曰「太予樂」，正樂官曰「太予樂官」，以應圖讖。

　　永平十七年（西元74），「尤明《左傳》、《國語》」之古文學者賈逵，取「《左氏》與圖讖合者」，作《解詁》五十一篇，上疏獻之。明帝甚重其書，詔命寫藏祕館〔註182〕。考逵既以《左氏》牽合圖讖，則視圖讖高於經傳矣，此殆爲其書能得帝王「重其書寫藏祕館」之主因也。

　　稍後，沛獻王劉輔「好經書，善說京氏《易》、《孝經》、《論語傳》及圖讖，作《五經論》，時號之曰《沛王通論》」〔註183〕。以宗王身份混雜「圖讖」與「五經」

〔註177〕〔漢〕劉珍撰、吳樹平校注：《東觀漢記校注》卷12，〈樊准〉頁454；卷2，〈孝明皇帝〉頁59。

〔註178〕〔劉宋〕范曄：《後漢書》卷32，〈樊鯈傳〉頁1122。

〔註179〕〔劉宋〕范曄：《後漢書·志》第八，〈祭祀中〉頁3181。

〔註180〕〔劉宋〕范曄：《後漢書·志》第九，〈祭祀下〉頁3196。

〔註181〕〔劉宋〕范曄：《後漢書》卷35，〈曹襃傳〉頁1201；〔漢〕劉珍撰、吳樹平校注：《東觀漢記校注》卷2，〈顯宗孝明皇帝〉頁57。

〔註182〕賈逵事，見〔劉宋〕范曄：《後漢書》卷36，〈賈逵傳〉頁1235～36。又，〔漢〕劉珍：《東觀漢記·賈逵傳》謂：「明帝永平十七年……劉復……薦賈逵博物。……帝召賈逵，……使作〈神雀頌〉。」（卷15，頁612），姑定逵當於是年上疏進《解詁》。

〔註183〕〔劉宋〕范曄：《後漢書》卷42，〈光武帝十王列傳·劉輔〉頁1427。按：〈劉輔傳〉云「二十年，復徙封沛王」，「二十八年，就國」，可知輔當於光武帝、明帝之間，撰作《五經論》。劉輔作《五經論》一事，又見〔唐〕徐堅：《初學記》卷10，〈中

以爲《通論》，可證官定之「八十一卷」已爲時尚所崇敬矣。

　　章帝建初元年（西元76），賈逵受詔入講，發揮圖讖與《左氏傳》之優點，曰：

　　　　五經家皆無以證圖讖，明「劉氏爲堯後」者，而《左氏》獨有明文。

　　五經家皆言「顓頊代黃帝」，而堯不得爲火德。《左氏》以爲「少昊代黃帝」，

　　即圖讖所謂帝宣也。如令堯不得爲火，則漢不得爲赤。其所發明，補益實

　　多。（《後漢書》卷36，〈賈逵列傳〉頁1237）

所言直取圖讖之說爲「正說」，五經不同圖讖者爲「闕漏」，可見「經讖」已凌駕五
經之上矣。

　　建初四年（西元79）十一月，詔「令諸儒共正經義，頗令學者得以自助」，於
是下太常，將、大夫、博士、議郎、郎官，及諸生、諸儒會白虎觀，考詳五經同異，
連月乃罷〔註184〕。章帝並令史臣將會中所言，著爲《白虎通德論》，命班固撰集其
事〔註185〕。《白虎通》雜引經讖之語，已爲學者公論，或謂其「連篇累牘援引讖緯」
〔註186〕，或謂是書「百分之九十的內容出自讖緯」〔註187〕，或據此論斷曰：「虎觀
論經，班固引微書之說，緯學之行，於斯爲盛。」〔註188〕其說雖嫌主斷，惟經讖之
重要性，至此時已不可或忽矣。

　　元和二年（西元85），以舊行太初曆，失天益遠，不能驗星象、正節氣，乃命
治曆者編訢、李梵二人綜校其狀，並於二月甲寅下詔改行《四分曆》。此即曆法史上
著名之漢代「四分曆」〔註189〕。

　　甲寅詔書改曆之依據，引用《河圖》、《尚書璇璣鈐》、《帝命驗》、《春秋保乾圖》
等四緯五則，而正經僅引《尚書·堯典》一則而已。是亦可見帝王更革大事，已視
經讖爲重要憑依矣。

　　章和元年（西元87），詔博士曹褒重定漢儀。褒既受命，乃「次序禮事，依準
舊典，雜以五經、讖記之文，撰次天子至於庶人冠婚吉凶終始制度，以爲百五十篇」
〔註190〕。是則博士非但熟知「讖記」與「五經」，且於製定國家大禮時，「讖記」亦

　　　　宮部〉頁240（「論五經」條引《東觀漢記》）；〔漢〕劉珍撰、吳樹平校注：《東觀
　　　　漢記校注》卷7，〈沛獻王輔〉頁235。

〔註184〕〔劉宋〕范曄：《後漢書》卷3，〈章帝紀〉頁130；卷79上，〈儒林列傳〉頁2546。

〔註185〕〔劉宋〕范曄：《後漢書》卷40下，〈班固列傳〉頁1373。

〔註186〕林麗雪：〈白虎通與讖緯〉，《孔孟月刊》第22卷，第3期，頁25。

〔註187〕侯外廬等：《中國思想通史》第2卷，〈漢代白虎觀宗教會議與神學思想〉頁229。

〔註188〕劉師培：〈讖緯論〉，《劉申叔先生遺書（三）·左盦外集》卷3，頁1610。

〔註189〕〔劉宋〕范曄：《後漢書·志》第二，〈律曆中〉頁3026。又見卷3，〈章帝紀〉頁
　　　　149；卷35，〈張純列傳〉頁1202；〔梁〕沈約：《宋書》卷12，〈律曆志中〉頁229。

〔註190〕〔劉宋〕范曄：《後漢書》卷35，〈曹褒傳〉頁1203。

等同於「五經」之地位矣。

又三十餘載迄至安帝年間，「經讖」、「章句」之學竟已替代儒家經典而爲正式官學矣。如安帝延光（西元 122～125）時人孔季彥「守其家業」，「世傳《古文尚書》、《毛詩》」〔註191〕，竟致違世而危身。《孔叢子》載其事曰：

> 季彥壹其家業，孔大夫昱謂季彥曰：「今朝廷以下，四海之內，皆爲章句、內學，而君獨治古義。治古義則不能不非章句，非章句、內學則危身之道也。」（卷下，〈連叢子下〉第 23）〔註192〕

所言「今朝廷以下，四海之內，皆爲章句、內學」，則經讖（內學）之勢力已偏布天下矣，且「非議章句、內學」竟成爲「危身之道」，則朝廷以「經讖」爲正統，令學子諸儒不得非議，亦可確信無疑矣。

由上所述，可知自光武帝即位，以暇日「講經藝，發圖讖」，張純又以「七經讖」定「禘祫之禮」，而樊鯈「以讖記正五經異說」，宗室劉輔則「集經傳、圖讖，作《五經通論》」，賈逵據圖讖解釋五經所未明言之議題，白虎觀論議又使經讖地位暴增，曹褒更雜用「五經、讖記」重定漢儀。皆見朝廷鼓勵學者，有意使「讖書」逐漸融於經典，至安帝時竟使其超越經典而爲學術之主流。

再者，光武帝所編定之圖讖，摻雜先秦以來即有之預卜、災異等思想，或擷自秦漢之文獻，或與古籍皆爲源自相同之傳說、思想，後人多以此逆推讖緯之爲專書，自秦已有，則非史實也。是以陳槃亦謂：「讖緯中若干思想，古已有之，……然自古雖亦有此思想，不可謂此即讖緯也。……讖緯之產生，由於矯誕，或剽割盜襲，或怪迂能變。……今乃略去其展轉盜竊之跡，而謂古之讖緯有在于是，斯反客爲主矣。」〔註193〕

四、以圖讖解經義未成風潮

學者多謂東漢以讖緯雜入經義中，形成以讖解經之風氣，而「讖之附經」，「讖與經之關係緊密」〔註194〕，幾成學者之公論矣。如安居香山考覈斷曰：緯書內容以

〔註191〕〔劉宋〕范曄：《後漢書》卷 79 上，〈儒林傳上・孔僖〉頁 2563、2560。

〔註192〕《孔叢子》雖爲僞書，然而孔季彥非當時名儒，又去王肅不遠，王肅不必造生其事，則是文當有史料依據，是以屈萬里云：「《孔叢》和《連叢》很可能都出於孔猛之手。……《連叢》則可能就是孔臧的原書，加以竄改和補充而成。」（屈萬里：《先秦文史資料考辨》頁 477）又，〔劉宋〕范曄：《後漢書・徐防列傳》（卷 44，頁 1500）亦載：徐防於和帝十二年（西元 102）拜司空，奏請「今不依章句，妄生穿鑿，以遵師爲非義，意說爲得理」者，「皆正以爲非」。可見《連叢子》所言，當有其實，故從其說。

〔註193〕〈秦漢間之所謂「符應」論略〉，見陳槃：《古讖緯研討及其書錄解題》頁 103。

〔註194〕〈讖緯命名及其相關之諸問題〉，論及「讖亦附經」之事頗詳，見陳槃：《古讖緯研

「讖類」與「釋義、釋經類」兩種爲主,「前者佔 43%,後者佔 46%」,另有 11%歸類較雜〔註 195〕。呂宗力襲其說,亦謂:「現存緯書資料中,所謂釋經、釋義的內容即占近半數。」〔註 196〕

《隋書‧經籍志》亦嘗言及:「漢時,又詔東平王蒼,正五經章句,皆命從讖。俗儒趨時,益爲其學,篇卷第目,轉加增廣。言五經者,皆憑讖爲說。」〔註 197〕既云「憑讖」說「五經」,則「讖」之用以「解經」,當頗爲盛行矣。

然詳覈有關史料文獻,乃知東漢言及圖讖者,蓋以附會政事、求取榮祿爲主,藉以解說經文大義者,殆僅什之一二而已。檢《後漢書》記載,《公羊》學者李育嘗謂:光武帝時,《公羊春秋》博士范升議奏《左氏春秋》不可立爲博士一事,敗於《左氏傳》學者陳元駁議,其故即在范升「多引圖讖,不據理體」〔註 198〕。可知此時,圖讖實未能代替經義理體也。

吾嘗以今所見之緯書輯本考覈,如孫瑴《古微書》、黃奭《黃氏逸書考‧通緯》、安居香山《重修緯書集成》等書,讖緯佚文中闡釋經義之部分,比例並不爲多。如黃氏《通緯》之《尚書緯》凡錄佚文三四一條,而以寬鬆之標準估算,與經文有關,足以爲釋義佐助者,不及百條,換算比例少於三分之一〔註 199〕。又如《後漢書》引用《尚書》讖文僅八條,而引用《尚書》經文部分,以粗略估算亦得六十六條〔註 200〕,

---

討及其書錄解題》頁 164～47。

〔註 195〕〔日〕安居香山:《緯書之基礎的研究》頁 37。

〔註 196〕呂宗力:〈緯書與西漢今文學〉,見〔日〕安居香山編:《讖緯思想之綜合的研究》頁 397。

〔註 197〕〔唐〕魏徵:《隋書》卷 32,〈經籍志〉頁 941。

〔註 198〕〔劉宋〕范曄:《後漢書》卷 79 下,〈儒林列傳‧李育〉頁 2582。

〔註 199〕與經義或許有關者,如《考靈曜》「鳥星爲春候,火星爲夏期」、《帝命驗》「天有五號,尊而君之則曰皇天」;與經義無關者,如《考靈曜》「秦失金鏡,魚目混珠」、《帝命驗》「賊類出,高將下」。

〔註 200〕按:1994 年 3 月,輔仁大學中文研究所「中國經學史」課程中,汪師惠敏嘗令修課同學蒐檢〔漢〕班固:《漢書》、〔劉宋〕范曄:《後漢書》中引用五經之概況,其中《後漢書》引用《尚書》部分,詳見林立仁課堂報告〈後漢書《尚書》致用事例探討〉。報告中列述《後漢書》稱引《尚書》之方式凡五:

（1）直接引用原文或櫽括原文,而不稱「篇名」或「書云」者,19 條。

（2）只用「《書》云」、「《書》曰」、「《書》稱」、「《書》歌」、「《書》陳」、「《尚書》稱」、「《書》」,而不提篇名者,19 條。

（3）明確指出篇目者,13 條。

（4）僅提《尚書》中之時代或人物、事件,而不著篇名者,12 條。

（5）只用「經曰」、「經稱」者,3 條。

林立仁報告與《尚書》引讖文概況（由本人負責蒐檢、整理）,皆發表於「中國經學史」課程中,資料具存於輔仁大學中文所。結果容或不夠完備,經由師生共同研

二者相差高達八倍。再以《白虎通德論》爲例，吾嘗略估其中引用經文「《尙書》」、「《尙書》曰」、「《書》曰」等，計有七十四則，而引用《尙書緯》者，僅《刑德放》二則、《中候》一則而已；另有《五經篇》引「《傳》曰」一則，文與《璇璣鈐》相似〔註201〕。

是可顯見光武帝之後，漢儒解經或撰著之際，依據官定圖讖以解經義者，並不如後世學者所認定之繁多。究論其因，或如明孫瑴〈尙書緯序〉所言：《尙書緯》「皆主言天咫地游，帝王運歷之大事」，原本蓋以星象、運歷爲意，故罕言經義，亦不足爲奇也。

有關東漢諸儒所著經傳中，引用「經、讖」之多寡比例，學者偶或言及，雖未專門考述，亦可由其中一窺斑豹也。如東漢之《白虎通德論》，侯外廬以爲此書「百分之九十的內容出於讖緯」〔註202〕。然而此書引用經、讖之詳細概況，依唐兆君參酌黃新華《白虎通義研究》之考證爲基礎，「加上自行統計之引讖次數」，共得「引經次數」五八二次，而「引緯次數」僅有三十次，差距竟達十七與一之比〔註203〕。再者，周志煌亦嘗估算，引經凡五二五條，而引緯僅得三十九條〔註204〕；林麗雪〈白虎通與讖緯〉依陳槃所述《白虎通》引讖緯原則，亦估得「引讖緯」凡三十五次〔註205〕。皆與唐君結論相近。此足證明侯氏所言並非實情。若謂《白虎通》實多引讖說而不名，故經、讖差距當不如若是之大；則吾人亦可依同理駁曰：未引書名之解經說辭，當爲傳統習見者，適足可視爲漢代經學章句之通識也〔註206〕。蓋光武帝之「經讖」多襲取前世成書之文句，前文已詳言之矣。

又如陳品卿《尙書鄭氏學》謂：鄭玄「注《尙書》也，除博取《尙書緯》之外，亦偶取《易緯》、《禮緯》、《春秋緯》、《孝經緯》諸書之說以釋之」〔註207〕。文中考

討評論後，亦可視爲《後漢書》之大致概況。又，蔡根祥：《後漢書引尙書考》泛計引用經文、諸家傳注者，合爲480則，與林文限於「經文」者不同。又按：蔡文未及《尙書緯》部分。

〔註201〕按，唐兆君：《白虎通禮制思想研究》頁32，統計引《尙書》62次，引《書緯》6次（含讖1次）。唯經、讖之引用次數亦差別不大。

〔註202〕侯外廬等：《中國思想通史》第二卷，〈漢代白虎觀宗教會議與神學思想〉頁229。

〔註203〕唐兆君：《白虎通禮制思想研究》頁32、42。

〔註204〕周志煌：〈白虎通義中「天人相應」意涵的探討〉，爲輔仁大學中文研究所「中國經學史」1993年12月之課堂報告。其中引《尙書》部分，周以爲79條，與吾之估算74條，雖則微有差距，亦無損所得之結論。

〔註205〕林麗雪：〈白虎通與讖緯〉，《孔孟月刊》第22卷，第3期，頁25。

〔註206〕如〔清〕陳立：《白虎通疏證》以爲「帝者諦也」出自《元命苞》（劉向：《說苑·脩文》已言）；「子者滋也」出自《詩推度災》（司馬遷：《史記·律書》已言）；「男者任也」出自《元命包》（《周禮》〈職方〉、〈大司馬〉皆已言）。陳立所言，實屬主觀之論定。

〔註207〕陳品卿：《尙書鄭氏學》頁1263。

證鄭玄所注《尚書》，引諸經文字凡一一六條，而引緯乃僅十六條，二者爲七與一之比。此一統計，亦與吾所估算孔穎達《尚書正義》引緯十八條之結果相近。是可信孔穎達亦與鄭玄相同，疏注《尚書》時，皆未藉重讖緯之言也〔註208〕。

三如張廣慶《何休春秋公羊解詁研究》所統計《解詁》引書情況，其中引經一七一次，引傳三十一次，引緯五十八次〔註209〕。是則經傳與緯之引用比例，約爲四與一之比，亦非特重讖文也。

今據上述所論，試製一表，可明顯看出東漢儒者引用「經、讖」之大致情況：

書　名	《白虎通》（唐）引經	引緯	《白虎通》（周）引經	引緯	鄭玄注《尚書》引經	引緯	何休《公羊解詁》引經	引傳	引緯
	582	30	525	39	116	16	171	31	58
詩經	61		55		27		8	6	
尚書	62	6	79		6	14	9		1
中候									
書大傳				緯35	10			5	
儀禮	39	83			2		11		
周禮	7				18				5
禮記	189*		139		16		75**		
周易	20	1	23		6	1	10	3	2
春秋	69	4	19	讖1		1			4
左傳					11			10	
公羊傳	57		57		1			4	
穀梁傳	4		4					5	
樂	0	3							2
孝經	8	9	9	讖1	1		7		4

〔註208〕〔唐〕孔穎達：《尚書正義》未藉重讖緯之言，可由葉程義：《禮記正義引書考》得證。葉書頁2云：「《正義》引書之博，……竟達一九六部之多。」其下詳述引《禮》書47部、《易》書8部、《尚書》10部、《詩》書15部、《春秋》書22部、《孝經》書2部、《論語》書4部、讖緯書12部，總計引經書108部，而讖緯乃僅12部，經、讖爲9與1之比，相差懸殊。至若引文之細目，以108部中《尚書》、《詩經》等「五經正文」11部爲例，共計引經1798條，而12部讖緯合計僅引193條，亦爲9與1之比。

〔註209〕張廣慶：《何休春秋公羊解詁研究》頁167、190。

書　名	《白虎通》（唐）		《白虎通》（周）		鄭玄注《尚書》		何休《公羊解詁》		
	引經	引緯	引經	引緯	引經	引緯	引經	引傳	引緯
	582	30	525	39	116	16	171	31	58
論語	58	讖1	47	讖1	2		51		
河圖									
雒書									
其他				讖1					

*《禮記》189 次，分為《小戴禮》161 次，《大戴禮》28 次。

**《禮記》75 次，分為《小戴禮》73 次，《大戴禮》3 次。

　　陳槃以為「讖緯結集，大類《淮南內篇》，淮南王安集賓客著書，其中方士占重要地位，故其書內容，與讖緯最為近似。唯不附經，此其稍異爾」〔註210〕。以「讖緯」與偏重方士思想之《淮南內篇》作形式架構之比較，可謂得之，蓋光武帝所宣布之「圖讖八十一卷」，確如《淮南鴻烈》為眾多學者所擇選諸書之雜纂集成；然氏以為《淮南》「不附經」，故與「附經」之讖緯在性質上稍異，此「附經」一詞，由上述「漢儒引經、讖」之統計表觀之，容或可商。

　　除此資料上之量化統計外，細繹所引用諸條讖文，於經義解說，實未形成崇緯學者以為之關鍵影響，如清儒顧櫰三《補後漢書藝文》云：鄭玄箋傳諸經時，「經自為經，緯自為緯，初不相雜。……經師所未詳者，則取諸緯候以明之。蓋緯候亦有純駁之不同」〔註211〕。然顧氏列舉後儒引用說義純醇之「緯」，如「九州八柱」、「周天三百六十五度」等，實多出自西漢傳注成書之文，乃光武帝勅編時，主事者襲取諸書文句而成者，前文已詳為論證，下文亦將就《尚書》讖緯此類部分，說明此一疑議。

　　實則東漢之經學，重在今、古文之爭，即或今文經學者嘗取圖讖思想以解經義，亦未蔚為潮流。至若融合經、讖以為「新書」者，多為皇室宗親或朝廷官員，所纂成之書亦未受朝廷重視頒行。其時之「圖讖」，或對朝廷施政有重大之影響，卻未在「配經、解經」方面產生重要之功用也。是以陳槃謂：「諸經讖緯皆出《河圖》、《洛書》，故見存諸經讖緯之內容，往往與經義全不相涉，龐雜紛亂。」〔註212〕亦頗得其實也。

〔註210〕〈論早期讖緯及其與鄒衍書說之關係〉，見陳槃：《古讖緯研討及其書錄解題》，頁105。

〔註211〕〔清〕顧櫰三：《補後漢書藝文》甲三，〈補志二〉頁41。

〔註212〕〈秦漢間之所謂「符應」論略〉，見陳槃：《古讖緯研討及其書錄解題》頁84。

第六節 「圖讖」別名稱「緯」考述

一、「緯」字於圖讖及子史中之字義

今存緯書輯佚文中，有緯書中又引緯書之名者，如《春秋命歷序》云：「堯壇於河，受龍圖，作《握河紀》。」《易通卦驗》曰：「孔子表《洛書摘亡辟》曰：『亡秦者胡也。』」《易乾鑿度》曰：「孔子曰：『丘按錄讖，論定國符。』」〔註213〕或作篇名，或作「錄讖」，卻絕無以「某緯」為稱者。

再蒐檢緯書佚文中「緯」字之解義，則只作「星宿」或「治理」而言，例如：

(1)《河圖》：「歲星帥五緯聚房，青帝起；太白帥五緯聚參，白帝起；辰星帥五緯聚於北方七宿，黑帝以清平潔靜通明起；辰星帥五緯聚營室，黑帝起。」

(2)《河圖帝覽嬉》：「西方之星，其屬五十，其合八十五度，奎居西之中七度，經以聯之，緯以綜之。」〔註214〕

(3)《詩緯》：「五緯聚房，為義者受福，行惡者亡。」

(4)《詩含神霧》：「五緯合，王更紀。」〔註215〕

(5)《尚書考靈耀》：「帝起受終，五緯合軫。」

(6)《尚書中候・合符后》云：「孟春五緯聚房，鳳皇銜書曰：『殷帝無道，虐亂天下，世命已移，不得復久。靈祇遠離，百神蘇去，五星聚房，昭理四海。』」〔註216〕讖文之「五緯聚房」，鳳皇銜書作「五星聚房」，是「五緯」即「五星」無疑。

(7)《易稽覽圖》：「天地開闢，五緯各在其方。至宓犧氏乃合。」〔註217〕

(8)《易是類謀》：「候終以季月八日，考經緯用事之氣。」〔註218〕

(9)《易是類謀》：「皇觀鉤堂，考房斗能；帝視河洛緯，合謀；王察可錯。」皇、帝、王等人「觀、考、視、察」「鉤、房、斗、三能、河洛緯」等星宿，以為施政參考，則「緯」當作「星」字解無疑。

(10)《春秋命歷序》：「日月五緯，俱起牽牛，四萬五千年，日月五緯一輪轉，天

〔註213〕分別見於〔清〕黃奭輯：《通緯・春秋緯》卷14，《春秋命歷序》頁203；《易通卦驗》卷4，頁74；《易乾鑿度》卷2，頁38。

〔註214〕〔清〕黃奭輯：《通緯・河圖帝覽嬉》卷7，頁44。

〔註215〕〔唐〕釋悉達：《開元占經》卷19，〈五星占二〉頁1。

〔註216〕〔清〕黃奭輯：《通緯・尚書中候》卷7，《合符后》頁41。

〔註217〕〔清〕黃奭輯：《通緯・易稽覽圖》卷6，頁157。又，〔宋〕李昉：《太平御覽》卷78，頁4，引作《春秋內事》，亦緯書也。

〔註218〕〔清〕黃奭輯：《通緯・易是類謀》卷7，頁161。

皇出焉。」〔註219〕讖文首句，《尙書考靈耀》作「日月五星，俱起牽牛初」，《考靈耀》又云：「日月五星，共爲七政之道，亦名七耀。」可知「日月五緯」乃指稱天文星象之「七政」也。是以孔穎達引《星備》「五星初起牽牛」，亦云：「此云星，明是五緯也。」〔註220〕

（11）《論語摘衰聖》：「鳳有六像，……六曰尾像緯。」宋均曰：「緯，五緯也。」〔註221〕

（12）《孝經援神契》：「陽精主外，陰精主內，精氣上下，經緯人物。」〔註222〕

　　由上述七緯、十二則佚文，可知圖讖中之「緯」字，僅祇（2）《河圖》「緯以綜之」、（8）《是類謀》「經緯用事」作「橫線」解，（12）《援神契》「經緯人物」有「治理」之意，其餘概作「星」字解。〔註223〕

　　至若先秦、兩漢之經傳、子書、史籍言及「經緯」者，其義亦絕無指稱「緯書」者，略述如下：

（1）《左傳‧昭公二十五年》，載子大叔答趙簡子所問「揖讓之禮」，對以「夫禮，天地之經也，地之義也」，又謂「禮，上下之紀，天地之經緯也」。

〔註219〕〔清〕黃奭輯：《通緯‧春秋命歷序》卷14，頁204。

〔註220〕〔唐〕賈公彥：《周禮注疏》卷18，〈大宗伯之職〉頁3。

〔註221〕〔唐〕徐堅：《初學記》卷30，頁723。

〔註222〕〔清〕黃奭輯：《通緯‧孝經援神契》卷3，頁27。

〔註223〕緯書中之「緯」字僅作「治理、星體」解，然而宋代所輯存、附有鄭玄注之緯書《易乾坤鑿度》，乃以「緯」字指稱「緯書」，謂：「帝用《垂皇策》與《乾文緯》、《乾坤二鑿度》，此三文，說《易》者也。」（〔清〕黃奭輯：卷3，頁46）又曰：「炎帝皇帝有《易靈緯》。」（頁68）鄭注亦云：「緯者，古本經，已後不知緯字何也。經之與緯，是從橫之字。」（頁46）是明以「緯」爲古時專書之稱也。

惟細繹《乾坤鑿度》經文，頗引《萬形經》、《制靈經》等書，而鄭玄注亦八引《萬形經》。若《乾坤鑿度》與鄭注皆爲漢代文獻，則可由此推斷：東漢初年官定圖讖（西元56）迄漢末鄭玄注釋緯書（約西元160）之百餘年間，《易乾坤鑿度》與《萬形經》二書當廣行於世。然此二書絕不見錄於漢代文獻中（如〔漢〕劉珍：《東觀漢記》、〔晉〕袁宏：《後漢紀》、〔劉宋〕范曄：《後漢書》皆無二書名稱，〔清〕顧懷三：《補後漢書藝文志》十卷、姚振宗《補後漢書藝文志》四卷，亦未著錄此二書），晉、唐以降之子書、類書、道教經籍亦未見引用（如〔唐〕徐堅：《初學記》、歐陽詢：《藝文類聚》、〔宋〕李昉：《太平御覽》、張君房：《雲笈七籤》等類書固無其名，而《萬形經》名稱與道經經籍相類，惟詳覈〔晉〕葛洪：《抱朴子》多引道經名義，北宋《正統道藏》集道經之大成，亦皆未見是書名稱），乃突然以完整全貌見於緯書殘佚之宋代中葉，而又未言文本淵源，其書實屬可疑。

是以〔宋〕晁公武：《郡齋讀書志》（卷1，頁8《坤鑿度》條）、〔明〕胡應麟：《四部正譌》（卷上，頁10）、鍾肇鵬：《讖緯論略》（第二章，頁46），皆考謂《乾坤鑿度》乃宋人所僞造者。是以「緯書」之作爲書名，仍不應見於光武帝之官定「圖讖」中也。

（2）《國語・周語下》：「單襄公曰：『經之以天，緯之以地。經緯不爽，文之象也。』」

（3）《國語・周語下》：「（周景）王將鑄無射，問律於伶州鳩。……對曰：『……月之所在，辰馬農祥也，我太祖后稷之所經緯也。』」

（4）《管子・五行》：「經緯日月，用之於民，通乎陰氣，所以事地也。經緯星曆，以視其離。」

（5）《莊子・寓言》：「年先矣，而無經緯本末，以期年耆者，是非先也。」

（6）《淮南子・本經篇》：「秉太一者，……紀綱八極，經緯六合，……蠉飛蠕動，莫不仰德而生。」

（7）《周禮・考工記・匠人》云：「國中九經、九緯，經涂九軌。」鄭玄注：「國中，城內也。經、緯，謂涂也。」

（8）《史記・秦始皇本紀》始皇二十九年「之罘刻石」曰：「普施明法，經緯天下，永爲儀則。」又曰：「皇帝明德，經理宇內，視聽不怠。」是「經緯」即「經理」、「治理」之意。

（9）《史記・禮書》：「人道經緯萬端，規矩無所不貫，誘進以仁義。」

（10）《漢書・律曆志上》：「三辰、五星而相經緯。」

（11）《漢書・五行志上》：「凡此六十五字，皆《雒書》本文，所謂天乃錫禹大法九章常事所次者也。以爲《河圖》、《雒書》相爲經緯，八卦、九章相爲表裏。」以「經緯」、「表裏」對舉，應無「緯書」之意也。

（12）班固〈典引〉：「厥道至乎經緯乾坤，出入三光，外運混元，內浸豪芒，性類循理，品物咸亨，其已久矣。」〔註224〕

以上九書、十二例所言之「緯」，皆以「治理」、「道路」、「輔助」爲義，絕無指稱書冊、圖讖之意者，可知此亦爲先秦、兩漢史籍如《左傳》、《國語》、《史記》、《漢書》之通義。

以下依據兩漢文獻，詳究「緯書」專名出現於漢末鄭玄之時，由此以明「緯書」與「解經」、「配經」之確實關係。

二、張衡之前圖讖並無「緯」名

論者或謂，「緯」字作爲「讖緯」專稱者，最早見於成帝綏和元年（前 8），術士李尋遊說丞相王根，嘗言「五經六緯，尊術顯士」〔註225〕。又或據〈小黃門譙敏碑〉言及「國師譙贛，深明典奧，讖錄圖緯，能精微天意，傳道與京君明」

〔註224〕〔劉宋〕范曄：《後漢書》卷 40 下，〈班固列傳〉頁 1380。
〔註225〕〔漢〕班固：《漢書》卷 75，〈李尋傳〉頁 3179。

〔註226〕，遂謂宣帝時（前73～前49）已有焦贛研讀「緯書」。

然而〈小黃門譙敏碑〉所載，實乃撰者以漢末熟語附會前漢之事者。蓋譙敏「以中平二年（西元176）三月九日戊寅卒」，而是碑以「中平四年七月廿八日癸卯造」〔註227〕。其撰文造碑之日，去宣帝時譙贛之卒（約西元前40），已逾二百年矣。豈可以此東漢末葉之碑文熟語，論斷「緯書」起於西漢之譙贛？

至若李尋「五經六緯」，雖則孟康注云：「六緯，五經與《樂緯》也。」張晏亦謂：「六緯，五經就《孝經緯》也。」〔註228〕然而先秦迄西漢，實無「六緯」之專詞〔註229〕。詳覈《漢書》言及李尋事蹟者，如〈李尋傳〉與〈郊祀志〉、〈五行志〉、〈溝洫志〉、〈翟方進傳〉、〈儒林傳〉等，知李尋「治《尚書》，……獨好〈洪範〉災異，又學天文、月令、陰陽」，並以〈洪範〉災異受知於哀帝〔註230〕，卻絕未見李尋引用「緯書」名稱與文句者。再者，詳覈班固《漢書》百卷，除「五經六緯」一例外，未嘗有以「緯」字指稱「經讖」者，亦未視「緯」為「配經」之書，更無「六緯」之實質內容。而《後漢書》或言「七緯」（〈樊英傳〉）、或言「七經讖」（〈張純傳〉），卻未見「六緯」之數，是李尋說辭之指稱頗為可疑也。

今細繹《漢書・李尋傳》所載尋之進言，可知「五經六緯」實指天文星象而言。為明其意，擷錄尋言如下：

> 《書》云「天聰明」，蓋言紫宮極樞，通位帝紀；太微四門，廣開大道；五經六緯，尊術顯士；翼張舒布，燭臨四海；少微處士，為比為輔；

〔註226〕〔宋〕洪适：《隸釋》卷11，〈小黃門譙敏碑〉頁6。

〔註227〕〔宋〕洪适：《隸釋》卷11，〈小黃門譙敏碑〉頁6。

〔註228〕〔漢〕班固：《漢書》卷75，〈李尋傳〉頁3179。

〔註229〕「六緯」一詞，或謂源起先秦，如後世曲解《莊子》文意以說「六緯」即是。蓋《莊子・天道篇》嘗言及：孔子「繙十二經」以說老聃。隋季陸德明《經典釋文》引「說者曰」，以為「《詩》、《書》、《禮》、《樂》、《易》、《春秋》六經，又加六緯，合為十二經也」。唐成玄英承之，曰：「孔子刪《詩》、《書》，定《禮》、《樂》，修《春秋》，贊《易》道，此六經也；又加六緯，合為十二經也。」此「六緯」乃專對俗稱之「六經」而來。是孔子或莊周之時，已有「六緯」傳世矣。然而嚴靈峰、陳鼓應皆以為「十二」乃「六」字之缺壞，後人因誤認，遂加以「附會」。陳氏謂：孔子之時無緯書，且〈天運〉、〈天下〉二篇，「皆舉『六經』，未及『六緯』，則『十二經』之說，在先秦無有」。至於郭象注《莊子》時，惟「以『六經』為說，『十二』字疑係『六』字缺壞，折而為二」。依陳氏所言，「六緯」確非《莊子》書所能道者矣。嚴、陳二氏所言，皆見陳鼓應：《莊子今註今譯》，頁382〈天道〉。

陳槃亦云：「《釋文》引或說有以六經、六緯合為十二經者，此亦不免以肛度。」是以考論其詳，並謂：「六緯之說，斷其為誤。」見氏著〈論早期讖緯及其與鄒衍書說之關係〉，收入《古讖緯研討及其書錄解題》頁107。

〔註230〕〔漢〕班固：《漢書》卷75，〈李尋傳〉頁3183。

故次帝廷，女宮在後。（《漢書・李尋傳》卷75，頁3183）

所言「紫宮、太微、翼張、少微、女宮」等，皆指稱星象，則「五經、六緯」當亦屬相同詞性，爲星象之稱無疑。

故宋人劉攽即謂：李尋之說辭，「正言星宿，何故忽說五經？蓋謂二十八舍」。清人姚鼐亦云：「言天文當爲人主所取法。此五經者，五經星也；六緯者，十二之相向爲六。故人主當法之，以尊五行之術，顯十二州之士耳。與經書、讖緯何涉哉？」〔註231〕顧頡剛亦謂：「或此語承上語來，所謂經、緯云者，乃『廣開大道』之經緯耳（原注：如今天津之經路、緯路）。」並質疑曰：「李尋之時能有此整整齊齊之六種緯乎？若彼時已有此種書，則京房、翼奉、劉向、谷永、李尋諸好言災異者，肯不一引乎？」〔註232〕

上述諸家所言，固稱卓見，惟亦未全當。今比覈《史記・天官書》，則知李尋所言，與史遷所述之先秦天象相同。〈天官書〉言「中宮、南宮」之星象云：

中宮天極星，……曰紫宮。……南宮朱鳥，權、衡。衡，太微，三廷之光；……南四星，執法；中，端門；門左右，掖門。門內六星，諸侯；其內五星，五帝坐。……廷藩西有隋星五，曰少微，士大夫。權，軒轅，軒轅，黃龍體；前大星，女主象；旁小星，御者後宮屬。……張，素，爲廚，主觴客；翼，爲羽翼，主遠客。（《史記・天官書》。《漢書・天文志》襲之略同）

所言「紫宮、太微……」、「六星，諸侯；五星，五帝坐」等，皆與李尋之語同意，今列爲一表如下，則顯見二人所言相同：

《漢書・李尋傳》	《史記・天官書》
紫宮極樞，通位帝紀；	中宮天極星，……曰紫宮。
太微、四門，廣開大道；	太微，三廷之光；……南四星，執法；中，端門；門左右，掖門。
五經、六緯，尊術顯士；	門內六星，諸侯；其內五星，五帝坐。
翼、張舒布，燭臨四海；	張，素，爲廚，主觴客；翼，爲羽翼，主遠客。
少微、處士，爲比爲輔；	廷藩西有隋星五，曰少微，士大夫。
故次帝廷，女宮在後。	權，軒轅，黃龍體；前大星，女主象；旁小星，御者後宮屬。

二文所載，確以「紫宮、太微、翼張、少微、女宮」等星象名對舉，則「五經、六緯」當亦與「五帝坐、六諸侯」屬相同詞意無疑。

〔註231〕劉、姚二說，皆見〔清〕王先謙：《前漢書補注》卷75，頁21〈李尋傳〉注引。
〔註232〕顧頡剛：《顧頡剛讀書筆記》頁1744。

再則，《史記‧天官書》又云：「天之五官坐位也，爲經，不移徙；……五星者，天之五佐，爲緯，見伏有時。」是明以「經、緯」爲星象之稱無疑。李尋進言，去《史記》成書（約前91）踰八十載，以常理推論，李尋當熟知〈天官書〉內容，而〈天官書〉又爲史遷取先秦迄漢所習傳之天象知識而成者，是亦可信〈天官書〉所言之天象，與李尋所學之天文知識，皆當出自同一淵源也。

詳考史籍則更可證知此事，蓋與李尋同時之劉歆，亦撰成《三統曆》，所言即與史遷者相同，曰：「掖門內六星，諸侯；其內五星，五帝坐。」〔註 233〕而「總甘、石、巫咸三家所著星圖」而成之《晉書‧天文志》，其源當與《史記》相同，亦以「五帝坐」、「六星」爲言，曰：「中宮，北極五星，鈎陳六星，皆在紫宮中。……大帝上九星曰華蓋，……華蓋下五星曰五帝坐，設敘順帝所居也。……華蓋杠旁六星曰六甲，可以分陰陽而配節候，故在帝旁，所以布政教而授農時也。」〔註 234〕由此更可證明，熟稔星占之李尋，所言當據秦、漢以來之星經爲據，並未言及「緯書」也。

至於「尊術顯士」之意，李尋對哀帝詔問時，亦嘗論及，曰：「舉有德行、道術通明之士，充備天官，然後可以輔聖德，保帝位，承大宗。」〔註 235〕蓋籲請朝廷舉用天官人才，以配合星象，作適切之應對。所言實與經典、讖緯無關。

是則可以確信，李尋蓋以「五經、六緯」指稱天象中「五帝坐、六諸侯」等星座，意欲帝王與諸侯能實行「尊術顯士」之德政，實與「讖緯」無關。是以顧頡剛亦謂：「至於『緯』的一名，西漢人從未提起過，其起於東漢時亦無疑義。」〔註 236〕

西漢既無「緯書」名義，東漢初年亦復如是。蓋光武帝、明、章諸帝偏好圖讖，大臣亦頗有所言。明帝建初元年（西元 74），賈逵奏疏中，嘗據圖讖證經文，以明《左傳》有劉氏代少昊之證，又摘讖書互異三十餘事〔註 237〕。所言皆是「以讖佐經」之實，而未嘗名之「緯書」。再者，班固於章帝建初四年（西元 79）躬與白虎觀論議，撰爲《白虎通義》，書中頗引經讖，或直稱書名如《元命包》、《鈎命訣》，或稱《春秋讖》、《孝經讖》、《論語讖》〔註 238〕，概未見「緯」名。《白虎通》

〔註 233〕劉歆著《三統曆譜》，見〔漢〕班固：《漢書》卷 36，〈劉歆傳〉頁 1972。引文見同書卷 26，〈天文志〉頁 1276。

〔註 234〕〔唐〕房玄齡：《晉書》卷 11，〈天文志上〉頁 289。

〔註 235〕〔漢〕班固：《漢書》卷 75，〈李尋傳〉頁 3191。

〔註 236〕顧頡剛：《中國上古史研究講義》頁 269。

〔註 237〕〔劉宋〕范曄：《後漢書》卷 36，〈賈逵傳〉頁 1236。

〔註 238〕分見於〔漢〕班固：《白虎通》〈五行〉、〈號〉、〈誅伐〉、〈辟雍〉等篇。

亦嘗釋「經」字之意，卻未拈出「緯」字，更無任何「配經」之釋義，可見當時並無此類名義也。

然而陳槃以為「緯之稱，雖亦可能早見於西漢中世，然稱謂猶未固定也」，「故或以為緯，或以為經讖。即中興以後，緯之一名，猶未約定俗成，故……班（《白虎通》）於諸讖緯，或直稱其篇目，或曰傳，或曰說，或曰讖。無稱緯者：蓋讖之稱謂，流傳既久。緯名後起，普遍使用，故非一朝一夕之效也」〔註239〕。細繹其說，實亦未例舉班固之前，「緯」字作為書稱者見於何處。是難信從也。

白虎觀論議後千又六百餘年間，文獻未見班固說「緯」之證，忽於清初乃見朱彝尊《經義考》（成書於1701）〔註240〕之〈說緯〉下，載有「班固曰：聖人作經，賢者緯之」一句〔註241〕，是以學者多據此說，論斷班固時已有「緯書」之名矣。然而朱氏此條既未言明出處，亦無前後說辭，不知鈔自何書。七十餘載之後，紀昀《四庫全書總目提要·易緯序》（乾隆38年4月撰，1773），亦嘗語曰：「讖自讖，緯自緯，……班固稱『聖人作經，賢人緯之』。」〔註242〕所引班說，當為襲自《經義考》者。偏檢《漢書》、《白虎通義》、《文選》或言及班固之有關文獻中，概未見班固此說，詳覈其事，實為誤引魏人孟康注解班固〈幽通賦〉之語。

蓋班固〈幽通賦〉「發孔、顯而上下兮，緯群龍之所經」一句，應劭注曰：「顯，太顯也；孔，孔子也；群龍，喻群聖也。自伏犧下訖孔子，終始天道備矣。」是以「孔子、太昊、群聖」為言，並歸諸「天道」。而孟康注乃曰：「孔，甚也；顯，大也。聖人作經，賢者緯之。」〔註243〕直以「經書、緯書」解之。詳覈〈幽通賦〉，文中偶或言及星象，而全篇概與光武帝以後之圖讖無關。細繹其文意，可知「緯群龍之所經」實乃班固自勵之詞，意欲藉撰史書以「發孔顯，緯群聖」，附驥於群聖之經業。絕無聖人、賢人作述儒家「經、緯」之意也。「緯聖」之意，實已見於《史記·太史公自序》中，史遷欲繼周公、孔子之後，「紹明世，正《易傳》，繼《春秋》，本《詩》、《書》、《禮》、《樂》之際」，乃自我期勉曰：「意在斯乎！意在斯乎！小子何敢讓焉。」〔註244〕可見史遷、班固所言，皆為史家欲垂名後世之共

〔註239〕〈讖緯命名及其相關之諸問題〉，見陳槃：《古讖緯研討及其書錄解題》頁163。

〔註240〕撰作時間，見美·恒慕義主編、中國人民大學清史研究所譯：《清代名人傳略》（青海：青海人民出版社，1990年）上冊，〈朱彝尊〉頁487。康熙44年（西元1705），聖祖南巡，朱氏乃獻書於帝。

〔註241〕〔清〕朱彝尊：《經義考》卷298，〈通說四·說緯〉頁1。

〔註242〕〔清〕紀昀：《四庫全書總目》卷6，〈經部·易類六〉頁45。

〔註243〕以上引文，皆見〔漢〕班固：《漢書》卷100上，頁4224。應劭、孟康注文，又見《昭明文選》卷14，〈幽通賦〉頁19。

〔註244〕〔漢〕司馬遷：《史記》卷130，〈太史公自序〉頁3296。

讖。

班固欲以《漢書》「緯附六經」之意，見於《漢書‧敘傳》，曰：「凡《漢書》，敘皇帝，列官司，建侯王。……緯六經，綴道綱，總百氏，贊篇章。」此「緯」字以輔助為意，並未藉以指稱今世之「緯書」。

再細覈東漢文獻，孟康此句解釋，實改易自王充《論衡‧對作》「聖人作經，賢者傳記」一語，《論衡‧書解》亦云「說聖人之經，解賢者之傳」，而張華《博物志‧文籍考》則謂「聖人制作曰經，賢者著述曰傳」〔註245〕，皆與孟康文意相類。以此可知，孟康之解義，乃取後世觀念以附會前人成文者，朱彝尊竟取其語而託名班固，致使近世學者誤從，因而翕然同聲，謬誤千里，實不足憑信也。

再者，東漢章帝時劉珍撰《東觀漢記》，書中頗引讖文及篇名，卻絕無「緯書」之名；而劉宋范曄《後漢書》雜引東漢詔策、奏疏，內中言及圖讖之處，亦衹稱《詩讖》、《禮讖》、《春秋圖讖》〔註246〕，絕無名「緯」者。至若《後漢書》敘述文句中所稱「圖緯」、「讖緯」者，當屬范曄行文時取用劉宋時人對讖文之熟語，並非詔策、奏疏原文，亦非東漢初之熟語也。

與班固同時之許慎，時人稱之「五經無雙許叔重」，當熟見圖讖者，其成書於和帝永元十二年（西元100）之《說文解字》，解「讖」字亦與「圖讖」有關，曰：「讖，驗也，有徵驗之書。河、雒所出書曰讖。」〔註247〕既以「河雒所出書」為「讖」，則已視光武帝所編定、內含《河》、《雒》四十五篇之「圖讖」為「讖」，而未賦以「緯」名也。故其解「緯」字僅曰：「織衡絲也。从糸韋聲。」〔註248〕與「緯書」之意全然無涉。是則許慎撰《說文》時，「緯」尚無指稱「經讖」之意。〔註249〕

或謂《說文》亦嘗引「緯書」，如「易」字引「秘書說曰：『日月為易。』」段注：

〔註245〕〔晉〕張華撰、范甯校證：《博物志校證》卷6，〈文籍考〉頁72。又見〔隋〕虞世南：《北堂書鈔》卷95，〈經典一〉頁1。

〔註246〕〔劉宋〕范曄：《後漢書》卷59，〈張衡傳〉頁1912，衡上疏引《春秋讖》、《詩讖》；〈祭祀志中〉第8，頁3181，明帝言及《禮讖》；〈明帝紀〉卷2，頁111，明帝言及《春秋圖讖》。

〔註247〕〔漢〕許慎撰、〔清〕段玉裁注：《說文解字注》三篇上，頁9。

〔註248〕〔漢〕許慎撰、〔清〕段玉裁注：《說文解字注》一三篇上，頁3。

〔註249〕〔漢〕許慎《說文》嘗有引文與《禮含文嘉》、《禮稽命徵》相同者，許慎僅稱曰「禮」、「周禮」，而不以「讖緯」名之，見黃永武《許慎之經學‧禮學第四》頁485。又，劉煜輝：《說文博采通人考釋》第四章〈說文所引通人說係據讖緯之說（緯書）考釋〉，以為「許氏所引董仲舒曰、孔子曰者，竝係讖緯之說（緯書）也，董仲舒曰，蓋出《春秋繁露》中語」（頁297）。然而是書舉《說文》中「孔子曰」12則（頁297～326），盡歸諸讖緯，卻全無證明，顯係臆說難從。即令「孔子曰」文意與當時「讖語」相似，亦不可據以論斷當時已有「緯書」。

「秘書即緯書。」〔註250〕王顯亦以謂：此「秘書」，「大多數人都指實是《易緯》中的《參同契》。」〔註251〕然而《參同契》並非緯書，成書於漢順帝時（西元 126～144），亦在許愼《說文》之後，許愼不可能引後出之書，顯見其說非也。是以丁福保考論此事曰：

> 「秘書説」，段氏玉裁、桂氏馥、王氏筠皆以爲緯書，……於許書之例不合。攷慧琳《音義》六卷七頁《易》注，引「《說文》賈秘書説：日月爲易」，始知二徐本脱「賈」字。攷《後漢書・賈逵傳》：逵兩校秘書。賈秘書即賈逵也。許君古學正從逵出，故《說文》引師說，或稱賈秘書，或稱賈侍中而不名也。（《説文解字詁林》9 下，頁 427）

丁氏覈以史實，知「秘書」者，乃許愼本師賈逵。許愼以本師「兩校秘書」，故尊其官銜曰「秘書」，並非書名，更非「緯書」之流。

近人丁樹聲於「賈秘書說」則另有辨異，並撰爲《說文》引秘書說爲賈逵說辨正〉，辨明《說文》此語實引自讖文〔註252〕；而王顯〈許愼及其《說文》跟讖緯的關係〉亦嘗言及此事，皆有確證論及《說文》引讖文之例。惟二氏所言全不見許愼時已稱「緯書」之實。

或謂《說文》解「經」字曰「織從絲也」，未明言與儒家經籍有關，則「緯」字說解不言「讖緯」，亦未足以證明許愼時無「緯書」一詞。實則許愼之其它著作嘗引「經讖」，惟名之曰「讖」而不作「緯」。彼所著《五經異義》論「《春秋公羊》說：聖人皆無父，感天而生」一事，即引《禮讖》爲解，曰：

> 謹案：〈堯典〉「以親九族」，即堯母慶都感赤龍而生堯，堯安得九族
> 而親？《禮讖》云：「唐五廟。」知不感天而生。〔註253〕

案：孔穎達《禮記正義》所引緯書，與此相同：「《禮緯稽命徵》云：『唐、虞五廟，親廟四，始祖廟一。』」《正義》又引「《（孝經）鉤命決》云：『唐堯五廟，親廟四，與始祖五。』」〔註254〕而《通典・禮部》亦引「《春秋元命苞》云：『唐、虞五，殷六廟，周七廟。』」所言與《禮緯》、《孝經緯》意同，是可證許愼《異義》所云之《禮讖》，即後世所稱之「緯書」也。

許愼《五經異義》又嘗引《孝經說》：

〔註250〕〔漢〕許愼撰、〔清〕段玉裁注：《說文解字注》九篇下，頁 40。

〔註251〕王顯：〈許愼及其《說文》跟讖緯的關係〉，收錄入《古漢語論集》第一輯，頁 41。

〔註252〕丁樹聲：〈說文引秘書說爲賈逵說辨正〉，載《史語所集刊》第 21 本。

〔註253〕《詩經・生民》「居然生子」，孔穎達《正義》（卷 17 之 1，頁 8）引許愼《異義》。
又見〔漢〕鄭玄：《駁五經異義》頁 37 引《異義》。

〔註254〕《禮記・王制》「天子七廟」，〔唐〕孔穎達：《禮記正義》卷 12，頁 14 引。

今《孝經說》曰：「社者，土地之主。」……今《孝經說》：「稷者，
五穀之長。」（《五經異義》「社稷」條）〔註255〕

《孝經說》云云，與《後漢書·祭祀志》、徐堅《初學記》所引《孝經援神契》相
同〔註256〕，是許慎不稱《孝經援神契》爲「讖」或「緯」，而名之曰「說」。

可知後世稱爲「緯書」者，許慎祇稱之曰「讖」、曰「說」。許慎《說文》解「緯」
字既未言及「緯書」，全書亦未見其它與「緯書」名稱有關之載錄，而其《五經異義》
又嘗明引《禮讖》、《孝經說》，以其經學家、文字學家治學態度之精審，若當時儒林
已視「緯書」爲慣用詞語，則許氏當不致遺漏或故意忽視。是可確信當時已有「經
讖」、「圖讖」之專書，卻無名曰「緯書」者傳世也。

再者，與許慎同時而略長之王充，於章帝章和二年（西元 88）著成《論衡》一
書〔註257〕，其〈效力篇〉謂：「孔子，周世多力之人也，作《春秋》，刪五經，秘書
微文，無所不定。」是將「秘書」之類歸諸孔子所定者，故其書亦遞見「讖書曰」、「《尚
書中候》曰」之語〔註258〕，然而未嘗稱曰「緯書」。

與許慎同時而略晚之張衡，斥讖甚力，其上順帝奏疏（約西元130），祇言「讖
書」、「圖讖」、《春秋元命包》、《春秋讖》、《詩讖》等詞〔註259〕，亦未嘗出現「緯」
字。而張衡〈靈憲〉云：「日月運行，歷示吉凶，五緯經次，用告禍福，則天心於是
見矣」、「老子四星，周伯、王逢、芮各一，錯乎五緯之閒」〔註260〕，皆以「星宿」
解「緯」字。

又如郎顗善災異之學，於順帝陽嘉二年（西元133），以災異奏請順帝「披圖籍，
案經典」，以攘災延慶。疏中多引讖書之文字，或不稱書名，或僅稱「孔子曰」，而
稱書名者亦曰《易內傳》、《易中孚傳》、《詩氾歷樞》、《孝經鉤命決》〔註261〕，概未
見「緯」名也。

〔註255〕見《禮記·郊特牲》「社祭土」，〔唐〕孔穎達：《禮記正義》卷12，頁14引《異義》。
〔註256〕〔劉宋〕范曄：《後漢書·志》第九，〈祭祀下〉頁 3200。〔唐〕徐堅：《初學記》
　　　　卷13，頁 325「社稷」條。
〔註257〕鍾肇鵬：《王充年譜》頁 60，「公元八十八年（章和二年）六十二歲」條下，載「《論
　　　　衡》全部定稿於此時」。
〔註258〕如〔漢〕王充：《論衡·奇怪篇》「讖書又言」、〈書虛〉「讖書言」、〈案書〉「讖書云：
　　　　『董仲舒亂我書』」、〈實知〉「孔子將死，遺讖書」、〈是應〉「《尚書中候》曰」。
〔註259〕〔劉宋〕范曄：《後漢書》卷 59，〈張衡傳〉頁 1912。
〔註260〕〔劉宋〕范曄：《後漢書·志》第十，〈天文上〉頁 3217。又見〔唐〕房玄齡：《晉
　　　　書》卷 11，〈天文志上〉頁 288；〔唐〕魏徵：《隋史》卷 19，〈天文志上〉頁 504。
〔註261〕〔劉宋〕范曄：《後漢書》卷 30 下，〈郎顗傳〉頁 1060～1075。

三、鄭玄始稱圖讖為「緯」

以現存文獻考之，賦予圖讖以「緯」名者，當以鄭玄為始。其所以如此，蓋因其對圖讖之高度尊崇所致也。鄭玄《六藝論》嘗視「圖讖」為六經之源頭，曰：「六藝者，圖所生也。」〔註262〕今由鄭玄所注之《易是類謀》，可以證明此類說辭實肇自讖文之中：

(1)《易是類謀》：「有白顓頊，帝紀世讖，別五符。」鄭玄注曰：「白帝顓頊，有為世讖，別五帝之符，異精元冥。」（黃奭《通緯·易是類謀》卷7，頁6）

(2)《易是類謀》：「秘之隱在文，未消於亂，藏設世表，待人味思。」鄭玄注：「秘謂洛之書及五經。世表，帝王之圖錄也，待聖賢之人，味而思之。」（仝上，頁11）

(3)《易是類謀》：「錄圖世讖，易嘗喪責，帝逢臣。」鄭玄注：「錄圖讖之言，何嘗可法，致誠也。味思孔子，能思孔子所作讖書之修，以責己。帝王逢依此道，則可以自正也。」（仝上，頁23）

讖文謂「世讖」（亦名「世表」）為顓頊所作，涵蘊深沈，故「待人味思」。鄭玄則申述其義云：世讖、錄圖，得聖賢味而思之，則知文中致誠之理。而孔子亦作「讖書」，帝王若味思孔子撰作之意，則可匡正自身也。

孔子作讖之意，又見於鄭注《易乾鑿度》「別序聖人，題錄興亡」句，鄭云：「言孔子將此應之，而作讖三十六卷。」〔註263〕顯然將光武帝官定之圖讖，歸諸孔子所著。

此類「圖讖」，鄭玄又稱之曰「緯書」。魏鄭小同《鄭志》「泰誓」條載：

張逸問：「《禮注》曰『書說』。『書說』，何書也？」答曰：「《尚書緯》也。當為注時，時在文網中，嫌引祕書，故諸所牽圖讖，皆謂之『說』云。」〔註264〕

由此條敘述，可知鄭玄注《尚書·泰誓》嘗引「書說」，此「書說」實即《尚書緯》，亦即通稱之「祕書」、「圖讖」也。孔穎達《禮記正義》亦引此條所言，並謂：「凡鄭云『說』者，皆緯候也。」〔註265〕

清人鄭珍謂：鄭玄於桓帝延熹九年（西元166）年四十辭馬融歸鄉，靈帝熹平四年（西元175）坐黨禁，「自辭融歸後，至坐黨前凡七、八年，已為《易》、《詩》、

〔註262〕〔唐〕徐彥：《春秋公羊傳注疏》卷1，頁1引。
〔註263〕〔清〕黃奭輯：《易乾鑿度》卷2，頁29。
〔註264〕見〔唐〕孔穎達：《禮記注疏》卷10，頁15引。又見皮錫瑞：《鄭志疏證》卷2，頁7。
〔註265〕〔唐〕孔穎達：《禮記注疏》卷10，頁15。

《禮》、《尚書》四緯作注。《別傳》云年二十一即精圖緯，不虛也〔註266〕。依鄭珍所推論，則桓帝延熹中，鄭玄歸鄉始注四緯之時（不早於西元167），偶或稱「讖」為「緯」，此或即「緯」之命名最早年限。其實例略如下述。

鄭玄注《周易》，引《春秋說題辭》之文而稱曰「春秋緯」：

> 《春秋緯》云：「河以通乾出天苞，洛以流坤吐地符。河龍圖發，洛龜書成，《河圖》有九篇，《洛書》有六篇也。」〔註267〕

鄭氏稱「讖」為「緯」，又見於其論《穀梁》「四時田獵」中：

> 孔子雖有聖德，不敢顯然改先王之法，以教授於世。若其所欲改，其陰書於緯藏之，以傳後王。《穀梁》「四時田」者，近孔子故也。《公羊》正當六國之亡，讖緯見讀而傳為「三時田」。作傳有先後，雖異不足以斷《穀梁》也。〔註268〕

鄭玄以為：孔子「不敢顯然改先王之法」，乃「陰書於緯藏之」，是以「緯」為孔子親撰者。又謂「當六國之亡，讖緯見讀」，乃以孔子讖緯嘗傳讀於始皇滅六國之時。其言雖悖於「經讖」流衍史實，惟亦可由此得知：合「讖」、「緯」為一，而謂「緯」用以解「經」者，當由此肇始也。

再則由鄭玄注《易乾鑿度》「欲所按合誠」句，直指「合誠」為《春秋讖》卷名也〔註269〕，可知今所稱之「春秋緯合誠圖」，鄭玄名之曰「讖」。更以上文所引《易乾鑿度》鄭玄注「孔子……作讖三十六卷」觀之，鄭玄此時實未區分「讖」、「緯」為二物，蓋即視光武帝官定之「圖讖八十一卷」為「讖」、為「緯」。

鄭玄本即善於籌算與天文推步，近於「圖讖」、「方伎」之術，《後漢書·鄭玄傳》更載其卒前以讖文解夢，知命將終。試取呂凱《鄭玄之讖緯學》所錄之鄭玄緯書注文觀之，可知鄭玄注釋讖文之際，並未區分讖文內容是否與經義有關，更未作「預言之讖」、「解經之緯」二種分別也。如：

（1）為星占之類。《易乾鑿度》「知命守錄，其可以防鉤鈐，解命圖興」，鄭注云：「鉤鈐二星，近防，上將去　閣為之解者，遇除禍之途，更興之也。」（《鄭

〔註266〕「注經凡十四年」及「注四緯時間」，皆見鄭珍：《鄭珍集·鄭學錄》卷1，〈傳注〉頁274。皮錫瑞：《鄭志疏證》卷2，頁7引鄭珍《鄭學目錄》，同。又，李雲光：《三禮鄭氏學發凡》頁8，據沈可培《鄭康成年譜》謂：鄭玄於靈帝建寧二年（西元169）四十三歲時遭黨錮之禍，閉門注經凡十六年而蒙赦。故論曰：「不在熹平四年，可斷言也。」若此，則注緯時間當在西元一六○年前後。

〔註267〕〔唐〕李鼎祚：《周易集解·繫辭》頁8。又見〔唐〕孔穎達：《周易正義》卷7，頁30。此段引文見〔清〕黃奭輯：《春秋緯說題辭》卷13，頁192。

〔註268〕《禮記·王制》「歲三田」，〔唐〕孔穎達《禮記正義》卷12，頁6引「鄭玄釋之云」。

〔註269〕〔清〕黃奭輯：《通緯·易乾鑿度》卷2，頁64。

玄之讖緯學》頁 161）

（2）爲星占災祥類。《易辨終備》「拒白甄商金大謀兵」，鄭注云：「拒白，太白之主殺罰而金宿，故甄商金聲，言太白大爲眾之候，元武兵大謀之也。」（仝上，頁 295）

（3）祥瑞物產類。《書旋璣鈐》「少室之山，大竹堪爲釜甑」，鄭注云：「釜甑，釜上甑。」（仝上，頁 386）

（4）天文類。《樂叶圖徵》「日月遺其珠囊」，鄭注云：「珠，謂五星也；遺其囊者，盈縮失度也。」（仝上，頁 440）〔註 270〕

此類讖文皆與經義無關，而爲安居香山視如混入「解經」讖文中之「讖語」也。由此亦可確證，鄭玄注讖緯時，並未分別是否與經義有關而作選擇也。

其後，《隋書‧經籍志》乃取鄭說，更別「讖」與「緯」爲二事，曰：「說者又云：孔子既敘六經，以明天人之道，知後世不能稽同其意，故別立緯及讖，以遺來世。」〔註 271〕「說者又云」，實即改易前述鄭玄之意也。由此遂浸有「讖、緯」主從之分矣。是以陳槃乃謂：「讖緯之別，以今所知，蓋莫先於《隋志》，學者信焉，則不知其非舊也。」〔註 272〕

然而鄭玄稱「讖」爲「緯」（約西元 167）之後十餘年中，與鄭玄同時撰述之學者，尚未普徧接納或採用「緯」之專稱也。

如與鄭玄同罹黨禍之何休與荀爽，皆嘗究心「經讖」之學。荀爽於黨禍之十餘年間撰成《辯讖》〔註 273〕，是未以「緯」名之。何休於建靈元年（西元 168）始撰《春秋公羊解詁》，又作《公羊墨守》、《左氏膏肓》、《穀梁廢疾》等書〔註 274〕，陳振孫謂「其書多引讖緯」〔註 275〕。今覈休書，除《解詁》雖或引讖而未言「讖緯」篇名外，其餘所引經讖題名，曰「讖」，曰「說」，曰「感精符」，曰「運斗樞」〔註 276〕，行文中並無稱曰「緯」者。

〔註 270〕《樂協圖徵》當爲《尚書緯》之誤，詳見下文第 2 章第 11 組「考文」所論。

〔註 271〕〔唐〕魏徵：《隋書》卷 32，〈經籍志〉頁 941。

〔註 272〕〈讖緯命名及其相關之諸問題〉，見陳槃：《古讖緯研討及其書錄解題》頁 155。

〔註 273〕《辯讖》書名，見〔劉宋〕范曄：《後漢書》卷 62，〈荀爽傳〉頁 2056。又，〔漢〕荀悅：《申鑒‧俗嫌》亦謂：「臣悅叔父，故司空爽辯之，蓋發其偏也。」可證其實。

〔註 274〕〔劉宋〕范曄：《後漢書》卷 79 下，〈儒林傳〉頁 2583。又，《解詁》撰成時間略有數說，見馬勇：《漢代春秋學研究》頁 166。

〔註 275〕〔宋〕陳振孫：《直齋書錄解題》卷 3，頁 53。

〔註 276〕見〔漢〕鄭玄：《箴膏肓》、〔清〕劉逢祿：《穀梁廢疾申何》。張廣慶：《何休春秋公羊解詁研究》頁 167～189，考論《解詁》徵引讖緯注經之情況，亦未見何休自稱「緯」字。

又如蔡邕、楊賜於光和元年（西元 178），答詔問災異，奏疏中頗引《春秋讖》、《潛潭巴》、《演孔圖》、《合讖圖》、《中孚經》、《河圖祕徵篇》等「經讖」，卻未拈出「緯」字，或即蔡、楊二人並未採用鄭玄說辭之故。〔註 277〕

其後，鄭玄七十歲（西元 196），於〈戒子益恩書〉中，自謂「博稽六藝，粗覽傳記，時覩祕書、緯術之奧」〔註 278〕，亦為其說「緯」之證也。

鄭玄既稱「經讖」為「緯」，其教授生徒時，當亦執此為詞，故其弟子如蟜巡、麋信等人相互問答之際，亦稱《易通卦驗》為「緯」：

> 麋信云：「昔於長安中，與書生數十，共往城北水中取蝦蟆屠割，視之，其舌反嚮後如此。鄭君得不通乎？」蟜巡答曰：「誠如緯與子言，蝦蟆五月始得水，適當聒人耳，何反無聲？……今人識之，故不從緯與俗儒也。」〔註 279〕

案：《易通卦驗》「博勞鳴，蝦蟆無聲」〔註 280〕，「博勞」又作「伯勞」，善鳴，俗稱反舌鳥，此條讖文以「博勞」與「蝦蟆」對舉，本不見奇特處，而蔡邕注《周書·時訓》「芒種之日又五日，反舌無聲」句，以無聲之「反舌」為「蝦蟆」，曰：反舌，「蟲名，黽也，今謂之蝦蟆，其舌本前著口側，而末嚮內，故謂之反舌。」〔註 281〕是將俗稱之「反舌（博勞）」解為「蝦蟆」。鄭玄注《易稽覽圖》「反舌無聲」，則依常言將無聲之「反舌」釋為「百舌鳥（博勞）」，云：「反舌，百舌鳥也，能反覆其口，隨百鳥之音也。」〔註 282〕蟜巡為鄭門子弟，既從師說，故「不從緯與俗儒」。「緯」，當指《易通卦驗》、《易稽覽圖》；「俗儒」，或謂蔡邕也。可知鄭

〔註 277〕分別見於〔漢〕蔡邕：《蔡中郎集》卷 7，〈答詔問異〉頁 9～18；〔劉宋〕范曄：《後漢書》卷 54，〈楊震傳〉頁 1780；卷 60 下，〈蔡邕傳〉頁 1998～2000；〈志第一七·五行五〉頁 3352。又，《蔡中郎集》之〈玄文先生李子材銘〉、〈郭有道林宗碑〉二文，皆言及「羣緯」，雖則李、郭二人卒於永壽二年（西元 156）及建寧二年（西元 169），惟二碑並非撰於二人卒年，故不據論。

〔註 278〕〔劉宋〕范曄：《後漢書》卷 35，〈鄭玄傳〉頁 1209。

〔註 279〕〔清〕成蓉鏡：《鄭記考證》頁 21，附載於皮錫瑞：《鄭志疏證》中。又見於〔唐〕孔穎達：《禮記正義》卷 16，〈月令〉頁 2 引。〔隋〕杜臺卿：《玉燭寶典》第 5，〈五月仲夏〉頁 345，亦載此《鄭記》之言，可參看。

〔註 280〕〔唐〕孔穎達：《禮記注疏》卷 16，〈月令〉頁 2 引。又見〔清〕黃奭輯：《易通卦驗》卷 4，頁 98。

〔註 281〕〔清〕朱右曾：《逸周書集訓校釋》卷 6，頁 89。

〔註 282〕〔清〕黃奭輯：《易稽覽圖》卷 6，頁 82。又見〔唐〕孔穎達：《禮記注疏》卷 16，〈月令〉頁 2 引。按：此句又見於〔唐〕歐陽詢：《藝文類聚》卷 92，〈鳥部下·反舌〉、〔宋〕李昉：《太平御覽》卷 923，〈羽族部十·百舌〉，皆作《易緯通卦驗》之文，當有譌誤。

玄弟子亦視當時熟稱之「經讖」爲「緯」。

緣鄭玄爲儒林巨擘，既稱當時之「經讖」爲「緯書」，又屬之仲尼所親撰，其說得門生、私淑者數十百人，十餘年之間，廣爲宣揚，或浸爲時人採用，如靈帝熹平四年（西元175），五官郎中馮光奏言曆法，曰：「圖緯無以庚申爲元者。」〔註283〕光和二年（西元179），劉洪上言曆法，亦曰：「孔子緯一事見二端。」〔註284〕時日既久，乃蔚爲風氣，如獻帝建安十年（西元205）荀悅奏進《申鑒》〔註285〕，其〈俗嫌篇〉謂：「世稱緯書，仲尼之作。」建安年間（西元196～219）劉熙撰《釋名》，依次列舉「經、緯、圖、讖」四名於〈釋典藝〉中，解曰：「緯，圍也，反覆圍繞，以成經也。」可知「讖緯」、「圖緯」、「緯書」等名目，已成爲學者習用之熟語，而「仲尼作緯」、「緯以配經」之附會，亦浸次植入人心矣。

惟鄭玄僅偶以「緯書」代稱「圖讖」八十一卷，並無「配經」、「預言」之主從分別，而《隋書·經籍志》乃承《釋名》之意，逕分「緯」與「讖」爲二。「緯」以泛稱八十一卷：其中四十五卷爲《河圖》、《洛書》（包括「自黃帝至周文王所受本文」十五卷、以及「自初起至于孔子，九聖之所增演」之三十卷），其餘三十六卷則爲「孔子所作」之「七經緯」。「讖」則爲八十一卷外相類之雜書，計有《尚書中候》、《五行傳》、《詩推度災》、《孝經勾命決》、《雜讖》等〔註286〕。自此以往，遂啓「讖」、「緯」優劣、主從之分矣。

今以桓譚、王蕃之言，亦可旁證東漢初之「讖記」一詞衍爲「讖緯」之痕跡。光武帝初年，桓譚諫言「讖之非經」，曰：「今諸巧慧小才技數之人，增益圖書，矯稱讖記。」至三國時，吳中常侍王蕃乃擷其意謂：「末世之儒，增減《河》、《洛》，竊作讖緯。」〔註287〕已易「讖記」爲「讖緯」矣。

至若東漢靈帝末年以後之碑傳墓誌銘文中，則習見以「緯」字指稱「圖讖」，宋

〔註283〕〔劉宋〕范曄：《後漢書》志第二，〈律曆中〉頁3037。

〔註284〕〔劉宋〕范曄：《後漢書》志第二，〈律曆中〉頁3041。

〔註285〕〔劉宋〕范曄：《後漢書·荀悅傳》云：「時政移曹氏，……乃作《申鑒》五篇。」（卷62，頁2058）劉汝霖《漢晉學術編年》「建安十年」目下，載「荀悅作《申鑒》及《漢紀》」（卷6，頁57）。

〔註286〕此段所言，皆見〔唐〕魏徵：《隋書》卷32，〈經籍志〉頁941。

〔註287〕桓譚之言，見於〔劉宋〕范曄：《後漢書》卷28上，〈桓譚傳〉頁959。王蕃之語，陳槃：《古讖緯研討及其書錄解題》六引其言（頁83、111、151、167、252、520），謂出自《晉書·天文志》，惟檢索《晉志》並未尋獲，暫取其說爲憑。又，〔梁〕沈約：《宋書·天文志一》載王蕃之語曰：「穿鑿之徒，不解機衡之意，見有七政之言，因以爲北斗七星，構造虛文，託之讖緯，史遷、班固，猶尚惑之。」（卷23，頁677）亦言及「緯」字，大義與陳氏所言類似，可信王蕃確嘗以「緯」稱河洛、經讖等書。姑備其言於此。

洪适《隸釋》多載其文，清皮錫瑞亦有〈漢碑引緯考〉〔註288〕，言及其事。惟此類碑銘撰作時間，皆在鄭玄稱「緯」之後，故不贅述。〔註289〕

第七節　鄭玄、宋均所注讖緯即官本圖讖

　　學者論述「讖緯」之歷史傳承、思想及內容時，多半以《古微書》、《讖緯集成》等歷代輯佚書爲主要依據，此類「緯書」所收讖緯佚文又多有鄭玄、宋均注解說明，則鄭、宋二人所注之「緯書」是否即爲光武帝編定之八十一卷？殆爲論斷讖緯議題之重要依據矣。果如其然，則學者乃據光武帝官定圖讖而論述，不必上溯先秦、漢初之圖籙符命，亦不必下考魏、晉以後雜出之謠讖，如此可得一貫之流傳，使議題更爲明晰、更易掌握：「學者論述所依據＝歷代讖緯輯佚書＝鄭玄、宋均所注讖緯＝光武帝官定圖讖八十一卷」。

　　以下即考述鄭、宋讖緯注文與光武帝圖讖之關聯。

一、鄭玄、宋均所注讖緯

　　《隋書・經籍志》載有鄭玄與宋均所注緯書卷數，再者，顧櫰三《補後漢書藝文志》甲三〈圖讖〉、姚振宗《補後漢藝文志》卷一〈經部〉亦徧索歷代文獻，輯得鄭玄、宋均所注緯書，惟其中又有宋衷所注。今試製一表，以見注緯之概況：

緯書名	《隋書・經籍志》				顧櫰三《補後漢藝文》			姚振宗《補後漢藝文》		
	鄭玄注		宋均注		鄭玄注	宋均注	宋衷注	鄭玄注	宋均注	宋衷注
	梁	隋	梁	隋						
洛書注					無卷數			無卷數		
易緯注	9	8			9		無卷數	9		無卷數
易緯稽覽圖	2				2					
易緯通卦驗	2				2					
易緯是類謀	1				1					

〔註288〕收入《石刻史料新編》（臺北：新文豐出版，1977年）第27冊。
〔註289〕除上述〈小黃門譙敏碑〉外，又如〈國三老袁良碑〉云「親執經緯，隱括在手」，考袁良卒於順帝永建六年（西元131），四十餘載之後（靈帝光和年間，西元178～183），其孫袁滂始爲立碑銘。詳見〔宋〕洪适：《隸釋》卷6，頁6～7。故此類碑銘雖多，亦不予論列。

緯書名	《隋書·經籍志》				顧櫰三《補後漢藝文》			姚振宗《補後漢藝文》		
	鄭玄注		宋均注		鄭玄注	宋均注	宋衷注	鄭玄注	宋均注	宋衷注
	梁	隋	梁	隋						
易緯坤靈圖	1				1					
易緯乾元序制記	1				1					
尚書緯注	6	3			3			6		
尚書中候注	8	5			5			8		
詩緯注			10	18	無卷數			3		
禮緯注	3				3			3		
禮記默房注	3			2	無卷數			3		
樂緯注				3			無卷數	無卷數	無卷數	無卷數
春秋緯注			30			無卷數	無卷數	無卷數		無卷數
孝經緯注			10		無卷數	無卷數		無卷數		無卷數
孝經援神契			7							
孝經勾命決			6							
論語讖注			8							

　　鄭玄注緯部分，姚振宗比照《隋志》存錄，顧櫰三則襲取《隋志》所言之蕭梁載錄。所異者，《詩緯注》梁十卷、隋十八卷，《隋志》歸諸宋均，而顧、姚二人則歸諸鄭玄；《樂》、《春秋》、《孝經》三緯，《隋志》未言鄭玄有注，而姚氏則皆有鄭注，惟未言卷數。總合三家所言，則十緯中鄭玄已注其八，僅有《河圖》、《論語讖》未注。惟今之緯書集成中，《河圖括地象》、《河圖始開圖》、《河圖稽耀鉤》輯有鄭注，是諸家所言仍不夠完備也。

　　宋均部分與宋衷混淆，卻微有區分。《隋志》言宋均有《詩》、《禮記默房》、《樂》、《春秋》、《孝經》、《論語》等六緯注解，而顧、姚二人則增《易緯》而缺《詩》、《禮記默房》、《論語》三緯之注。以各種緯書輯成考覈，宋均注尚有《尚書考靈曜》、《尚書帝命驗》、《尚書璇璣鈐》、《尚書運期授》、《河圖》、《河圖括地象》、《雒書》、《雒書靈準聽》、《雒書摘亡辟》等，皆未見提及。

　　以下先依年列次東漢君臣之詔令、奏章中明引讖文及鄭、宋所注之內容，並覈以今世各種緯書輯成佚文，以證明讖緯學者議論時所依據之主要資料，實即鄭、宋二人所注、光武帝宣布天下之圖讖八十一卷。

二、光武帝官定圖讖沿流

光武帝宣布圖讖八十一卷，其後明、章以下諸帝所極力倡導，迄至漢末鄭玄所注羣緯，皆此八十一卷也。是以今日讖緯學者所引據之鄭玄注文之緯書輯本，亦即光武帝之官定圖讖也。以下試擷取筆者所編製「讖緯流傳年表」，略言其實：

（1）光武帝〈封禪文〉，言及「《河圖》、《雒書》正文……八十一卷」。（西元56）

（2）樊儵「以讖記正五經異說」。（西元58）

（3）沛獻王「論集經傳圖讖，作《五經通論》」。（約西元60以後）

（4）賈逵「上言左氏與圖讖合者」，又「摘讖互異三十餘事」。（約西元76）

（5）建初四年詔「令諸儒共正經義」，並編纂成《白虎通》，書中輒引經讖。（西元79）

（6）章帝詔命依《尚書璇璣鈐》、《帝命驗》、《春秋保乾圖》等讖書制定曆律。（西元85）

（7）曹褒「次序禮事，依準舊典，雜以五經讖記之文」。（西元87）

（8）王充《論衡》定稿，其中多引「讖書」。（西元88）

（9）張奮上疏言「漢當改作禮樂，圖書著明」，所據之圖書，實即光武帝時恆言者。（西元101）

（10）李泓等四十人上議律曆，引用《元命苞》、《保乾圖》，文句與章帝詔令相同。（西元123）

（11）張衡上疏反讖，直指賈逵嘗引之圖讖「八十篇」當禁。（西元132）

（12）郎顗上疏多引《詩氾歷樞》、《孝經鉤命決》等先朝圖讖。（西元133）

（13）鄭玄辭師馬融歸鄉，迄黨錮之禍前，徧注羣緯。（約西元167）

（14）陳晃奏言「圖緯無以庚申爲元者」，指稱與章帝詔命同。（西元175）

（15）蔡邕諫靈帝，引《中孚經》、《春秋讖》、《潛潭巴》等書爲說。（西元178）

光武帝頒定，有確定書名、篇目之「圖讖八十一卷」，於上述百餘年間，未嘗因故遭其它緯書取代，是以東漢帝王、朝臣所徵引標有篇名之讖文，皆當出自官定圖讖八十一卷中。而鄭玄注釋圖讖在桓帝延熹末年（不早於西元167），宋均又爲鄭玄弟子，是二人所見者必與郎顗、陳晃、蔡邕相同。今世緯書輯本之佚文，又多取自鄭、宋二人注文者爲多，當即以光武帝官定之圖讖爲主體也，雖則諸緯書前後不免有「互異」難解之文句，亦適如賈逵所嘗摘引，乃圖讖本身之疏漏也。

下節更蒐檢史籍迻錄詔命、奏疏中所引用之讖文，與該條讖文之鄭、宋注解，以證明今日讖緯學者所論據之緯書輯本即鄭、宋注文所據之原文，亦即出自光武帝圖讖八十一卷也。

三、東漢君臣所引圖讖與鄭、宋注文之關係

　　依據史籍載錄東漢明、章以下之詔令、奏疏與諸家文集所引之圖讖文字，覈校今本輯佚文及注解，即可知讖緯學者所依據實即出自光武帝頒定之圖讖也。

　　（一）章帝建初元年（西元76），博士賈逵奏疏曰：「《左氏》以爲少昊代黃帝，即圖讖所謂帝宣也。」〔註290〕李賢注引《河圖》及宋均注云：

　　　　《左氏傳》曰：「黃帝氏以雲紀，少昊氏以鳥紀。」是以少昊代黃帝
　　　　也。《河圖》曰：「大星如虹，下流華渚，女節意感，生白帝朱宣。」宋
　　　　均注曰：「朱宣，少昊氏也。」（《後漢書》卷36，〈賈逵列傳〉頁1238）

《河圖》與宋均注文，皆見於今本輯佚書中，而《春秋命歷序》亦載：「黃帝一曰帝軒轅，傳十世，二千五百二十歲。次曰帝宣，曰少昊，一曰金天氏，則窮桑氏，傳八世，五百歲。」以帝宣（少昊）繼黃帝之後，同於賈說。

　　賈逵於光武帝頒定圖讖後二十載，傳習且引以證經義，其文字又與唐李賢注引文及今本輯佚書相同，可知今本輯佚文與宋注，皆即源於光武帝編定之原書，並非後世造作者。

　　（二）章帝元和二年（西元85）二月甲寅，下詔書修定曆法，詔文中引《尚書讖》二則，曰：「《尚書琁機鈐》曰：『述堯理世，平制禮樂，放唐之文。』《帝命驗》曰：『順堯考德，題期立象。』」〔註291〕唐李賢注引《璇璣鈐》原文及宋注，云：

　　　　緯文本云：「使帝王受命，用吾道述堯理代，平制禮放唐之文，化洽
　　　　作樂名斯在。」宋均注云：「述，脩也。」（《後漢書》卷35，〈曹褒列傳〉
　　　　頁1202）

又於《帝命驗》讖文引宋均注，曰：

　　　　宋均注曰：「堯巡省於河洛，得龜龍之圖書。舜受禪後習堯禮，得之
　　　　演以爲《考河命》，題五德之期，立將起之象，凡三篇，在《中候》也。」
　　　　（仝前引書卷、頁）

此二則《書緯》佚文收於傳世緯書集成中，由此可知今本緯書佚文與詔文所引，皆源自光武帝之八十一卷無疑。

　　（三）順帝永建三年（西元128），大旱，黃瓊上疏曰：「昔魯僖遇旱，以六事自讓，躬節儉，閉女謁，放讒佞者十三人，誅稅民受貨者九人，退舍南郊，天立大

〔註290〕〔劉宋〕范曄：《後漢書》卷36，〈賈逵列傳〉頁1237。
〔註291〕〔劉宋〕范曄：《後漢書》卷35，〈曹褒列傳〉頁1202。又見〔劉宋〕范曄：《後漢書·志》第二，〈律曆中〉頁3026。

雨。」〔註292〕疏文引魯僖公事，雖未明言出自經讖，惟可由李賢注知其實出自讖文。李賢注云：

> 《春秋考異郵》曰：「僖公之時，雨澤不澍，比于九月，公大驚懼，率羣臣禱山川，以六過自讓，絀女謁，放下讒佞郭都（之）等十三人，誅領人之吏受貨賂趙祝等九人。曰：『辜在寡人，方今天旱，野無生稼，寡人當死，百姓何訪，請以身塞無狀也。』」（《後漢書》卷61，〈黃瓊列傳〉頁2034）

今輯本緯書《春秋考異郵》亦收錄此佚文，可證學者所引據與黃瓊所見之讖文皆出自光武帝時圖讖也。

（四）順帝陽嘉二年（西元133），郎顗上疏諫災異，曰：「《易中孚傳》曰：『陽感天，不旋日。』」〔註293〕李賢注引其原文及鄭注曰：

> 《易中孚傳》曰：「陽感天，不旋日，諸侯不旋時，大夫不過朞。」
> 鄭玄注云：「陽者，天子。為善一時，天立應之以善。」（《後漢書·郎顗傳》卷30下，頁1058）

此讖文與鄭注皆見今輯緯書之《易稽覽圖》中，而由今輯本觀之，《中孚傳》實即《稽覽圖》中之一篇。可知郎顗之引文乃順帝時已有，非漢代以後造作者。

（五）郎顗上疏又引「《詩汎歷樞》曰：『卯酉為革政，午亥為革命，神在天門，出入候聽。』」〔註294〕李賢注引宋均之注文，曰：

> 宋均注云：「神，陽氣，君象也。天門，戌亥之間，乾所據者。」（《後漢書》卷30下，〈郎顗列傳〉頁1066）

宋均「神」與「天門」之注，皆針對郎顗所引《詩汎歷樞》而發，又見於今輯本緯書中，是今日學者據而論述之佚文，實即光武帝之八十一卷讖文也。

（六）順帝漢安二年（西元143），太史令虞恭、治曆宗訢等議曆法，疏中引用「《文曜鉤》曰：『高辛受命，重黎說文。唐堯即位，羲和立渾。夏后制德，昆吾列神。成周改號，萇弘分官。』」〔註295〕此條佚文收入今輯本緯書中，又附宋均之注文，如黃奭《逸書考》，於《通緯·春秋文耀鉤》中即有收錄，云：

> 宋均注：「高辛命南正重、火正黎，司天地四方渾儀，以定日月出沒，以辨星辰宮度者也。萇宏，周之史官也。」（卷4，頁10）

〔註292〕〔劉宋〕范曄：《後漢書》卷61，〈黃瓊列傳〉頁2034。
〔註293〕〔劉宋〕范曄：《後漢書》卷30下，〈郎顗列傳〉頁1058。
〔註294〕〔劉宋〕范曄：《後漢書》卷30下，〈郎顗列傳〉頁1066。
〔註295〕〔劉宋〕范曄：《後漢書·志》第二，〈律曆中〉頁3037。

是亦可知虞恭、宋均與今日學者所論據者，皆爲相同之讖文也，其源出自光武帝時。

（七）桓帝延熹九年（西元 166），河水清。襄楷上疏，疏文引「《易乾鑿度》曰：『上天將降嘉應，河水先清。』」〔註296〕今考黃奭輯《通緯・易乾鑿度》有此條，云：「孔子曰：『天之將降嘉瑞應，河水清三日。』」〔註297〕其下並有鄭玄注文：

> 鄭玄注：「嘉，善美也。應者，聖王爲政治平之所致，水色每變，其爲所長一。明時治平，無相勝害之者。乾爲冰、爲寒，《河圖》將出，故先清。」

襄楷上疏之日，鄭玄已爲圖讖作注矣，而襄楷奏疏之引文取自光武帝圖讖，與今輯本佚文相同，鄭玄注緯所據者又與襄楷奏疏相同，可知今日學者之論述，實據光武帝圖讖之原文也。

（八）光和元年（西元178），有虹蜺晝降於嘉德殿前，帝惡之，詔楊賜對策。答策引：「《中孚經》曰：『蜺之比，無德以色親。』」〔註298〕李賢注曰：

> 《易稽覽圖・中孚經》之文也。比，類也。鄭玄注曰：「蜺，邪氣也。陰無德，以好色得親幸於陽也。」（《後漢書》卷54，〈楊賜列傳〉頁1780）

楊賜所引之《中孚經》，實即《易稽覽圖》之讖文，與鄭玄所注，皆收錄於今本緯書輯本中。是亦可知學者所引據此條爲光武帝時之圖讖也。

第八節　結　語

「讖」之流衍，若以秦穆公「寤夢上帝」、墨子「赤鳥銜珪」之形式言，則殷人尚鬼，甲骨卜辭中已見類似之載錄。若以日常生活依準之「讖書」而言，則此類專以相驗事物爲主之「生活指導原則」，賈誼、《淮南》皆嘗用之。至若用爲政權攘奪之依據，則有吳廣「丹書」、黔首「刻石」等流爲災異祥福、天人相應之「讖語」；又有與此類「讖語」相近而異者，曰「河圖、洛書」，殆視爲君王建國、即位之「天命」憑證，更以爲治國施政之準則。劉秀以後，「河圖、洛書」乃與政權攘奪、生活準則之「讖語」融合不分，是以桓譚乃謂：「讖出《河圖》、《洛書》，但有兆朕而不可知，後人妄復加增依託，稱是孔丘，誤之甚也。」惟「河圖、雒書」之實，牽涉深廣，陳槃亦謂：「古《河圖》與讖緯之《河圖》名同實異。」〔註299〕吾嘗撰〈「河圖」、「洛書」名義正原〉初稿，以明其源流本末，故此處不再贅言。

〔註296〕〔晉〕司馬彪：《續漢書》卷3，收入《八家後漢書輯注》頁377。

〔註297〕〔清〕黃奭輯：《通緯・易乾鑿度》卷2，頁57。

〔註298〕〔劉宋〕范曄：《後漢書》卷54，〈楊賜列傳〉頁1780。

〔註299〕〈秦漢間之所謂「符應」論略〉，見陳槃：《古讖緯研討及其書錄解題》頁17。

自王莽藉符命篡位，光武帝以讖語中興，乃詔儒臣校定圖讖，除纂輯前世之《河圖》、《洛書》與眾多讖語外，更擷取《公羊春秋》、《春秋繁露》、《尚書大傳》、《韓詩外傳》等儒家經籍以爲比傅，三十載後乃宣布圖讖八十一篇於天下，定爲官本，斯學乃勃然興盛。雖有桓譚極言「讖之非經」，並視圖讖爲「臺小之曲說」，亦無減於「經、讖」逐漸合流之風潮。明、章二帝時，更有親王、朝臣以圖讖釐正五經，益見「讖、經」融合之軌跡。然而此時之名稱祇曰「讖書」、「圖讖」、「經讖」、「秘書」，絕不稱「緯」，儒林亦尟有藉八十一卷解釋經義者。賦予「緯」名並專以「配經」者，當始於鄭玄徧注羣經、圖讖之時。

今試製表以明「圖讖」、「經讖」與「緯」互稱不別之流衍：

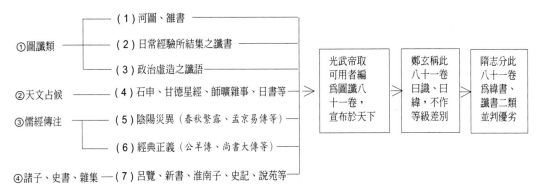

以共分四類、七種來源，其間之關係略如下述：

一、（1）類殆如〈洪範〉所言治國綱領之文，後世寖次融入讖書中，今所見輯佚文多爲光武帝宣布於天下者，已非先秦原貌。

二、（2）（3）（4）類，後世仍然流衍造生。

三、（5）（6）（7）類，後世仍獨自成書。

四、（1）至（7）類，光武帝時令朝臣、儒士編纂爲圖讖八十一卷，費時三十餘載，始宣布於天下。

五、鄭玄爲八十一卷作注時，拈出「孔聖撰緯」之說，以提高「圖讖」之地位。

六、《隋志》增益鄭說，更作「緯以配經」與「讖」不同之區分。

由上所論，則「讖」與「河圖」、「雒書」，後世雖混同一類，惟於先秦、漢初之流傳，實可分爲：（1）「治國綱領」之河雒類、（2）「民間日用」之讖書類、以及（3）「政治爭鬥」之造讖類等三種。與儒家經籍原無直接關連，更不具後世混同一談之「緯經」功能。

東漢光武帝校定圖讖，頒行天下後，「讖」始與「經」結合，其後君王、朝臣甚至取官定「經讖」以詮解「經義」。此蓋如《淮南・脩務》所言：「今取新聖人書，

名之孔、墨，則弟子句指而受者必眾矣。」〔註300〕而鄭玄徧注羣經，引用官定圖讖文句之時，始拈出「緯」字，並視此官定「緯書」爲孔子親撰，惟「讖」、「緯」仍爲一物之二名，並非專以「八十一篇」爲「緯書」，而《孔老讖》等民間占卜類書爲「讖書」。迄至《隋志》始作「預言」、「緯經」等「讖」與「緯」之區別，於兩漢史實與經學源流，並無所徵也。至若今世所傳之輯本「緯書」，除偶或增入漢末、魏、晉新造之謠讖外，實以光武帝官定「圖讖」之殘文爲主體。

是以學者若欲區分讖緯「預言、配經」等實質異同，則應跳脫「緯書集成」等輯佚內容，純就歷代之圖籙、謠讖與《洪範五行傳》等解經傳記，作流變之考察；若欲以「緯書集成」等佚文爲研究主體，則應視爲光武帝官定之專書以作析論，不應持此特定之內容，任意附會至不同時代，再作定義含混之解說！

綜觀今日讖緯學之研究，既皆依據《古微書》、《通緯逸書考》、《重修緯書集成》等光武帝頒布圖讖內容爲考論基礎，其本末既已詳言如上，故可斷言其時代當以光武帝爲限，其編纂者以當時朝臣、儒士主之，其內容則爲哀、平、王莽時所造作之政治性讖語爲底本，摻入天文占候、儒經傳注及諸子等書言及災祥，攸關經義之文句爲之。若以明、清以降之緯書輯本論斷光武帝以前已有緯書，爲失實；若以《隋志》所言，分讖、緯爲二，則屬後世之強分，並非光武帝時之實情也。今欲正本清源，則當針對光武帝原編之佚文爲討論主體，並據撰成時代以論其思想、學術。今試以表列方式，標明讖緯學之範圍：

	方式	議　　　題	所　依　據　之　資　料
讖緯學	專論	配經之讖緯：內容及思想。	光武帝經讖八十一卷（歷代讖緯輯佚書如《古微書》等）
	泛論	讖緯學流變史。	歷代圖籙、符命、童謠、讖語、占驗……（包含經讖）之流變。

是以本論文再三強調：預言之讖，乃一般熟知之觀念，歷代皆不斷造作，或爲政治目的，或作爲日常生活之依準，皆與經義無關；偶有藉以附會經義者，亦在少數。至於光武帝朝編修圖讖八十一卷，始正式將讖語融入經義，並作爲解經之依據。故學者所言「配經之緯書」，實指光武帝朝之經讖而言，不必上溯先秦、漢初或後世之一般讖語也。

準此，本論文所考述之「配經讖緯」，內容與前賢相同，皆以《古微書》等緯書輯本爲據；所不同者，厥爲明定其原編完成於光武帝中元元年（西元56），乃朝臣、儒士據當時方士諸多讖書爲底本，雜入前世各種解經、星占、說災祥之專書而成者，一如東晉出世之僞《古文尚書》，乃雜纂先秦子史經籍而成者；或如劉向

〔註300〕〔漢〕劉安：《淮南子》卷19，〈務務篇〉頁657。

編定《說苑》、《長短書》、《列女傳》等書之形式，編者之思想蓋不必亦不能改變選文本身之主旨也。

然而光武帝之「圖讖（或稱緯書）」雖非實錄，亦可視爲秦、漢之謠讖與儒經傳記之東漢輯本，存留今世已佚而於當時流行之傳說，使研究漢代經學、思想者不敢或忽。此亦即光武帝編定圖讖之目的也。是以漢末荀悅亦嘗執此意爲言，曰：

> 然則可謂八十一首非仲尼之作矣。或曰：「燔諸？」曰：「仲尼之作則否，有取焉則可，曷其燔？」（《申鑒・俗嫌》）

第二章　《尚書緯》內容考原（上）——
星曆篇

　　歷代各種緯書輯本中有關《尚書緯》之輯佚，以明陶宗儀《說郛》一百卷本為最早，僅收《尚書璇機鈐》佚文二條；明萬曆間續修之一百二十卷本則增為《尚書帝命期》等四篇、四十三條；其後之孫瑴《古微書》則增為一百十九條（據《四庫本》計數）；清代輯本約十種，其中以黃奭《黃氏逸書考·通緯》輯本較佳，民國二十四年又得江都朱長圻補刊，徵實性較高，佚文亦多至三百四十一條。近年則以安居香山、中村璋八先生編纂之《重修緯書集成》鉛排本收錄最屬完備，佚文竟高達五百八十條，已逾明本十倍。

　　諸輯本中，朱氏補刊黃奭本《通緯》（以下簡稱「黃奭本」）考證頗為精詳，似異實同之佚文不作重覆收錄，而於每條之中夾注異文出處及校勘異字，條末則注明本條所據何書，條後並附鄭玄、宋均注文及歷代學者按語，最利於後學覆查稽覈。安居香山先生《重修緯書集成》（以下簡稱「安居本」）收錄雖多，惟詳考其實，乃羅列歷代輯本為其主體，不棄涓滴而以龐雜為務，不同古籍所引之同一佚文，皆各立一條，未作覈校，故或流於浮泛，甚或致有誤收之例。又於句讀之際，偶有不明文法以致誤讀之例，較不適於作研究之底本。〔註 1〕惟安居本頗收中土亡佚而僅見於日本之佚文，是又優於中國輯本之處。

〔註 1〕張以仁先生〈《緯書集成》「河圖」類鍼誤〉嘗歸納安居先生早期編撰之油印手抄本《緯書集成》「河圖類」，論述其所見之錯誤，「約可大別為四項：一、句讀之誤。二、歸類之誤。三、字句的訛誤、顛倒、重出、脫漏及誤錄他書。四、漏收。」鍾肇鵬《讖緯論略》第十一章〈緯書的輯佚與研究〉則就安居先生晚年增補修定之《重修緯書集成》，論述其闕誤不足之處有四：(1)句讀之誤、(2)校理之誤、(3)文字之誤、(4)重複及誤引。今考覈鉛排本《重修緯書集成·尚書緯》部分，亦頗見此類闕漏，惟非屬本論文主旨所在，故不作論列。

　　今欲析述《尚書緯》之內容，自當以上述諸輯本為主，而深衡得失之餘，仍以朱氏重刊黃奭本之解讀能力最佳，最適宜有心深入研究者資用，故本章及下章細繹《尚書緯》之內容時，即以黃奭《通緯》為底本，並逐條一一標次號碼（001～341）。黃奭本所無而見於安居本者，則於每條佚文之前加英文字母「a」作為「安」字之簡稱。又有歷代輯本皆未收錄之佚文，則一一注明其出處，以利覆查。

　　黃奭本《尚書緯》之佚文，長則數十語，短則三兩字，內容又頗為紊雜，為考正其源，今以疏證方式，逐一條列佚文，並由先秦迄漢之文獻中，蒐尋相同之文句，以論述其事。至若行文之際，為醒眉目及易於檢索，經再三實驗，數度更易後，捨傳統文書之撰述，改採框表分欄、列行排比方式，將內容相類之數條引文，合為一組，由左右欄對應關係，以查見各佚文字句之本源及異同。所引其他諸緯佚文，皆以黃奭《通緯》輯本為主，若不見於黃奭本者，則別注該條佚文出處。並就每組佚文之實際需要，為作「考文」以考覈佚文來源、校勘字句異同，若有需要，再作「釋義」以解說字辭及文意，以利於校讀。惟「考文」、「釋義」亦偶有難以截然畫分之處。

　　至於內容類型則暫定為「星曆」、「帝王」及「其它」三類。「星曆」包括日、月、北斗七星、五星、二十八宿等天象，及曆元、四季政令與祭祀等目；「帝王」則序列三皇、五帝、三代迄秦、漢帝王之事蹟；「其它」則為解經、刑法、瑞異、誤認讖文等，條數較少又難於歸入前二類之佚文。惟類分之際，輒感取捨難定，不易周全，又為避免一條數見之重複狀況，故或有歸類不一之處，敬祈賢者賜正。

【各組簡目】

○一：周天度數	○二：四遊、九道	○三：四遊、四表
○四：四遊、地動說	○五：天地距離	○六：四至日出入
○七：四至日景	○八：日景長短	○九：昏明漏刻
一○：月見方位	一一：日月占驗	一二：日變色占驗
一三：虹蜺	一四：北斗星變色占	一五：北斗七星為七政
一六：日月五星為七政	一七：塡星占驗	一八：太白占驗
一九：二十八宿四方配屬	二○：春秋分日晷與九天	二一：房為四表
二二：房宿占驗	二三：房宿占驗	二四：心宿諸星
二五：三能星占驗	二六：枉矢	二七：天雁流星
二八：狼、弧星占驗	二九：棟星占驗	三○：雜星占驗
三一：甲寅曆元	三二：《殷曆》之日月行度	三三：《殷曆》之周天
三四：冬至斗位	三五：二至斗位度數求法	三六：乙卯元
三七：星曆難曉	三八：曆法閏餘	三九：測節氣之應
四○：渾儀與星候	四一：四季星候	四二：四季星候與農作

四三：五星與五季之政　　　四四：春紀之政　　　　　四五：夏季之政

四六：五季政令　　　　　　四七：五行相生　　　　　四八：五方社祭

四九：五府異稱　　　　　　五〇：天子釋名　　　　　五一：帝名釋義

五二：帝名總釋　　　　　　五三：河圖命紀　　　　　五四：帝受籙圖

五五：受馬圖　　　　　　　五六：河圖受命　　　　　五七：一姓不再命

五八：五行帝　　　　　　　五九：三皇無文字　　　　六〇：伏犧氏

六一：人皇氏　　　　　　　六二：神農氏　　　　　　六三：五帝三正

六四：黃帝瑞徵　　　　　　六五：黃帝升天　　　　　六六：顓頊感生

六七：堯火德　　　　　　　六八：堯感生　　　　　　六九：堯德炳煥

七〇：堯盛德　　　　　　　七一：堯時曆說　　　　　七二：堯曆民時

七三：堯土禹鋊　　　　　　七四：三公稱謂　　　　　七五：堯時三公

七六：帝堯賜姓與感生神話　七七：堯時嘉禾之瑞　　　七八：堯即位七十載祥瑞出

七九：堯箑脯　　　　　　　八〇：堯蓂莢　　　　　　八一：堯禪位於舜，五老出賀

八二：堯即位七十載，禮壇沈璧　八三：堯即位七十載，禮壇沈璧　八四：堯即位七十載，禪位於舜

八五：舜名在籙　　　　　　八六：舜因虹感生、形貌　八七：鳥工、龍工

八八：帝舜形貌　　　　　　八九：舜時瑞徵、西王母獻圖　九〇：舜禮壇沈璧

九一：舜習堯禮　　　　　　九二：舜禪於禹　　　　　九三：夏禹感生

九四：夏禹形貌　　　　　　九五：夏禹形貌　　　　　九六：禹治水

九七：禹遇河精、二龍　　　九八：桀失玉鏡　　　　　九九：桀時日鬥蝕

一〇〇：桀無道　　　　　　一〇一：契以玄鳥感生　　一〇二：湯之感生

一〇三：湯受命而王　　　　一〇四：湯受帝籙伐桀　　一〇五：殷紂失德

一〇六：殷紂亡徵　　　　　一〇七：周室蒿宮　　　　一〇八：文王得鳳皇銜書

一〇九：文王在豐，赤雀銜書　一一〇：呂尚玉璜刻辭　　一一一：丹書言呂尚佐周

一一二：文王遇呂尚　　　　一一三：丹書告言　　　　一一四：文王伐崇稱王

一一五：文王伐崇稱王　　　一一六：武王立為太子　　一一七：文王拜夢

一一八：武王伐紂，見魚鳥　一一九：紂之三仁及武王魚鳥　一二〇：魚瑞之說解

一二一：追王之祭　　　　　一二二：周三王成業　　　一二三：周公致政、禮壇沈璧

一二四：成王之歌　　　　　一二五：呂侯為相　　　　一二六：勿易嫡子

一二七：豔妻佞臣　　　　　一二八：霸字義　　　　　一二九：齊桓功業

一三〇：齊桓功業　　　　　一三一：齊桓欲封禪　　　一三二：齊桓欲封禪

一三三：泛言封禪　　　　　一三四：秦伯出獵　　　　一三五：嬴秦亡徵

一三六：始皇沈璧　　　　　一三七：秦皇、漢高之讖　一三八：義帝

一三九：項羽　　　　　　　一四〇：孔子為漢制法　　一四一：劉邦起義

一四二：劉邦受命　　　　　一四三：五星合，兵起更代　一四四：劉邦興於豐

一四五：漢為堯後　　　　　一四六：漢祭祀之樂　　　一四七：詩經篇數

一四八：《尚書・洪範》文　一四九：《尚書大傳》文　一五〇：尚書、中候篇數

第一節　日月與天地

　　《尚書》以記錄帝王之政爲主，而首篇〈堯典〉所述帝王之政又以曆象爲先，其後乃演爲漢代天人占驗之學，是以「星曆」可謂三代王政之始也。惟星曆實以日月之象爲主，故先次其說於首。

一、周天度數

01　周天度數

033《考靈曜》	《春秋攷異郵》	《雒書甄耀度》	《周髀算經》
一度二千九百三十二里、千四百六十一分里之三百四十八，周天百萬一千里。	周天一百七萬一千里，一度爲二千九百三十二里七十一步二尺七寸四分四百八十七分之三百六十二。	周天一百七萬一千里，一度爲二千九百三十二里七十二步二尺七寸四分四百八十七分之三百六十二。	次四衡徑三十五萬七千里，周一百七萬一千里，分爲度，度得二千九百三十二里、七十一步、千四百六十一分步之六百六十九。〔註2〕

考文：

（1）《考靈曜》與《攷異郵》、《甄耀度》所言度數，皆自先秦天文觀念，故與《周髀算經》相同。

（2）以下文之計算，《算經》、《攷異郵》之「七十一步」無誤，《雒書》之「七十二步」當改正。

釋義：

（1）三書所言一度之里數，其整數皆爲「2932 里」，其下分數則計法不同，惟實質

〔註2〕《周髀算經》卷上，頁24。

並無差異。

（2）《考靈曜》之「348/1461 里」，約合 0.2382 里。餘三書之「72 步」，依唐甄鸞注《周髀算經》曰：「步滿三百成里。」（卷上，頁 26），計算其實，則 71 步＝71/300 里約合 0.2367 里，《算經》再加 669/1461 步（約合 0.0015 里），則約合 0.2382 里；《攷異郵》、《甄耀度》加「2 尺 7 寸 4 分有 362/487」（約合 0.0027 里），則爲 0.2394 里。是則此組四條引文所言周天一度之里數實皆相同，而以《考靈曜》所言，最合《算經》之度數。

二、四遊與四表

02 四遊、九道

043 《考靈曜》：月萬世不失九道謀。			
《河圖帝覽嬉》	《洪範傳》云：「日有中道，月有九行	《龍魚河圖》	
黃道一，	中道，謂黃道也。九行者：	月有九行，	
青道二，出黃道東；	青道二，出黃道東；	黑道二，出黃道北；	
赤道二，出黃道南；	朱道二，出黃道南；	赤道二，出黃道南；	
白道二，出黃道西；	白道二，出黃道西；	白道二，出黃道西；	
黑道二，出黃道北；	黑道二，出黃道北。	青道二，出黃道東。	《易稽覽圖》
日春東從青道，	立春、春分，月東從青道；	立春、春分，月從青道東；	春日月行青道，日東陸
夏南從赤道，	立夏、夏至，月南從朱道；	立秋、秋分，從西白道；	夏日月行赤道，日南陸
秋西從白道，	立秋、秋分，月西從白道；	立夏、夏至，從南赤道；	秋日月行白道，日西陸
冬北從黑道。	立冬、冬至，月北從黑道。〔註3〕	立冬、冬至，從北黑道。	冬日月行黑道，日北陸
立春星辰西遊，日則東遊；	春則星辰西遊，	天有四表，月有三道，	
立夏星辰北遊，日則南遊。	夏則星辰北遊，	聖人知之，可以延年益壽。	
春分（星辰西遊）之極，			
日東遊之極，			
日與星辰相去三萬里；			
夏至則星辰北遊之極，			
日南遊之極			
日與星辰相去三萬里。			
立秋星辰東遊，日則西遊；	秋則星辰東遊，	《考靈曜》云：「	
立冬星辰南遊，日則北遊。	冬則星辰南遊，	地與星辰四遊，	
秋分星辰東遊之極，日西遊之極	（036《考靈曜》）	升降於三萬里之中，	
冬至星辰南遊之極，日北遊之極		夏至之景尺又五寸。」〔註5〕	
相去各三萬里。〔註4〕			

〔註 3〕《新唐書》卷 27 下，〈曆志 3 下〉頁 622 引。《北堂書鈔》卷 150，〈天部二〉頁 2 引文相同。又，《漢書》卷 26，〈天文志〉頁 1294 亦有類似之載錄。

〔註 4〕又見《禮記正義》卷 14，〈月令〉頁 3，引《河圖帝覽嬉》。

〔註 5〕《禮記正義》卷 11〈王制〉頁 3 疏引。

考文：

（1）《河圖帝覽嬉》爲含意完整之讖文，《龍魚河圖》有其前段，《易稽覽圖》祇言四至行道。至於《洪範傳》合以 036《考靈曜》，則具原文之大半。是可知《考靈曜》乃片斷引文，似爲編撰時截取《河圖》而成者；文句有闕，或爲後學引用時未盡取原文，故僅四句而已。

（2）第三欄左下之《考靈曜》引自《禮記正義》孔《疏》，黃奭本無；惟第 4 組黃奭本 034 條《考靈曜》「地有四遊」云云與此相類。此條所言「四遊」與「三萬里」等語與《河圖帝覽嬉》意同，可證黃奭本所輯當有闕漏。

（3）運行九道者，有「日」、「月」不同之指稱。謂「月行九道」者，有《考靈曜》、《洪範傳》、《龍魚河圖》、《易稽覽圖》四種；謂「日行九道」者，僅《河圖帝覽嬉》一種。

（4）《爾雅·釋天》邢昺《疏》云：「日有九道，故《考靈耀》云：『萬世不失九道謀。』……四遊之說，元出《周髀》之文，但二十八宿從東而左行，日從西而右行一度，逆沿二十八宿。」〔註 6〕可知邢昺據《周髀》證日「九道」實乃日繞行二十八宿之方位，與《洪範傳》所言「月有九行」、輯本《考靈曜》「月萬世不失九道謀」者不同。惟《禮記·月令》孔《疏》謂：「緯云『月行九道』，九道者並與日同。而青道二，黃道東；赤道二，黃道南；白道二，黃道西；黑道二，黃道北；并黃道而爲九道也。並與日同也。」〔註 7〕是則「月有九道」又是《考靈曜》原文如此也。考諸《漢書·天文志》云：「日之所行爲中道，月、五星皆隨之也。」〔註 8〕則「月道」隨「日道」而行，故孔《疏》謂「九道者與日並同」也。

（5）《河圖帝覽嬉》「黃道一」，覈以《洪範傳》所云「日有中道」、「中道謂黃道也」，可知實即日之「中道」也；「中道一」合「青、赤、白、黑道」各二，總爲「九道」，是即「日之九道」也。

（6）《古微書》「月萬世」作「日萬里」，衡諸下組佚文 037《考靈曜》云：「日道出于列宿之外萬有餘里。」則作「日萬里」者當爲《考靈曜》原編文字也。

釋義：

（1）綜合三條《考靈曜》佚文，略云：日行九道之中，萬里不失其度。地與星辰四遊，四季升降於三萬里之中，各具方位。「夏至之景」一句，詳見第 08 組「日

〔註 6〕《爾雅注疏》卷 6，〈釋天〉頁 2。
〔註 7〕《禮記正義》卷 14，〈月令〉頁 6。
〔註 8〕《漢書》卷 26，〈天文志〉頁 1295。

景長短」所述。

（2）《漢書・律曆志》云：「九會：陽以九終，故日有九道。陰兼而成之，故月有十九道。陽名成功，故九會而終。」〔註9〕以「日有九道」、「月有十九道」爲說。惟〈天文志〉又謂「日有中道，月有九行」云云〔註10〕，與《洪範傳》相同。是則「日有九道」、「月有九道」，皆當爲漢代習傳之天文觀念也。

（3）天文觀念中本無「月從某道」之實，陳遵嬀引錢寶琮言，以說其事云：蓋天說者或仿照「七衡六間」定一年中日道變遷之方法，繪製「九道八間圖」以示近點周內「月道」之變遷。而西漢末之渾天說者既駁蓋天說，乃循「日有中道」之理，亦謂「月有中道」，同時仍保留「月有九行」說法，故其名稱與實際乃生矛盾。陳遵嬀據此斷曰：「『月有九行』，可以說原來也是蓋天說的一個組成部分。」〔註11〕

（4）陳遵嬀云：「《尚書緯・考靈曜》明確指出地是運動的，『地有四游』，一年四季，春夏秋冬，地各游至一處。……可以說這是古人對地球公轉運動的天才猜測。……所游方向正好跟地在四季中所游的方向相反，這就提示我們，地游的認識是來自對於天象的觀察。」〔註12〕

03　四游、四表

037《考靈曜》：日道出于列宿之外萬有餘里。
a20《考靈曜》：二十八宿之外，各有萬五千里，是爲四游之極，謂之四表。

釋義：

「萬有餘里」當即「萬五千里」也。《禮記・月令》孔《疏》云：「星辰亦隨地升降，故鄭注《考靈曜》云：『夏，日道上與四表平，下去東井十二度，爲三萬里。』則是夏至之日，上極萬五千里，星辰下極萬五千里，故夏至之日，下至東井三萬里也。」〔註13〕所言「四表」、「東井」，皆即「日道」「三萬里」之內容也。

〔註9〕《漢書》卷21下，〈律曆志下〉頁1007。
〔註10〕《漢書》卷26，〈天文志〉頁1294。
〔註11〕錢、陳之言，皆見陳遵嬀《中國天文學史》第4冊，第2章〈天旋地動說〉頁1832。
〔註12〕陳遵嬀《中國天文學史》第4冊，第2章〈天旋地動說〉頁1821～22。
〔註13〕《禮記正義》卷14，〈月令〉頁3。

04 四遊、地動說

034《考靈曜》	《河　圖》	
地有四遊。	地有四遊。	
冬至，地上北而西，三萬里。	冬至，地上行，北而西，三萬里。	
夏至，地下南而東，復三萬里。	夏至，地下行，南而東，復三萬里。	
春、秋分，則其中矣。	春、秋二分，則其中矣。	《河圖祿運法》
地恆動不止，人不知。	地常動不止，而人不知。	地恒動不止，
譬如人在大舟中，閉牖而坐，	譬如閉舟而行，	譬如人在大舟上，閉牖而坐，
舟行而人不覺也。	不覺舟之運也。	舟行不覺也。

考文：

（1）《考靈曜》此條向為學者贊賞為富有科學精神者。惟「四遊」為秦、漢之基本天文觀念；而「閉牖」之說，當為取自先其成書之《河圖》中。

（2）《河圖》多取秦、漢以來「星經占驗」類書及騶衍「大九州」等說法為之，是則此條佚文所言，當屬漢代通行之天文觀念。

釋義：

（1）「地有四遊」，即前組所言「地與星辰四遊」。「三萬里」之數，亦見前述。

（2）讖文略謂：地隨四季，來回游於四極之地，是終年皆游動不止。而人所以不之覺之故，乃地甚廣闊，如大舟行於大海，浪雖不止，而舟中人不覺搖晃也。

05 天地距離

038《考靈曜》	031《考靈曜》	《周髀算經》卷下	《周髀算經》卷上
正月假上八萬里，	天從上臨下八萬里，	天象蓋笠，地法覆槃，天離地八萬里，	從此以上至日則八萬里。
假下十萬四千里。	天以圓覆，地以方載。	冬至之日，雖在外衡，常出極下地上二萬里。	

考文：

《考靈曜》兩條佚文所言，皆為襲自《算經》而來者，惟敘述方式不同。

釋義：

（1）「假上、假下」即「至上、至下」之意，謂天地間之距離，因四季而各不同，此說源自《周髀算經》「七衡、六間」之天體運行概念。〔註14〕

（2）「八萬里」、「二萬里」即為蓋天說中天地距離之數據，《周髀》云：「從髀日至下

〔註14〕詳見陳遵媯《中國天文學史》第 1 冊，第 4 章第 2 節〈周髀算經〉頁 107～113。

六萬里，而髀無影；從此以上至日則八萬里。」〔註15〕又云：「凡日月運行四極之道，極下者，其地高人所居六萬里，滂沱四隤而下；天之中央亦高四旁六萬里。」〔註16〕此即循「天象蓋笠，地法覆槃」之說而來。陳遵媯嘗繪「蓋天圖」以見其實：

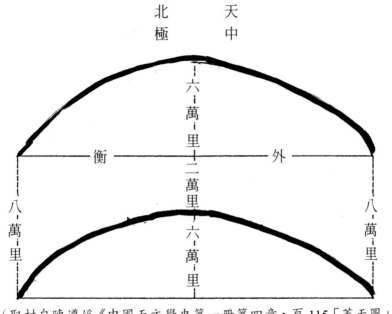

（取材自陳遵媯《中國天文學史第一冊第四章，頁 115「蓋天圖」）

　　陳遵媯解說圖意云：「天上北極比多至日高六萬里，極下的地面也比多至日道下的地面高六萬里，所以多至日道還高出極下地面二萬里。」〔註17〕以是可知《考靈曜》所言源自與《周髀算經》相同之漢初曆法觀念。

（3）《考靈曜》「假下十萬四千里」一語，當亦出自《周髀》。《周髀》云：「法曰：『周髀長八尺，句之損益寸千里。』故曰：『極者，天廣袤也。』今立表高八尺，以望極其句，一丈三寸，由此觀之，則從周北十萬三千里而至極下。」〔註18〕是則多至時，天地相距十萬三千里，《考靈曜》作「十萬四千」者，數據當有譌誤。

（4）所以有假上、假下者，鄭注《考靈曜》，以天去地十五萬三千五百里，正月雨水之時，日在上，假於天八萬里，下至地一十一萬三千五百里；夏至之時，日上極與天表平也，後日漸向下，故謂：「夏至日與表平，多至之時，日下至於地八

〔註15〕《周髀算經》卷上，頁 10。
〔註16〕《周髀算經》卷下，頁 31。
〔註17〕詳見陳遵媯《中國天文學史》第 1 冊，第 4 章第 2 節〈周髀算經〉頁 114。
〔註18〕《周髀算經》卷上，頁 15。

萬里，上至於天十一萬三千五百里也。」〔註19〕惟李淳風謂其數據不甚準確，云：「《尚書考靈曜》所陳『格上』、『格下』里數，及鄭註升降遠近，雖有成規，亦未臻理實。欲求至當，當皆依天體高下遠近，修規以定差數。」〔註20〕

（5）「天圓地方」之說亦由來久矣。《大戴禮記‧曾子天圓》載：或問：「如誠天圓而地方，則是四角之不揜也。」曾子曰：「參嘗聞之夫子曰：『天道曰圓，地道曰方。』」宋玉〈大言賦〉云：「方地爲輿，圓天爲蓋。」〔註21〕賈誼《新書‧容經篇》亦謂：「古之爲路輿也，蓋圓以象天，二十八橑以象列星，軫方以象地。」其餘尚有：

《呂氏春秋‧圓道》：「天道圓，地道方。」
《文子‧自然篇》：「天圓不中規，地方不中矩。」
《淮南子‧天文篇》：「天圓地方，道在中央。」
《淮南子‧齊俗篇》：「天之圓也不得規，地之方也不得矩。」
《淮南子‧兵略篇》：「夫圓者，天也；方者，地也。」
《周髀算經‧卷上》：周公曰：「方屬地，圓屬天，天圓地方。」

（6）綜合上述，此組《考靈曜》所言之天文觀念未超越現存之秦漢文獻中，且引述之際，未見創新，反而有數據差匿之處。

06　四至日出入

083《考靈曜》	047《考靈曜》	046《考靈曜》	《周髀算經‧卷下》
春一日，日出卯入酉，昴星一度，中而昏，斗星十二度，中而明。	仲春、仲秋，日出於卯，入於酉。	分周天爲三十六頃，頃有十度九十六分度之十四。	冬至從坎陽在子，日出巽而入坤，見日光少，故曰寒。 夏至從離陰在午，日出艮而入乾，見日光多，故曰暑。〔註22〕
仲夏一日，日出寅入戌，心星五度，中而昏，營室十度，中而明。	仲夏，日出於寅，入於戌。	長日分於寅，行二十四頃，入於戌，行十二頃。	
秋一日，日出卯入酉，須女四度，中而昏，東井十一度，中而明。	（仲春、仲秋，日出於卯，入於酉）		《淮南子‧天文篇》
仲冬一日，日出辰入申，奎星一度，中而昏，氐星九度，中而明。	仲冬，日出於辰，入於申。	短日分於辰，行十二頃，入於申，行二十四頃。	日冬至，日出東南維，入西南維；至春秋分，日出東中，入西中。 夏至，出東北維，入西北維，至則正南。〔註23〕
卯酉，陰陽交會，日月至此爲中道，萬物盛衰，出入之所，故號二八之門，以當二八月也。			

〔註19〕《禮記正義》卷14，〈月令〉頁3，孔《疏》引。
〔註20〕《周髀算經》卷下，頁43。
〔註21〕《事類賦》卷6，〈地部一〉頁105。
〔註22〕《周髀算經》卷下，頁49。
〔註23〕《淮南子》卷3，〈天文篇〉頁129。

考文：

（1）「春一日」、「秋一日」，《玉燭寶典》作「仲春一日」、「仲秋一日」；「出卯入酉」、「出寅入戌」、「出辰入申」，《玉燭寶典》作「出於卯入於酉」、「出於寅入於戌」、「出於辰入於申」。以黃本 46、47 條覈之，當以《玉燭》爲是。

（2）《考靈曜》083 與 047 所言相同，083 條爲詳細引文，047 條或爲前人引述時自作刪簡，故僅四句。

釋義：

（1）渾天論者桓譚謂：「春分日出卯入酉，此乃人之卯酉。」〔註 24〕揚雄〈難蓋天八論〉之二亦云：「春、秋分之日，正出在卯，入在酉。」〔註 25〕可知「出卯入酉」乃先秦蓋天學說基本觀念。迄至三國吳時，曆法家王蕃制渾儀，立論考度，亦曰：「日南至在斗二十一度，……日亦出辰入申；……夏至日在井二十五度，……日亦出寅入戌；……春分日在奎十四少強，秋分日在角五少弱，……日亦出卯入酉。」〔註 26〕所言仍是蓋天學說。可見此論，實爲曆法中之通識。

（2）《周髀算經》主張「天似蓋笠，地法覆盤」，蓋取自先秦蓋天學說，其說云：「冬至晝極短，日出辰而入申，陽照三不覆九，東西相當正南方。夏至晝極長，日出寅而入戌，陽照九不覆三，東西相當正北方。」（卷下，頁四八）以此可證桓譚所言屬實。

（3）《周髀》以卦位言之，配置與《說卦》同：冬至日出於巽，即東南方；入於坤，即西南方。夏至日出於艮，即東北方；入於乾，即西北方。《淮南子‧天文篇》以方位言之，春、秋分之「東中」即卯位也，「西中」即酉位也。夏至之「東北維」即寅位也，「西北維」即亥位也。冬至之「東南維」即辰位也，「西北維」即申位也。可知《考靈曜》實擷取秦、漢曆法觀念而來。略如附表：

〔註 24〕《晉書》卷 11，〈天文志上〉頁 282。
〔註 25〕《隋書》卷 19，〈天文志上〉頁 506。
〔註 26〕《晉書》卷 11，〈天文志上〉頁 285。

南　　方

冬至日入坤 冬至日入西南維 仲冬日入申	未	午	巳
春秋分入西中 春秋日入西			仲冬日出辰 冬至日出東南維 冬至日出巽
夏至日入乾 夏至日入西北維 仲夏日入戌			春秋分出卯 春秋分出東中
亥	子	丑	仲夏日出寅 夏至日出東北維 夏至日出艮

西　方（左）　　　東　方（右）

北　　方

（4）《考靈曜》83 條「中而昏」、「中而明」云云，乃析言四季昏、明之時，可於中
天見何星宿。《考靈曜》第 50 謂：「日入三刻爲昏，不盡三刻爲明」，再由第 09
組所言：一刻約合今 14.5 分鐘，則日入半小時後爲昏，日出半小時前爲明。試
依二十八宿分屬四方，繪制一表，以示其意（《考靈曜》之「仲春」云云，當作
「春分、夏至、秋分、冬至」）：

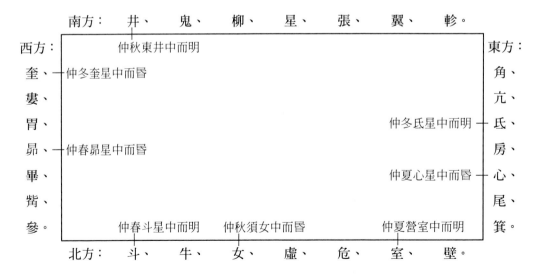

（5）曆象古法皆云「三百年斗曆改憲」，今日去漢代二千餘年，天象差距已大，惟星
宿移轉，於一八〇度視野中，只佔二十度左右，故仍然約略可藉以推知漢代星宿

位置，試以民國八十四年之二分、二至時，臺北地區日出、日落時間爲例〔註27〕，
據臺北天文臺發行之「旋轉星座盤」考查：

春分二月二一：日入爲下午七時二三分，昴星在中天偏西北位置。

（陽曆三月二一）日出爲上午四時三九分，斗星在中天偏東北位置。

夏至五月二五：日入爲下午八時十八分，心星在中天東北方位置。

（陽曆六月二二）日出爲上午三時三四分，營室在中天北北西位置。

秋分八月二九：日入爲下午七時零六分，須女在中天偏東北位置。

（陽曆九月二三）日出爲上午四時二六分，東井在中天微偏東位置。

冬至十二月初一：日入爲下午六時三十分，奎星在中微微偏東位置。

（陽曆十二月二二）日出爲上午五時十二分，氐星在中天東東北位置。

如此觀察，雖不足以附會漢代實況，亦可知《考靈曜》所言，昏、明二時中天
所見星宿，仍然見於今日星空中。

（6）「卯酉陰陽交會」云云，卯爲二月，春分之時；酉爲八月，秋分之時；故謂之「陰
陽交會」。「二八之門」，即萬物進入春日二月乃始萌芽生長、入秋日八月乃始衰
敗滅亡，故稱曰生死之「門」。

（7）《考靈曜》036「周天爲三十六頃」，051 及 097 作「晝夜之量三十六頃」，可知
此數乃指一日十二時辰之度數。

（8）《考靈曜》謂一頃爲「10 度 14/96 度」，計算方式爲：周天 365.25 度，分爲 36
頃，則一頃爲：365 有 1/4 度÷36＝1461/4 度 ÷36＝1461/144 度＝10 有 21/144
度＝10 有 7/48 度＝10 有 14/96 度，此即《考靈曜》046 條所言來由。

四、日　景

07　四至日景

039《考靈曜》	084《考靈曜》	《尚書・堯典》	
日照四極九光，	日照東極九光，		
東日日中，	東日日中，	日中，星鳥，以殷仲春。…	
南日日永，	南日日永，	日永，星火，以正仲夏。…	
西日宵中，	西日宵中，	宵中，星虛，以殷仲秋。…	
北日日短，	北日日短，	日短，星昴，以殷仲冬。	040《考靈曜》
光照四十萬六千里。	光照四十四萬六千里。		日光隆照四十萬六千里。

〔註27〕《民國 84 年天文日曆》，頁 96〜99。

考文：

（1）依黃奭原文夾注，《考靈曜》039、084 條皆出自《開元占經・日占一》。所以複見者，當爲黃奭編選時疏忽所致，應刪其一，而 039 條較正確。040 條亦屬重複可刪者。

（2）「日中、日永」等詞，出自〈堯典〉，爲說四時日景之長短。

（3）「四十萬」、「四十四萬」之數，若依《周髀算經》云：「從南極至冬至之日中，二十三萬八千里；從極北至其夜半亦然，凡徑四十七萬六千里。此冬至日道徑也。」（卷上，頁 17）則當作「四十七萬」爲是。惟清李大瑛云：『《地書》說『日照四十五萬里』。」〔註28〕則又以「四十四萬」較爲近是。然而《周髀算經》云：「日光四極八十一萬里，周二百四十三萬里。」〔註29〕八十一萬之半爲四十萬五千里，則 039 條之「四十萬六千里」似又有所依據矣。

08　日景長短

097《考靈曜》	《春　秋　元　命　包》		
日尊故滿，滿故明， 明故精在外。	日尊故滿，滿故施，施故仁，仁故明， 明故精在外，在外故火日外景，外景故陽精外吐。		
日滿者，長盛無虧也。	048《考靈曜》	049《考靈曜》	《周禮・大司徒》
日永，景尺五寸，	日永，景一尺五寸；	夏至之景，尺有五寸，	日至之景，尺有五寸，
日短，景丈三尺，	日短，景尺三寸。	謂之地中。	謂之地中。
晝夜之量，三十六頃，率	日景於地，千里而差一寸。	051《考靈曜》：晝夜漏三十六頃。	
《周髀算經》	《周禮》曰：	《淮南・天文篇》	《易緯通卦驗》
多至日晷	「多至，日在牽牛，	日多至……八尺之修，	夏至影
丈三尺五寸，	景長一丈三尺。	日中而景長丈三尺。	尺有四寸八分，
夏至日晷	夏至，日在東井，	日夏至……八尺之景，	多至
尺六寸，	景長尺又五寸。」〔註30〕	脩徑尺五寸。	一丈三尺。〔註31〕
多至日晷長，夏至日晷短，日晷損益，寸差千里。			

考文：

（1）黃奭本 097《考靈曜》爲較完整之引文。《春秋元命包》爲 097 前段之詳文，《考靈曜》當據以增補。以此亦可知緯書編纂時，輒有襲取同一文句，略作刪易後，散入不同緯書之例。

〔註28〕黃奭本《尚書緯》卷2，《考靈曜》頁 5，注引李大瑛語。

〔註29〕《周髀算經》卷下，頁 33。又見卷上，頁 27。

〔註30〕《太平御覽》卷 28，〈時序部十三・冬至〉。

〔註31〕《周髀算經》卷上，頁 12。

（2）048、049 與 051 三條皆與 079 條相類：051 即 097 末句；048 條所言「千里差一寸」源於《周髀》「寸差千里」；049 條或即取自《周禮・大司徒》。

（3）048 條「景尺三寸」，當作「景丈三尺」，蓋冬日晝短而日影長也。

（4）綜觀比覈，黃奭本《考靈曜》四條與《元命包》、《通卦驗》、《周髀》、《周禮》、《淮南子》意皆相似，當爲漢代通行之天象觀念，並非特出之見解。

釋義：

（1）日晷影長短所顯示之意義，《周禮・司徒》有說，云：「正日景以求地中。日南則景短，多暑；日北則景長，多寒；日東則景多，多風；日西則景朝，多陰。」至於日影之量法，鄭眾曰：「土圭之長尺有五寸，以夏至日立八尺表，其景適與圭等，謂之地中。今潁川陽城地爲然。」〔註32〕

（2）景長度數，諸家所言微有差異，《隋書・天文志》、《開元占經・日占一》皆有引述〔註33〕，略依撰成先後，列之如下：

出　處 說　者	夏　至　日　影		冬　至　日　影	
	《隋書・天文志》	《開元占經》	《隋書・天文志》	《開元占經》
《周禮・大司徒》	尺有五寸			
《周髀算經》	一尺六寸	一尺六寸	一丈三尺五寸	三尺五寸
劉向《鴻範傳》	一尺五寸八分	一尺五寸八分	一丈三尺一寸四分	一丈一尺四寸
《易通卦驗》	一尺四寸八分	一尺四寸八分	一丈三尺	一丈三尺
何承天		一尺五寸		一丈三尺
祖暅		一尺五寸		一丈三尺
唐初曆法		一尺四寸九分		一丈二尺七寸五分

由表可知，夏至日景有「一尺四寸八分」、「一尺四寸九分」、「一尺五寸」、「一尺五寸八分」、「一尺六寸」等五種差異；冬至日景亦有「一丈一尺四寸」、「一丈二尺七寸五分」、「一丈三尺」、「一丈三尺一寸四分」、「一丈三尺五寸」等五種差異。其中度數之增減，並非有時代先後之關聯，而爲論者曆法及算計之數據不同所致。以此可證《考靈曜》之「尺五寸」及「丈三尺」景長，實爲秦、漢以來習見之天文觀念，惟其數據之準確性，並未獲得當時及後世之公認。

（3）《考靈曜》及《周髀》皆以「寸差千里」爲據，然而劉宋元嘉十九年（西元 442），文帝遣使往交州測影。夏至之日，影出表南三寸二分。何承天遙取陽城，云：「夏至一尺五寸。計陽城去交州，路當萬里，而影實差一尺八寸二分。是六百里而

〔註32〕《開元占經》卷5，〈日占一・日晷影〉。又見《晉書》卷11，〈天文志上〉頁287。

〔註33〕見《隋史》卷19，〈天文志上〉頁523～24；《開元占經》卷5，〈日占一・日晷影〉。

差一寸也。」〔註34〕《隋書・天文志》取蕭梁公孫崇、後魏信都芳所測晷影，又得「二百五十里而影差一寸」之數，故斷曰：「所校彌多，則千里之言，未足依也。」〔註35〕由此可證《考靈曜》襲古法所言之曆數，亦有失實之處。

（4）「三十六頃，率」，鄭玄注云：「率，有定數也。」是三十六頃為曆法中之常數也。

五、日月雜說及虹蜺

09　昏明漏刻

008《尚書緯》：刻為商。
050《考靈曜》：日入三刻為昏，不盡三刻為明。

釋義：

（1）「刻」之義，《後漢書・律曆志》曰：「孔壺為漏，浮箭為刻，下漏數刻，以考中星，昏明生焉。」〔註36〕是此漏刻可考昏、明。馬融、王肅注《尚書》，以為「日永則晝漏六十刻，夜漏四十刻；日短則晝漏四十刻，夜漏六十刻；日中、宵中則晝夜各五十刻」〔註37〕，是知「刻」者，漏刻也，計時之用者。以今日時數為例，一刻約合「十四分二十四秒」。又，《漢書・律曆志》云：「商之為言章也，物成孰，可章度也。」賈公彥則曰：「商謂商量，是漏刻之名。」〔註38〕故以「商」代「漏刻」之義，亦為漢代計時之術語也。

（2）「三刻」亦作「三商」，哀帝時〈元壽鏡銘〉云：「元壽元年（西元前2）五月丙午日，天大赦，廣漢造作尚方明竟。幽涷三商，周漫無辟。」〔註39〕即謂造鏡必於「日入三商」之昏時鑄之，以試其明也。鄭玄〈士昏禮目錄〉云：「陽往而陰來，日入三商為昏。」賈公彥《疏》曰：「故《三光靈曜》亦『日入三刻為昏，不盡為明』。」〔註40〕皆謂「昏、明」乃據「日入」深淺而定者。可知《考靈曜》050條，乃襲取漢時習見之天文觀念而來。

（3）「三刻」之說，馬融以為非是，謂：「日未出、日沒後，皆云二刻半，前後各五刻。今云『三商』者，據整數而言，其實二刻半也。」〔註41〕孔穎達亦曰：「其

〔註34〕《隋史》卷19，〈天文志上〉頁525。
〔註35〕《隋史》卷19，〈天文志上〉頁526。
〔註36〕《後漢書・志》卷2，〈律曆志中〉頁3056。
〔註37〕《詩經正義》卷5之1，〈齊風・東方未明〉頁14。
〔註38〕《儀禮注疏》卷4，〈士昏禮〉頁1。
〔註39〕黃公渚《兩漢金石文選評註》頁4。
〔註40〕《儀禮注疏》卷4，〈士昏禮〉頁1。
〔註41〕《儀禮注疏》卷4，〈士昏禮〉頁1引。

實日見之前，日入之後，距昏明各有二刻半，減書五刻以裨夜，故於曆法皆多校五刻也。」〔註42〕是可知《尚書緯》又擅減曆法數字而泛言之，必致因小失大之虞。

10 月見方位

099《考靈曜》	《尚書大傳》曰：	京房《易傳》曰：
晦而月見西方曰朓， 朔而月見東方曰側匿。	「晦而月見西方謂之朓， 朓則侯王其舒； 朔而月見東方謂之側匿， 側匿則侯王其肅。」〔註43〕	「晦而月見西方謂之朓， 朔而月見東方謂之仄慝。 仄慝則侯王其肅， 朓則侯王其舒。」〔註44〕

考文：

（1）《考靈曜》或襲自《尚書大傳》、《易傳》等文而來，惟闕占驗之辭，不知是編纂時即已收錄，抑後世引用之際不全所致。

（2）劉向《五紀論》引《鴻範傳》云：「晦而月見西方，謂之朓；朓，疾也。朔而月見東方，謂之側匿；側匿，遲不敢進也。」〔註45〕所言「朓，疾」與《大傳》「朓……舒」不同。以下文「釋義」所述，當以「疾」為是。

釋義：

（1）晦、朔月見之因，京房《易說》云：「月與星，至陰也，有形無光，日照之乃有光。喻如鏡，照日即有影見。月初，光見西方，望已後，光見東方，皆日所照也。」〔註46〕

（2）「朓」與「側匿」之兆，劉向以為：「朓者疾也，君舒緩則臣驕慢，故日行遲而月行疾也。仄慝者不進之意，君肅急則臣恐懼，故日行疾而月行遲，不敢迫近君也。不舒不急，以正失之者，食朔日。」劉歆以為：「舒者侯王展意顧事，臣下促急，故月行疾也。肅者王侯縮胸不任事，臣下弛縱，故月行遲也。」〔註47〕

〔註42〕此段按語出自《詩經正義》卷5之1，〈齊風・東方未明〉頁14孔疏引。
〔註43〕《太平御覽》卷4，〈天部四〉引。又，《北堂書鈔》卷150，〈月四〉頁2引《尚書大傳》同；《藝文類聚》卷1，〈天部上〉頁7，亦引此條而不全。
〔註44〕《漢書》卷27下之下，〈五行志〉頁1506。
〔註45〕沈約《宋書》卷23，〈天文志一〉頁679。
〔註46〕《太平御覽》卷4，〈天部四〉。又見《藝文類聚》卷1，〈天部上〉頁8。
〔註47〕《漢書》卷27下之下，〈五行志〉頁1506。

（3）漢人說「朓、側匿」，皆用傳注之文而未言圖讖篇目，此或亦圖讖未受當時學者
　　重用，或本條佚文其實並非讖文故也。

11　日月占驗

> 088《考靈曜》：天失日月，遺其珠囊。

考文：

　　《開元占經》卷一八〈五星占〉，引《考靈曜》此條。惟《玉函山房》本收此條
　　及鄭玄注，列入《樂緯叶圖徵》中，並注其出自《太平御覽》卷六。惟覈《御覽》
　　卷六〈天部六〉，收有「《樂汁圖徵》曰：『…（雜星釋名）…』」、「鄭玄注曰：『日
　　月遺其珠囊……。』」二條，二者文意並無任何關連，不當合為一條。《玉函》本
　　收入《叶圖徵》者當刪除。

釋義：

　　鄭玄注云：「珠，五星也。遺囊者，盈縮失度也。」《史記‧天官書》謂：「蚤出
　　者為贏，贏者為客；晚出者為縮縮者為主人。」〔註48〕可知此條佚文乃言日月運
　　行之占驗。

12　日變色占驗

> 156～161《璇璣鈐》
>
> 日以子丑二辰變色，齊楚之邦，非兵即旱，其君多疾，若色黑白，必有水與喪。
>
> 日以寅卯二辰變色，燕宋之郊，青草不生，糴貴四倍，若色青色，其君有憂，且多水災。
>
> 日以辰巳二辰變色，鄭楚之邦，水旱不調，兵民戕賊，必有失地之主，若色怒而赤，其邦亢旱三年。
>
> 日以午未二辰變色，西秦與東周，各有強兵相侵，戰爭不息，若色黑白，周國有殃，秦邦禍輕。
>
> 日以申酉二辰變色，趙魏之邦，兵甲滿野，大水入城傷民，若色青白，其災二年乃息。
>
> 日以戌亥二辰變色，魯衛之邦，君臣不和，上下各有陰謀。若月色赤者，君逐其臣；月色黑者，臣逐其君。

考文：

（1）戌亥之「月色赤」，當作「日色赤」。

（2）「日變色」為星曆占驗中常見提及之天象，漢成帝時京房，已見有此類異象之救
　　災專書，如《救黃經》、《救赤經》、《救黑經》、《救白經》等皆是。〔註49〕

（3）「日變色」與「日蝕」占驗相類，《開元占經》卷九〈日占五〉，有「日蝕變色」

〔註48〕《史記》卷27，〈天官書〉頁1321。
〔註49〕《開元占經》卷1〈日占六〉。

一節，視「變色」與「日蝕」爲一事，其中載錄京房《易傳》數條，云：「凡日蝕，其質赤黃，黑而漸之者，明臣侵君也。日質赤黃而黑貫其中者，……臣謀欲逐其君」、「日蝕赤質而黑漸之者，此人君誅，眾失理」。

（4）「日變色」與「日蝕」占驗相類，《開元占經》卷1〈日占六〉，載錄京房《易傳》及《春秋潛潭巴》六十甲子日蝕占驗，言及蝕在甲子「有兵狄強起」、「大水在東方」，蝕在乙丑則「大旱」，蝕在壬申「有小兵寇盜」，蝕在癸酉「淫雨數出」、「大兵行」，蝕在甲戌爲「近臣欲弒君，反爲戮辱」，蝕在丙戌則「臣憎主」，蝕在丁亥則「匿謀滿王室」。

（5）京房《易傳》所言天象占驗，與《璇璣鈐》相類，可知其理皆出自漢代陰陽災異之學，是此條佚文亦屬漢代習見之天文觀念也。

釋義：

《璇璣鈐》變色之語，實亦循五行配屬而言，如子午、丑未對舉，子爲水色黑，午爲火色赤，丑未屬土色黃。屬水，故色黑而其災爲水；屬土，故生金、色白，金者兵也，故有兵禍。以此類推，寅卯（東方木青色）、申酉（西方金白色）對舉，色皆青、白；辰土巳火、戌土亥水對舉，則爲水黑、火赤之色。惟所言不盡嚴謹。

巳午、南方：火德，赤色。

申酉、西方：金德、白色。	趙魏、青白、兵與水（申、酉）	兵禍。黑白、周秦、（未、午）	鄭楚、怒赤、亢旱。（巳、辰）	寅卯丑、東方：木德，青色。
	魯衛、赤黑、君臣相逐（戌、亥）	齊楚、黑白、水與喪（子、丑）	燕宋、青，君憂。（卯、寅）	

亥子、北方：水德，黑色。

13　虹　蜺

162《璇璣鈴》	《河圖稽耀鉤》	京房曰：「虹，日旁氣也。」〔註50〕
日旁氣白者爲虹，日旁赤青者爲蜺。	虹者氣也，起在日側，其色青赤白黃。	京房《易傳》：「蜺，日旁氣也。」〔註51〕
098《考靈曜》：日射虹，臣謀兵。		

釋義：

（1）京房謂蜺、虹同爲「日旁氣」，《璇璣鈴》則以顏色別之，而《河圖》又混言四色不分，考《說文》云：「蜺，屈虹，青赤或白色，黔氣也。」〔註52〕《春秋元命包》又謂：「虹蜺者，陰陽之精，雄曰虹，雌曰蜺。」《易通卦驗》則曰：「虹者，陰陽交接之氣，陰陽倡和之象。」可知歷來說解不一。

（2）「日射虹」，俗謂「白虹貫日」，自古星占家即視爲下臣亂上之徵兆，如京房《對灾異》曰：「虹蜺貫日，客殺主，專君位，大臣乘樞。」「虹蜺近日，則奸臣謀；貫日，客代其主。」〔註53〕緯書亦復如是，以下六例可見其實：

《春秋元命包》：世惑臣謀虹舒照。

《春秋感精符》：宰相之謀欲有國，則白虹貫日，毀滅息。

《春秋感精符》：白虹貫日，天子有憂。

《春秋考異郵》曰：臣謀反，偏刺日。〔註54〕

《詩推度災》曰：「邪臣蔽主，則白虹刺日。爲政無常，天下疑，則蜺逆行。」

《雒罪級》曰：「白虹貫日，近臣亂勝主人亡。」〔註55〕

〔註50〕《開元占經》卷98，〈虹蜺占〉。

〔註51〕《漢書》卷27下之上，〈五行志〉頁1460。

〔註52〕《說文解字》11篇下，頁14。

〔註53〕分見《開元占經》卷98，〈虹蜺占〉；《太平御覽》卷878，〈咎徵部五〉引。

〔註54〕《後漢書·志》第18，〈五行六〉頁3372劉昭《注》引。按：黃本作「偏周日」，文字訛舛。

〔註55〕《開元占經》卷98，〈虹蜺占·白虹貫日〉。

第二節　星　宿

一、北斗七星

14　北斗星變色占

154《璇璣鈐》	155《璇璣鈐》	《春秋緯》	《春秋潛潭巴》
北斗第一星變色， 數赤不明，七月兩日蝕。	北斗第一星變色， 微赤不明，六月而日蝕。	日之將食，則斗弟二星變色， 微赤不明，七日而食。	日之將蝕，則斗弟二星變色， 微赤不明，七日而食。

考文：

（1）《璇璣鈐》154 條出自《開元占經・日占五》，惟「變色」作「率色」，「七月兩」作「七日內」。155 條出自同書〈石氏中官占三〉，「六月」作「六日」。

（2）北斗七星之第二星爲「璇星」，宋均注《春秋潛潭巴》云：「謂旋星也。」是宋均所見原文爲「第二星」無疑。

（3）斗星變色後，當於數日內見日食之異，不當應驗於半載之後，是以《璇璣鈐》兩條皆當依《春秋緯》改正。

（4）黃奭本《璇璣鈐》所以兩收同一條佚文，實爲《開元占經》引用時即已文字譌舛，故似爲兩條不同佚文。

（5）《璇璣鈐》與《春秋緯》相同，可證光武朝編纂經讖時，將相同讖文雜入諸緯中，並未分別各緯之特定內容。

15　北斗七星為七政

014《尚書緯》	《春秋運斗樞》	《春秋運斗樞》	《史記・天官書》
	北斗七星，第一天樞，第二璿，第三機，弟四權， 弟五玉衡，弟六開陽，弟七搖光。	北斗七星，	北斗七星，
璇、璣、斗、魁四星，	第一至弟四爲魁，	所謂「璿機	所謂「旋、璣、
玉衡、杓、横三星，	弟五至弟七爲杓，	玉衡，	玉衡，
合七，齊四時、五威。	合爲斗。居陰布陽，故稱灑斗。	以齊七政。」	以齊七政。」
五威者，五行也。五威在人爲五命，七星在人爲七端。 北斗居天之中，當昆侖之上，運轉所指，隨二十四气正十二辰，建十二月。 又州國分野年命，莫不政之，故爲七政。			

釋義：

（1）《尚書緯》前三句與《運斗樞》同，皆言七星名稱；而後段則言五行、七端、七

政、十二辰、十二月、二十四節氣等與年命有關之配屬。

（2）二緯之七星稱名微異，試製下表，即可明示：

尚書緯	四　　　　　星				三　　　　星		
	璇　、	璣　、	斗　、	魁	玉衡、	杓　、	橫
春秋運斗樞	1	2	3	4	5	6	7
	天樞	璿	機	權	玉衡	開陽	搖光
	魁				杓		
	北　斗　七　星						

（3）《史記·天官書》云：「北斗七星……分陰陽，建四時，均五行，移節度，定諸紀，皆繫於斗。」〔註56〕當與《尚書緯》之五威、五命、正辰、建月云云相類，皆為漢代陰陽占驗之觀念。

（4）王莽班《符命》之辭曰：「帝王受命，必有德祥之符瑞，協成五命，申以福應。」顏師古謂：「五命，謂五行之次，相承以受命也。」〔註57〕此或為《尚書緯》「五威、五行、五命」詞義之源也。《漢書·王莽傳》云：莽又置五威將軍、五威司命，以司符命等事。可信「五威」之意，哀、平之世已為習見。

16　日月五星為七政

067《考靈曜》	082《考靈曜》	《尚書大傳》：	179《刑德放》	024《尚書緯》
此則日月	七政，	「七政布位，	削象七政，	紀星有五，
五星，	日日月者，時之主；	日月，時之主；	日月	一主歲，二主月，
共為七政之道。	五星者，時之紀也。	五星，時之紀。	五星，應政變易。	三主日，四主星辰
亦名七耀，	故曰「在璇璣玉衡，	日月有薄食，	髐象七精，宿變易，	五主歷數。
以其是光耀運行也	以齊七政」。七政，	五星有錯聚。」〔註58〕	即氣色生也。	
	謂日月五行之政。		墨象斗華。	

考文：

（1）黃奭本082《考靈曜》無「故曰」以下三句，今據《五行大義·論七政》所引以作增補。（卷四，頁10）

（2）《考靈曜》067條與082條皆言「七政」，與《尚書大傳》同；惟067條言「日

〔註56〕《史記》卷27，〈天官書〉頁1293。又見《漢書》卷26，〈天文志〉頁1274。

〔註57〕《漢書》卷99上，〈王莽傳上〉頁4112。

〔註58〕《玉海》卷2，〈天文·漢天文七政論〉頁50。

月五星」，082 條則又增「五行」以代「五星」爲說。

（3）《考靈曜》082 前三句當襲自《尚書大傳》後三句則爲《尚書》家之習用語。

釋義：

（1）《考靈曜》、《刑德放》、《尚書大傳》（出自《玉海》）皆以「日、月、五星」爲七政，然而《史記・天官書》司馬貞《索隱》，引《尚書大傳》乃云：「七政，謂春、秋、冬、夏、天文、地理、人道，所以爲政也。人道政而萬事順成。」〔註59〕是又同一《大傳》而見者不同矣。

（2）《尚書緯》024 條以五紀星主「歲、月、日、星辰、歷數」，而石申《星經》及馬融注《尚書》，皆以「天、地、火、土、水、木、金」爲說者不同，石申云：「一主天，二主地，三主火，四主水，五主土，六主木，七主金。」〔註60〕馬融云：「七政者，北斗七星，各有所主：第一曰正日；第二曰主月法；第三曰命火，謂熒惑也；第四曰煞土，謂填星也；第五曰伐水，謂辰星也；第六曰危木，謂歲星也；第七曰剽金，謂太白也。日、月、五星各異，故曰七政也」。〔註61〕而《五行大義》則謂「七政」凡有三解，一曰「日月五星」、二曰「北斗七星」、三曰「二十八宿，布在四方，方別七宿，共爲七政」〔註62〕。可見《尚書緯》之說，僅爲秦、漢「七政」眾多解說中之一種而已。

（3）《刑德放》以「日月五星」七政，爲劓刑之象；以北斗「七精」，爲髕刑之象。可證此組之「七政」，確與上一組014《尚書緯》之「七星」爲七政不同。

二、五 星

17 填星占驗

022《尚書緯》：	填星乘守右角，色黃明，必有德令，期二月。
023《尚書緯》：	填星逆行，乘守箕，后夫人多憂疾。
	若六畜，瘟其肉，殺人；若貴人，多罪斥，皆期不出年。

釋義：

（1）星象占驗類書，多言填星守角爲不吉，與《尚書緯》不同。如《玉歷》云：「填星守角，天子微弱。」《海中占》云：「填星左右角，其色黃，小旱，民小厲。」

〔註59〕《史記》卷 27，〈天官書〉頁 1291。

〔註60〕《晉書》卷 11，〈天文志上〉頁 291。

〔註61〕《史記》卷 27，〈天官書〉頁 1291。

〔註62〕《五行大義》卷 4，〈論七政〉頁 10。

石申曰：「塡星守角，萬物不成。……塡星守右角，天子好游獵，國亡。」〔註63〕

（2）犯箕之占，亦與諸說略異，如《黃帝占》曰：「塡星逆行入尾、箕，妾為女主。若星色黃，后宮有喜，若立后。」石申云：「塡星守箕，后貴人大喜，若立后。」又曰：「塡星守箕，后有亂。」〔註64〕是可知《尚書緯》所言，乃星占眾說中之一種，並無特異之處。

18　太白占驗

073 《考靈曜》：太白經天水決江。
163 《璇璣鈐》：太白經天水決江。

考文：

《考靈曜》073 條出自《太平御覽・咎徵部二・五星》，《璇璣鈐》163 條取自《古微書》，不知所本。考《古微書・考靈曜》未收此條，疑為孫瑴輯佚時，偶將《御覽》「《考靈曜》」誤輯入「《璇璣鈐》」所致。

釋義：

（1）「經天」為星宿過午仍未沒也。太白於五行為西方金，金能生水，故過午不沒，其災為「水決江」也。

（2）「太白經天」之驗，星曆占驗及緯書所常言，惟未以「水」為限，如《漢書・天文志》云：「太白經天，天下革，民更王。」是以「二世即位，殘骨肉，戮將相，太白再經天」。〔註65〕《春秋文耀鉤》謂：「太白經天，主失樞。」《春秋漢含孳》曰：「陽弱辰逆，太白經天。」《孝經鉤命決》亦謂「天子失兵則太白經天」、「天失仁太白經天」。〔註66〕以太白經天有「亂政、兵災、主失樞、陽弱」之驗，皆與《考靈曜》說辭不同，可見星占之驗語，其實未可視為定論。

（3）「水決江」之兆，不限於金行之太白，亦見於土行之塡星。《春秋文耀鉤》云：「塡星縮，火燒門，動則水決江，河破，凶。」《春秋元命包》亦謂：「塡星動，水決江。」皆與《尚書緯》指稱「太白」者不同。此亦可證《尚書緯》所言僅為星象占驗之一說，並非事實定論。

〔註63〕三例皆見《開元占經》卷39，〈塡星占二〉所引。
〔註64〕二例皆見《開元占經》卷39，〈塡星占二〉所引。
〔註65〕分見於《漢書》卷26，〈天文志〉頁1283、1301。
〔註66〕第一條見黃奭《通緯》輯本；後兩條見《後漢書・志》第11，〈天文中〉頁3241劉昭注引。

三、二十八宿

19 二十八宿四方配屬

a129 《考靈曜》	《說苑・辨物》
二十八宿，天元氣，萬物之精也，	所謂二十八星者：
故東方角、亢、氐、房、心、尾、箕七宿，其形如龍，曰左青龍；	東方曰角、亢、氐、房、心、尾、箕，
南方井、鬼、柳、星、張、翼、軫七宿，其形如鶉鳥，曰前朱雀；	北方曰斗、牛、須女、虛、危、營室、東壁，
西方奎、婁、胃、昴、畢、觜、參七宿，其形如虎，曰右白虎；	西方曰奎、婁、胃、昴、畢、觜、參，
北方斗、牛、女、虛、危、室、壁七宿，其形如龜蛇，曰後玄武。	南方曰東井、輿鬼、柳、七星、張、翼、軫，
二十八宿皆有龍虎鳥龜之形，隨天左旋。	所謂宿者，日月于星之所宿也。

釋義：

《考靈曜》與《說苑》皆述二十八宿之四方配屬，當擷自秦、漢之天文觀念而來。

應劭《風俗通》云：「四方皆有七宿，各成一形：東方成龍形，西方成虎形，南首而北尾。南方成鳥形，北方成龜形，西首而東尾。」〔註67〕亦即泛言天象成說也。

20 春秋分日晷；九天與二十八宿分野

《尚書緯考靈曜》曰：「以仲春、仲秋，晝夜分之時，光條照四極，周經凡八十二萬七千里，日光接，故曰分寸之晷，代天氣生」〔註68〕			052 《考靈曜》
069 《考靈曜》	《考靈曜》曰：	053 《考靈曜》	方寸之晷，代天氣生
天有九野，	觀玉儀之游，	玉儀之制，	以制方員，方員以成，
九千九百九十九隅，	昏明主時，	昏明主時。	參以規矩。
去地五億萬里。	乃命中星。		昏明主時，
何謂九野？			乃命中星，
中央均天，其星角、亢；	中央鈞天，其星角、亢、氐；		觀玉儀之遊。
東方暤天，其星房、心；	東方蒼天，其星房、心、尾；		
東北變天，其星斗、箕；	東北變天，其星箕、斗、牽牛；		
北方元天，其星須、女；	北方玄天，其星須女、虛、危、營室；		
西北幽天，其星奎、婁；	西北幽天，其星東壁、奎、婁；		
西方成天，其星胃、昴；	西方昊天，其星胃、昴、畢；		
西南朱天，其星參、狼；	西南方朱天，其星觜、參、東井；		
南方赤天，其星輿、鬼、柳；	南方炎天，其星輿鬼、柳、七星；		
東南陽天，其星張、翼、軫。	東南方陽天，其星張、翼、軫。〔註69〕		

〔註67〕王利器《風俗通義校注》頁612。

〔註68〕《玉燭寶典》卷2，〈二月仲春〉頁330。

〔註69〕《開元占經》卷3，〈天占・天名主〉。

069《考靈曜》	《呂氏春秋・有始覽》	《淮南子・天文篇》
天有九野，	天有九野，地有九州，土有九山，	天有九野，
九千九百九十九隅，	山有九塞，澤有九藪，	九千九百九十九隅，
去地五億萬里。	風有八等，水有六川。	去地五億萬里，……
何謂九野？	何謂九野？	何謂九野？
中央均天，其星角、亢；	中央曰鈞天，其星角、亢、氐；	中央曰鈞天，其星角、亢、氐；
東方暤天，其星房、心；	東方曰蒼天，其星房、心、尾；	東方曰蒼天，其星房、心、尾；
東北變天，其星斗、箕；	東北曰變天，其星箕、斗、牽牛；	東北曰變天，其星箕、斗、牽牛；
北方元天，其星須、女；	北方曰玄天，其星婺女、虛、危、營室；	北方曰玄天，其星須女、虛、危、營室；
西北幽天，其星奎、婁；	西北曰幽天，其星東壁、奎、婁；	西北方曰幽天，其星東壁、奎、婁；
西方成天，其星胃、昴；	西方曰顥天，其星胃、昴、畢；	西方曰顥天，其星胃、昴、畢；
西南朱天，其星參、狼；	西南曰朱天，其星觜巂、參、東井；	西南曰朱天，其星觜巂、參、東井；
南方赤天，其星輿、鬼、柳；	南方曰炎天，其星輿鬼、柳、七星；	南方曰炎天，其星輿鬼、柳、七星；
東南陽天，其星張、翼、軫。	東南曰陽天，其星張、翼、軫。	東南方曰陽天，其星張、翼、軫。

考文：

（1）本組分左、右兩段，右段爲《考靈曜》之覈校，左段爲《考靈曜》與《呂覽》、《淮南子》相類文句之比較。以下據右段考校《考靈曜》之異同。

（2）第一欄《考靈曜》「仲春、仲秋」云云，出自《玉燭寶典》，爲歷代輯本未收錄者，其末句恰與第三欄《考靈曜》052 條相同，故藉以接續之。053 條爲重覆之佚文，可刪除。

（3）第二欄《考靈曜》「九天」之說，出自《開元占經》，首句言「玉儀之游」，故可與 052 條接續，後段言「九天」，又與第一欄 069 條相同，故一、二欄藉此接續。

（4）一、二欄之《考靈曜》文句有異，而第一欄首段與《淮南子》相類，疑即襲取其說而成。至若九天與二十八宿之配屬，則第二欄與《呂覽》、《淮南》皆相似，而第一欄 069 條則頗有疏漏。

釋義：

（1）「分野說」習見於秦、漢經籍傳注及子史等文獻中，大致以二十八宿對照列國分野，而持理、論斷亦各有差異；《星經》等類書亦輒言其事，惟多雜入陰陽占驗之術。古今學學論述此一議題甚夥，始終未見有完備結論，本論文以析述《尚書緯》爲主，故於此一議題暫作列述而不論據。

（2）「玉儀」爲觀察天象之儀器或指稱北斗七星，學者所論不一。如徐振韜據馬王堆漢墓出土之《五星占》，斷曰：「《五星占》中的五星行度必須用渾儀才能測得，

而且這種渾儀的精度至少與落下閎渾儀相同。」〔註70〕而陳遵嬀則謂：「我國最古的觀測技術是周髀法，⋯⋯這個方法，無論如何也得不出《星經》所載的數值。只有到了前漢武帝時代落下閎使用了渾天儀，才可能得到《星經》的數值；在落下閎以前是否已有渾天儀，尚需進一步考證。」〔註71〕

21　房為四表

189《運期授》	《春秋佐助期》
房，四表之道。	房爲四表，布三公道。

釋義：

上文 05 組嘗引述二十八宿間有「四表」之道，《運期授》189 條宋均注，亦曰：「四星閒有三道，日、月、五星所從出入也。」是房宿爲七政出入之通道也，先秦《星經》循此，乃謂房爲「天子之宮」，而《春秋說題辭》亦云：「房、心爲明堂，天王布政之宮。」《龍魚河圖》則雜入占驗之意，云：「天有四表，月有三道，聖人知之，可以延年益壽。」

22　房宿占驗

《尚書中候》	a528《尚書中候摘雒戒》
星孛房，	彗孛出四表，
四邦灾。〔註72〕	四邦災，視，不出八十日。

考文：

黃奭本無此讖文，上欄佚文出自《開元占經》，所言與安居本相同，而後者較詳。

釋義：

《春秋左傳・昭公十七年》：「多，有星孛於大辰，西及漢，申須曰：『⋯⋯諸侯其有火災乎！』」申須並申論「宋、衞、陳、鄭」四國將致火災之緣故。劉歆以爲：大辰：房、心、尾也，周之多十一月，爲夏之八月，辰星見於天漢之西，爲火所舍。此處有星逆行（星孛），而四國失政相似，故將生害。孔穎達《左傳》疏所言亦同。〔註73〕以此可知，《尚書中候》所言，實即先秦以來之天文占驗說辭也。

〔註70〕徐振韜〈從帛書 5 星占看先秦渾儀的創製〉。

〔註71〕陳遵嬀《中國天文學史》第 2 冊，第 18 章〈星經〉頁 190。

〔註72〕《開元占經》卷 89，〈彗星占中・房彗〉。

〔註73〕劉歆言，見《漢書》卷 27 下之下，〈五行志〉頁 1514。孔《疏》見《春秋左傳注疏》

23　房宿占驗

> 《尚書帝命驗》曰：「日月之房，惟參烏龜，令信予明，旗星出令之。
> 明，謂有天子之氣。旗星，有光明之星也，謂五星也。以一隅言之，本紀曰歲，火紀曰熒惑。」〔註74〕

考文：

　　佚文出自《稽瑞》「五極如旗」之說解，未見歷代輯本收錄。惟文句頗有譌舛，「明謂有」以下當為注解文字。「本紀」當為「木紀」之誤，蓋木紀為歲星也。

24　心宿諸星

071《考靈曜》	《尚書洪範五行傳》曰	劉向以為《星傳》曰：
心，火星，天王也 其前星太子， 後星庶子也。	「心之大星，天王也。 其前星，太子也； 後星，庶子也。」〔註75〕	「心，大星，天王也。 其前星，太子； 後星，庶子也。 尾為君臣乖離。」〔註76〕
石氏曰：「心三星，帝座· 大星者，天子也。…… 心為明堂，中大星，天王位； 前後小星，子屬。以開德發陽 不欲直，直，王失勢。」〔註77〕	《史記·天官書》 東宮蒼龍，房、心； 心為明堂，大星，天王； 前後星，子屬。 不欲直，直則天王失計。〔註78〕	

考文：

（1）《考靈曜》所言與《星傳》、《洪範五行傳》相同，石申《星經》、《史記·天官書》亦有類似說辭，可見此乃屬戰國時期之星象共識，並無特異之處。

（2）《開元占經·心宿五》引「太史公曰」與《史記》略異，曰：「心三星，上星太子星，星不明，太子不得代；下星庶子星，星明，庶子代。」

（3）《河圖》云：「客星入犯心前星，其色明赤，奸臣有陰謀，太子不得立。若前星明潤，奸臣伏誅。客星犯心後星，庶子不得安。若庶子星明，則庶子引外臣，以圖繼立。客星明者事成，暗者事敗。」所闡發心宿占驗諸事，較為詳細。

　　　　卷48，頁10。

〔註74〕唐劉賡《稽瑞》頁85。

〔註75〕《太平御覽》卷146，〈皇親部十二〉。又，《藝文類聚》卷16，〈儲宮部·儲宮〉頁291亦引。

〔註76〕《漢書》卷27下之下，〈五行志〉頁1513。

〔註77〕《開元占經》卷60，〈東方七宿占一·心宿五〉。

〔註78〕見《史記》卷27，〈天官書〉頁1295；《漢書·天文志》同。

（4）桓帝延熹九年（西元 166），術士襄楷詣闕上疏，亦言及此意，曰：「中耀，天
　　王也；傍小星者，天王子也。」〔註79〕覈襄楷奏疏內容，可知《考靈曜》此條
　　文意，於東漢天文陰陽之學中，仍爲習見之共識。

四、雜　星

25　三能星占驗

> 《尚書中候》：天能有變，厥爲災土淪、山崩、谷溜、滿川枯。〔註80〕
> a448《尚書中候》：中能垂，公輔謀。

釋義：

（1）《刑德放》云：「三公象三能。」《春秋漢含孳》曰：「三公在天爲三台，九卿
　　爲北斗。」《春秋緯》亦謂：「三公擅恣，非其人則山崩，三台移，鼎折足。」
　　《春秋感精符》則曰：「三公非其人，則山崩，三能移。」可知《尚書中候》之
　　「天能、中能」，實即《春秋緯》所言「三能、三台」中之二星。其對應之「公
　　輔」即「三公」。其災異「山崩」亦爲相同之驗應。

（2）「三公爲三台」說，更始二年（西元24）李淑上書中已見提及，曰：「三公上應
　　台宿，九卿下括河海，故天工人其代之。」〔註81〕可知《尚書中候》此條讖文，
　　實襲取漢代通行之星象占驗而來。

（3）「山崩」之驗，《論語摘輔像》亦有所言，曰：「山土崩，川閉塞，漂淪移，山鼓
　　哭，閉衡夷，庶桀合，兵王作。」〔註82〕惟周幽王二年（西元前780）伯陽甫
　　已有此語，時西周三川皆震，伯陽甫曰：「陽失而在陰，原必塞；原塞，國必亡。
　　昔伊、洛竭而夏亡，河竭而商亡。夫國必依山川，山崩川竭，亡國之徵也，川
　　竭必山崩。」〔註83〕其後十年，西周果滅而平王東遷。

（4）《大戴禮記・誥志》云：「聖人有國，……河不滿溢，川澤不竭，山不崩解，陵
　　不施谷，川浴（谷）不處，深淵不涸。」適可作爲此條讖文之正面瑞徵。可證
　　山崩、川枯等徵兆，爲漢代天人感應說中常見者。

〔註79〕《後漢書》卷30下，〈襄楷列傳〉頁1076。
〔註80〕《開元占經》卷77，〈石氏中官・三台占〉。按：安居本《尚書中候》第447條引「天
　　　　能有變，厥災爲土，論山崩谷滿川枯。」出自《占經》，唯傳鈔有誤。
〔註81〕《後漢書》卷11，〈劉玄列傳〉頁472。
〔註82〕《後漢書・志》第15，〈五行三〉頁3317。
〔註83〕《史記》卷4，〈周本紀〉頁145。

26 枉矢

016《尚書緯》	a357《尚書中候》	《春秋玫異郵》
枉矢流，天射王。	夏桀無道，枉矢射。	枉矢西流射伐，秦以亡。

a287《尚書緯》	188《尚書運期授》	《詩含神霧》
流星出參中， 白帝之亡， 枉矢射參。 天子失義， 則枉矢射參。	白帝之治，六十四世 其亡也，枉矢參射。	白之亾， 枉矢流。

《史記・天官書》：項羽救鉅鹿，枉矢西流，
山東遂合縱諸侯，西坑秦人，誅屠咸陽。〔註84〕

《春秋運斗樞》	《春秋運斗樞》	《河圖稽耀鈎》
黃帝行失， 枉矢出，射所謀 謀易失樞之主， 故以枉矢射之。	枉矢出，射所誅。	辰星散爲枉矢流， 枉矢所射，可誅。

釋義：

（1）黃奭本016條爲泛論，188條指商紂，安居本a287條爲黃奭本188之詳文，a357則明指夏桀。惟《玫異郵》及《史記》皆指秦始皇。

（2）枉矢所射有白帝、黃帝及黑帝（夏桀、秦政），是則「枉矢所射」不專門指稱何朝、何帝。

（3）《尚書大傳・洪範五行傳》云：「枉矢者，弓矢之象也。枉矢之所觸，天下之所伐，滅亡之象也。」〔註85〕上引緯書九條皆言此意。

（4）《史記》所言，《漢書・天文志》論之較詳，云：「項羽救鉅鹿，枉矢西流。枉矢所觸，天下之所伐射，滅亡象也。物莫直於矢，今蛇行不能直而枉者，執矢者亦不正，以象項羽執政亂也。羽遂合從，阬秦人，屠咸陽。凡枉矢之流，以亂伐亂也。」〔註86〕可知《史》、《漢》及《尚書緯》所言，皆秦、漢時星象占驗之共識。

〔註84〕《史記》卷27，〈天官書〉頁1348。
〔註85〕四庫本《尚書大傳》卷2，頁19。
〔註86〕《漢書》卷26，〈天文志〉頁1301。

27　天雁流星

92～3《考靈曜》	164《璇璣鈐》	《易緯通卦驗》	（戰國楚星官）巫咸云：
流星色青赤，地雁，其所墜處，兵起。青赤，天雁，軍中之精華也。	流星色青赤，名地雁，其所墜處，兵起。天雁，軍中之精華也。	青流星名曰地雁，其所墜者，起兵。青赤長二三丈，名曰天雁，軍中之精華，曰其國起兵，將軍當星之所之。	「流星有光青赤，其長二三丈，名曰天雁，將軍之精也，其國起兵，將軍當從星所之。」〔註87〕

考文：

（1）三條讖文皆相類同，惟《易緯》增言長度及末句，與巫咸所這相近。以此可信，讖文所言當源自戰國時期之星象知識。

（2）《天中記》引《淮南子》「地雁」事，與《考靈曜》等相似，可知漢初已有此類星占之辭矣。惟不見於今本《淮南》中，暫錄於下以備查索：「流星色赤，名曰地鴈，其所墜者起兵。流星有光，青赤，名曰天鴈，軍甲之精華也。」〔註88〕

31　恒星占驗

《尚書中候准讖哲》曰：

「煌煌之滅（原注「闕」）……失權流頓斬，恒星滅。」〔註89〕

釋義：

此條黃奭本未錄。以「煌煌」指稱「皇」字，緯書所常言，意謂君皇之失權滅亡，兆見於恒星之滅沒也。《公羊傳・莊公七年》云：「恒星布列四方，……不見者，象諸侯之背叛，不佐王者，奉順法度也。」《春秋緯》亦曰：「恒星不見，言周制絕滅，眾耀隕亂。」《雒罪級》云：「恒星不見，主嚴、法度消。」〔註90〕可知「君主勢微恒星滅」之占驗，為秦、漢陰陽家及緯書常言者。

28　狼、弧星占驗

094《考靈曜》：王良策馬，狼弧張，咄咀害，血將將。
090《考靈曜》：黑帝亡，狼弧張也。

〔註87〕《開元占經》卷71，〈流星占一〉頁758。
〔註88〕陳耀文《天中記》卷2，頁8。引文又見《山堂肆考》卷3頁33，「色赤」作「色青赤」、「軍甲」作「軍中」。
〔註89〕《開元占經》卷76，〈雜星占一・恒星不見二〉引。
〔註90〕見《開元占經》卷76，〈雜星占〉引。

釋義：

（1）《甘氏星經》曰：「策一星，在王良前。」〔註91〕《石申星經》曰：「弧九星，在狼東南。」《荊州占》曰：「狼者盜賊，弧者天弓，備盜賊也，故弧射狼。」《春秋緯》云：「狼弧張，四年之後天下永亂。」〔註92〕蓋言狼、弧二星變色則天下大亂矣。

（2）《考靈曜》之「黑帝」，當指秦始皇。蓋秦末盛傳「亡秦者胡」，《洛書》又云：「狼弧張，害及胡。」《易是類謀》云：「五星合，狼弧張。」上引《春秋緯》又言「四年之後」云云，皆謂二世之亡，五星合軫，漢高起義也。

（3）「將將」爲漢世熟語，輒見緯書中，如：《孝經鉤命決》「亂將將」、《易辨終備》「刑將將」、《易是類謀》「彗第將將」、《海中占》「兵甲鏘鏘」〔註93〕。

29　棟星占驗

> 015《尚書緯》：棟星亡，辠深重誅。

釋義：

（1）《廣雅・釋天》曰：「大角謂之棟星。」《史記・天官書》云：「大角者，天王帝庭。」可知棟星即大角星。此星位於角宿、亢宿之北，即牧夫座中最亮之 α 星，屬於春天可見之星辰。

（2）《開元占經》卷六五〈石氏中官占・大角占〉，多言「大角星」之占驗，如《雒罪級》「棟星亡，不言，王失號」、《春秋緯》「大角不見，蒼帝失勢」、《鉤命決》「赤滅亡，棟星去」，皆與《尚書緯》所言相同。可見《尚書緯》所言，僅爲泛述漢代星象占驗之辭，並非獨有所見者。

30　雜星占驗

> 027《尚書緯》
>
> 時雨、時暘、時燠、時寒、時風，此休徵也。人主五事修明，則雜星之吉者出而應之。
> 恒雨、恒暘、恒燠、恒寒、恒風，此咎徵也。人主五事失道，則雜星之凶者出而應之。

釋義：

「雨、暘、燠、寒、風」五者，乃《尚書・洪範》「庶徵」之內容，若爲休徵，

〔註91〕《開元占經》卷69，〈甘氏中官占〉。
〔註92〕皆見《開元占經》卷68，〈石氏外官〉。
〔註93〕緯書各條，分見於黃奭所輯《通緯》各篇中：《海中占》見《開元占經》卷51，〈太白占7〉。

則「歲月日時無易，百穀用成」；若爲咎徵，則「日月歲時既易，百穀用不成」。
此處以「雜星之吉凶」應之，則爲《洪範五行傳》與星占結合之證。

第三節 曆 算

一、殷 曆

31 甲寅曆元

057《考靈曜》	206《中候握河紀》
天地開闢，曜滿舒光，	天地開闢，
元厤紀名，	
日月首甲子	甲子
冬至，	冬至，
日月五星，俱起牽牛初，	
日月若懸璧，仰觀天形如車蓋。	日月若懸璧，
五星若編珠，	五星若編珠。
青龍甲子，攝提格孳。	
《新論·雜事》	
通厤數家筭法，推考其紀，	**《洪範五行傳》曰：**
從上古天元以來，	「熒惑以上元甲子歲
訖十一月甲子	十一月甲子
夜半朔冬至，	朔旦冬至夜半甲子時，
	與五星俱起于牛前五度，
日月若連璧。〔註94〕	順行二十八宿，
	右旋二歲，一周天也。〔註95〕

考文：

（1）《中候握河紀》所言，實即《考靈曜》之簡省，二者文意並無差異，可證《尚書
　　緯》與《中候》之內容，其實輒有複見。

（2）桓譚《新論》與劉向《五行傳》所言曆元，與《書緯》文意相類，可知四條引
　　文所言，皆屬當時之天文觀念，並非《尚書緯》所獨具者。

〔註94〕《全後漢文》卷15，《新論·雜事第十一》頁2。
〔註95〕《開元占經》卷30，〈熒惑占一·熒惑行度二〉。

釋義：

（1）漢初通行曆法有二，一為《殷曆》，以甲寅為元，甲子日為初始，乃周、魯、漢所襲用者；一為《顓頊曆》，以乙卯為元，己巳日為初始，乃堯、舜、禹所遵循者。二曆之歲次時日序列如下：

1、《殷曆》：甲寅年十一月甲子夜半朔旦冬至，日月五星俱起牛前五度。

2、《顓頊曆》：乙卯年正月己巳朔旦立春，日月五星俱起營室五度。

據此可知此組所述，當為《殷曆》甲寅元。

（2）再以下列《禮含文嘉》、《樂協圖徵》、《河圖》等佚文證之，可知「甲寅元」為緯書習見之曆法：

《禮含文嘉》	《樂協圖徵》	《樂協圖徵》	《河圖始開圖》	《孝經援神契》
推卍以上元為始，起十一月甲子朔旦夜半，冬至日月五星，俱起牽牛卍初。	天元以甲子朔旦冬至，日月起於牽牛之初	天元十一月朔旦冬至，聖王受享祚，鼓和樂於東郊，	天地開闢，元厤名，月首甲子冬至，日月俱起牽牛之初。	日在外衡，牽牛之初，冬至之日。
				《春秋命歷序》
				日月五緯，俱起牽牛。

（3）「上元」、「天元」與「天地開闢」云云，皆指曆法起始之日。陳遵嬀云：「古人於曆元之外，還要求日月伭璧、五星聯珠，定為上元。」又謂：「古代曆法家都要強求更遠的一元，……用為推算的起點，叫做『上元』。緯書叫做『開闢』；唐《大衍曆》後來叫做『演紀上元』。」〔註96〕

32　《殷曆》之日月行度

042《考靈曜》	《周髀算經·卷下》	《淮南子·天文篇》
月行十三度十九分度之七。	天三百六十五度四分度之一，而日行一度、而月後天十三度十九分度之七。	月日行十三度七十六分度之二十六，
044《考靈曜》 凡九百四十分為一日，二十九日與四百九十九分為一月。	二十九日九百四十分日之四百九十九為一月，十二月十九分月之七為一歲。	二十九日九百四十分日之四百九十九而為月，而以十二月為歲。

考文：

（1）《考靈曜》042、044 條之組合，適與《周髀算經》、《淮南子》文句相類，或即《尚書緯》原編如此，後世引用之際各有著重，是以輯佚時乃分成兩段佚文。

（2）「月行十三度」之下，《考靈曜》、《周髀》皆云「7/19 度」，約合「0.368 度」；《淮

〔註96〕陳遵嬀《中國古代天文學簡史》頁 28。

南子》云「26/76 度」，「二十六」實爲「二十八」之誤，「28/76 度」亦即「7/19 度」是三書所言之度數，其實相同。

（3）《周髀算經》云：「陰陽之數、日月之法：十九歲爲一章；四章爲一蔀，七十六歲。」《考靈曜》以「章」計數，故云「13 有 7/19 度」，《淮南子》以「蔀」爲計，故四倍其分數爲「13 有 28/76 度」。「八」與「六」字形易相訛，故後世傳寫或因致誤。東漢高誘注〈天文篇〉時，已知此誤，故校覈曰：「六或作八。」〔註97〕可謂知言也。

釋義：

（1）「13 有 7/19」與「13 有 28/76」之度數，乃戰國時期《四分曆》之數據，漢初之《殷曆》及《顓頊歷》皆循其法，爲西漢武帝制定《太初曆》以前所通行之曆法。其法以「十九年七閏」爲準，據此計算月、日之數。《周髀算經》論其數云：「陰陽之數、日月之法，十九歲爲一章，四章爲一蔀、七十六歲，二十蔀爲一遂、千五百二十歲，三遂爲一首、首四千五百六十歲，七首爲一極、極三萬一千九百二十歲，生數皆終，萬物復始，天以更元、作紀歷。」〔註98〕《開元占經》卷一〇五〈古今曆積年及章率〉亦有相同論述。陳遵嬀云：古希臘曆算家默冬，於西元前四三三年（約戰國初年），發現十九年置七閏之法；西元前三三〇（約孟子時代），古希臘始用卡利巴斯創設之七十六年置二十八閏之法。〔註99〕與先秦古曆所據相同。

（2）《殷曆》「13 有 7/19 度」之來由：每年有「365 有 1/4 日」，合爲「12 有 7/19 月」（十九年有七閏月，計每年多 7/19 月），故每月有：365 有 1/4 日÷12 有 7/19＝1461/4 日÷235/19＝27759/940 日。

月球每月（27759/940 日）運行一周天「365 有 1/4 度」，是以每日運行度數爲：365 有 1/4 度÷27759/940 日－1461/4 度÷27759/940－1461 度÷（1461×19）/235－1 度÷19/235－235/19 度－12 有 7/19 度。然而日與月皆同時右行，故月雖每日行 12 有 7/19 度，仍須加日行之 1 度，故成爲一日之中，月行「13 有 7/19 度」。《周髀算經》即謂：「月後天十三度十九分度之七。術曰：『置章月二百三十五，以章歲十九除之，加日行一度，得十三度十九分度之七。』此月一日行之數，即天之度及分。」〔註100〕

〔註97〕《淮南子》卷3，〈天文篇〉頁 105。

〔註98〕《周髀算經》卷下，頁 49。

〔註99〕陳遵嬀《中國天文學史》第 1 冊，第 2 章〈中西古代天文學〉頁 36。

〔註100〕《周髀算經》卷下，頁 43。

（3）《淮南子》與《考靈曜》「940」之數，由（2）之考述可知，實即《殷曆》以「十九年七閏」爲法之數據，據此計算月、日之數。

十九年有七閏月，故其月數共計：（12月×19年）＋7月－235月；

十九年之總日數爲：365.25日蒗19年－6939.75日－27759/4日；

十九年中，每月平均日數爲：27759/4日÷253－27759/940日－29有499/940日。

（4）二書皆云940分爲一日，則每月餘數499/940日，約合0.53日。《考靈曜》言「29日與499分」與《淮南子》言「29日499/940」意實相同。

（5）「7/19」與「499/940」之數據，《周髀算經》嘗有簡要說明：曰：「置七十六歲之積月，以七十六歲除之，得十二月十九分月之七，則一歲之月。置周天度數以十二月十九分月之七除之，得二十九日九百四十分日之四百九十九，則一月日之數。」〔註101〕可見《考靈曜》所言，皆爲漢代習傳之《殷曆》曆法，其文獻頗傳流於今日，並非特殊罕見之載錄也。

33 《殷曆》之周天與日月行度

032《考靈曜》	085《考靈曜》	a101《尚書緯》	古歷、緯及《周髀》皆言：	
周天三百六十五度四分度之一，	二十八宿，周天三百六十五度四分度之一，	天如彈丸，圍圜三百六十五度四分度之一，	周天三百六十五度四分度之一，	《禮含文嘉》 雲者，氣運，布恩普也 計天地左旋，日月右行 雲爲助象，列星澗元。
	181《刑德放》：日月東行。	a104《考靈曜》 日月東行。 而日行遲，月行疾，何？ 君舒臣勞也。	日月皆右行於天，	
而日日行一度，則一朞三百六十五日四分日之一。	041～2《考靈曜》 日行一度。 月行十三度十九分度之七。	日月行一度，月日行十三度十九分度之七。	日日行一度，月行十三度十九分度之七，	
	186《刑德放》：日、月、五星皆行，而日行遲，月行疾也。 三十日。日過三十，月過四百，行有遲速也。	是月行疾，日行遲，二十九日有餘而月行天一周。〔註102〕		

考文：

（1）黃奭本181《刑德放》條下，黃奭注云：「《古微書》引入《考靈曜》，竝譌連『日行遲，月行疾』二十九字。」今考安居本a104條所引《古微書》佚文，實出自《白虎通·日月篇》，「君舒臣勞」一句並非讖文；惟其下日月行度云云，則屬於讖文無疑。

〔註101〕《周髀算經》卷下，頁53。
〔註102〕《詩經正義》卷12之2，〈小雅·十月之交〉頁3疏文。

（2）據孔穎達《詩經正義》所引之「古歷、緯及《周髀》」所言，安居本 a101、a104 可合爲一完整讖文。仿此，第一、二欄黃奭本 032、181 兩條，及第二欄 085、041～042、《禮含文嘉》等四條，亦分別可合爲一段文意較爲完整之讖文。

（3）186《刑德放》「日月五星皆行」似敚一「右」字，第二欄 181《刑德放》「日月東行」、第四欄《周髀》「日月皆右行」可證。蓋秦、漢之天體運行觀念，皆云天道左旋、日月五星右旋，陳遵嬀即謂：「右旋說，它主張恒星是從東向西移動，即左旋，而日月則從西向東移動，即右旋。從漢代到宋代以前，右旋說占絕對優勢。」〔註103〕

（4）《考靈曜》及《周髀》言「日行一度，月行十三度」，實與《刑德放》「日過三十，月過四百」指意相同，皆爲一與十三之比。

（5）041、042、《周髀算經》所言日月行度，皆與劉向《洪範五紀論》相同：「日月循黃道，……率日日行一度，月行十三度十九分度七。」〔註104〕可見此一度數爲秦、漢以來之習見天文概念，並非《尚書緯》所獨具之科學知識。

（6）《史記·五帝本紀》司馬貞《索隱》，言及周天及日月行度，實即此段讖文之融合：「周天三百六十五度四分度之一，是天數也。日行遲，一歲一周天；月行疾，一月一周天。一日行一度，月一日行十三度十九分度之七。」（卷一，頁 17）

釋義：

（1）綜合此組讖文，其意略謂：28 宿涵蓋周天，其度數爲「365 有 1/4」，一年有「365 有 1/4 日」，日月五星皆右旋（即「東行」），日每日行 1 度，月每日行「13 有 7/19 度」，是以日過三十，月過四百也，故日行遲，月行疾。

（2）周桂鈿以爲天體運行之「左、右旋說」皆不正確，曰：「左旋說和右旋說都是以地球爲靜止的中心、日月圍繞地球旋轉的這一錯誤假設爲前提的。從本質上說，都是錯誤的。」惟此二說相較之下，「右旋說承認天左旋，日月被天體牽以西沒，也能正確地反映地球自轉運動。……比左旋說有更多的合理性，也有更多的實用價值。因此，漢代以後的許多天文學家都主右旋說。」〔註105〕

34 冬至斗位

> 059《考靈曜》：斗三十二度無餘分，冬至在牽牛所起。

考文：

〔註103〕陳遵嬀《中國天文學史》第 4 冊，第 2 章〈天旋地動說〉頁 1823。
〔註104〕《後漢書·志》卷 2，〈律曆志中〉頁 3029。
〔註105〕周桂鈿《中國古人論天》，第 4 章〈天的運行〉頁 50～51。

「三十二度」之數有誤。考章帝元和二年（西元 85）以曆法謬誤，下詔改正，詔文曰：「冬至之日，日在斗二十一度，而曆以爲牽牛中星。」〔註106〕其後賈逵論曆法（西元 92），引「《尚書考靈曜》：『斗二十二度，無餘分，冬至在牽牛所起。』」〔註107〕又謂編訢、李梵二人所制曆法，「未至牽牛中星五度，於斗二十一度四分一，與《考靈曜》相近。」〔註108〕可知黃奭本「三十二度」當改作「二十二度」或「二十一度」。

釋義：

（1）趙君卿《周髀算經》註云：「冬至十一月，日在牽牛，徑在北方，因其在北，故言照過北衡。」〔註109〕更依下組「牽牛」、「冬至」云云，可知此條讖文實屬漢代天文曆法中習見之說辭。

（2）漢靈帝時，會稽東部尉劉洪作《乾象曆》，「冬至日，日在斗二十二度，以術追日、月、五星之行，推而上則合於古，引而下則應於今」。〔註110〕是則此條讖文用於敘述曆法建元之首。

（3）陳遵嬀引日人藪內清言之考論云：「《石氏星經》稱牽牛初，即冬至的太陽位置，沿黃道是斗二十度，沿赤道是二十一度；而斗的距星是人馬座ψ星，其二十一度爲冬至的赤經二百七十度的年代是在西元前七十年前後。」〔註111〕可知《考靈曜》所言，乃漢初顓頊曆之數據。

35　二至斗位度數求法

058《考靈曜》	《尚書考靈曜》	《尚書考靈曜》
冬至日，	冬至日，	夏至日，
月在牽牛一度，	日在牽牛一度	日在東井廿三度
	有九十六分之五十七，	有九十六分之九十三，
求昏中，	求昏中者，	求昏中者，
取六頃，加三旁，	取六頃，加三旁，	取十二頃，加三旁，

〔註106〕《後漢書》志第二，〈律曆志中〉頁 3026。
〔註107〕《後漢書》志第二，〈律曆志中〉頁 3027。
〔註108〕《後漢書‧志》卷二，〈律曆志中〉頁 3027。
〔註109〕《周髀算經》卷上，頁 27。
〔註110〕《晉書》卷 17，〈天文志上〉頁 498。
〔註111〕陳遵嬀《中國天文學史》第 2 冊，第 18 章〈星經〉頁 190 引。

蠢順除之。	蠢順除之。 求明中者， 取六頃，加三旁， 蠢却除之。〔註112〕	蠢順除之。 求明中者， 取十二頃，加旁 蠢却除之。〔註113〕

考文：

　　黃奭本僅錄一條，文句又有漏敚，《玉燭寶典》引述兩條，詳述冬、夏兩至之昏明度數求法，當據以為正。

釋義：

（1）《周髀算經》云：「日夏至在東井，極內衡，日冬至在牽牛，極外衡。」〔註114〕劉向《洪範五紀論》亦謂：「日月循黃道，南至牽牛，北至東井。」〔註115〕《漢書・天文志》云：「至於月行，則以晦朔決之。冬則南，夏則北，冬至於牽牛，夏至於東井，日之所行為中道，月、五星皆隨之。」〔註116〕東漢和帝永元四年（西元92），「太史官候注考元和二年（西元85）九月已來，月行牽牛、東井四十九事」〔註117〕。皆可證明「東井、牽牛」二宿所在位置，為考求二至定點之準據。

（2）《周髀》所言之「極」，王充《論衡・說日》嘗有補充，曰：「夏時日在東井，冬時日在牽牛。牽牛去極遠，故日道短；東井近極，故日道長。」

（3）《新唐書・曆志》云：「〈月令〉建星中，於《太初》星距西建也。《甄耀度》及《魯曆》，南方有狼、弧，無東井、鬼，北方有建星，無南斗；井、斗度長，弧、建度短，故以正昏明云。」〔註118〕即說明「井、斗……以正昏、明」，是可證《考靈曜》所言二至求法，乃取自秦、漢以來之天文觀念。

〔註112〕《玉燭寶典》卷11，〈十一月仲冬〉頁361。

〔註113〕《玉燭寶典》卷5，〈五月仲夏〉頁344。

〔註114〕《周髀算經》卷上，頁23。

〔註115〕《後漢書》志第二，〈律曆志中〉頁3029。

〔註116〕《漢書》卷26，〈天文志〉頁1295。

〔註117〕《後漢書》志第二，〈律曆志中〉頁3029。

〔註118〕《新唐書》卷27上，〈曆志三上〉頁610。

二、《顓頊曆》

36 乙卯元

a125《考靈曜》	a10《考靈曜》
元紀己巳元起，旃蒙攝提格之歲， 畢娵之月，正月己巳朔旦立春， 日月五星，皆起營室至度。	旃蒙之歲，乙卯元也。

考文：

（1）安居本 a125 條出自《玉燭寶典》卷一，a10 條則出自《後漢書・律曆志》，二者當為相同之讖文。

（2）《淮南・天文篇》云：「天一元始，正月建寅，日月俱入營室五度。」〔註 119〕蔡邕《月令論》亦曰：「《顓頊曆術》曰：『天元正月己巳朔旦立春，俱以日月起於天廟、營室五度。』今〈月令〉孟春之月，日在營室。」〔註 120〕《禮記・月令》：「孟春之月，日在營室，昏參中，旦尾中。」《呂覽・孟春紀》同。可見「營室至度」當為「營室五度」之誤。

釋義：

「乙卯」為《顓頊曆》之曆元，亦屬漢初通行之曆法，詳見第五章「漢代曆法」考論。

三、曆法雜論

37 星曆難曉

095《考靈曜》：微式出冥，惟審其形。

釋義：

（1）「式」，或作「栻」，星盤轉栻也。《漢書・王莽傳》「天文郎桉栻於前，日加某時，莽旋席隨斗柄而坐」，顏師古注曰：「栻所以占時日。」鄭眾云：「大出師，則太史主抱式，以知天時，處吉凶。莽篤信《周官》，故用此制。蓋栻即今之星盤也。」〔註 121〕《唐六典・太卜令》言用式之法，文頗簡明，曰：「其局以楓木為天，棗心為地，刻十二時辰，下布十二辰以加占為常，以月將君卜時視日辰陰陽，

〔註 119〕《淮南子》卷 3，〈天文篇〉頁 94。

〔註 120〕《後漢書・志》卷 2，〈律曆志中〉頁 3039。

〔註 121〕王先謙《漢書補注》卷 99 下，〈王莽傳下〉頁 27 引。

以立四謀。」〔註122〕

（2）此條佚文或謂：滿天星宿神妙微細，幽冥難曉，惟上聖智者能審覈其形狀以言其實效。

（3）由前述天文、曆法等學說，可知星象運行之估算甚爲繁雜，《周髀算經》亦謂：「過北衡十六萬七千里，爲徑八十一萬里，周二百四十三萬里。……過此而往，未之或知。」此「未之或知」，則曆算家亦難解其詳矣，故趙君卿註云：「上聖者智無不至，明無不見，《考靈曜》曰：『微式出冥，唯審其形。』此之謂也。」〔註123〕由此而言，此條讖文之意，頗似〈中庸〉所言：「君子之道費而隱，夫婦之愚可以與知也，及其至也，雖聖人亦有所不知焉。」

38 曆法閏餘

《尚書考靈耀》：「以閏月定四時成歲，順序日月之圖。閏者，陽之餘。」〔註124〕

考文：

（1）此條佚文出自《北堂書鈔》，黃奭本未收。首句摘取《尚書・堯典》文字，經文原作：「帝曰：咨汝羲暨和，朞三百有六旬有六日，以閏月定四時成歲，允釐百工，庶績咸熙」。惟《白虎通・日月篇》、《玉燭寶典・十二月季冬》皆祇引末句「閏者陽之餘」，云出自「讖」（《白虎通》）、「《尚書考靈耀》」（《玉燭》），可知《書鈔》所引當爲《考靈曜》無疑。

（2）《書鈔》此條引文下，清孔廣陶校註云：「『《尚書考靈耀》』以下，當是下文『閏者日之餘』一條注文，誤竄於此耳。」若此，則引文前兩句又非《考靈曜》佚文矣。

釋義：

《白虎通・日月篇》云：「月有閏餘，何？周天三百六十五度四分度之一，歲十二月，日過十二度，故三年一閏，五年再閏，明陰不足，陽有餘也。故《讖》曰：『閏者，陽之餘也。』」〔註125〕《史記・五帝本紀》司馬貞《索隱》亦謂：「若三年不置閏，則正月爲二月。九年差三月，則以春爲夏。十七年差六月，則四時皆反。以此四時不正，歲不成矣。故《傳》曰：『歸餘於終，事則不悖』是也。」〔註126〕

〔註122〕王先謙《漢書補注》卷99下，〈王莽傳下〉頁27引。
〔註123〕《周髀算經》卷上，頁27。
〔註124〕《北堂書鈔》卷153，頁7。
〔註125〕陳立《白虎通疏證》卷9，〈日月〉頁428。
〔註126〕《史記》卷1，〈五帝本紀〉卷1，頁20。

可知「歸餘」爲閏，乃秦、漢曆法之習傳觀念，並非緯書獨具者。

39　測節氣之應

> a438《尚書中候》：
> 用玉律，唯二至乃候，靈臺用竹律，十六候，四各如其曆，
> 若非氣應，是動觸；及爲風所動者，其灰則聚而不散；若是氣應，則灰飛上薄。

考文：

（1）此條佚文，歷代輯本皆未收錄，爲安居本鈔自中國所無之《樂書要錄》中。惟覈以《後漢書·律曆志》、《晉書·天文志》，可得相同文句之說辭，可藉以補正安居本鈔繕、句讀譌舛之處。

（2）《後漢書·律曆志》云：「氣至者灰動，其爲氣所動者其灰散，人及風所動者其灰聚。殿中候，用玉律十二，惟二至乃候。靈臺用竹律六十，候日如其曆。」〔註127〕《晉書·天文志》云：「氣至者灰去；其爲氣所動者，其灰散；人及風所動者，其灰聚。殿中候用玉律十二，惟二至乃候。靈臺用竹律。」〔註128〕以此可證，安居本前段「用玉律……如其曆」，當作：「〔殿中候〕用玉律〔十二〕，唯二至乃候。靈臺用竹律六十，候〔日〕各如其曆。」「玉律十二、竹律六十」之數，覈以《後漢志》同卷頁所云「五音生於陰陽，分爲十二律，轉生六十」，可知安居本所據有誤。後段「及爲風所動」，當作「〔人〕及風所動」；其餘文義則三書未闕，各有所長，可相互證補。

釋義：

（1）揚雄《太玄·玄瑩》曰：「冷竹爲管，室灰爲候，以揆百度。」即藉竹律、葭灰以測節氣。可知此類候氣法於光武編纂圖讖之前，即已傳世，並非緯書所獨創或獨傳者。

（2）佚文謂候氣之具，殿中用玉律，靈臺用竹律。《路史》云：黃帝「既受《河圖》，得其五要，乃設靈臺，立五官……乃作玉律，以應候氣」。（〈後紀五〉頁6）《晉書·天文志》亦云：「黃帝作律，以玉爲琯。」是此條佚文之「玉律」、「靈臺」，漢人或視爲黃帝時物也。

（3）本佚文所言候氣之術，蔡邕言其法云：「候氣之法，爲室三重，戶閉，塗釁必周，密布緹縵。……加律其上，以葭莩灰抑其內端，案曆而候之。」〔註129〕以上可

〔註127〕《後漢書·志》卷1，〈律曆志上〉頁3016。
〔註128〕《晉書》卷16，〈律曆志上〉頁490。
〔註129〕《後漢書·志》卷1，〈律曆志上〉頁3016。又見《禮記·月令》卷14，頁11孔穎

知，佚文所云「若是氣應，則灰飛上薄」，乃謂二十四節氣中當候之「氣」，至此三重之候氣室中，則葭灰散而上飛。至於「若非氣應……不散」，則謂人與風入室中，葭灰雖見觸動，卻聚而不散。由此可驗證節氣之確否也。

（4）熊安生言「吹律」事，與君臣勢力消長有關，較符讖緯所常言者，其言云：「取蘆莩燒之作灰而實之律管中，以羅縠覆之，氣至則吹灰動縠矣。小動為氣和；大動為君弱臣強，專政之應；不動為君嚴猛之應。」〔註130〕

第四節　五季之政

一、星　候

40　渾儀與星候

054《考靈曜》

在璇璣玉衡，以齊七政。璇璣未中而星中，是急，急則日過其度，月不及其宿。璇璣中而星中，為調，調則風雨時。風雨時，則草木蕃庶，而百穀熟，萬事康也。

釋義：

　　前文第7組以常態言二分、二至之昏明中星。此處則藉助渾儀覘視諸星行度，若各節候之主星合度，則為「璇璣中而星中」，政事康泰；若儀象所測尚未至其度而主星已行至該度，則為「璇璣中而星中」，將有禍殃矣。

41　四季星候

055《考靈曜》	001《尚書緯》	《尚書・堯典》
鳥星為春候，火星為夏期，專陽相助，同精感符 虛星為秋候，昴星為冬期，陰陽相佐，德乃弗邪 子助母收，母合子符。	春夏相與交， 秋冬相與互， 謂之母成子，子助母	日中，星鳥，以殷仲春……；日永，星火，以正仲夏。 宵中，星虛，以殷仲秋……；日短，星昴，以殷仲冬。

考文：

（1）《尚書緯》以「春夏」、「秋冬」相交互，為母、子之助成方式，與《考靈曜》春夏相助，秋冬相佐，喻母子之合融相助，二者言其實相同。前者當為《考靈曜》佚文，或因前人引述時，自作刪減，又未標示篇名，故有差異，似可刪除。

（2）以「鳥星、火星、虛星、昴星」應「春、夏、秋、冬」四候，與〈堯典〉所言相同。當為讖文襲自經義而得者。

　　　　達《疏》引「蔡邕云」。

〔註130〕《禮記・月令》卷14，頁11，孔穎達《疏》引。

42 四季星候與農作

056《考靈曜》	曾子云：「	《尚書大傳・堯典》
主春者鳥星，昏中可以種稷；	春分鳥星，昏主春者，中可以種稷。	主春者張，昏中可以種穀；
主夏者心星，昏中可以種黍；	夏至心星，昏主夏者，中可以種黍菽。	主夏者火，昏中可以種黍；
主秋者虛星，昏中可以種麥；	秋分虛星，昏主秋者，中可以種麥。	主秋者虛，昏中可以種麥；
主冬者昂星，昏中則入山，	冬至昂星，昏主冬者，中山人可以	主冬者昂，昏中可以收斂。
可以斬伐，具器械。	伐器械，家人可以收萑葦、蓄積、田獵，	田獵斷伐，當上告之天子，而下賦之民。
王者南面而坐，視四星之中者，	王者坐視四星之中，	故天子南面而視四星之中，
而知之緩急。	而知民之緩急，	知民之緩急，
急則不賦力役，	急則不賦力役，	急則不賦籍，不舉力役，
敬授民時。	故曰：敬授民時也。」〔註131〕	故曰「敬授人時」，此之謂也。〔註132〕

《淮南子・主術篇》	《說苑・辨物》
故先王之政，……	古者有主四時者：
張中則務種穀，	主春者張，昏而中，可以種穀，上告于天子，下布之民；
大火中則種黍菽，	主夏者大火，昏而中，可以種黍菽，上告于天子，下布之民；
虛中則種宿麥，	主秋者虛，昏而中，可以種麥，上告之天子，下布之民；
昂中則收斂蓄積，伐薪木。	主冬者昂，昏而中，可以斬伐田獵蓋藏，上告于天子，下布之民。
上告于天，下布之民。	故天子南面視四星之中，知民之緩急，急利不賦籍，不舉力役。
（卷9，頁309）	《書》曰：「敬授民時。」《詩》曰：「物其有矣，維其時矣。」
	物之所以有而不絕者，以其動之時也。（卷18，頁608）

考文：

（1）《考靈曜》56 條所言，與《大傳》、「曾子云」、《淮南子》、《說苑》皆相類，可信爲光武時經讖編撰者，擷取當代習傳之傳注文辭，雜入圖讖也。

（2）安居本有兩條《考靈曜》佚文，言夏、冬星中之政令，爲黃奭本《考靈曜》所無者，可作參覈斠補之用，今逐錄於下：

1、a40《考靈曜》：主夏者心星，昏中可種半夏之斗矣。

2、a41《考靈曜》：主冬者昂星，昏如中，則山人以斷伐，具器械矣。虞人可以入澤梁，收萑葦，以畜積田獵。

釋義：

　　與前述第7組有關，惟此處以農事爲施政之依據。略謂：春分時鳥星見，爲節候適中，可以種稷；夏至時心星見，爲節候適中，可以種黍；秋分時虛星見，爲節

〔註131〕《五行大義》卷4，〈論七政〉頁16。又，《史記》卷1，〈五帝本紀〉頁17《正義》引《考靈曜》與此相類，而黃奭輯056 條出自《禮記正義》卷14，〈月令〉頁6。

〔註132〕《尚書大傳・堯典》，陳壽祺《輯校一》頁1。

候適中，可以種麥；冬至時昴星見，爲節候適中，可以入山伐木。君王視此節候是否適中，以施政役民。

二、五季之政

43　五星與五季之政

067《考靈曜》	70《考靈曜》	a235《刑德放》	002《尚書緯》
歲星爲規，	歲星，木精；	東方春，蒼龍，其智仁。	東方春，龍，房位，其規仁，好生不賊。
熒惑爲矩，	熒惑，火精；	南方夏，朱鳥，好禮；	
塡星爲繩，	塡星，土精；	西方秋，白虎，執義；	064《考靈曜》：西方秋虎。
太白爲衡，	太白，金精；	北方冬，玄龜，主信；	
辰星爲權。	辰星，水精。	會中央土之精。	
權衡規矩繩，			
竝皆有所起，周而復始。			
故政失於春，歲星滿偃，不居其常，	《文子·精誠》		
政失於夏，熒惑逆行；	政失於春，歲星盈縮，不居其常；		《春秋緯》：辰星當效而出，……黃爲福，又爲五穀熟。
政失於季夏，塡星失度；	政失於夏，熒惑逆行；		26《尚書緯》：文政失於東冬，星辰不動其居。
政失於秋，太白失行，出入不當；	政失於秋，太白不當，出入無常；		a283《尚書緯》：文政失于冬，星辰不效其鄉。
政失於冬，辰星不效其鄉；	政失於冬，辰星不效其鄉；		《河圖考靈曜》：五政俱失，五星不明，年穀不登。
五政俱失，五星不明，年穀不登。	四時失政，鎮星搖蕩，		《孝經鉤命決》：春政不失，五穀藥；
春政不失，五穀孳；	日月見謫，五星悖亂，彗星出。		初夏政不失，甘雨時；
夏政不失，甘雨時；	春政不失，禾黍滋；		季夏政不失，地無□；
季夏政不失，地無菑；	夏政不失，雨降時；		秋政不失，人民昌；
秋政不失，人民昌；	秋政不失，民殷昌；		冬政不失，多疾喪；
冬政不失，少疾喪；	冬政不失，國家康寧。〔註133〕		
五政不失，百穀稚熟，日月光明。	《尚書考靈曜》曰：「五政不失，日月光明。		五政不失，百穀稚熟，日月光明。
此則日月五星，共爲七政之道。	五政，謂四時及季夏也。」〔註134〕		
亦名七耀，以其是光耀運行也。	《漢書天文志》：「：五星不失，則年穀豐」		石氏曰：五星不失行，則年穀豐昌。
			〔註135〕

考文：

（1）此組《尚書緯》佚文共計八條，以《考靈曜》67條爲最完整。可分作兩段，首段言五星異名及屬性，後段言五季之政良窳所產生之天人感應。

（2）左下第三欄之《河圖考靈曜》及《孝經鉤命決》，皆言五季政令之失得，與第一欄《考靈曜》後段文字相同，或爲編纂者以同段文字雜入各篇所致。可證編

〔註133〕《文子要詮》頁66。
〔註134〕《開元占經》卷5，〈日占一·日變色〉。
〔註135〕《開元占經》卷18，〈五星占一·五星行度盈縮失行〉。

纂之初，朝臣未作分別。

（3）黃奭本 64 條《考靈曜》「西方秋虎」，與安居本 a235《刑德放》「西方秋，白虎」句同。以此核之，緯書編纂之時，《考靈曜》、《刑德放》並未確分。

（4）第一欄《考靈曜》後段文意，先秦之《文子》早已言及，可信爲編纂圖讖時襲用其說。

（5）首段五星、五行之配屬，亦見於《孝經緯》與《春秋緯》之中，看似繁複，實已見於《淮南子‧天文篇》、〈時則篇〉以及《春秋繁露‧五行相生》所述，並非新奇之說辭。附列於下，以見其實。

《淮南子‧天文篇》：何謂五星？		《淮南子‧時則篇》：制度陰陽，大制有六度：	
東方，木也，……執規而治春，其神爲歲星，其獸蒼龍，		天爲繩，	繩者，所以繩萬物也。
南方，火也，……執衡而治夏，其神爲熒惑，其獸朱鳥，		地爲準，	準者，所以準萬物也。
中央，土也，……執繩而制四方，其神爲鎮星，其獸黃龍，		春爲規，	規者，所以員萬物也。
西方，金也，……執矩而治秋，其神爲太白，其獸白虎，		夏爲衡，	衡者，所以平萬物也。
北方，水也，……執權而治冬，其神爲辰星，其獸玄武。		秋爲矩，	矩者，所以方萬物也。
		冬爲權，	權者，所以權萬物也。
《孝經援神契》	《春秋文耀鉤》	《春秋文耀鉤》	《春秋元命包》
春執規，	東宮蒼帝，其精爲青龍。	東方木精曰歲星，歲進一舍。	蒼精用事豫歲星，
夏持衡，	南宮赤帝，其精爲朱鳥。	南方火精曰熒惑，熒熒然惑無定所也。	赤精用事豫熒惑，
秋執矩，	西宮白帝，其精爲素虎。	西方金精曰太白，以正月甲寅與熒惑晨見東方。	黃精用事豫鎮星，
冬持權。	北宮黑帝，其精爲玄武。	北方水精曰辰星，歲周天虵列宿。	白精用事豫太白，
	中央宮黃帝，其精爲騰蛇	中央土精曰鎮星，一名地候，	黑精用事豫辰星。
		歲進十二度百二十分，二十五歲而周列宿。	

（6）第三欄《尚書緯》26 條「文政失于冬東，星辰不效其鄉」，依《考靈曜》67 條及《文子》所言，可知衍「文」、「東」二字；「星辰」當爲「辰星」之誤。「不動」當作「不效」。實則第 26 條爲 67 條《考靈曜》之其中兩句，故可刪除。

（7）由緯書佚文及諸子文獻之複見情況言之，此組佚文之內容當擷自漢代習傳之天人思想，並無造新之處。

釋義：

（1）《考靈曜》067 條前段以五星配「權衡規矩繩」，070 條又以配「木、火、土、金、水」五精，參覈《考靈曜》第 64 條、《尚書緯》第 02 條、安居本 a235《刑德放》及《援神契》與《春秋緯》三條，可知五精分屬「青龍、朱鳥、素虎、玄武、騰蛇」五物，緯書實以之爲「蒼赤白黑黃」五方之帝之精。四季配屬亦由此而得。此則「規矩權衡繩」與「五星」、「五精」、「五物」、「五性」相配屬之概要。惟覈以《淮南子》，則知此類配屬，實爲漢代之通識也。

（2）「規矩……」云云，《漢書‧律曆志》另有所言，曰：「權與物鈞而生衡，衡運生規，規圓生矩，矩方生繩，繩直生準，準正則平衡而鈞權矣。是爲五則。規者，所以規圓器械，令得其類也。矩者，所以矩方器械，令不失其形也。規矩相須，陰陽位序，圓方乃成。準者，所以揆平取正也。繩者，上下端直，經緯四通也。準繩連體，衡權合德，百工繇焉，以定法式，輔弼執玉，以翼天子。」〔註136〕亦爲藉此五法以喻爲政之要，與讖文所言相類。

（3）「權衡……」之意，亦見於《大戴禮記‧四代》：「夫規矩準繩鈞衡，此昔先王之所以爲天下也。小以及大，近以知遠，今日行之，可以知古，可以察今，其此邪！」由此可知漢儒以此類說辭闡釋天文星曆，已爲習見之觀念矣。

（4）「不效其鄉」，效者，見也。《史記‧天官書》云：「其時直效不效，爲失。」張守節《正義》：「效，見也。言宜見不見，爲失罰之也。」

44　春紀之政

a116《考靈曜》	017《尚書緯》	060《考靈曜》
氣在於春， 其紀歲星， 是謂大門， 禁民無得斬伐 有實之木， 是謂伐生絕氣， 於其時諸道皆通， 與氣同光。 佩倉璧， 乘倉馬以出遊，	時五紀。氣在于春紀， 可以勸農桑， 禁斬伐， 以安國家。	時五紀。气在於春紀， 可以觀農桑， 禁斬伐， 以安國家。
	061《考靈曜》 春佩蒼璧， 乘蒼馬，以出遊， 發令於外。 春行仁政，順天之常， 以安國也。	086《考靈曜》 春發令於外， 行仁政，从天常， 其時衣青。
衣青之時， 是則歲星得度， 五穀滋矣。	如是則歲星行度， 五穀滋矣。 政失于春， 星不居其常。	如是，則气星得度， 五穀滋矣。 政失于春， 星不居其常。

〔註136〕《漢書》卷21上，〈律曆志上〉頁970。

考文：

（1）佚文共五條，安居本 a116 條較爲完整，可與黃奭本四條合勘補闕。

（2）黃奭本《尚書緯》17、《考靈曜》60 兩條重複，當爲輯佚時複收者，17 條可刪除。惟 60 條「气星」當爲「歲星」之譌，蓋五星之配屬，春爲歲星也。

（3）86 條與 61 條文意相同，惟少前兩句；得此二條印證，可知 a116 條少「發令……天常」；再對照 60 條，則 a116 又少「政失于春，星不居其常」九字。

釋義：

此條佚文言春季之政令，與《呂氏春秋·十二季》、《淮南子·時則篇》、《禮記·月令》、《大戴禮·夏小正》、《逸周書·時訓》等，皆有類似之載錄。

45　夏季之政

018《尚書緯》	062《考靈曜》
氣在初夏，其紀熒惑星，謂發氣之陽， 可以毀消金銅，與氣同光，使民備水火， 皆清已膺，是謂敬天之明，必勿行武。 與季夏相輔，初是夏之時，衣赤， 與季夏同期，如是則熒惑順行矣。	氣在初夏，其紀熒惑，是謂發氣之陽， 可以毀消金銅，與氣同光，使民備火， 皆清已膺，是謂敬天之明，必勿行武。 與季夏相輔，初是夏之時，衣赤， 與季夏同期，如是則熒惑順行，甘雨時矣。

考文：

《尚書緯》與《考靈曜》文句大致相同，當爲前人引述時，一引篇名，一引書名，故後世輯佚時乃並存之。是以《尚書緯》018 條可刪除。

46　五季政令

·春～～～～～～～ a116《考靈曜》		
氣在於春， 其紀歲星，是謂大門， 禁民無得斬伐有實之木， 是謂伐生絕氣，於其時 諸道皆通，與氣同光。 佩倉璧，乘倉馬以出遊， 衣青之時， 是則歲星得度，五穀滋矣。 （政失于春，星不居其常）	067《考靈曜》 權衡規矩繩，竝皆有所起， 周而復始。 歲星爲規，春政不失，五穀孳； 故政失於春，歲星滿偃，不居其常。	086《考靈曜》 春發令於外，行仁政，從天常， 其時衣青。 　072《考靈曜》 　歲星得度，五穀孳。

·夏～～～～～～～～～ **62《考靈曜》＋19《尚書緯》** 氣在初夏， 其紀熒惑星，謂發氣之陽， 可以毀消金銅，與氣同光， 使民備水火，皆清已膺， 是謂敬天之明，必勿行武， 與季夏相輔， 初是夏之時，衣赤， 與季夏同期， 如是則熒惑順行矣。 政失於夏，則熒惑逆行。	熒惑爲矩， 夏政不失，甘雨時； 政失於夏，熒惑逆行；	夏可以毀消金銅， 使備火， 敬天之明， 其時衣赤。 石氏曰：其國失禮，失夏政，則熒惑逆行。 〔註137〕	熒惑順行，甘雨時。
·季夏～～～～～～～ **063《考靈曜》** 气在於季夏， 其紀塡星，是謂大靜， 無立兵。立兵命曰犯命。 奪人一畝，償以千金； 殺人不當，償以長子。 不可起土功， 是謂觸天犯地之常， 滅懃之光。 可以居正殿安處。 舉有道之人， 與之慮國家，以順盛時， 時利以布大懃，修禮義， 不可以行武事， 可以大赦皋人， 與懃相應，其禮衣黃， 是謂順陽陰奉天之常， 而是主德中央，而是則 塡星得度，地無灾， 近者視，遠者來矣。	塡星爲繩， **《尚書大傳·洪範傳》** 季夏可以大赦罪人。 季夏政不失，地無菑； 政失於季夏，塡星失度；	中央土， 不可以起土功， 犯地之常， 舉有道之人， 與之慮國， 可以殺皋， 其時衣黃。	 塡星得度，地無灾。
·秋～～～～～～～～ **《尚書考靈曜》曰：** 「氣在於秋， 其紀太白，是謂大武， 用時治兵，是謂得功； 非時治兵，其令不昌。 禁民無得毀消金銅，	**065《考靈曜》** 秋絕 太白，是謂大武， 用時治兵得功。	 秋無毀金銅，	

〔註137〕《開元占經》卷30，〈熒惑占一·熒惑盈縮失行〉。

是謂犯陰之則。 當秋之時，使太白不明。 秋以起土功， 與氣俱彊，煞猛獸， 事欲急，以順秋金， 衣白之時， 而是則太白出入當， 五穀成熟，民人昌矣。〔註138〕	太白爲衡， 秋政不失，人民昌； 政失於秋，太白失行，出入不當；	犯陰之剛， 用其時持兵， 宜殺猛獸， 其時衣白。	太白出入當， 五穀成熟，人民昌。
·冬～～～～～～～～～ **a122《考靈曜》** 氣在於冬， 其紀辰星， 是謂陰明。 無發多氣，使物不藏， 無害水道，與氣相葆。 物極於陰，復始爲陽。 其時衣黑，與氣同則。 如是則辰星宜放其鄉， 多藏不泄，少疾喪矣。	**066《考靈曜》** 气在於冬， 其紀辰星。 是謂陰明。 辰星爲權。 政失於冬，辰星不效其鄉； 冬政不失，少疾喪； 五政俱失，五星不明，年穀不登。五政不失，百穀稚熟，日月光明。 此則日月五星，共爲七政之道。亦名七耀，以其是光耀運行也。	多無使物不臧， 毋害水道， 與氣相保， 其時衣黑。	

考文：

（1）第一欄說春、夏、季夏、秋、冬五季之政，由五條佚文組成；第二至四欄《考靈曜》佚文凡四條、《尚書大傳》、《開元占經》所引「石氏曰」，皆可佐證第一欄應屬較完整之《考靈曜》原文。

（2）黃奭本063條與《玉燭寶典》卷六〈季夏六月〉所引《尚書考靈曜》相同，惟黃本頗有傳鈔之誤，今據《玉燭》改正。

（3）《考靈曜》067條末段「五政俱失……運行也」，應可補足第一欄a122所缺者。證以43組《文子》引文，可知此條佚文所言之「失政、不失政」之意，實取自先秦之天象與政令相應之觀念。

（4）第一欄《考靈曜》所言五季政令，與《呂氏春秋·十二季》、《淮南子·時則篇》、《禮記·月令》、《大戴禮·夏小正》、《逸周書·時訓》等，皆相類似，再據所引《大傳》與「石氏曰」文句，應可確信此說襲自先秦「月令」等觀念而來。

〔註138〕《玉燭寶典》卷7，〈七月孟秋〉。

（5）將44至46等三組所考覈，作五季政令分欄比較，則可見《考靈曜》所言之「五季之政」大概。其中黃奭本、安居本各兩條，《玉燭寶典》一條，可見各種輯本皆有闕漏，不可獨具。至若內容，則可與先秦「月令」諸文比覈，以見其源。

·春～～～～～ a116《考靈曜》	·夏～～～～～ 062《考靈曜》+019	·季夏～～～～～ 063《考靈曜》	·秋～～～～～ 《尚書考靈曜》曰：	·冬～～～～～ a122《考靈曜》
氣在於春， 其紀歲星， 是謂大門， 禁民無得斬伐 有實之木， 是謂伐生絕氣， 於其時諸道皆通， 與氣同光。 佩倉璧， 乘倉馬以出遊。 （春發令於外， 行仁政，从天常）	氣在初夏， 其紀熒惑星， 謂發氣之陽， 可以毀消金銅， 與氣同光， 使民備水火， 皆清已膺， 是謂敬天之明， 必勿行武。	气在於季夏， 其紀塡星， 是謂大靜， 無立兵。立兵命曰犯命， 奪人一畝，償以千金； 殺人不當，償以長子。 不可起土功，是謂犯地之常， 滅憙之光。 可以居正殿安處。 舉有道之人，與之廬國家， 以順盛時，時利以布大惠， 修禮義，不可以行武事。 可以大赦皋人，與憙相應。	氣在於秋， 其紀太白， 是謂大武， 用時治兵，是謂得功， 非時治兵，其令不昌。 禁民無得毀消金銅， 是謂犯陰之則。 當秋之時，使太白不明， 秋以起土功， 與氣俱彊，煞猛獸， 事欲急，以順秋金，	氣在於冬， 其紀辰星， 是謂陰明。 無發多氣，使物不藏， 無害水道，與氣相葆， 物極於陰，復始爲陽，
衣青之時， 是則歲星得度， 五穀滋矣。	與季夏相輔， 初是夏之時，衣赤 與季夏同期， 如是則熒惑順行矣。 政失於夏則熒惑順行。	其禮衣黃，是謂順陽陰， 奉天之常。而主德中央， 而是則塡星得度，地無灾， 近者視，遠者來矣。	衣白之時， 而是則太白出入當， 五穀成熟，民人昌矣。	其時衣黑，與氣同則， 如是則辰星宜放其鄉。 冬藏不泄，少疾喪矣。

第五節　祭祀與五行

47　五行相生

104《帝命驗》	《春秋繁露·五行對》	《春秋繁露·五行之義》	《淮南·天文篇》
土者，金之父也。	木生火，火生土…… 父之所生，其子長之。	木生火，火生土，土生金， 金生水，水生木，此其父子也。	土生金，金生水， 子生母曰義，母生子曰保。

釋義：

（1）以《春秋繁露》、《淮南子》引文，可知《帝命驗》所言，實乃漢初流行之五行生剋說。並非獨特之創見。

（2）五行相生之法，土生金，生之者爲父、爲母，故以金而言，土爲其生父也。土

何以能生金，《白虎通》嘗略言其故，云：「土生金者，金居石依山，津潤而生，聚土成山，山必生石，故土生金。」〔註139〕所言雖屬牽附，亦可循此以釋《帝命驗》之旨義也。

48　五方社祭

004《尚書緯》	《韓詩外傳》云：	《逸周書・作雒第四八》	《春秋大傳》曰：
天子社，	「天子社廣五丈，	乃建大社于國中，其壝：	「天子之國有泰社。
東方青，	東方青，	東，青土；	東方青，
南方赤，	南方赤，	南，赤土；	南方赤，
西方白，	西方白，	西，白土；	西方白，
北方黑，	北方黑，	北，驪土；	北方黑，
上冒以黃土，	上冒以黃土，	中央釁以黃土。	上方黃。
將封諸侯，	將封諸侯，	將建諸侯，	故將封於東方者取青土，
			封於南方者取赤土，
			封於西方者取白土，
			封於北方者取黑土，
			封於上方者取黃土。
各取方土，	各取其方色土，	鑿取其方一面之土，燾以黃土，	各取其色物，
苴以白茅，以為社。	苴以白茅，以為社，	苴以白茅，以為社之封。	裹以白茅，封以為社。
	明有土謹敬絜清也。」	故曰「受列土于周室」。	此始受封於天子者也。」
	〔註140〕	〔註141〕	〔註142〕

考文：

（1）黃奭本004條出自《文選・冊魏公九錫文》李善注。惟此條讖文實為編纂之初，襲取《韓詩外傳》而成者，文句並不完備。

（2）《韓詩》所言，與《史記・三王世家》褚少孫所引《春秋大傳》、汲冢《逸周書》文意相同，當有相同來源。

（3）《史記・三王世家》武帝策封齊王閎、燕王旦、廣陵王胥，詔文云「受茲青社，封于東土」、「受茲玄社，封于北土」、「受茲赤社，封于南土」，可見五方色土之禮，於武帝時已為定制。

〔註139〕《五行大義》卷2，〈論相生〉頁3引。
〔註140〕《尚書正義》卷6，〈禹貢〉頁11，孔穎達《疏》引。
〔註141〕《逸周書集訓校釋》卷5，〈作雒解弟四十八〉頁78。又見《藝文類聚》卷39，頁707引《周書》，字句微異。
〔註142〕《史記》卷60，〈三王世家〉頁2115，褚先生曰。

（4）此一禮制，與《北堂書鈔‧封爵部上》、《藝文類聚‧封爵部》引《漢雜事》；《初學記‧社稷》、《藝文類聚‧禮部中》引《漢舊事》，字句文意皆相同。可信此禮實爲漢代習傳之祭禮儀式也。《尚書緯》乃襲取而非創發。

釋義：

（1）土有五色，乃五行說之常事，然而經義原本或不如此，如《尚書‧禹貢》云「徐州……厥貢惟土五色」，並未附會五行；覈以《管子‧地員篇》所言：「羣土之長，是唯五粟，五粟之物，或赤、或青、或白、或黑、或黃，五粟五章。……粟土之次曰五沃。五沃之物，或赤、或青、或黃、或白、或黑，五沃五物，各有異則。」亦言粟土、沃土所產之土物五種顏色，無關於五方位也。

（2）蔡邕《獨斷》云：「天子大社，以五色土爲壇，皇子封爲王者，受天子之社土，以所封之方色，東方受青，南方受赤，他如其方色，苴以白茅，授之各以其所封方之色，歸國以立社，故謂之『受茅土』。」〔註143〕可作讖文之解說。

（3）「苴以白茅」云云，或與《易》曰「藉用白茅」有關，蓋茅色白而絜美，可藉爲祭物也。「受土」云云，褚少孫曰：「所謂『受此土』者，諸侯王始封者必受土於天子之社，歸立之以爲國社，以歲時祠之。」〔註144〕

49　五府異稱

101《帝命驗》		
帝者承天立五府，以尊天重象。五府，五帝之廟：蒼曰靈府，赤曰文祖，黃曰神斗，白曰顯紀，黑曰元矩。		
	《孝經援神契》	《周禮‧考工記‧匠人》
唐、虞謂之五府，	明堂，文王之廟，	匠人營國，……左祖右社，面朝後市，市朝一夫。
夏謂世室，	夏后氏曰世室，	夏后氏世室，堂脩二七，廣四脩一，……
殷謂重屋，	殷人曰重屋，	殷人重屋，堂脩七尋，堂崇三尺，四阿重屋。
周謂明堂。	周人曰明堂。	周人明堂，度九尺之筵，東西九筵，南北七筵。

考文：

（1）五府之五帝，向有二說，一謂「靈威仰」等，一謂「靈府」等：

　　1、《漢書》顏師古注曰：「謂青帝靈威仰，赤帝赤熛怒，白帝白招矩，黑帝叶光紀，黃帝含樞紐也。一說蒼帝名靈府，赤帝名文祖，白帝名顯紀，黑帝名玄

〔註143〕《蔡中郎集‧外集》卷4，〈獨斷〉頁23。又，《藝文類聚》卷45，〈職官部一〉頁801引蔡邕《獨斷》，同。
〔註144〕《史記》卷60，〈三王世家〉頁2115。

－133－

矩，黃帝名神斗。」〔註145〕以爲此二說並存，未說明區分之緣因。

2、《史記·孝武本紀》張守節《正義》云：「五帝，五天帝也。《國語》云：『蒼帝靈威仰，赤帝赤熛怒，白帝白招矩，黑帝叶光紀，黃帝含樞紐。』《尚書帝命驗》云：『蒼帝名靈威仰，赤帝名文祖，黃帝名神斗，白帝名顯紀，黑帝名玄矩。』佐者，謂配祭也。」〔註146〕明言「靈威仰」等稱謂出自《國語》，而「文祖」等名出自《帝命驗》，然而又混稱蒼帝「靈府」、「靈威仰」不別。

3、黃奭本《春秋文耀鉤》、《詩含神霧》、《河圖》皆以「靈威仰」等五神爲五帝，獨《帝命驗》以「靈府」等稱之。由前述可知，張守節《正義》實已混淆「靈威仰」與「靈府」二名矣。

(2)「靈威仰」、「靈府」等二類稱名所以混淆不別者，《史記·五帝本紀》張守節《正義》嘗有說明：「《尚書帝命驗》云：『帝者承天立五府，以尊天重象也。五府者，黃曰神斗。』（鄭玄）注云：『唐、虞謂之天府，夏謂之世室，殷謂之重屋，周謂之明堂，皆祀五帝之所也。文祖者，赤帝熛怒之府，名曰文祖；火精光明，文章之祖，故謂之文祖；周曰明堂。神斗者，帝含樞紐之府，名曰神斗；斗，主也。土精澄靜，四行之主，故謂之神斗；周曰太室。顯紀者，白帝招拒紀之府，名顯紀；紀，法也；金精斷割萬物，故謂之顯紀；周曰總章。玄矩者，黑帝汁光紀之府，名曰玄矩；矩，法也；水精玄味，能權輕重，故謂之玄矩；周曰玄堂。靈府者，蒼帝靈威仰之府，名曰靈府；周曰青陽。』」〔註147〕是又以「靈威仰」等爲五帝之名，而「靈府」等爲五帝所居之府也。然而此說又與上述2、之張氏所言不同，是張氏前後說辭亦不一致也。

(3)《帝命驗》「唐、虞以下」云云，當爲鄭玄之注文，蓋上引(2)張守節《正義》已有明言。此外，隋宇文愷亦嘗謂：「臣愷以爲上古朴略，創立典刑，《尚書帝命驗》曰：『帝者承天立五府，以尊天重象。赤曰文祖，黃曰神斗，白曰顯紀，黑曰玄矩，蒼曰靈府。』注云：『唐、虞之天府，夏之世室，殷之重屋，周之明堂，皆同矣。』」〔註148〕可證「唐、虞」云云當刪除。惟覈以《孝經援神契》，則「明堂」之異稱三種，實亦見於緯書之中。

〔註145〕《漢書》卷25上，〈郊祀志上〉頁1218注引。
〔註146〕《史記》卷12，〈孝武本紀〉頁456。
〔註147〕《史記》卷1，〈五帝本紀〉頁23～24。
〔註148〕《隋史》卷68，〈宇文愷傳〉頁1589。

第三章 《尚書緯》內容考原（下）—— 帝王篇及其他

  《尚書》所載，以唐堯以降之帝王政令爲主，故《尚書緯》內容亦偏重於帝王政蹟之傳述。由第 50 組天子釋名以迄第 146 漢帝祭祀，凡九十七組，於《尚書緯》一六六組中（誤認之一〇組不計）竟逾其半，字數亦如是，可見《尚書緯》確以帝王之事蹟與政令爲主要內容。

  此百組所論及之帝王十餘人，其中以唐堯一八組最多（67～84），虞舜八組（85～92）及文王一〇組（107～117）次之，三人共三十六組，佔五分之二，而字數乃逾帝王篇文之半。由此可知《尚書緯》所偏重之主題在此。其所以如此，除因三人本身即爲儒家經典中最具代表性之帝王，典型彌久不衰外，或與光武帝亦有相當之關係。蓋新莽篡漢之際，爲遂其依託曆踰之詐謀，乃著定當時《赤精子讖》等五德終始傳聞，改易武帝時之土德爲「漢德屬火」，而王氏乃以虞舜土德之後繼漢。是以當時志士起義，多奉火德以抗新莽土德，方士造生之讖語，附從起義，亦多倡言堯之功德。其後光武興漢既成，遂奉火德以爲堯後，朝臣編纂圖讖之時，亦從上意，多取方士讖文中帝堯事功載之，以頌堯之功德，今所見《尚書緯》言及帝堯部分，多與他緯雷同複見，卻少出自秦、漢子史文獻之痕跡，殆即因所述多爲方士之讖語，而前世子史固少言之也。

  《尚書緯》之內容，除星曆與帝王外，尚有十八組論及經義、刑法、災祥等佚文，惟主旨駁雜，條數又少，難於歸類，另立「其他類」以別述之。

  再者，《宋書・符瑞志上》頗載三皇、五帝、三代、秦、漢等帝王神異事蹟〔註1〕，經詳細比覈後，證實其文擷自緯書，尤以《尚書緯》爲多，故以下各組考原《尚書緯》

〔註1〕《宋書》卷27，〈符瑞志上〉頁 760～66。

所載帝王事蹟時，先列《宋志》原文，以利於各條讖文之比對，並可藉其整段行文，試爲擬測《尚書緯》之編排體例。

第一節　帝王總論

一、釋　名

50　天子釋名

168《璇璣鈐》	《春秋保乾圖》	《春秋繁露・順命》	《淮南子・天文篇》
天子之尊也，神精與天地通，血氣與日月摠，含五帝之精，天之愛子也。	天子至尊也，神精與天地通，血氣含五帝精。	德牟天地者，稱皇帝。	人主之情，上通於天。
			《春秋繁露・三代改制質文》
	天愛之、子也。	天祐而子之，號稱天子。	天佑而子之，號稱天子。故聖王生則稱天子。

考文：

（1）《璇璣鈐》與《春秋保乾圖》相同，可見緯書編纂之初，並未分別此條讖文當附屬何種經讖之中。

（2）《繁露》與《淮南》皆有類似之文意，可知《璇璣鈐》所云，當爲漢代習傳之「帝王」詁訓，惟附會「五帝之精」，則或爲方士之說辭也。

釋義：

《潛夫論・述赦》謂：「王者至貴，與天地通精，心有所想，意有所慮，未發聲色，天爲變移。」所言「王者……與天地通精」，當即《璇璣鈐》「天子……精神與天地通」之意。此句或脫胎於《淮南子》，蓋《淮南子・覽冥篇》云「遭急迫難，精通於天」，《太平御覽》引《淮南子》亦云「人主之精通於天」（〈天部九〉卷九），所言皆與《璇璣鈐》意同。

51　帝名釋義

171《璇璣鈐》	《易坤靈圖》	《易坤靈圖》	《易緯》
在政不私公位，稱之曰帝。	在政不私公位，稱之曰帝。〔註2〕	故德配天地，天地不私公位，稱之曰帝。	帝者，天號也，德配天地，不私公位，稱之曰帝。

〔註 2〕《太平御覽》卷 76，〈皇王部一〉。

考文：

《易緯》及《易坤靈圖》兩條佚文皆與《璇璣鈐》相同，而《易緯》所言較詳細，可見此條佚文亦屬漢代習傳之詁訓，並非《尚書緯》所獨具者。

52 帝名總釋

029《尚書緯》	128《帝命驗》	175《刑德放》
帝者，天號； 王者，人稱。 天有五帝以立名， 人有三王以正度。 天子，爵稱也； 皇者，煌煌也。	帝者，天號也； 王者，人稱也。 天有五帝以立名， 人有三王以正度。 天子，爵稱也； 皇者，煌煌也。	帝者，天號也； 王者，人稱也。 天有五帝以立名， 人有三王以正度。 天子，爵稱也； 皇者，煌煌也。
169～70《璇璣鈐》 帝者，天之號； 王者，人之稱。 天有五帝以立名， 人有三王以正度。 天子，爵稱也； 皇者，煌煌也。	《易乾鑿度》 易有君人五號也： 帝者，天稱也； 王者，美行也； 天子者，爵號也。	《易緯》 帝者，天號也。 《孝經鈎命決》 天子，爵倗也。
	《春秋元命包》：皇者，煌煌也。	

考文：

（1）此一讖文複見四篇中，文意全同。029 條為前人引述時未加篇名，故後世輯佚乃泛稱《書緯》，今可刪除。

（2）《帝命驗》、《刑德放》及《璇璣鈐》皆有相同之文句，可見此段讖文於編纂時，並非限定專屬何篇，亦可由此可證讖文與篇名之關係，事先並未嚴格區分。

（3）《易乾鑿度》、《春秋元命包》、《孝經鈎命決》亦有相同之文句，可信此說當為緯書與漢代之習見觀念。

二、錄圖受命

53　河圖命紀

150《璇璣鈐》	《雒書靈準聽》
	《顧命》云：「天球、《河圖》在東序。」
《河圖》命紀也，	天球，寶器也；《河圖》本紀，
圖天地、帝王、終始、	圖帝王、終始、
存亡之期，錄代之矩。	存亡之期。

考文：

　　《璇璣鈐》與《雒書靈準聽》所言相同，惟互有短長。《璇璣鈐》言「河圖」事較《雒書》正確，惟缺「顧命云……寶器也」十五字，或可據以增補。

釋義：

（1）《璇璣鈐》所言與《雒書》相同，惟字句互有刪易。《河》、《雒》、經讖等緯書多言「河圖」、「雒書」之祥瑞，其內容則以帝王興亡異代之記錄為主，《春秋命歷序》云：「《河圖》，帝王之階，圖載江河、山川、州界之分野，後堯壇於河，受龍圖，作《握河紀》，逮虞舜、夏、商，咸亦受之。」所言《河圖》乃地圖形式，並非伏犧八卦之圖也。

（2）由下章「帝王事蹟」所言，神農以下迄於漢高祖，凡有更代，必見「河、雒」之出。諸緯泛言圖書興亡者，如：

　　1、《春秋命歷序》：「五德之運，同徵合符，膺籙次相代。」

　　2、《春秋元命包》：「五憲之運，各象其類，興亡之名，應籙次相代。」

　　3、《易乾元序制》：「鉤効紀，錄興亡，授度。」

　　4、《易乾鑿度》：「別序聖人，題錄興亡，州土名號，姓輔異符。」

　　5、《易是類謀》：「建世度者戲，重瞳之新定錄圖，有白顓頊，帝紀世讖，別五符。」

54　帝受籙圖

140《璇璣鈐》	141《璇璣鈐》
三皇百世，計神元書，	孔子曰：
五帝之世，受籙圖。	「五帝出，受籙圖。」

考文：

《璇璣鈐》兩條佚文後句相同，141 條缺首句，而標明言者爲「孔子」。疑爲前人引述讖文時，自作刪改，又未全引，故有此類差異。

釋義：

黃帝、堯、舜等五帝受籙圖之事，爲漢代方士所常言者，《春秋演孔圖》云：「王者常置圖籙坐旁，以自立。」可知《璇璣鈐》之「受籙圖」，或亦置於帝王坐旁。

55　受馬圖

《尚書帝命驗》曰：「勤世者，愛馬受。」〔註3〕

考文：

此條佚文得自唐劉賡《稽瑞》，下附宋均注文，曰：「勤世者，勤勞應世也；馬，若堯時得龍馬負圖也。」是可知爲光武官本讖文無疑。惟歷代輯本皆未見收錄。

釋義：

「愛馬受」，似謂龍馬負圖，帝王受命之事，惟本意不詳，疑有闕漏。

56　河圖受命

077《考靈曜》	《春秋命歷序》	《樂協圖徵》
五百載，聖紀符， 四千五百六十歲，精反初， 握命，人起，河出圖，聖受思。	千五百二十歲爲天地出符， 四千五百六十歲爲七精反初； 以文命者，七九而衰； 以武興者，六八而謀，若合符節。	以考王者終始，或盡一，其厤數或不能盡， 以四千五百六十爲紀，甲寅窮。

考文：

（1）「五百載」爲先秦諸子所常言，惟此條佚文當依《春秋命歷序》改作「千五百二十歲」始合前後文意。詳見「釋義」所述。

（2）「精反初」，當改作「七精反初」，亦見下文所述。

釋義：

（1）《考靈曜》與《春秋命歷序》、《樂協圖徵》之「四千五百六十歲」，皆據「殷曆」爲說。

（2）「殷曆」十九歲七閏之法，見《周髀算經》云：「陰陽之數、日月之法，十九歲爲一章，四章爲一蔀、七十六歲，二十蔀爲一遂、千五百二十歲，三遂爲一首、首四千五百六十歲，七首爲一極、極三萬一千九百二十歲，生數皆終，萬物復

始，天以更元、作紀歷。」〔註4〕可知「一千二百五十歲」爲「一遂」，三遂爲「一首」即「四千五百六十歲」，「七精反初」則爲「七首爲一極……萬物復始」。此即「天元歷紀」所以制成之法也。

57 一姓不再命

105《帝命驗》	《逸周書・大子晉第六四》
自三皇以下， 天命未去饗善， 使一姓不再命。	王子曰：「大師何汝戲我乎！ 自太皞以下 至于堯、舜、禹， 未有一姓而再有天下者。

考文：

（1）《帝命驗》與《逸周書》文意類似，或本爲方士襲取成說而造之讖語。

（2）光武帝建武五年（西元 29），隗囂使辯士張玄說竇融，言及「更姓事已成，尋復滅亡，此一姓不再興之效也」〔註5〕。同時，公孫述「好爲符命鬼神瑞應之事，妄引讖記。以爲孔子作春秋，爲赤制而斷十二公，明漢至平帝十二代，歷數盡也，一姓不得再受命」〔註6〕。可見「一姓不再命」之讖，於東漢初年已爲廣流傳矣。

釋義：

（1）《逸周書》太子晉之言，及上引張玄、公孫述據以建國之意，乃指朝代興亡易代乃必然之勢，無法由一姓長久專享也。是其意與秦始皇欲宰制天下萬萬世，漢初高帝盟誓「非劉姓而王者天下共擊之」，皆自不同。

（2）孔穎達解此讖文曰：「文王已受赤雀，武王又得白魚者，『一姓不再命』，謂子孫既衰之後，天不復重命使興耳，非謂創業之君也。文王雖天意與之，而仍未克紂復命，武王使之統一，故再受命焉。」〔註7〕以爲「天命授受」一次爲限，子孫既衰，則天不復重命使復興也。

（3）「一姓不再命」與《中候立象》253 條舜禪讓予禹時，嘗言「天下非一人之天下」一語，意甚相類。

〔註4〕《周髀算經》卷下，頁 49。
〔註5〕《資治通鑑》卷 41，〈漢紀〉頁 1328。
〔註6〕《後漢書》卷 13，〈隗囂列傳〉頁 537。
〔註7〕《詩經正義》卷 16 之 1，〈大雅・文王之什序〉頁 6。

三、五行帝占驗

58　五行帝

003 《尚書緯》：其帝青，表聖明，行趨惠也。	
190 《運期授》：蒼帝亡也，大亂，彗東出。	
192 《運期授》：赤帝亡也，五郡陷。	
011 《尚書緯》：黃帝將亡則地裂。	
191 《運期授》：黃帝亡也，黃星墜。	
a287 《尚書緯》：流星出參中，白帝之亡，枉矢射參。天子失義，則枉矢射參。	
188 《運期授》：白帝之治，六十四世，其亡也，枉矢參射。	
193 《運期授》：白帝亡也，五殘出。	
020 《尚書緯》：熒惑反明，白帝亡。	
091 《考靈曜》：熒惑反明，白帝亡。	
a242 《運期授》：熒惑反明，白帝亡。	
194 《運期授》：黑帝亡，二日竝出。	
089 《考靈曜》：黑帝亡，二日竝照。	
090 《考靈曜》：黑帝亡，狼弧張也。	

考文：

　　此組言天象與帝王之占驗，《考靈曜》有三條，《運期授》有七條。白帝、黑帝部
　　分，《考靈曜》與《運期授》皆有相同之文句，可知編纂之初，並未明顯分別二
　　書之主旨。《尚書緯》有四條，當爲引用時未注明篇名之故，疑當屬《運期授》
　　之佚文。

釋義：

　　十四條說辭，皆類似秦、漢星經類書中占驗之語，當屬方士等藉用五行生剋配合
　　星宿占驗而爲者，並無合乎自然、科學可解之處。

第二節 三 皇

59 三皇無文字

006《尚書緯》	《援神契》	《鈎命決》	《孝經緯》孔子曰：	《鈎命決》孔子曰：	《春秋運斗樞》
三皇無文字。	三皇無文，五帝畫象，三王明刑，應世以五。	三皇無文，五帝畫象，三王肉刑。	「三皇設言民不違五帝畫象世順機，三王肉刑揆漸加，應世頡巧奸僞多。」	「三皇設言民不違，五帝畫象世順機，三王肉刑揆漸加，應世點巧姦僞多。」	三皇垂拱無爲，設言而民不違。

考文：

（1）《孝經援神契》與《鈎命決》所言相同，而《尚書緯》僅引其中一句，或爲前人引用時未作詳錄之故。

（2）第四、五欄《孝經緯》引文所言，與前三欄不盡相同，《春秋運斗樞》亦有類似之語。

釋義：

《漢書》載：新莽地皇四年（西元23），青、徐二州起義，眾數十萬人，訖無文號旌旗表識，咸怪異之。好事者竊言：「此豈如古三皇無文書號諡邪？」〔註8〕以文號、旌旗之事說「三皇無文書」之意，與緯書所言略有不同。此或爲緯書改易俗諺而成者。

60 伏犧氏

212《中候握河紀》：神龍負圖出河，處犧受之，以其文畫八卦。

釋義：

伏犧畫八卦，爲儒家經籍傳注及緯書所常言者。至若受《河圖》之事，亦見於《易乾鑿度》：「初世者戲也，姬通紀，河圖龍出，洛書龜予，演亦八者，七九也。」可見《中候握河紀》此條所言，乃漢代之習傳觀念。

〔註8〕《漢書》卷99下，〈王莽傳下〉頁4179。

61　人皇氏

173《璇璣鈐》	《春秋命歷序》	《春秋命歷序》	《河　圖》	《雒書靈準聽》	《雒　書》
人皇氏九頭，	人皇九頭，	人皇九頭，	人皇九頭，	人皇	
駕六羽，	乘雲車，	提羽蓋，	乘雲車，	駕六提羽，	駕六提羽，
乘雲車，	駕六羽，	乘雲車，	駕六羽，	乘雲祇車。	乘雲祇車。
出谷口，	出谷口，	出暘谷，	出谷口，		
分九州。	分長九州。	分九河。	兄弟九人，		
			分長九州。		

考文：

　　六條佚文皆自相同，惟或傳鈔之際，偶有增減以致微異。以此可證《璇璣鈐》所言，並非獨見之傳說。

釋義：

（1）《雒書》謂「人皇……九男兄弟相象」，又謂「地皇……九男相像」，「三皇號九頭紀」，《河圖括地象》則曰：「天皇九翼，題名旋復。」可知《璇璣鈐》之「九頭」，當作「兄弟九人」或「九頭紀」解，並非真有一身九頭也。惟依《括地象》，則或又可解作「九翼」也。

（2）由上引《雒書》「人皇、地皇、三皇」觀之，九頭者不限於人皇而已。此亦可證方士讖語原本即屬雜纂無章法之書，光武朝據以編纂，又未作詳細區分，故輒有此類混淆之處。

（3）武帝欲封禪，公孫卿引方士申生之言曰：「黃帝接萬靈明廷，明廷者，甘泉也。所謂寒門者，谷口也。」〔註9〕服虔謂此「谷口」者，「黃帝升仙之處也」。顏師古亦謂：「谷口，仲山之谷口也，漢時為縣。」〔註10〕可知此組讖文乃方士借用漢代習傳之學僊觀念，自作附會而成。

〔註9〕《史記》卷28，〈封禪書〉頁1394。又見《漢書》卷25上，〈郊祀志〉頁1228。

〔註10〕《漢書》卷25上，〈郊祀志〉頁1228。

62 神農氏

174《璇璣鈐》	《春秋命歷序》	《春秋命歷序》	
有神人，名石年，	有神人，名石耳，	有人蒼色大眉，	
蒼色大眉，戴玉理，	蒼色大眉，戴玉理，	名石年，戴玉理，	
駕六龍，出池輔，	駕六龍，出地輔，		
號皇神農，	號皇神農，		《雒書甄耀度》
始立地形，甄度四海，	始立地形，甄度四海	始立地形，甄度四海	四海，
東西合九十萬里，	東西九十萬里，	**30《尚書緯》**	東西九十萬里，
南北八十一萬里。	南北八十一萬里。	鄭氏注：「甄，表也。」	南北八十萬里。

考文：

　　《璇璣鈐》與《春秋命歷序》相同，《雒書》又有其末句，可知爲漢代方士之傳
　　說，而圖讖編纂時皆雜取之，並未區別篇名與內容之關係也。

釋義：

(1)「甄度四海」，依羅泌《路史・後紀三》所言，乃「甄四海、紀地形，遠山川林
　　藪所至，而正其制」也。〔註11〕

(2)「八十一萬里」，與《周髀算經》「光外所照，徑八十一萬里」數字相同，或即言
　　日下所照、中國四極之廣袤也。

〔註11〕《繹史》卷 4，〈炎帝紀〉引《春秋命歷序》云：「神農始立地形，甄度四海遠近，
　　　　山川林藪所至，東西九十萬里，南北八十二萬里。」（頁 25）可知羅泌所言，實即
　　　　《命歷序》文句。

第三節　五　帝

一、五帝總論

63　五帝三正

196《中候勑省圖》	《禮稽命徵》	《禮稽命徵》	《淮南子‧齊俗篇》
高陽氏尚赤，以十一月爲正，薦玉以赤繒。 高辛氏尚黑，以十三月爲正，薦玉以黑繒。 陶唐氏尚白，以十二月爲正，薦玉以白繒。 有虞氏尚赤，以十一月爲正。	舜以十一月爲正統，尚赤； 堯以十二月爲正，尚白； 高辛氏以十三月爲正，尚黑； 高陽氏以十一月爲正，尚赤； 少昊氏以十二月爲正，尚白； 黃帝以十三月爲正，尚黑； 神農以十一月爲正，尚赤； 女媧以十二月爲正，尚白； 伏羲以上，未有聞焉。	天子、三公、諸侯，皆以三帛薦玉。三帛者，高陽氏之後用赤繒，高辛氏之後用黑繒，其餘用白繒。	有虞氏之祀……其服尚黃。 夏后氏……其服尚青。 殷人之禮……其服尚白。 周人之禮……其服尚赤。 （卷11，頁357）

考文：

　　《中候勑省圖》與《禮稽命徵》所言「三正」，實承襲《尚書大傳》及《淮南子》內容，依序上推至三皇時代，此亦爲漢代今文家所好言者。

釋義：

（1）《中候勑省圖》僅言「高陽、高辛、唐、虞」四帝，而《禮稽命徵》則歷舉「伏羲、女媧、神農」三皇，又增「黃帝、少昊」二帝爲六。考《春秋命歷序》云：「黃帝一日帝軒轅，次日帝宣，日少昊，一日金天氏，次日顓頊，則高陽氏，次是帝嚳，即高辛氏。」可知《勑省圖》所言實即「顓頊、帝嚳、堯、舜」四帝。

（2）《尚書大傳》云：「夏以十三月爲正，色尚黑，以平旦爲朔。殷以十二月爲正，色尚白，以雞鳴爲朔。周以十一月爲正，色尚赤，以夜半爲朔。」〔註12〕依《中候勑省圖》及《禮稽命徵》之「三正」排序，可知爲同一系統：

《尚書大傳》		《中候勑省圖》及《禮稽命徵》		《淮　南　子》		
夏	十三月，尚黑	伏羲？	（3）黃帝	（6）高辛氏帝嚳	（9）夏
殷	十二月，尚白	（1）女媧	（4）金天氏少昊	（7）陶唐氏堯帝	（10）殷
周	十一月，尚赤	（2）神農	（5）高陽氏顓頊	（8）有虞氏舜帝	（11）周

〔註12〕《尚書大傳‧略說》，陳壽祺《輯校三》頁7。

（3）安居本《中候握河紀》a532 條列述五帝，曰：「德合五帝坐星者，稱帝，則黃帝、金天氏、高陽氏、高辛氏、陶唐氏、有虞氏是也。」以六人而稱五帝，與《禮稽命徵》相同。惟安居本此條實屬鄭玄注文，並非《尚書緯》佚文，詳見 174 組之考論。

（4）細覈《尚書緯》今存佚文，言及之五帝有「黃帝、顓頊、帝嚳、堯、舜」，並無「少昊」，與鄭玄注緯所稱，並不相同。

二、黃　帝

64　黃帝瑞徵

207～11《中候握河紀》 伯禹拜曰： 「昔帝軒提像，配永循機。 天地休通、五行期化。」 黃帝巡洛， 河出龍圖，洛出龜書，曰： 「赤文象字，以授軒轅。」 鳳皇巢阿閣，讙樹。 麒麟在囿，鸞鳥來儀。	《尚書中候》曰： 「帝軒提像，配永循機。 天地休通，五行期化。 河龍圖出，洛龜書威， 赤文像字，以授軒轅。」 〔註13〕	《尚書中候握河紀》曰 「帝執德恭，聰明密微 思心清靜，在庭宜從， 仁推度符，移序精和， 天地休通，五行相化， **294《中候我應》** 攝提移居。 景星出攝提。」〔註14〕	a304+a307《尚書中候》 帝軒提像，配己脩機。 **136《帝命驗》** 河龍圖出，洛龜書威， 赤文象字，以授軒轅。 景昇於提，鳳皇巢於阿閣。 黃帝時，麒麟在囿，鸞鳥來儀。	《春秋演孔圖》 天子官守以賢舉， 則鸞在野。 帝軒題象， 鸞鳥來儀。

考文：

（1）五段《尚書緯》佚文及《演孔圖》一則，皆有相同之內容，而以黃奭本《中候握河紀》207～211 條之組合者較完整，僅缺「景星出攝提」一句。

（2）黃奭本《帝命驗》136 條，實即《中候握河紀》之部分，是則《尚書緯》與《尚書中候》於編纂時並無區別。

（3）第一、二欄之「五行期化」，覈以第三欄之「五行相化」，「期」字當作「相」字為宜。蓋五行相互化生，非有定期也。

（4）「河龍圖發，洛龜書威」一句，又見於《易乾鑿度》、《春秋說題辭》、《孝經援神契》、《龍魚河圖》，可知為緯書之習用語，亦可證明光武編定圖讖，並無解經、預言之別。

釋義：

〔註13〕《太平御覽》卷 79，〈皇王部四〉。
〔註14〕《開元占經》卷 77，〈客星占一・瑞星〉。

《開元占經・客星占一・瑞星》引《尚書中候握河紀》曰：「堯即位之年，景星出翼，鳳皇止庭。」（卷 77）是則景星、鳳皇之祥，並非僅限於黃帝而已。

65 黃帝升天

213《中候握河紀》	《史記・孝武本紀》	《史記・封禪書》	《漢書・郊祀志》	《列仙傳・黃帝》	《論衡・道虛》
	申公曰：……	申公曰：……	申公曰：……	《仙書》曰：「	儒書言：「
	黃帝采首山銅，	黃帝采首山銅，	黃帝采首山銅，	黃帝採首山之銅，	黃帝採首山銅，
乃鑄鼎荊山之下，	鑄鼎於荊山下。	鑄鼎於荊山下。	鑄鼎於荊山下。	鑄鼎於荊山下。	鑄鼎於荊山下。
成，	鼎既成，	鼎既成，	鼎既成，	鼎成，	鼎既成，
有龍	有龍垂胡髯，	有龍垂胡髯，	有龍垂胡髯，	有龍垂胡髯，	有龍垂胡髯，
下迎，	下迎黃帝。	下迎黃帝。	下迎黃帝。	下迎帝。	下迎黃帝
黃帝上龍，	黃帝上騎，	黃帝上騎，	黃帝上騎，	乃升天。	黃帝騎龍，
羣臣、后宮，	羣臣、後宮	羣臣、後宮	羣臣、後宮	羣臣、百僚	羣臣、後宮
從上天者桼秩余人。	從上者七十餘人。	從上者七十餘人。	從上龍七十餘人。		從上七十餘人，
	龍乃上去。	龍乃上去。	龍乃上去。		龍乃上去。
小臣	餘小臣不得上，	餘小臣不得上，	餘小臣不得上，	悉持龍髯，從帝而升。	餘小臣不得上，
悉持龍髯，	乃悉持龍髯，	乃悉持龍髯，	乃悉持龍髯，	攀帝弓及龍髯，拔	乃悉持龍髯，
拔，	龍髯拔墮，	龍髯拔墮，	龍髯拔墮，	而弓墜。	龍髯拔，
墜黃帝弓。	墮黃帝之弓。	墮黃帝之弓。	墮黃帝之弓。		墮黃帝之弓。」
	（卷 12，頁 468）	（卷 28，頁 1394）	（卷 25 上，頁 1228）	（卷上，頁 9）	（卷 7，頁 313）

考文：

（1）《中候握河紀》佚文所言，與《史記》、《漢書》、劉向《列仙傳》、《論衡》所引「儒書」意皆相同，或爲襲自武帝時方士所造生之黃帝傳說也。

（2）「桼秩余人」實即「七十餘人」，以「桼」作「七」，乃新莽時期之漢簡常用字，今可見者凡二十五例，如「中軍募擇士桼百二十人」、「出戍卒桼人」、「二年桼月盡九月」、「出粟桼百一十一石」〔註 15〕。此前「桼」字只作「漆」之省簡，如《墨子・非儒下》「桼雕刑殘」、《漢書鄒陽傳》「堅如膠桼」，饒宗頤先生謂：新莽時「簡文所見『七』寫作『桼』的最早年代是始建國二年。」〔註 16〕

〔註 15〕《新莽簡輯證》頁 106～07。
〔註 16〕《新莽簡輯證》頁 107。

三、帝顓頊

66　顓頊感生

107《帝命驗》	《詩含神霧》	《春秋元命包》	《河圖握矩記》	《河　圖》	《河圖著命》
姚氏 縱華 感樞。	瑤光如蜺， 貫月，正白， 感女樞， 生顓頊。	有瑤光 貫月， 感女樞， 生顓頊。 女樞見此而意感也。	瑤光之星， 如虹貫月，正白， 感女樞於幽房之宮， 生黑帝顓頊， 首戴干戈，有德文。	瑤光如蜺， 貫月，正白， 感女樞幽房之宮， 生顓頊， 首戴干戈，有文德也。	瑤光之星， 如虹貫月，正白， 感女樞於幽房之宮， 生黑帝顓頊。

考文：

（1）《詩緯》、《春秋緯》、《河圖》皆言瑤光感女樞生顓頊，而《河圖》所言最詳。《帝命驗》當亦論述此事，惟文字漏闕，難以句讀，當據他緯增補。

（2）《宋書·符瑞志》所言與《河圖》相同，曰：「帝顓頊高陽氏，母曰女樞，見瑤光之星，貫月如虹，感己於幽房之宮，生帝顓頊於若水，首戴干戈，有聖德。」可證《宋志》的確取擷緯書之文句而來。

釋義：

王莽自謂爲黃帝之後，其〈自本〉曰：「黃帝姓姚氏，八世生虞舜。」〔註17〕是姚氏與黃帝有關。若女樞者，乃黃帝子昌意之妻，感瑤光而生子，是爲顓頊。事見《史記·五帝本紀》與《華陽國志》〔註18〕。此或即《帝命驗》所云之張本也。

四、唐　堯

（一）概　述

67　堯火德

a308《尚書中候》	《春秋元命包》	《河圖稽命徵》	《詩含神霧》
堯火德， 故赤龍應焉。	堯火精， 故慶都感赤龍而生。	慶都與赤龍合， 生帝堯於伊祁。	慶都與赤龍合昏， 生赤帝伊祁堯。

釋義：

〔註17〕《漢書》卷98，〈元后傳〉頁4013。
〔註18〕詳見《史記》卷1，〈五帝本紀〉頁10之傳文，及頁11《正義》引文。

自昭帝元鳳三年，眭弘奏言「漢家堯後，有傳國之運」〔註19〕，此後乃浸生堯爲火德，漢高祖感赤龍而生，故承堯火德等傳說。西漢末年王莽掌權之際，自認王氏爲舜帝之後，遂藉盛行之「堯後」說辭，以作爲堯禪舜繼之篡漢依據。惟光武中興後，正式以堯後火德爲漢代期運，故讖書中乃多載此類說辭。

68　堯感生

197～98《尚書中候・握河紀》	《春秋合誠圖》	《宋書・符瑞志》
粵若堯母曰慶都，	年二十，寄伊長孺家，無夫，	帝堯之母曰慶都，生於斗維之野，常有黃雲覆護其上。
遊於三河，	出觀三河之首，常有若神隨之者。	乃長，觀于三河，常有龍隨之。
龍負圖而至，其文要曰：	有赤龍負圖出，慶都讀之，	一旦龍負圖而至，其文要曰：
「亦受天佑，	「赤受天運」，下有圖人，衣赤光，	「亦受天佑，
眉八采，鬢髮長七尺二寸，	面八采，鬢長七尺二寸，	眉八采，鬢髮長七尺二寸，
圓，兌上豐下，足履翼宿。」	兌上豐下，足履翼宿，	面銳上豐下，足履翼宿。」
既而陰風四合，赤龍感之，	署曰「赤帝起，成天寶」。	既而陰風四合，赤龍感之，
孕十四月而生於丹陵，		孕十四月而生於丹陵，
其狀如圖，身長十尺。	《帝系》曰：	其狀如圖。及長，身長十尺。
有盛德，封於唐，	「帝嚳四妃，陳豐生帝堯，封於唐。	有盛德，封於唐，
厥夢作龍而上，		厥夢作龍而上，
厥時高辛氏衰，天下歸之。	蓋高辛氏衰，天下歸之。」〔註20〕	厥時高辛氏衰，天下歸之。

考文：

（1）《中候握河紀》與《春秋合誠圖》內容相似，可互作校補，《握河紀》「亦受天佑」當改爲「赤受天佑」，蓋堯爲火德故曰「赤」，得天命故曰「受天佑」也。

（2）《握河紀》「有盛德」以下爲 198 條，據《宋志》所言，當與 197 條合。此條當爲刪易《帝系》而成，其「夢龍」之說，爲緯書常見之帝王天命說辭也。惟此處所言，不見於其他載錄中。

釋義：

（1）「三河」，《史記・貨殖列傳》云：「昔唐人都河東、殷人都河內、周人都河南，夫三河，在天下之中，若鼎足，王者所更居也。」《漢書・五行志》亦有類似之

〔註19〕《漢書》卷75，〈眭弘列傳〉頁3153。

〔註20〕《漢書》卷21下，〈律曆志〉頁1013。按：《大戴禮記・帝繫篇》云：「帝嚳卜其四妃之子，而皆有天下。……次妃曰陳隆氏，產帝堯。」《史記・五帝本紀》謂：「帝嚳娶陳鋒氏女，生放勳，……是爲帝堯。」皆未言及封唐之事，或爲戴德、史遷所據原本，與班固微有不同。

載記。〔註21〕惟成帝鴻嘉元年（西元前 20），詔曰：「方春生長時，臨遣諫大夫理等舉三輔、三河、弘農冤獄。」〔註22〕哀帝初，「大司空何武，奏請部刺史、三輔、三河、弘農太守舉吏民能者」〔註23〕，是成帝以後，又以「三河」為郡名矣。靈帝建寧五年（西元 172）造「成陽靈臺碑」，碑文曰：「惟帝堯母，昔者慶都，……適三光之曜，游觀河濱，感赤龍交，始生堯。」〔註24〕明以「三河」為某地之河濱，是或可藉以推論：此條佚文，疑即西漢末葉之方士據當時地理郡望所造生之感生傳說。

（2）《中候握河紀》謂「龍負圖而至」、「其狀如圖」云云，《春秋合誠圖》亦云：「既乳，視堯如圖表。」、「及堯有知，慶都以圖予堯。」則赤龍所負圖鑑有堯之像貌，為當時通行之傳說也。

（3）《淮南・脩務篇》云：「堯眉八采，九竅洞通。」故此云「眉八采」。《荀子・非相篇》云：「帝堯長，帝舜短。」故此云「身長十尺」。又，堯屬火德，火形下豐上削，故云「兌上豐下」，兌，尖削也。

69　堯德炳煥

142《璇璣鈐》：帝嚳以上，朴略難傳，唐、虞已來，煥炳可法。
a179《璇璣鈐》：帝堯炳煥，隆興可觀。曰載、曰車、曰軒、曰冠、曰冕，作此車服，以賜有功。

考文：

安居本 a179 條取自《文選・魯靈光殿賦》李善注，「曰載」以下實為賦文「軒冕以庸」之李善注文。李注原作「車曰軒，冠曰冕，庸，用也。作此車服，以賜有功。」〔註25〕並非讖文，當刪除。

釋義：

（1）緯書中記載帝堯以後事蹟始繁，故曰「帝嚳以上朴略難傳」。《史記・五帝本紀》云：「天下明德皆自虞帝始。」或即虞舜煥炳之意。

〔註21〕《漢書・五行志》云：「昔三代居三河，河、洛出圖書。」顏師古注：「謂夏都安邑，即河東也；殷都朝歌，即河內也；周都洛陽，即河南也。」見《漢書》卷 27 中之下，〈五行志中之下〉頁 1438。

〔註22〕《漢書》卷 1，〈成帝紀〉頁 315。

〔註23〕《漢書》卷 29，〈溝洫志〉頁 1691。

〔註24〕《隸釋》卷 1，頁 8。

〔註25〕《文選》卷 11，〈魯靈光賦〉頁 19 李善注。

（2）《尚書·堯典》謂：舜受堯禪，乃使諸侯「敷奏以言，明試以功，車服以庸」，意即考覈諸侯之功績，其善者則賜以車馬、衣服等物。若《璇璣鈐》a179 以爲帝堯「作此車服」，則與經義不同矣。是亦可證「曰載」以下，並非讖文。

70　堯盛德

《尚書·堯典》	
曰若稽古帝堯，曰放勳， 欽明文思安安，允恭克讓， 光被四表，格于上下。	007《尚書緯》：曰若稽古帝堯。稽，同也；古，天也。
	074《考靈曜》：放勳欽明，文思晏晏。
	《禮含文嘉》：堯廣被四表，致於龍龜。

釋義：

（1）緯書三則皆與〈堯典〉相同，惟讖文有解說「稽、古」之辭。

（2）「安安」、「晏晏」爲古今文經用字之異，是以東漢今文家於奏疏與解經之際，凡有引用，皆以「晏晏」爲辭。

（3）《禮含文嘉》「龜龍」之說，爲緯書所常有者。

71　堯時曆說

241《中候運衡》：日月營始。

釋義：

《魏書》載：蕭衍問李業興：「正月上日受終文祖，此是何正？」業興曰：「案《尚書中候運行篇》云『日月營始』，故知夏正。」〔註26〕是則此條當爲堯時曆法之說辭也。

72　堯曆民時

096《考靈曜》	102《考靈曜》
春夏民欲早作，故令民先日出而作， 是謂「寅賓出日」。	春夏民欲早作，故令民先日出而作， 是謂「寅賓出日」。
秋冬民欲早息，故令民候日入而息， 是謂「寅餞納日」。	秋冬民欲早息，故令民候日入而息， 是謂「寅餞納日」。
春迎其來，秋送其去，無不順矣。	春迎其來，秋送其去，無不順。

〔註26〕《魏書》卷84，〈儒林傳·李業興〉頁1863。

考文：

二條引文全然相同，當為黃奭輯佚時，偶爾不察，以致複見，當刪其一。

73　堯土禺銕

103《帝命驗》	《尚書大傳・禹貢傳》：
禺銕在遼西。即青之嵎夷，近日出，故敬賓出之。	禺鐵在遼西。（《四庫本》）
075《考靈曜》：宅禺銕。	《尚書・堯典》：宅嵎夷。

考文：

（1）《書緯》二條皆作「禺銕」，《尚書》作「嵎夷」，《大傳》作「禺鐵」，當屬今古文學派之異所致。準此，則《帝命驗》「即青之嵎夷」以下，當屬學者之注釋，並非讖文。

（2）《尚書・堯典》「宅嵎夷，曰暘谷」，陸德明《釋文》謂：「馬曰：『嵎，海嵎也；夷，萊夷也。』《尚書考靈曜》及《史記》作『禺夷』。」〔註27〕《史記・夏本紀》「堣夷既略」，司馬貞〈索隱〉曰：「《今文尚書》及《帝命驗》並作『禺鐵』，在遼西。鐵，古『夷』字也。」〔註28〕據此，則《考靈曜》原作「禺夷」，而《帝命驗》作「禺鐵」，又與黃奭本作「禺銕」者不同矣。然而今本《史記》作「堣夷」，又異於《釋文》以為之「禺夷」也。

（3）許慎《說文解字》：「暘，日出也，從日易聲。《虞書》曰：『曰暘谷。』」據古文《尚書》以日出之處為「暘谷」。又解堣字曰：「堣，堣夷，在冀州暘谷。立春日，日值之而出，從土聲。《尚書》曰：『宅堣夷。』」〔註29〕則以暘谷位於堣夷之地。

（4）綜上所述，可知歷來紛紜，莫衷一是，試列一表，可見其實：

禺　銕	禺　鐵	嵎　夷	堣　夷	郁　夷
《帝命驗》103	《尚書大傳》	今文《尚書・堯典》	《史記・夏本紀》	《史記・五帝本紀》
《考靈曜》075	〈索隱〉云《今文尚書》	今文《尚書・禹貢》	《說文解字》	
《釋文》云《考靈曜》	〈索隱〉云《帝命驗》	古文《尚書・堯典》	《說文》引《尚書》	
《釋文》云《史記》		古文《尚書・禹貢》	〈集解〉引「馬融曰」	
小徐本《說文》		《釋文》引「馬曰」		

〔註27〕《尚書正義》卷2，〈堯典〉頁9。
〔註28〕《史記》卷2，〈夏本紀〉頁55。
〔註29〕暘字見《說文解字》七篇上，頁4；堣字見13篇下，頁17。

1、《史記・五帝本紀》作「郁夷」，〈夏本紀〉作「嵎夷」，《釋文》以爲作「禺夷」。

2、阮刻本及屈萬里之古、今文《尚書》皆作「嵎夷」，而〈索隱〉以爲今文作「禺鐵」，《說文》引《尚書》又作「堣夷」。

3、黃奭本《帝命驗》、《考靈曜》皆作「禺銕」，而〈索隱〉以爲《帝命驗》作「禺鐵」，《釋文》以爲《考靈曜》作「禺夷」。考黃奭本《孝經援神契》有「出銕之山」一詞，則緯書或原以「銕」字爲正。

據上述異說施之於校勘學而論，欲據今本《尚書緯》輯佚文以考覈今、古文學派用字之異，有其實際困難。

（二）堯時三公

74 三公稱謂

005《尚書緯》	《尚書大傳・甘誓傳》	《韓詩外傳》曰：	今《尚書》夏侯歐陽說：
三公，	天子三公，	「三公者何？	「天子三公，
司徒、	一曰司徒公，	曰司空、	一曰司徒、
司馬、	二曰司馬公，	司馬、	二曰司馬、
司空也。	三曰司空公。各兼二卿。	司徒。」〔註30〕	三曰司空。」〔註31〕

考文：

《尚書緯》明顯襲取漢代今文經說而來，故與《大傳》、《韓詩外傳》、今文《尚書》經說等相同。

釋義：

(1)「天子三公」之說，於漢代官制中已爲定制，惟《大戴禮記・保傅篇》曰：「昔者周成王幼，在襁褓之中，召公爲太保，周公爲太傅，太公爲太師。……此三公之職也。」《漢書・百官公卿表》亦謂：「太師、太保、太傅，是爲三公。」是以王貴民云：「西周的輔弼大臣就更清楚了，召公爲大保，見之金文；太公爲大師，周公爲大傅，史籍多載，合稱三公。」〔註32〕

(2)《漢官儀》云：「太師、太傅、太保，皆古官也。……武王克殷，作《周官》，立太師、太傅、太保，爲三公。……漢末以大司馬、大司徒、大司空爲三公，

〔註30〕《韓詩外傳》卷8，頁344。又見《北堂書鈔》卷50，〈總載三公〉頁1。

〔註31〕《北堂書鈔》卷50，〈總載三公〉頁2，引「許慎《五經異義》曰」。

〔註32〕《商周制度考信》，頁176。

立師、傅、保之官，位在三公上，崇號爲上公。東漢以後，皆以太尉、司徒、司空爲三公。」〔註33〕可見周代三公與漢代三公，或有不同之指意也。

75 堯時三公

222《中候握河紀》	176《刑德放》	《淮南子·齊俗篇》	《文子·自然篇》
稷爲大司馬， 舜爲大尉。	稷爲司馬， 夔爲司徒， 禹爲司空， 聖帝即位，三公象三能矣。	堯之治天下也， 舜爲司徒， 契爲司馬， 禹爲司空，	昔堯之治天下也， 舜爲司徒， 契爲司馬， 禹爲司空，

考文：

（1）《中候握河紀》謂稷爲「大司馬」，《刑德放》則稱「司馬」。按：《漢書·百官公卿表》謂：武帝「元狩四年初置大司馬」。至東漢光武帝建武二十七年（西元50），詔曰：「昔契作司徒，禹作司空，皆無『大』名，其令二府去『大』。」〔註34〕是或二條佚文成於不同時期？

（2）《握河紀》與《刑德放》所言不同。《淮南》、《文子》所列舉，又與《刑德放》人名偶同而官稱不一。或因緯書於此類人、官「配屬」並無定論所致。

（3）《中候握河紀》以「大司馬、大尉」並舉，惟《漢書·百官公卿表》謂秦稱「太尉」，漢武帝以後改稱「大司馬」〔註35〕，是二官實異名同實也。《後漢書·百官志》亦云：「太尉，公一人。……世祖即位，爲大司馬，建武二十七年，改爲太尉。」〔註36〕可知光武帝末年又改「大司馬」爲「大尉」，而「太尉與大司馬恆不兩置，歷代或以太尉或以大司馬爲三公」〔註37〕。是以此條讖文並舉二官名，有違史實。劉昭非之曰：「太尉官實司天，虞舜作宰，璇衡賦政，將是據後位以書前，非唐官之實號乎？太尉所職，即舜所掌，遂以同掌追稱太尉，乃《中候》之妄，蓋非官之爲謬。」〔註38〕

（4）《北堂書鈔·三公》引《尚書刑德教》（教爲放之誤）：「益爲司馬，卨爲司徒」〔註

〔註33〕《初學記》卷11，〈職官部上〉頁251。

〔註34〕《後漢書》卷1下，〈光武帝紀〉頁79；

〔註35〕《漢書》卷19上，〈百官公卿表〉頁725。

〔註36〕《後漢書》志第24，〈百官志一〉頁3557。

〔註37〕《初學記》卷11，〈職官部上〉頁251。又，同書頁254亦有相同載錄。

〔註38〕《後漢書》志第24，〈百官志一〉頁3557，劉昭注。

〔註39〕《北堂書鈔》卷50，〈總載三公〉頁1。

39〕，與黃奭本不同。

76　帝堯賜姓與感生神話

178《刑德放》	233《中候握河紀》	267～8《中候苗興》	《孝經援神契》
堯知命， 表稷、契，賜姓子、姬； 皋陶典刑，不表姓；言天任意遠刑。 禹姓姒氏，祖昌意，以薏苡生。 殷姓子氏，祖先以元鳥生也。 周姓姬氏，祖以履大人跡生也。	堯曰：「嗟，朕無德，欽奉丕圖， 賜爾二三子，斯封稷、契、 皋陶，賜姓號。」	堯受圖書已， 有稷言其苗裔當王。 皋陶之苗爲秦。	堯知天命，
	《樂稽耀嘉》	271《中候契握》	
	殷之蒦，陽蒦也，故以子爲姓。 周之蒦，陰蒦也，故以姬爲姓。	賜子氏，以題朕躬。	賜契子氏，知有湯。
266《中候苗興》	a356《尚書中候》：皋陶於洛，見黑書。		
契之卵生， 稷之迹乳。	《禮緯》：契姓子氏者，亦以其母吞乙子而生。 286《中候稷起》：蒼耀稷生，感迹昌。		

考文：

（1）《尙書刑德放》言唐堯賜姓之事最詳，而《中候苗興》、《契握》、《握河紀》皆可
　　爲佐證。惟《稽耀嘉》所言得姓之緣由與《尙書緯》不同。

（2）《刑德放》與《中候》佚文六條內容相同，可知編纂之初，並非明顯區別《尙書
　　緯》與《尙書中候》之差異；而《中候》之〈苗興〉、〈稷起〉、〈握河紀〉、〈契
　　握〉等篇，亦可相雜互通。

釋義：

（1）禹祖昌意以薏苡生，故賜姓曰「姒」，「姒、苡」或因皆從「以」得聲，故可通
　　假，今考《廣韻》皆作「象齒切」，亦爲聲韻相同也。殷之先祖契，以母吞玄鳥
　　子（卵）生，故賜姓曰「子」。周之先祖稷因母履大人足跡而生，故賜姓「姬」，
　　與「跡」同音。

（2）容庚《金文編》云：「殷虛卜辭中有連書干支、列如表式者，如『己巳』、『辛
　　巳』，『巳』皆作『子』，遂得確定爲『巳』字。……《廣雅・釋言》曰：『子、
　　巳，似也。』二字同訓，亦可爲相混之一證。」是以顧頡剛據此云：「商人姓『子』，
　　其字即『辰巳』之『巳』。……商人姓子而張龍旗，蓋以龍蛇爲其圖騰者也。」
　　〔註40〕若此，則殷契以龍蛇爲其部族圖騰，本當姓巳，因後世字形相近，故譌
　　爲「子」姓。

（3）皋陶無感生傳說，故「不表姓」，惟其後裔建國曰秦，秦爲水德，色黑，故皋陶

〔註40〕《顧頡剛讀書筆記》，〈子、巳、巳三字之古文與商之圖騰〉頁6900。

先於「洛水見黑書」,以兆其運期。惟《中候握河紀》謂皋陶亦「賜姓號」,於緯書思想不合,故鄭玄注云:「賜姓號者,……皋陶未聞。」〔註41〕

(4)《春秋繁露》已有賜姓之說,與緯書相類,〈三代改制質文〉曰:「天將授舜,主天法商而王,祖錫姓爲姚氏……。天將授禹,主地法夏而王,祖錫姓爲姒氏……。天將授湯,主天法質而王,祖錫姓爲子氏,謂契母吞鳥卵生契……。天將授文王,主地法文而王,祖錫姓姬氏,謂后稷母姜原,履天之跡,而生后稷……。故帝使禹、皋論姓,知殷之德,陽德也,故以子爲姓;知周之德也,陰德也,故以姬爲姓。」〔註42〕可證緯書「賜姓」之說,實早見於漢初《公羊》學中矣。

(5)感生之說,《詩經》已有所言,漢代經籍傳注說之猶烈,褚少孫之語,可作緯書感生思想之緣由,褚云:「《詩》言契生於卵,后稷人迹者,欲見其有天命精誠之意耳。鬼神不能自成,須人而生,奈何無父而生乎!一言有父,一言無父,信以傳信,疑以傳疑,故兩言之。……《詩傳》曰:『湯之先爲契,無父而生。契母與姊妹浴於玄丘水,有燕銜卵墮之,契母得,故含之,誤吞之,即生契。契生而賢,堯立爲司徒,姓之曰子氏。子者茲;茲,益大也。……文王之先爲后稷,后稷亦無父而生。后稷母爲姜嫄,出見大人蹟而履踐之,知於身,則生后稷。……堯知其賢才,立以爲大農,姓之曰姬氏。姬者,本也。……』孔子曰:『昔者堯命契爲子氏,爲有湯也。命后稷爲姬氏,爲有文王也。大王命季歷,明天瑞也。太伯之吳,遂生源也。』」〔註43〕可見感生之說附會於孔子之名下,其來久矣。

77 堯時嘉禾之瑞

《尚書中候》曰:	《詩含神霧》
「嘉禾,莖長五尺,三十五穗。」〔註44〕	堯時嘉禾七莖,連三十五穗。

考文:

《尚書中候》引自《太平御覽》,未見歷代輯本收錄。

釋義:

(1)《尚書序》云:「唐叔得禾,異畝同穎,獻諸天子。王命唐叔歸周公于東,作〈歸禾〉。」又云:「周公既得命禾,旅天子之命,作嘉禾。」可知嘉禾之瑞,先秦

〔註41〕黃奭本《尚書緯》卷7,〈握河紀〉頁12。
〔註42〕《春秋繁露》卷7,〈三代改制質文〉頁191~92。
〔註43〕《史記》卷13,〈三代世表〉頁505。
〔註44〕《太平御覽》卷873,〈休徵部二‧嘉穀〉。

已有。

（2）司馬相如〈封禪文〉亦言嘉禾事曰：「橐一莖六穗於庖，犧雙觡共抵之獸，……符瑞臻茲。」〔註45〕《說文》曰：「橐，米也。」是則漢初亦以一莖多穗爲瑞。

（3）嘉禾所以五尺、三十五穗之故，《春秋說題辭》云：「天文以七，列精以五，故嘉禾之滋，莖長五尺，五七三十五，神盛，故連莖三十五穗，以成盛德。」此類說辭，當爲方士結合陰陽觀念而成者。

（三）堯德政生祥瑞、禮壇沈璧

78 堯即位七十載，祥瑞出，脩壇河洛。

a325《尚書中候》		200～03《中候握河紀》		a320《尚書中候》	
帝堯即政七十載，		帝堯即政七十載。		帝堯即政七十載，	
德政清平，比隆伏羲，		德政清平，比隆伏羲。			263《中候立象》
鳳皇巢於阿閣，驤林，		鳳皇止庭，			文命盛德，
景星出翼軫，	《禮緯》云：	景星出翼。	341《中候覬期》	景星出翼。	俊乂在官，
朱草生郊，	蓂草生庭。	朱草生郊，	蓂草生郊。		蓂草生郊，
嘉禾孳連，	〔註46〕	嘉禾孳連，			
甘露潤液，醴泉出山，		甘露潤液，醴泉出山。		199《中候握河紀》	醴泉出山，
修壇河洛，		《尚書中候》曰：「帝堯文明，		帝堯文明。	
榮光出河，休氣四塞。		榮光出河，休氣四塞。」〔註47〕			

考文：

（1）綜合八段讖文，安居本 a325 條當爲較完整之引錄，黃奭本 199～203《握河紀》凡四條之組合近似之，惟缺「榮光」之語，而第二欄引自《周禮》孔疏之「帝堯文明」佚文適可補足。

（2）《宋書‧符瑞志上》云：「在位七十年，景星出翼，鳳皇在庭，朱草生，嘉禾秀，甘露潤，醴泉出。日月如合璧，五星若連珠。」〔註48〕文句略異。

（3）「即政七十載」，《尚書‧堯典》謂：堯年七十禪讓于舜，九十八而崩。《史記‧五帝本紀》則以爲「堯立七十年得舜，二十年而老，令舜攝行天子之政，……凡二十八年而崩」。是謂九十禪讓，一百十八而崩。二說不同。《尚書緯》從〈堯典〉爲準。

〔註45〕《史記》卷117，〈司馬相如列傳〉頁3065。
〔註46〕《文選》卷36，任彥昇〈宣德皇后令〉李善注引，頁4。
〔註47〕《周禮注疏》卷19，〈春官‧鬱人〉頁20。
〔註48〕卷27，頁761。

79 堯筐脯

204《中候握河紀》	《宋書·符瑞志》	《白虎通·封禪》：
廚中自生肉，薄如筐，搖動則風生，食物寒而不臭，名曰「筐脯」。	廚中自生肉，其薄如筐，搖動則風生，食物寒而不臭，名曰「筐脯」。	「孝道至，則蓂莆生庖廚。蓂莆者，樹名也，其葉大於門扇，不搖自扇，於飲食清涼，助供養也。」

考文：

（1）《宋書·符瑞志》所載漢高祖以前古帝王事蹟，多取自讖緯成書，今言筐與《中候握河紀》同，可信讖文本如此。

（2）《論衡》云：「儒者言：蓂脯生於庖廚者，言廚中自生肉脯，薄如蓂形，搖鼓生風，寒涼食物，使之不臭。」〔註49〕此「儒者」之言，與《白虎通》載事相同。

（3）《田俅子》亦謂：「昔帝堯之爲天下平也，（蓂莆）出庖廚，爲帝去惡。」〔註50〕《說文解字》云：「蓂莆，瑞艸也，堯時生於包廚，扇暑而涼。」〔註51〕可見蓂脯爲堯時之瑞草一說，戰國時《田俅子》已有所言，《中候握河紀》乃襲取其說而成。

80 堯蓂莢

205《中候握河紀》	《宋書·符瑞志》	《大戴禮記·明堂》	《白虎通·封禪》：日曆得其度，
草夾階而生，月朔始生一莢，月半而生十五莢，十六日已後，日落一莢，及晦而盡，月小盡，則一莢焦而不落，名曰蓂莢，又曰麻莢。	草夾階而生，月朔始生一莢，月半而生十五莢，十六日以後，日落一莢，及晦而盡，月小，則一莢焦而不落，名曰「蓂莢」，一曰「麻莢」。	朱草日生一葉，至十五日生十五葉；十六日一葉落，終而復始也。	則蓂莢生於階閒。蓂莢者，樹名也。月一日一莢生，十五日畢。至十六日一莢去，故夾階而生，以明日月也。

考文：

（1）《孝經援神契》云：「朱草生，蓂莢孳，嘉禾成，蓂莆生。蓂莢，堯時夾階而生，以記朔也。」《中候》則將「蓂莢」視爲「朱草」之籽莢矣。《大戴禮》則謂朱草之「葉」，與緯書曰「草筴」者不同。

（2）《孝經緯》云：「古太平蓂莢生階，其味酸，王者取以調味。後以醯醢代之。」與《握河紀》所言不同。可知緯書編纂時，並未劃一此類異說。

〔註49〕《論衡校釋》卷17，〈是應〉頁754。
〔註50〕劉賡《稽瑞》頁8引。
〔註51〕《說文解字注》1篇下，頁3。

（3）《田俅子》曰：「堯爲天子，蓂莢生於庭，爲帝成曆。」〔註52〕可見此類祥瑞之
物，於戰國時期已頗爲傳流，並非漢代緯書獨有者。

釋義：

蓂莢記曆之法，此草月初每日生一莢，至十五日共生十五莢，自十六日起則每日
落一莢，迄月終莢適落盡，是則蓂莢之十五莢足可顯示一月三十日之日，故有日
曆之用。惟王充不以爲然，質之曰：「夫既能生莢以爲日數，何不使莢有日名，
王者視莢之字，則知今日名乎。徒知日數，不知日名，猶復案曆然後知之，是則
王者視日，則更煩擾不省，蓂莢之生，安能爲福？……且月十五日生十五莢，於
十六日莢落，二十一日六莢落，落葉棄殞，不可得數，猶當計未落莢以知日數，
是勞心苦意，非善佑也。」〔註53〕是則此類瑞物，或亦好事者之所造生也。

（四）堯禪讓

《宋書·符瑞志》言堯禪讓之事，依其原文次序，可分作三段，略合於《尚書
中候》81 至 83 等三組佚文，故先次列於此，以利下文之比覈：

（1）歸功於舜，將以天下禪之，乃潔齋修壇場於河、雒，擇良日，率舜等升首山，
遵河渚。有五老游焉，蓋五星之精也。相謂曰：「河圖將來，告帝以期，知
我者，重瞳黃姚。」五老因飛爲流星，上入昴。

（2）二月辛丑昧明，禮備，至於日昃，榮光出河，休氣四塞，白雲起，回風搖，
乃有龍馬銜甲，赤文綠色，臨壇而止，吐甲圖而去。甲似龜，背廣九尺。其
圖以白玉爲檢，赤玉爲字，泥以黃金，約以青繩。檢文曰：「闓色授帝舜。」
言虞、夏、殷、周、秦、漢當受天命。帝乃寫其言，藏于東序。

（3）後二年二月仲辛，率羣臣沈璧于洛。禮畢，退俟，至于下昃，赤光起，玄龜
負書而出，背甲赤文成字，止于壇。其書言當禪舜。遂讓舜。〔註54〕

〔註52〕《路史·餘論七》，頁 1 引。又見《文選·三月三日曲水詩序》李善注引，卷 46，
　　　　頁 16。
〔註53〕《論衡校釋》卷 17，〈是應〉頁 756。
〔註54〕《宋書》卷 27，〈符瑞志上〉頁 762。

81　堯禪位於舜，五老出賀

234～6《中候運衡》	80《論語比考讖》	72《論語讖》	78《論語比考讖》
歸功於舜，將以天下禪之， 乃潔齊修壇于河雒之間，擇良日， 率舜等升首山， 遵河渚， 有五老遊焉，蓋五星之精也。 相謂曰：「河圖將來，告帝以期。 知我者，重瞳黃姚。」 五老因飛爲流星，上入昴。	仲尼曰： 吾聞堯率舜等游首山， 觀河渚， 有五老遊河渚， 一曰：「河圖將來告帝期。」 二曰：「河圖將來告帝謀。」 三曰：「河圖將來告帝書。」 四曰：「河圖將來告帝圖。」 五曰：「河圖將來告帝符。」 有頃，赤龍銜玉苞， 舒禮刻版，題命可卷， 金泥玉檢，封盛書威， 曰：「知我者重童也。」 五老乃爲流星，上入昴。	仲尼曰： 吾聞堯率舜等遊首山， 觀河渚， 有五老遊河渚， 一老曰：「河圖將來告帝期。」 二老曰：「河圖將來告帝謀。」 三老曰：「河圖將來告帝書。」 四老曰：「河圖將來告帝圖。」 五老曰：「河圖將來告帝符。」 龍銜玉苞， 金泥玉檢，封盛書， 五老飛爲流星，上入昴。	仲尼曰： 吾聞堯率舜等升首山， 觀河渚， 乃有五老遊渚， 五老：「河圖將浮， 龍銜玉苞， 刻版題命，可卷， 金泥玉檢，封書成， 知我者，重瞳黃姚視。」 五老飛爲流星，上人昴。
	黃姚視之，龍沒圖在，堯等共發，曰：「帝當樞百，則禪于虞。」 堯喟然曰：「咨汝舜，天之麻數在汝躬，允執其中。四海困窮，天祿永終。」乃以禪舜。		
79《論語比考讖》	71《論語讖》	67《論語讖》	48《論語撰考讖》
堯舜等昇首山， 觀河渚， 有五老游於河渚，相謂曰： 「河圖將來告帝期。」 五老流星，上入昴。 有頃，赤龍負玉苞，舒圖出。	仲尼云： 吾聞堯與舜同遊首山， 觀河渚， 有五老來見，曰： 「河圖將來，告帝圖書。」 言訖，化作五星，飛入雲中而隱	仲尼云： 吾聞堯率舜等遊首山， 觀河渚， 一老曰： 「河圖將來告帝期。」	堯修壇河洛，擇良議沈， 率舜等升首山， 道河渚， 五老游焉，相謂： 「河圖將來，告以帝期。」
堯與大舜等共發，曰：「帝當樞百，則禪虞。」堯喟然歎曰：「咨爾舜，天之麻數在爾躬。」			

考文：

（1）《論語讖》凡有 48、67、71、72、78、79、80 等七條，其中以上段第二欄《比考讖》第 80 條最完整；綜合《中候運衡》234～36 等三條，乃得其讖文之部分，惟《運衡》又多出「歸功……擇良日」二十三字。

（2）黃奭本《春秋元命包》、《春秋合誠圖》、《春秋運斗樞》、《孝經援神契》、《河圖挺佐輔》等，亦言帝堯修壇事，有赤龍負圖、鳳皇銜書、璽章有字、羣臣一百二十人同觀等載記，與此組內容不同，當屬另一系統之傳說。

（3）由此組佚文可知，《中候》與《論語讖》之內容有重覆之處，又與《春秋緯》等傳聞系統不同，是則光武朝圖讖編纂之際，並未深就此類問題善作思考。

82 堯即位七十載，禮壇沈璧，龍馬銜龜甲出

a467《中候握河紀》	a296《尚書中候》		214《中候握河紀》：堯曰：「皇道帝德，非朕所專。」	a313《尚書中候》
堯即政十七年，	皇，道；帝，德。爲內外優劣，散則通也。			帝堯即位七十載，
	215～6《中候握河紀》	**a311《尚書中候》**		修壇河洛，
仲月甲日，	乃沈璧於河，	仲月辛日，昧明，	脩壇河雒，	仲月辛日，
至于稷，	禮備，至于日稷，	禮備，至于稷，	仲月辛日昧明，	禮備，至於日稷，
沈璧于河，	榮光出河，休氣四塞。	榮光出河，休氣四塞。		榮光出河，
青雲起，回風搖落，	白雲起，回風搖，	白雲起，因風搖，		
龍馬銜甲，赤文綠色，	龍馬銜甲，赤文綠地，	帝立壇，磬西向。	帝立壇，磬折西向，	龍馬銜甲，赤文綠色，
自河而出，	自河而出。		禹進迎，舜、契陪位，稷辨護。	
臨壇而止，吐甲迴遭。				臨壇吐甲圖。
	217《中候握河紀》		**a309《尚書中候》**	
	堯勵德匪懈，萬民和欣，		堯時，	
	則（河中龍馬銜甲，綠）色，	**218～9《中候握河紀》**	龍馬銜甲，赤文綠色，	
甲似龜，	龜背	甲似龜背，	臨壇上，甲似龜背，	
廣九尺，	廣袤九寸，	袤廣九尺。	廣袤九尺，圓理，	
	五色，	平上五色，	平上，五色文，	
有文言虞、夏、商、		上有列宿，斗正之度，	有列星之分，斗正之度，	
周、秦、漢之事。		帝王籙紀，興亡之數。	帝王錄紀，興亡之數。	
帝乃寫其文，藏之東序。	頷下有文，赤文似字。	帝乃寫其文，藏之東序。		

考文：

（1）九段佚文皆當屬《中候握河紀》讖文，言堯禮壇沈璧，龍馬銜龜甲出河之事，安居本 a467 條出自《路史・餘論六》（頁 12），爲八段佚文中較完整者，前段言龍馬銜甲，後段言龜文內容。可藉以類推黃奭本四段、六條佚文之本意。

（2）黃奭本 215～6 爲前段龍馬事，217 及 218～9 條爲後段甲文事。前賢引用此段讖文時各有詳略，故黃奭輯佚時，亦因而重複、詳略不一。

（3）安居本 a296 條出自《詩・泂酌》疏（安居本原作「《生民》疏」，誤），當即黃奭本 214 條首句。皮錫瑞《尚書中候疏證》謂：「『爲內外優劣散則通也』……九字，乃孔《疏》之語，《玉函山房輯本》連引，疑誤。」〔註54〕其言可從。

（4）安居本 a311、a313 言及「仲月辛日」，而 a467 作「甲日」，當爲「辛日」字之誤，黃奭本則概未言日數。

〔註54〕《尚書中候疏證》頁 8。

釋義：

（1）《白虎通》云：「《春秋傳》曰『以正月上辛』，《尚書》曰『丁巳，用牲于郊，牛二』。先甲三日，辛也；後甲三日，丁也。皆可接事昊天之日。」〔註55〕可見辛日祭天，為先秦以來禮制。

（2）武帝定郊祀之禮，「以正月上辛用事甘泉圜丘」〔註56〕。以正月上辛用事，當即儀制所定者。光武帝建武三十二年封禪時，於二月「二十二日辛卯晨，燎祭天於泰山下南方」〔註57〕，所以取二月辛卯之日，或即襲自讖文之「仲月辛日」也。

（3）「皇道帝德」之意，孔穎達謂：「言皇天者，以尊稱名之，重其事也。道德相對，則在身為德，施行為道。」〔註58〕是即此語之意。

83 堯即位七十載，禮壇沈璧，玄龜負書出

237～8《中候握河紀》	239《中候握河紀》
帝堯刻璧，率臣東沈于雒，	朕率羣臣，沈璧於雒河，
書「天子臣放勛，德薄，施行不元」。	
退候至于下稷，赤光起，玄龜負書出，背甲赤文成字，	退俟于下稷，赤光起，玄龜負書，赤文成字。
止壇。	284《中候雒予命》
又沈璧於河，黑龜出，赤文題。	湯沈璧于河，黑龜出，赤文題。

考文：

（1）《握河紀》三條佚文皆延續上節堯禮壇沈璧之事，237～8為完整讖文，239條乃收錄時不察而致重複者，當刪除。

（2）依《宋志》所言，此組讖文當為「後二年二月仲辛」所作儀式。

（3）《雒予命》「湯沈璧」云云，「湯」為「堯」之誤。蓋商湯於五行屬金，色白，所見之瑞應為白狼、白虎、白鳩、白雲。此條之「黑龜」為水德之堯所有，文句與238條相同，並非湯之瑞應也。

〔註55〕《後漢書》志第4，〈禮儀上〉頁3103，劉昭注引。
〔註56〕《漢書》卷22，〈禮樂志〉頁1045。
〔註57〕《後漢書》志第7，〈祭祀志上〉頁3169。
〔註58〕《詩經正義》卷17之3，〈大雅·泂酌〉頁15。

84　堯即位七十載，禪位於舜

221《中候握河紀》	010《尚書緯》	a578《尚書中候雜篇》	《尚書大傳》曰：
初堯在位七十載矣，見丹朱之不肖，不足以嗣天下，乃求賢以授位。至夢長人，見而論治，舜之潛德，堯實知之，於是疇咨於眾，詢四嶽，明明揚仄陋，得諸服澤之陽。	初堯在位七十載矣，見丹朱之不肖，不足以嗣天下，乃求賢以異於位，至夢長人，見而論治。	堯之長子監明早死，不得立，朱明之子封于劉，朱又不肖，而弗獲嗣。 **131《帝命驗》** 堯夢長人，見而論治， 舉舜于服澤之陽。	「堯為天子，朱為太子，舜為左右。堯知朱之不肖，必將壞其宗廟，滅其社稷，而天下同賊之；故堯推尊舜而尚之，屬諸侯，致天下于大麓之野。」〔註59〕

考文：

（1）黃奭本第10條《尚書緯》合以131條《帝命驗》，則近於221條《中候握河紀》之內容，可見《書緯》與《中候》並無實質區別。

（2）四條讖文與《大傳》所言相似，當為漢代習熟之今文傳注說辭。

（3）安居本a578條出自《古微書》，惟黃奭本歸諸鄭玄注，並謂：「（《古微書》）引作正文，今改正。」考相關佚文，皆未見「封于劉」之語，是或當作刪除。孫瑴評此條曰：「此堯之後，所謂劉累者也。夏后氏之豢龍而漢世之所祖也。」〔註60〕顧頡剛引其父之言，謂：「父大人批云：『此殆附會漢為堯後之說。』」〔註61〕

五、虞　舜

85　舜名在籙

a268《尚書緯》：緯候之說、河洛之符、名字之籙。

考文：

《尚書·堯典》孔穎達《疏》云：「此言堯知子不肖，有志禪位，……將以子不肖，時無聖者，乃運值污隆，非聖有優劣。而緯候之書，附會其事，乃云：『河洛之符、名字之籙。』何其妄且俗也。」〔註62〕則此條所言，乃謂舜之姓字已見

〔註59〕《太平御覽》卷146，〈皇親部十二〉。
〔註60〕四庫本《古微書》卷4，〈尚書中候〉頁5。
〔註61〕顧頡剛《顧頡剛讀書筆記》，頁546。
〔註62〕《尚書正義》卷2，〈堯典〉頁26。

於符籙矣。唯孔氏並未言其出自《尚書緯》，安居本依據《緯攟》而來，《緯攟》亦未言何以知爲《尚書緯》。「緯候之說」四字並非讖文，當刪除。

86　舜因虹感生、形貌

242《中候立象》	《宋書·符瑞志》	《詩含神霧》	《河圖稽命徵》	《河圖著命》	《孝經援神契》
握登 生舜於姚墟，	帝舜有虞氏，母曰握登， 見大虹意感，而生舜於姚墟， 目重瞳子，故名重華。	握登見大虹， 意感而生舜于姚墟。	握登見大虹， 意感生舜於姚墟。	握登見大虹， 意感生舜于姚墟。	舜生姚墟。
		《尚書》：「舜生姚墟。」（《風俗通·墟》）			
龍顏色黑， 身長六尺一寸。	龍顏大口，黑色， 身長六尺一寸。	《荀子·非相篇》：帝堯長，帝舜短。		《雒書靈準聽》：舜長九尺，太上員首	

考文：

（1）《立象》與《詩緯》、《孝經緯》、《河圖》所言相同，可知帝舜感生之說爲圖讖常言者。亦由此可證圖讖編纂之初，並無「讖、緯」異同之分也。

（2）《立象》言：舜長「六尺一寸」。與《荀子》「帝舜短」、《孔叢子》「舜身六尺有奇」意同。古尺約合今 23 公分〔註63〕，則舜高僅約 140 公分，甚爲短小也。惟《帝命驗》、《中候握河紀》又云：堯禪位時，「夢長人見而論治」，則又以舜爲「長人」也。衡諸《雒書》「舜長九尺」，竟得 200 公分高，是同爲《書緯》、《中候》，亦有前後傳聞相違之載錄。

（3）漢人文中輒言形貌，如《史記·張丞相列傳》云：「張蒼父長不滿五尺，及生蒼，蒼長八尺餘，爲侯、丞相。」是則漢人長短差距甚大者，不足爲奇矣。惟以漢簡所述吏員形貌，則以七尺五爲標準身高，約合 172.5 公分。

87　鳥工、龍工

243《中候立象》	《列女傳》云：	《通史》云：	《史記·五帝本紀》
父母憎之， 使其涂廩， 自下焚之， 舜乃服鳥工之衣 飛去。	「瞽叟與象謀殺舜， 使涂廩。舜告二女，二女曰： 『時唯其戕汝！時唯其焚汝！ 鵲如汝裳，衣鳥工往。』 舜既治廩，戕旋階。 瞽叟焚廩，舜往飛。	「瞽叟 使舜滌廩，舜告堯二女，曰： 『時其焚汝， 鵲衣汝裳，鳥工往。』 舜既登廩， 得免去也。」	瞽叟尚復欲殺之， 使舜上塗廩， 瞽叟從下縱火焚廩。 舜乃以兩笠自扞而下， 去， 得不死。
又使浚井，	復使浚井。舜告二女，二女曰：	「舜穿井，又告二女。二女曰：	後瞽叟又使舜穿井，

〔註63〕吳承洛《中國度量衡史》云：「周尺即璧羨度尺，其長爲 197.7788 公釐。」（頁 62）又謂：「據新莽嘉量，較得新莽尺爲 230.8864 公釐。」（頁 63）圖讖大出於新莽之世，光武帝時編纂成書，故取此時度量爲準，或亦合宜。

自上填之， 舜服龍工之服， 自傍而出。	『時亦唯其戕汝！時其掩汝！ 汝去裳，衣龍工往。』 舜往浚井，格其入，從掩， 舜潛出。〔註64〕	『去汝裳，衣龍工往。』 入井，瞽叟與象下土實井， 舜從他井出去也。」〔註65〕	舜穿井爲匿空旁出。 舜既入深，瞽叟與象共下土實井， 舜從匿空出，去。

考文：

（1）《中候立象》與《列女傳》、《通史》文意相同而有刪簡，當爲襲取《列女傳》或
　　　與其說有相同來源者。《史記‧五帝本紀》所言與三書不同，或因《列女傳》等
　　　爲後起之造作。

（2）《宋書‧符瑞志上》載：「舜父母憎舜，使其塗廩，自下焚之，舜服鳥工衣服飛
　　　去。又使浚井，自上填之以石，舜服龍工衣，自傍而出。」與《中候立象》僅
　　　有四字之異，可見擷自讖文無疑。

（3）第二欄《列女傳》出自洪興祖《楚辭補注‧天問》注引，梁元帝蕭繹《金樓子‧
　　　后妃篇三》載舜二妃之事，亦有「鳥工、龍工」傳說，文句與此相同。惟今本
　　　《列女傳》未見載錄。

（4）郭璞註《山海經‧中次十二經》云：「二女能以鳥工、龍裳救井、廩之難。」意
　　　與《列女傳》同；《史記‧五帝本紀》司馬貞《索隱》亦引《列女傳》二則，云
　　　「二女教舜鳥工上廩」、「龍工入井」（卷一，頁35），可見唐以前之《列女傳》
　　　確有「龍工」等說，惟今本刪除。

（5）《通史》之言，出自《史記‧五帝本紀》張守節《正義》所引，清馬驌《繹史‧
　　　有虞紀》（卷1，頁94）亦有相同載錄。

88　帝舜形貌

244《中候立象》	《尚書大傳》	《宋書‧符瑞志》
嘗耕於歷，夢眉長與髮等。	舜耕於歷，夢眉長與髮等。〔註66〕	耕於歷山，夢眉長與髮等。

考文：

　　　《中候立象》與《尚書大傳》相同，可見必爲《立象》襲取《大傳》者。

〔註64〕見洪興祖《楚辭補注》卷3，〈天問〉頁16注引。
〔註65〕《通史》「瞽叟」、「舜穿井」2則，皆見《史記》卷1，〈五帝本紀〉頁35，《正義》
　　　　引。
〔註66〕《繹史》卷1，〈有虞紀〉頁92。

89　舜時瑞徵、西王母獻圖

《宋書·符瑞志上》	250《中候立象》	《春秋佐助期》	《帝王世紀》	
及即帝位，蓂莢生於階，鳳皇巢於庭， 擊石拊石，百獸率舞，景星出房， 地出乘黃之馬， 西王母獻白環、玉玦。	景星出房， 地出乘黃之馬。	虞舜之時，景星出房。	景星曜於房，羣瑞畢臻， 地出乘黃。舜於是德被天下。	
108《帝命驗》 虞舜在側陋，光曜顯都， 握石椎、懷神珠。	《雒書靈準聽》 有人方面日衡、重華， 握石椎，懷神珠。			
110～2《帝命驗》 舜受命，蓂莢孳。 舜受終，赤鳳為儀。 西王母於太荒之國， 得益地圖，慕舜惠，遠來獻之。	璇璣玉衡，以齊七政。厤象日月、星辰。 正月上日，舜受終，鳳皇儀， 黃龍感，朱草生，蓂莢孳， 西王母 授益地圖。	a249《帝驗期》：西王母獻白玉琯及益地圖。	《尚書大傳·虞傳》 孔子曰：「舜以天德嗣堯，西王母來獻白玉琯。」〔註67〕	《大戴禮記·少閒》 昔虞舜以天德嗣堯，……西王母來獻白玉琯。
113《帝命驗》：王母之國在西荒。凡得道授書者，皆朝王母於崑崙之闕。				

考文：

（1）此組以《宋志》、《雒書》所言「景星、乘黃、鳳皇、蓂莢、西王母」等事為準。

（2）《中候立象》言及「景星、乘黃」，《春秋緯》言及景星，可證《宋志》所言，依據緯書無疑。

（3）《帝命驗》108 與 110～12 四條，適與《雒書》大致相類，故當合為一段。惟文句頗有刪減，又缺「璇璣……星辰」一句（按：略見於《考靈曜》054 條）。然而以此事考之，則《帝命驗》與《雒書》於編纂之初，實未詳細分別其內容也。

（4）安居本《帝驗期》a249 言及西王母獻玉琯事，與《大傳》、《大戴禮》同，可見西王母所獻，有「白環、玉玦、白玉琯、益地圖」等不同說辭。

（5）《帝命驗》113 條輯自《太平御覽·道部三》所收錄《集仙錄》中轉引之《尚書帝驗期》文句；惟《御覽》轉引已誤。查其原文出自杜光庭《墉城集仙錄·西王母傳》，曰：「虞舜攝位，王母遣使授舜白玉環，又授益地圖。……《尚書帝驗期》曰：『王母之國在西荒之野。』昔茅盈字叔申、王褒字子登、張道陵字輔漢，洎九聖七真，凡得道受書者，皆朝王母於崑陵之闕焉。」〔註68〕可知黃奭本承《御覽》之誤，以為「凡得道」云云亦屬讖文；當予刪除。安居本《尚書帝驗期》a248 條全引《御覽》此文而成，亦當如黃奭本 113 條，存其首句而已。

（6）黃奭本 113 條「王母之國在西荒」，實即 112 條「西王母於太荒之國」之刪減，

〔註67〕《四庫本》卷1，頁13。又，《漢書》卷21上，〈律曆志〉頁958，孟康注亦引此文。
〔註68〕《雲笈七籤》卷114，頁1602。

當爲杜光庭引述時，自作更易所致，當可刪除。

（7）西王母事又見於《尚書大傳》及《大戴禮》，可證乃緯書取自漢代習見之傳聞。

90　舜禮壇沈璧

245～8《中候立象》	a486《中候握河紀》
帝舜曰：「朕惟不乂，蓂莢孚，百獸鳳晨。」	舜曰：「朕惟不仁，蓂莢浮着，百獸鳳晨。」
曰若稽古帝舜，曰重華。欽翼皇象，	若稽古帝舜，曰重華，欽翼皇象，
建皇授政改朔。	a345《尚書中候》：建黃授正改朔。
舜禮壇於河畔，沈璧禮畢，至於下稷，榮光休至，	帝舜至於下稷，榮光休至，
黃龍負卷舒圖，出水壇畔，赤文綠錯。	黃龍負卷舒圖，出水壇畔，赤文綠錯。

考文：

以安居本 a486 條爲準，黃奭本 254 至 258 等五條，可合爲一段完整之讖文。黃奭本文句較爲完備。

91　舜習堯禮

109《帝命驗》：順堯《考慂》、《題期》、《立象》。

考文：

（1）宋均注此條云：「堯巡省河洛，得龜龍文圖書。舜受禪後，習堯禮，得之，演以爲《考河命》、《題五德之期》、《立將起之象》。凡三篇，在《中候》也。」由此可知，此條《帝命驗》乃言舜即位後，循順唐堯所受之圖書，並制爲《考慂》（即《考河命》）、《題期》、《立象》三篇）。

（2）敦煌鈔本唐杜嗣先《兔園策府》，錄有：「《尚書中候》曰：『舜祇德欽象，習堯祇位也。』」〔註69〕未見前賢輯錄。覈其文意，與《帝命驗》109 條之宋均注文相合，或即說舜習禮之事者。

92　舜禪於禹

252～7《中候立象》	《宋書·符瑞志》	《尚書大傳·虞夏傳》	《樂稽耀嘉》曰：
在位十有四年，	舜在位十有四年，	維十有四祀，	「禹將受位，
奏鍾石笙筦，未罷，	奏鍾石笙筦，未罷，	鐘石笙筦變聲，樂未罷，	天意大變，
而天大雷雨，	而天大雷雨，	疾風發屋，	迅風靡木，
疾風發屋、伐木，	疾風發屋、拔木，	天大雷雨。	雷雨晝冥。」

〔註69〕王三慶編《敦煌類書》頁 523：杜嗣先《兔園策府》。

桴鼓播地，鍾磬亂行，	桴鼓播地，鍾磬亂行，		（《白虎通・災變》引）
舞人頓伏，樂正狂走。	舞人頓伏，樂正狂走。		
舜乃擁權持衡而笑曰：	舜乃擁璿持衡而笑曰：	帝沈首而笑曰：	**《呂覽・貴公》**
「明哉，夫天下	「明哉！夫天下	「明哉，	天下非一人之天下也，
非一人之天下也，	非一人之天下也，	非一人天下也，	天下之天下也。
亦見於鍾石笙筦乎？」	亦乃見于鍾石笙筦乎？」	乃見於鐘石。」	
乃薦禹於天，行天子事。	乃薦禹於天，使行天子事。		
於時和氣普應，慶雲興焉，	于時和氣普應，慶雲興焉，		**《史記・天官書》**
若烟非烟，若雲非雲，	若煙非煙，若雲非雲，		若煙非煙，若雲非雲，
郁郁紛紛，蕭索輪囷。	郁郁紛紛，蕭索輪囷。		郁郁紛紛，蕭索輪囷，
白工相和而歌慶雲，	百工相和而歌慶雲，	時俊乂百工，相和而歌卿雲，	是謂卿雲。卿雲，喜氣也。
帝乃倡之曰：	帝乃倡之曰：	帝乃唱之曰：	（卷 27，頁 1339）
「慶雲爛兮，糺縵縵兮，	「慶雲爛兮，糾縵縵兮，	「卿雲爛兮，糺縵縵兮，	
日月光華，旦復旦兮。」	日月光華，旦復旦兮。」	日月光華，旦復旦兮。」	
羣臣咸進，稽首曰：	羣臣咸進，稽首曰：	八伯咸進，稽首曰：	
「明明上天，爛然星陳，	「明明上天，爛然星陳，	「明明上天，爛然星陳，	
日月光華，弘於一人。」	日月光華，弘予一人。」	日月光華，弘於一人。」	
帝乃載歌曰：	帝乃再歌曰：	帝乃載歌，旋持衡曰：	
「日月有常，星辰有行，	「日月有常，星辰有行，	「日月有常，星辰有行，	
四時從經，萬姓允誠。	四時從經，萬姓允誠。	四時從經，萬姓允誠。	
於予論樂，配天之靈，	於予論樂，配天之靈，	於予論樂，配天之靈，	
遷於賢聖，莫不咸聽，	遷于賢聖，莫不咸聽，	遷於賢聖，莫不咸聽，	
鼚乎鼓之，軒乎舞之，	鼚乎鼓之，軒乎舞之。	鼚乎鼓之，軒乎舞之，	
精華以竭，褰裳去之。」	精華以竭，褰裳去之。」	菁華已竭，褰裳去之。」	
於時八風修通，慶雲叢聚，	於時八風修通，慶雲叢聚，	於時八風循通，卿雲藂藂，	
蟠龍奮迅於厥藏，	蟠龍奮迅於其藏，	蟠龍賁信於其藏，	
蛟魚踊躍於厥淵，	蛟魚踊躍於其淵，	蛟魚踴躍於其淵，	
龜鼉咸出厥穴，	龜鼉咸出其穴，	鱉鼉咸出於其穴，	
遷虞而事夏。	遷虞而事夏。	遷虞而事夏也。	
舜乃設壇於河，如堯所行。	舜乃設壇於河，依堯故事。	（陳壽祺《輯校一》頁 13）	
至於下稷，容光休至，	至於下昃，榮光休氣至，		
黃龍負圖，長三十二尺，	黃龍負圖，長三十二尺，		
置於壇畔，赤文綠錯，	廣九尺，出于壇畔，赤文綠錯，		
其文曰：	其文言		
「禪於夏后，天下康昌。」	當禪禹。		

考文：

（1）《中候立象》252～57 等六條，文句與《宋志》幾乎相同，僅有數字微異，可信

緯書原文當爲整段載記。更覈以《尚書大傳・虞夏傳》，可知原本即爲擷取經注而成者。《大傳》所缺之「卿雲」，《史記・天官書》亦有文字相同之載錄，可證《立象》之文當皆有所來源，並非編纂時憑空造生而得。

（2）《中候立象》所言，既襲自解說經義之《大傳》，則《立象》此條當非預言式之讖語也。是又《尚書中候》與《尚書緯》皆可「配經」之證也。

（3）「天下非一人之天下」者，除上引之《呂覽》外，如《太公六韜・文韜・文師》、〈武韜・發啓〉皆嘗云：「天下非一人之天下，乃天下之天下也。」此語亦見於銀雀山漢墓竹簡《六韜》中〔註70〕，可見爲先秦已有之觀念。《周書》亦引太公曰：「夫天下，非常一人之天下也；天下之國，非常一人之國也。莫常有之，惟有道者取之。」〔註71〕至若西漢，劉向於成帝永始元年（西元前16）諫起延陵，云：「王者必通三統，明天命所授者博，非獨一姓也。」〔註72〕《漢書・谷永傳》則載谷永成帝元延二年（西元前12）奏疏云：「天下乃天下之天下，非一人之天下也。」〔註73〕可信此說實爲秦、漢文獻輒言之語。是以錢穆謂此說來自今文《公羊家》，云：「其先《公羊家》三統受命之說，本以解釋漢高之以平民爲天子，至漢德日衰，乃以警庸主，而轉爲新莽斬榛茆、除先道焉。」〔註74〕

（4）《太平御覽》引《尚書大傳》論述此事之佚文二條，曰：「舜爲賓客，禹爲主人，百工相和而歌卿雲，於時八風循通，卿雲藂叢。」「舜時，卿雲見於時，百工和歌。舜歌曰：『卿雲爛兮糾縵縵。』或以雲爲出岫回薄而難名狀也。」〔註75〕所言「禹爲主人」，可證大雷雨確與舜禪位於禹有關。

〔註70〕《姜太公全書》頁81。
〔註71〕《太平御覽》卷84，〈皇王部九〉引《周書》。
〔註72〕《顧頡剛讀書筆記》，頁1261引。
〔註73〕《漢書》卷85，〈谷永傳〉頁3466。
〔註74〕《顧頡剛讀書筆記》，頁1261引。
〔註75〕卷8，〈天部八〉。第2條又見於卷571，〈樂部九〉所引。

第四節　三代帝王事蹟

一、夏　代

（一）禹

93　夏禹感生

114《帝命驗》	《宋書·符瑞志》	《孝經鉤命決》	《河圖著命》	《河圖稽命徵》
禹，白帝精，以星感。	帝禹有夏氏，			
脩紀山行，	母曰脩己，出行，	命星貫昴，	修己	修己
見流星貫昴，	見流星貫昴，	脩紀夢接，	見流星，	見流星，
意感栗然，	夢接意感，		意感	意感
生姒戎，文命，禹。	既而吞神珠。	生禹。	生帝戎，文禹，一名文命。	生帝戎，文禹，一名文命。

考文：

　　《帝命驗》所言，與《孝經緯》、《河圖》相同，雖字句有多寡之異，亦可信四條讖文皆有同一來源。由此可證，「經讖」實未如後世以爲有「讖、緯」之分。

釋義：

　　《帝命驗》以禹爲流星貫昴而感生者，末句「姒戎」，姒爲姓，戎爲地名，謂禹生於戎地。

94　夏禹形貌

258《中候立象》	115《帝命驗》	《雒書靈準聽》	《雒書靈準聽》	《雒　書》
脩己剖背，而生禹於石紐。			有人出石夷掘地代，	有人出石夷掘地代，
虎鼻彪口，兩耳參鏤，	有人大口，兩耳參漏，	有人大口，耳參漏		
首戴鉤鈐，匈懷玉斗，	足文履己，	履己，		
足文履己，故名文命。	首戴鉤鈐，胸懷玉斗，	戴鉤鈐，懷玉斗。	戴成鈐，懷玉斗。	戴成鈐，懷玉斗。
長九尺九寸，	分別九州，			
夢自洗於河，以手取水飲之，	隨山濬川，任土作貢。	《尚書序·禹貢》：「禹別九州，隨山濬川，任土作貢。」		

考文：

（1）《中候立象》謂禹生於石紐，與前一組《帝命驗》所言不同，是以此組《帝命驗》115條未言禹生何處。《雒書》三條，「有人出石夷掘地代」文句難解，《清河郡本》作「有人掘地，出石夷」，文意較爲淺明。

（2）《宋書・符瑞志》云：「脩己背剖，而生禹於石紐，虎鼻大口，兩耳參鏤，首戴
　　鉤鈐，胸有玉斗，足文履己，故名文命。長有聖德，長九尺九寸，夢自洗於河，
　　以手取水飲之。又有白狐九尾之瑞。」〔註76〕較《立象》多出「聖德、白狐」
　　二句。《宋志》此條接於「既而吞神珠」（見上組引）之下，可見《宋志》合《帝
　　命驗》114 條與《中候立象》258 條爲一，亦未分別「讖、緯」之異。

（3）禹之形貌特徵，緯書五條所言皆自相似，當取自習見之傳聞。是可知《帝命驗》
　　與《中候》、《雒書》等並無內容之差異。

（4）《帝命驗》末句實鈔錄百篇《書序》而成，是經讖襲取經文之直接證明。

釋義：

（1）《淮南子・脩務篇》云「禹生於石」，高誘註：「禹母脩己，感石而生禹，折胸而
　　出。」〔註77〕可見禹生於石之傳說，由來已久。

（2）《史記・六國年表序》云：「禹興於西羌。」《集解》引皇甫謐《帝王世紀》云：
　　「孟子稱：禹生石紐，西夷人也。《傳》曰『禹興於西羌』是也。」〔註78〕然而
　　今本《孟子》實未見此文，西漢文獻亦無孟子此說之載錄，當是皇甫氏擷取傳
　　說而歸諸《孟子》者。由此亦可推知：《中候立象》云「禹生於石紐」、《雒書》
　　謂「出石夷」，或即合《淮南》、《傳》曰之言，謂「禹生於石，爲西夷之人」。
　　詳見第五章「史學思想」考論。

95　夏禹形貌

132《帝命驗》	《雒書靈準聽》	《淮南子・脩務篇》	《春秋元命包》	《春秋演孔圖》	《禮含文嘉》
禹身長九尺，有只 虎鼻、河目、駢齒、鳥喙， 耳三漏，戴成鈐，襄玉斗， 玉幹履己。	禹身長九尺有六， 虎鼻、河目、駢齒、鳥喙， 耳三漏，戴成鈐，襄玉斗， 玉幹履己。	禹耳參漏， 是謂大通。	禹耳三漏， 是謂大通。	禹耳三漏， 是謂大通。	禹耳三漏， 是謂大通。

考文：

（1）此條《帝命驗》與前引 115 條應屬相同之內容，惟字句略有差異，或爲前賢轉
　　引有所刪易之故。

（2）《帝命驗》之「身長九尺，有只虎鼻」文意怪奇，覈以《雒書》，則知爲「身長
　　九尺有六，虎鼻」之誤。惟此誤於羅泌《路史・後紀十二》引《帝命驗》時已

〔註76〕《宋書》卷 27，〈符瑞志上〉頁 763。
〔註77〕《淮南子》卷 19，〈脩務篇〉頁 642。
〔註78〕《史記》卷 15，〈六國年表三〉頁 686《集解》引。

有。惟此處「九尺六寸」，與《中候立象》「九尺九寸」不同，可見同為《書緯》系列，內容亦有差異。

（3）緯書好言帝王之身體特異徵貌，且輒有混淆之處，如《孝經援神契》謂「伏犧大目」，又謂神農「戴成鈐，懷玉斗」，《春秋演孔圖》謂「帝嚳駢齒」、「武王駢齒」，皆與此條所言禹之形貌相同。

96　禹治水

144《璇璣鈐》	145《璇璣鈐》	《孝經援神契》	《呂氏春秋·貴因》	《淮南子·人間篇》
禹開龍門，導積石，決岷山，治九貢。	禹開龍門，導積石， 元圭出，刻曰：「廷喜玉，受瑞，天賜佩。」	禹鑿龍門，闢伊闕，決江開岷，導四瀆。	禹通三江、五湖，決伊闕，溝迴陸，注之東海。〔註79〕	禹鑿龍門，闢伊闕，平治水土，使民得陸處。 〔註80〕

考文：

（1）禹治洪水之史實中，「龍門、積石」等名辭，為古文獻中習見者，除上文列述之各書外，《尚書·禹貢》亦云：「導河積石，至于龍門。」《呂覽·古樂篇》謂：「禹立，勤勞天下，日夜不懈，通大川，決壅塞，鑿龍門，降通漻水以導河，疏三江五湖，注之東海，以利黔首。」西漢哀帝初，待詔賈讓奏疏亦言：「大禹治水，山陵當路者毀之，故鑿龍門，辟伊闕，析底柱，破碣石。」〔註81〕由此觀之，《璇璣鈐》所言，當為與經義相同之例也。

（2）「玄珪」一事，《尚書》、《史記》皆有言及，見下組緯書列述中。惟玄珪有字，則為緯書所增者。

（3）黃奭本《璇璣鈐》144 及 145 條，原本當為相同之讖文，前人引用時，自作刪簡，致使微異，籲以安居本 a186 條，則黃本當以 145 條為準，「導積石」下，增「決岷山，治九貢」六字，則為完整讖文。

〔註79〕《淮南子》卷 8〈本經篇〉、卷 2 十〈泰族篇〉亦有類似之載錄。
〔註80〕又見《說苑·貴德》亦有相同之載錄。
〔註81〕《漢書》卷 29，〈溝洫志〉頁 1694。

97 禹遇河精、二龍

223～31《中候握河紀》		a350《尚書中候》		177《刑德放》
伯禹在庶。		伯禹在庶，		禹長於地理、
四嶽師，舉薦之帝堯。		四嶽師，舉薦之帝堯，		水泉、九州，
堯使禹治水，握括命，	232《中候握河紀》	握括命，	a349《尚書中候》	得括地象圖，
不試，爵授司空。	伯禹拜辭。	不試，爵授司空，	堯使禹治水，	故堯以爲司空。
伯禹稽首，讓於益、歸。		伯禹稽首，讓於益歸，		
帝曰：「何斯若眞。」	259～62《中候立象》	帝曰：「何斯若眞，	禹辭，天地重功，	
出爾命圖示乃天。	觀於河，	出爾命圖示乃天。」	帝欽擇人，帝曰：	
伯禹曰：「臣觀河伯，	有長人，白面魚身，	禹觀於河，	「出爾命圖乃天。」	《尸 子》
面長，人首魚身，	出曰：「吾河精也。」	有長人，白面魚身，	禹臨河觀，	禹理水，觀於河，
出曰：『吾河精也。』	呼禹曰：「文命治淫。」	出曰：「吾河精也。」	有白面長人魚身出，	見白面長人魚身出，
表曰：『文命治淫水。』	言訖，受禹河圖，	呼禹曰：「文命治淫。」	曰：「吾河精也。」	曰：「吾河精也。」
授臣河圖，	言治水之事，乃退入於淵。	言訖，授禹《河圖》，	表曰：「文命治淫水。」	
竄入於淵。」	於是以告曰：	言治水之事。乃退入于淵。	臣河圖，	授禹《河圖》，
220《中候握河紀》	「臣見河伯，		去入淵。	而還於淵中。
禹觀於濁河，而授綠字。	面長，人首魚身，			
	曰：『吾河精。』			
	授臣河圖。」			
《尚書·禹貢》	治水既畢，	禹治水既畢，	《史記·夏本紀》	
禹錫玄圭，告厥成功。	天悉玄珪，以告成功。	天錫玄珪，以告成功。	於是帝錫玄圭，以告成功于天下，	
	夏道將興，	夏道將興，	天下于是太平治。	
	草木暢茂，郊止青龍，	草木暢茂，青龍止于郊，		
	祝融之神，降於崇山。	祝融之神，降於崇山。		
	乃受舜禪，即天子之位。	乃受舜禪，即天子之位。		
	天乃悉禹《洪範》九疇，	洛出龜書五十六字，		
	洛出龜書五十六字，	是爲《洪範》，		
《呂氏春秋·知分》	此謂「洛出書」者也。	此謂「洛出書」者也。	《淮南子·精神篇》	
禹南省，方濟乎江，	南巡狩濟江，	南巡狩，濟江，	禹南省方，濟乎江，	
黃龍負舟。	中流有二龍負舟，	中流有二龍負舟，	黃龍負舟。	
舟中之人，五色無主。	舟人皆懼，	舟人皆懼，	舟中之人，五色無主。	
禹仰視天而歎曰：	禹笑曰：	禹笑曰：	禹乃熙笑而稱曰：	
「吾受命於天，	「吾受命於天，	「吾受命於天，	「我受命于天，	
竭力以養人。	屈力以養人，	屈力以養人。	竭力而勞萬民。	
生，性也；	性也；	生，性也；	生，寄也；	
死，命也。	死，命也。	死，命也。	死，歸也。	
余何憂於龍焉？」	奚憂龍哉？」	奚憂龍哉！」	何足以滑和？」	
龍俛耳低尾而逝。	龍於是曳尾而逝。	龍於是曳尾而逝。	視龍猶蝘蜓，顏色不變，	
則禹達乎生死之分，		（《宋書·符瑞志上》	龍乃弭耳掉尾而逃。	
利害之經也。		卷二七，頁763）	禹之視物亦細矣。	

考文：

（1）由第三、四欄安居本 a350 及 a349 兩條佚文觀之，可知第一欄黃奭本《中候握河紀》之 223～231 等九條，實爲一完整段落。而第二欄 232 條則爲複見之單句，與「讓于益、歸」意同。歸者，舜臣夔也。

（2）第二欄《中候立象》之 259～262 四條，對照上欄之《握河紀》及下欄之《宋書‧符瑞志》，可知爲一完整段落，惟多出「於是以告……授臣河圖」二十三字，無他文可供比覈。繹其文意，與前段相同，似屬衍文，若作刪除，亦於文意無損。

（3）河精之事，戰國時期之《尸子》已見言及，緯書當屬襲取成說而作改易者。

（4）第一欄《握河紀》「禹觀濁河」事，出自《繹史》卷一一〈禹平水土〉引文，與其餘「觀河見河精」佚文，似不相同，惟《晉書‧地理志》已載：「昔大禹觀於濁河而受綠字，寰瀛之內可得而言也。」〔註82〕是此條亦當屬讖文無疑。

（5）錫圭之事，《尚書‧禹貢》、《史記‧夏本紀》、〈秦本紀〉皆有所言，《中候立象》亦僅作引述即止，並未如上組《璇璣鈐》添加玄圭刻辭，似較屬平實。

（6）二龍之事，對照一、四兩欄之《呂覽》、《淮南》，可知《中候立象》「二龍」文句取自成書而略有改易。又，《宋書‧符瑞志》多鈔錄緯書而成，由二、三欄之比覈，可信此事不虛。漢末趙曄《吳越春秋‧越王無余外傳》亦載錄此事，可作參較。《立象》此段文句中，「屈力」若作「竭力」字意較明達；「性也」上缺「生」字，當增補。

（7）第一欄之《中候握河紀》及第二欄之《中候立象》合併，應爲大禹治水本末之完整之讖文。綜觀比覈，此組讖文所言，實皆有其出處，並非光武朝時憑空造生者。

（二）桀

98　桀失玉鏡

118《帝命驗》：桀失其玉鏡，用其噬虎。
195《運期授》：桀失玉鏡，用噬其虎。

考文：

黃奭本二條讖文並引鄭玄注皆相同，若非前人引用此文時誤植篇名，即因《帝命驗》與《運期授》皆言帝王受命之事，故有此複見情況。

〔註82〕《晉書》卷 14，〈地理志上〉頁 408。

釋義：

　　鄭玄注云：「玉鏡喻清明之道，噬虎喻暴虐之風。」當即夏桀暴政之寫照也。

99　桀時日鬥蝕（此類說辭共計三組）

《尚書璇璣鈐》曰：「桀時，有日鬥蝕。」〔註83〕

考文：

　　此條黃奭本未收，見於《開元占經》。《尚書緯》言及夏桀時之日象，有「日鬥」、「二日並照」、「三日並照」等三類，分別見於《璇璣鈐》、《帝命驗》、《考靈曜》三篇，以下兩組並存其說。再者，古代星象占驗中，此三類皆屬星災異象，皆有歷代史實占驗可作比附，可知緯書此類說辭，乃取星占成說而來者。

釋義：

　　言及日鬥者，如《金櫃》曰：「日鬥者，人君內無聽明，邪臣爭權。」京房亦曰：「凡日鬥，不及三年，下有拔城大戰。」〔註84〕是則此條讖文意謂：桀不納明諫，當有拔城亡國之戰。

089《考靈曜》：黑帝亡，二日竝照。

194《運期授》：黑帝亡，二日竝出。

釋義：

（1）《開元占經》卷六，〈日占二‧日鬥〉節中，頗載二日相鬥之占，略述如下：

　　1、《春秋潛潭巴》曰：「兩日並出，地裂，水不流。」

　　2、《詩緯推度災》：「逆天地，絕人倫，則二日出相爭。」

　　3、京氏曰：「兩日並出，是謂諸侯有謀，自底滅亡，天下兵興。」

　　4、《孝經緯》曰：「夏時兩日並出。」

　　5、讖曰：「桀無道，兩日照，夷山亡，龍逢誅，人民散，郊社墟。」

　　6、京氏曰：「兩日並出，是謂並明，假主爭明，天下有兩主。」

　　7、京氏曰：「兩日鬥，天下爭。」

　　七例所言，皆以「二日鬥」為天下兵興、君主將亡之象，此亦緯書湯伐桀之張本。

（2）先秦子書亦輒言「二日」之異象，如《晏子‧內篇雜下》云：「景公病水，臥十

〔註83〕《開元占經》卷6，〈日占二‧日鬥〉。
〔註84〕《開元占經》卷6，〈日占二‧日鬥〉。

數日，夜嘗與二日鬥，不勝。」〔註85〕《呂氏春秋》亦謂：「末嬉言曰：『今昔天子夢西方有日，東方有日，兩日相與鬥，西方日勝，東方日不勝。』」〔註86〕王充《論衡》解曰：「桀無道，兩日并照，在東者將起，在西者將滅。」〔註87〕可見桀時「兩日」異象，為秦、漢常言者。

(3)《詩經・商頌・長發》「玄王桓撥」，鄭玄《箋》云：「承黑帝而立子，故謂契為玄王。」〔註88〕可知商為水德，色黑；而夏桀於五行屬金，色白。此條讖文以湯伐桀而言，則當作「白帝亡」始確。是亦可知緯書言五德與帝王興滅之關係，亦未劃一界限。

《尚書考靈曜》曰：「（原注：闕）帝之亡，三日並照。」〔註89〕

考文：

前引黃奭本89條出自《太平御覽》卷三，〈天部三〉，云「二日」，與此條出自《開元占經》卷六者不同。89條「二日」之後，《御覽》續接巫咸、京房、《孝經緯》等「二日鬥」之事，而《占經》於此條之後則續接「三日並照」之占辭，可見《占經》並未視此為「二日」也。

釋義：

《開元占經》卷六，〈日占二・日並出〉節中，頗載三日並見之占，略述如下：

1、巫咸曰：「三日並見于房、心下，不出一年，天下治有裂地為三州者。」

2、京氏曰：「三日並出，大臣爭奪王政。」

3、《孝經內記》曰：「三日並出者，國君必亡其位，有人在前後宮同人君，即亡也。」

4、《春秋緯》曰：「三日並出，天子黜。」

四例所言，皆謂「三日並出」為臣篡、君亡之象，與二日相鬥者類似。

〔註85〕《晏子逸箋》卷6，〈內篇雜下〉頁341。又見《風俗通義校注》卷9，〈怪神〉頁392引。

〔註86〕《繹史》卷14，〈三代第四〉頁155引。

〔註87〕《太平御覽》卷4，〈天部四〉引。

〔註88〕《詩經正義》卷20之4，〈商頌・長發〉頁3，鄭玄《箋》。

〔註89〕《開元占經》卷6，〈日占二・日並出〉。

100　桀無道

272～77《中候雒予命》	117《帝命驗》	
夏桀無道，殺關龍逢，	夏桀無道，殺關龍逢，	
絕滅皇圖，壞亂歷紀。	絕滅皇圖，壞亂厤紀，	
殘賊天下。	殘滅天下，	
賢人遁逃。（日傷）。	賢人逃遁，	
淫色嫚易。	淫色嫚易，	
不事祖宗，	不事祖宗。	
枉矢射，	夏桀無道，枉矢射。（a357《尚書中候》）	
山亡土崩，	夏桀無道，山亡土崩。（a362 仝上）	《春秋命歷序》
地吐黃霧，	桀為無道，地吐黃霧。（a358 仝上）	桀無道，地吐黃霧。
	桀無道，夏出霜。（116《帝命驗》）	夏隕霜，冬下露。
天雨血。	夏桀無道，天雨血。（a360《尚書中候》）	

考文：

（1）左欄黃奭本《中候雒予命》272～277 等六條，恰為中欄《帝命驗》116、117 條及安居本《尚書中候》四條佚文之綜合，《春秋命歷序》可為佐證。其中安居本「夏桀無道」四見，實即黃奭本之首句。

（2）黃奭本第 277 條「天雨血」下，有「天乙在亳」一句，下接 278 條「諸鄰國……沈于雒水」云云，然而考之《宋書・符瑞志》，「天乙在亳」實為 278 條之首句，黃奭本誤植入「桀無道」佚文中，安居本 a371 條即獨立為一條，當參照。

（3）黃奭本 116《帝命驗》言「桀無道，夏出霜」，難知應置何處，惟觀《春秋命歷序》有「黃霧、隕霜」二句，故可推知《中候雒予命》或安居本《尚書中候》「黃霧」之後，接以「隕霜」句，或即緯書之原貌。而《帝命驗》實與《雒予命》相同而有缺漏，或即前賢鈔錄時，未引全文之故。

（4）《開元占經》卷六，〈日占二〉引《尚書中候》，「賢人遁逃」下有「日傷」二字，今據補。

（5）黃奭本「寡人愼機」，安居本作「習禮堯壇降」，而「予商滅夏天下服」七字則為安居本所無者。

釋義：

（1）山崩之徵，實為漢代今文家陰陽學說常言者，如：

1、董仲舒《灾異占》曰：「日黃無光，天下主失德，名山崩，地動。」〔註90〕

2、京房《易傳》云：「山默然自移，天下兵亂，社稷亡也。」〔註91〕

3、京房《易傳》云：「（山）自上下者爲崩，厥應泰山之石顛而下，聖人受命人君虜。」〔註92〕

（2）黃霧爲災之象，輒見於漢代史書，如《漢書·元后傳》云：孝成帝初立，用王舅王鳳，「其夏，黃霧四塞終日。……（朝臣）以爲陰盛侵陽之氣也」。黃霧又或作「濛」，《開元占經》引《尚書中候》曰：「桀無道，地吐黃，黃是濛也。」〔註93〕濛與黃霧皆爲陰陽占驗常言者：

1、《天鏡》曰：「天雨霧如黃土，百姓勞苦，奔亡不安，名曰黃霧。」〔註94〕

2、京房曰：「臣私祿及親，……濛行。……濛黃濁，下陳功于上，茲謂不知。」〔註95〕

可見緯書所言之桀時異象災驗，當皆爲襲取漢代陰陽家之成說，並無特殊創見。

二、殷 商

（一）契

101 契以玄鳥感生

270《中候契握》玄鳥翔水，遺卵下流，娀簡易拾吞，生契，封商。後萌水昜。	《詩含神霧》湯之先爲契，無父而生。契母與姊妹浴於元邱水，有燕銜卵墮之，契母得，故含之，謂吞之，即生契。	《詩推度災》契母有娀浴于元邱之水，睇玄鳥銜卵，過而墮之，（契母）得而吞，遂生契。	殷契，母曰簡狄，有娀氏之女，爲帝嚳次妃。三人行浴，見玄鳥墮其卵，簡狄取吞之，因孕生契。《史記·殷本紀》	《列女傳·契母簡狄》契母簡狄者，有娀氏之長女也，當堯之時，與其妹娣浴於玄丘之水，有玄鳥銜卵過而墜之，五色甚好。簡狄與其妹娣競往取之，簡狄得而含之，誤而吞之，遂生契焉。（卷1，頁2）

考文：

〔註90〕《開元占經》卷5，〈日占一〉頁60。

〔註91〕《搜神記》卷6，頁67引。

〔註92〕《漢書》卷27中之上，〈五行志〉頁1400。

〔註93〕《開元占經》卷101，〈濛占〉頁1059。

〔註94〕《開元占經》卷101，〈霧占〉頁1056。

〔註95〕《開元占經》卷101，〈濛占〉頁1059。

（1）《詩・玄鳥》謂「天命玄鳥，降而生商」，當爲契乃卵生之張本。惟《呂氏春秋・音初篇》（卷六，頁335）謂二女爲九成高臺而居其上，帝令燕往視之，二女愛而爭搏之。燕遺二卵，北飛，遂不反。並未言及吞卵生契之事也。

（2）《中候契握》與《詩緯》、《史記》、《列女傳》所言皆同，惟有詳略之異。可知《契握》所言乃取自秦、漢習聞之傳說也。

（3）《宋書・符瑞志》云：「高辛氏之世妃曰簡狄，以春分玄鳥至之日，從帝祀郊禖，與其妹浴於玄丘之水。有玄鳥銜卵而墜之，五色甚好，二人競取，覆以玉筐。簡狄先得而吞之，遂孕。胸剖而生契。後爲堯司徒，成功於民，受封于商。」〔註96〕文句近似《列女傳》，而略異於《中候契握》，疑即《中候》佚文已遭刪減之故。

（4）簡狄並非帝嚳妃，譙周云：「契生堯代，舜始舉之，必非嚳子。以其父微，故不著名。其母娀氏女，與宗婦三人浴于川，玄鳥遺卵，簡狄吞之，則簡狄非帝嚳次妃明也。」〔註97〕是以孔穎達亦謂：「鄭（玄）義：稷、契當堯時，按《命厤序》云『帝嚳傳十世』，則稷、契不得爲帝嚳之子。是帝嚳後世子孫之子。故鄭注〈生民〉云『姜嫄高辛氏之世妃』，則簡狄亦高辛氏之後世之妃。」〔註98〕

（5）《史記・秦本紀》云：「秦之先，帝顓頊之苗裔孫曰女脩。女脩織，玄鳥隕卵，女脩吞之，生子大業。」可見吞燕卵生子之傳說，並非僅限契母而已。

（二）商 湯

102 湯之感生

a367《尚書中候》	《春秋元命包》	《詩含神霧》	《河 圖》	《河圖握矩記》	《河圖著命》	《河圖稽耀鉤》
桀後十三世，生主癸，主癸之妃曰扶都，見白氣貫月，意感，以乙日生湯，號天乙。	扶都感白帝而生湯。	湯母扶都見白氣貫月，意感，而生湯。	湯母扶都見肉氣貫月，意感，而生湯。	扶都見白氣貫星，意感，生黑帝湯。	扶都見白氣貫月，意感，生黑帝子湯。	扶都見白氣貫日，意感，生黑帝子湯。

考文：

（1）《春秋緯》、《詩緯》、《河圖》等讖文凡六條，內容相同，而安居本《尚書中候》所言除首句、末句外，亦與之無異。

〔註96〕《宋書》卷27，〈符瑞志上〉頁763～64。
〔註97〕《史記》卷3，〈殷本紀〉頁92，《索隱》引。
〔註98〕《禮記正義》卷15，〈月令〉頁4。

（2）安居本 a367 條錄自《古微書》，黃奭本《尚書中候》277 條「天乙在亳」引鄭注「天乙湯名」，繼則以此條（a367）文句爲鄭玄注文。黃奭考謂：鄭注出自《詩・商頌・那》孔穎達疏文、《開元占經》卷一二〇〈龍魚蟲蛇占〉二處，惟覆查二書，皆未見鄭注此文。今考《宋書・符瑞志》於「受封于商」之後，即接「後十三世，生主癸。主癸之妃曰扶都，見白氣貫月，意感，以乙日生湯，號天乙。豐下銳上，晳而有髯，句身而揚聲，身長九尺，臂有四肘，是曰殷湯。」〔註99〕《宋志》既多取讖緯爲之，可知黃奭以爲之鄭玄注文，實即《尚書中候》佚文，故循《古微書》置此條於《尚書中候》中。

（3）言商湯名「乙」之由者，尚有《易緯》二條，逐錄於下，以見其詳：

1、《易乾鑿度》：「孔子曰：『自成湯至帝乙。帝乙，湯之元孫之孫也。此帝乙即湯也。殷錄質，以生日爲名，順天性也，元孫之孫，外絕恩矣。……故曰：「《易》之帝乙爲成湯，《書》之帝乙六世王。同名不害以明功。」』」

2、《易坤靈圖》：「《易》之帝乙爲成湯，《書》之帝乙六世王。天之錫命，疏可同名。」

103　湯受命而王

269《中候契握》	《春秋演孔圖》	《孟子・公孫丑上》	《淮南子・泰族篇》	《新語・明誡》
曰若稽古王湯，既受命興，由七十里起。	湯地七十，內懷聖明，白虎戲朝。	王不待大，湯以七十里，文王以百里。	天子得道，守在四夷，……故湯處亳七十里，文王處酆百里。	昔湯以七十里之封，升帝王之位。

考文：

「曰若稽古」爲《尚書・堯典》用辭；以「七十里」而王，早見於《孟子》，《韓詩外傳》亦云：「客有說春申君者，曰：『湯以七十里，文王以百里。』」〔註100〕與《孟子》同。可知此條佚文，實即掇取先秦說辭而成者。

104　湯受帝籙伐桀

277～83《中候雒予命》		《雒書靈準聽》	《宋書・符瑞志》
天乙在亳，（夏桀迷惑，）諸鄰國襁負歸德，湯東觀於雒，云：「寡人慎機。」	284《中候雒予命》	湯臂四肘，在亳，能修其德，東至于洛，觀帝堯之壇，	臂有四肘，是曰殷湯。湯在亳，能修其德。伊摯將應湯命，夢乘船過日月之傍，湯乃東至于洛，觀帝堯之壇，

〔註99〕《宋書》卷27，〈符瑞志上〉頁764。
〔註100〕《韓詩外傳今註今譯》卷4，頁179。

湯降三分璧，沈于雒水。	湯沈璧于河，	沈璧，	沈璧，
退立，榮光不起。		退立，	退立，
黃魚雙躍，出躋于壇。		黃魚雙踴，	黃魚雙踴，
黑鳥以雄，隨魚亦止。		黑鳥隨魚，止于壇，	黑鳥隨魚，止于壇，
化爲黑玉，	黑龜出，	化爲黑玉，又有黑龜	化爲黑玉。又有黑龜，
赤勒曰：	赤文題。	並赤文成字，	並赤文成字，
「玄精天乙，受神福命之，		言夏桀無道，	言夏桀無道，
予伐桀命克，予商滅夏，天下服。」		湯當代之。	湯當代之。
三年，天下悉合。	**146《璇璣鈐》**	檮杌之神，見于邳山，	檮杌之神，見于邳山，
湯牽白狼，	湯受金符帝籙，	有人牽白狼，	有神牽白狼，
握禹籙。　**《史記·封禪書》**	白狼銜鈎入殷朝。	銜鈎而入，	銜鈎而入商朝。
殷得金德，銀山自溢。		商朝金德將盛，銀自山溢。	金德將盛，銀自山溢。

考文：

（1）第一欄《中候雒予命》八條、加《史記》一句，或可與《中候》原文相近。蓋《宋志》取緯書而成，其文句又與《雒書靈準聽》相同，可見當以此二條引文爲主。《古微書》「天乙在亳」下，有「夏桀迷惑」四字，今據補。

（2）《中候雒予命》284條爲複見之佚文，可刪除。

（3）《璇璣鈐》146條雖僅兩句，亦由此可證光武編纂圖讖八十一卷，並未分別《書緯》、《中候》與《雒書》之「解經」、「預言」內容也。

（4）白狼、金鈎事，實已見於戰國之《田俅子》中，曰：「商湯爲天子，都于亳，有神手牽白狼，口銜金鈎而入湯庭。」〔註101〕可見此條讖文並非圖讖之創見也。

（5）《雒書》「金德、銀山」之事，又見《史記·封禪書》載秦始皇時方士「或曰」之語，由此可知，方士所造生之讖言祥瑞，東漢乃取爲官定圖讖之中，而《璇璣鈐》佚文或當增補此句。

（三）商　紂

105　殷紂失德

306《中候雒師謀》	307《中候雒師謀》	《墨子·非攻》
所紂時，	紂末年，	遝至乎商王紂天不序其德，祀用失時。
十日雨土於亳，	雨石，皆大如甕。	兼夜中，十日雨土于薄，
紂卒國滅。		九鼎遷止，婦妖宵出，
	153《璇璣鈐》：鬼哭山鳴。	有鬼宵吟，有女爲男，天雨肉。

〔註101〕《藝文類聚》卷99〈祥瑞下〉引。

考文：

（1）黃奭輯本 306 之「所紂」當爲「殷紂」之誤；「於亳」，《墨子》作「於薄」，爲假借字；「十日雨土」，安居本 a376《尚書中候》作「十日鬪」。

（2）《汲冢書》多言夏帝「胤甲居於西河，天有妖孽，十日並出」，或爲殷紂「十日鬪」之張本。

（3）「鬼哭」之兆，除《墨子》有言外，又見於《帝王世紀》云：「天火燒其宮，兩日並出，或鬼哭，或山鳴，紂不懼，愈慢神，誅諫士。」〔註102〕考《世紀》多取讖緯之文，此處當亦屬《璇璣鈐》之文也。

（4）《雒師謀》佚文兩條，當爲前人引用時，偶作更易，故有不同說辭，實則爲一句之複見也。其文意所出，當即傳自《墨子》之類先秦傳說而來。

106　殷紂亡徵

> 091《考靈曜》：熒惑反明，白帝亡。
>
> 020《尚書緯》：熒惑反明，白帝亡。
>
> a242《運期授》：熒惑反明，白帝亡。
>
> 《春秋元命包》：殷紂無道，熒惑反明。

考文：

（1）黃奭本第 20 條實即出自 091 條《考靈曜》，惟前賢引用之際，未注篇名，後人輯佚文時，亦未詳覈，是以複見，可刪。又，安居本依《玉函》本，列此條入《運期授》，不知依據爲何。

（2）《史記‧天官書》據星占之法云：歲星「出西方曰『反明』，主命者惡之。」（卷27，頁 1319）又曰：「甘、石曆五星法，唯獨熒惑有反逆行；逆行所守，及他星逆行，日月薄蝕，皆以爲占。」（全卷，頁 1349）可知此組當即取自星占之語也。

（3）殷商爲金德，色尚白，故曰「白帝」，《元命包》乃明言爲「紂王」。

三、周　代

（一）文王〔呂尚附〕

107　周室蒿宮

〔註102〕《太平御覽》卷 83，〈皇王部八〉引《帝王世紀》。

319《中候合符后》	《大戴禮記‧明堂》	《宋書‧符瑞志》
周德既隆，草木盛茂， 蒿堪爲宮室，名之日蒿宮。	周時德澤洽和， 蒿茂大以爲宮柱，名蒿宮也。 此天子之路寢也，不齊不居其屋。	周德既隆，草木茂盛， 蒿堪爲宮室，因名蒿宮。 （卷二七，頁765）

考文：

以《宋志》校之，則《中候合符后》此條仍保存緯書原貌，惟當出自《大戴禮》等秦、漢傳聞。陳耀文《天中記‧明堂》引《禮論》云云（卷四二，頁33），亦與《合符后》相同。

釋義：

王嘉《拾遺記》云：「條陽山出神蓬如蒿，長十丈。周初國人獻之，周以爲宮柱，所謂蒿宮也。」（卷二）是爲「蒿宮」之釋名。

108　文王得鳳皇銜書

309《中候合符后》	《雒書靈準聽》		《宋書‧符瑞志》
孟春五緯聚房， 鳳皇銜書日： 「殷帝無道，虐亂天下， 世命已移，不得復久。 靈祇遠離，百神歛去， 五星聚房，昭理四海。」	有鳳皇銜書， 游文王之都，書文日： 「殷帝無道，虐亂天下， 皇命已移，不得復久。 靈祇遠離，百神吹去， 五星聚房，昭理四海。」	308《中候雒師謀》 四海	文王夢日月著其身，又鸑鷟鳴於岐山。 孟春六旬，五緯聚房。 後有鳳皇銜書，游文王之都。書又日： 「殷帝無道，虐亂天下， 皇命已移，不得復久， 靈祇遠離，百神吹去， 五星聚房，昭理四海。」

考文：

（1）《中候合符后》與《雒書》之「鳳皇銜書」，內容皆相同，《宋志》又與《合符后》文字較爲相近，可信當爲取自緯書者。

（2）《宋志》「鸑鷟鳴於岐山」，又見於《說文》所引《春秋國語》，云：「周之興也，鸑鷟鳴於岐山。」〔註103〕可證「鳳皇」、「鸑鷟」之事，皆爲先秦之傳說。

（3）《中候雒師謀》言文王於雒水遇姜尚以興周朝之事，故置第三欄之佚文於是組中。

釋義：

《漢書‧天文志》云：「五星若合，是謂易行：有德受慶，改立王者，……亡德

〔註103〕《說文解字注》4篇上，頁39。

受罰，離其國家。」〔註104〕緯書亦多有此意，如：《詩含神霧》：「五緯合，王更紀。」《春秋攷異郵》：「五星聚於一宿，天下兵起。」若聚於房宿，則為殷商之災祥，蓋周文王為蒼精，屬房、心二宿之野。緯書多言之，如：

1、《春秋元命包》：「殷紂之時，五星聚於房。房者，蒼神之精，周據而興。」

2、《春秋元命包》：「姬昌，蒼帝之精，位在房心。」

3、《詩緯》：「五緯聚房，為義者受福，行惡者凶。」

109　文王在豐，赤雀銜書

119《帝命驗》	289《中候我應》	120《帝命驗》	300《中候雒師謀》	a380《中候雒師謀》
季秋之月甲子，赤雀銜書入酆，止昌戶，昌拜稽首，至於磻溪之水，呂尚釣涯，王下趣拜，曰：	周文王為西伯，季秋之月甲子，赤雀銜丹書入豐，止於昌戶，王再拜稽首，最曰：「姬昌，蒼帝子，亡殷者紂也。」	季秋之月甲午，赤雀銜丹書，止於昌戶，民踰山穿穴，老幼相扶，歸者八十萬戶。紂怒曰明天我日也。	文王在豐，豐人一朝扶老，至者八十萬戶。	周文王作豐，一朝扶老，至者八十萬戶，草居陋然，歌即曰：「鳳皇下豐也。」
「公望七年，乃今見光景於斯。」答曰：「望釣得玉璜，刻曰：『姬受命，呂佐旌。』」遂置車左，王躬執驅，號曰「師尚父」。		《尚書中候》：「乃異嘉傑，存賞白首，爵唯鰥寡」。文王在豐邑者也。〔註105〕		

考文：

（1）前三欄首段皆言季秋甲子赤雀銜書事，惟第一欄繼以呂望事，第二欄繼言書文內容，第三欄則與四、五兩欄皆言百姓嚮望文王之事。是同中有異。

（2）「赤雀銜書」事，最早見於《墨子·非攻下》：「赤鳥銜圭珪，降周之岐社。」可見文王時之「赤雀銜書」、「鳳皇銜書」，當為戰國早期之傳說也。

（3）第三欄「紂怒曰明天我日也」八字，為黃奭本所無而見於《北堂書鈔·地部二》者，其下附有鄭玄注文：「明天我為君，如日昭昭在上，無亡時也。」〔註106〕可信為《帝命驗》原文，當據以補足。

（4）第三欄之《尚書中候》，引自《北堂書鈔》，未見歷代輯佚書收錄。所言與「老幼相扶」文意相類，故置於此處，末句「謂文王」當屬注文。

〔註104〕《漢書》卷26，〈天文志〉頁1287。
〔註105〕《北堂書鈔》卷83，〈禮儀部·養老〉頁7。
〔註106〕《北堂書鈔》卷158，〈地部二·穴篇〉頁1。

（5）「扶老」事，趙曄《吳越春秋》云：「古公去邠，邠人扶老攜幼，揭釜甑而從之。」是則緯書或取古公之事而代入文王者。

（6）「亡殷者紂」之語，亦見《易乾鑿度》所引之《易歷》中，曰：「亡殷者紂，黑期火代，倉精受命，女正昌，効紀承餘，以著當。」可補《我應》丹書之說明。

110　呂尚玉璜刻辭

119《帝命驗》	《尚書大傳·高宗肜日》	304～5《中候雒師謀》	《說苑》云：
季秋之月甲子，赤雀銜書入酆，止昌戶，昌拜稽首，至於磻溪之水，呂尚釣涯，王下趨拜，曰：「公望七年，乃今見光景於斯。」答曰：「望釣得玉璜，刻曰：『姬受命，呂佐旌。』」遂置車左，王躬執驅，號曰「師尚父」。	周文王至磻溪，見呂尚釣，文王拜，尚曰：「望釣得玉璜，剗曰：『姬受命，呂佐檢，德合於今，昌來提。』」（陳壽祺《輯校一》頁27）	昔太公未遇文王時，釣魚於磻溪，夢得北斗輔星神，告尚以伐紂之意：「雒受金鈐師名呂，踐爾兵革審權矩，應詐縱謀出無孔。」	「呂望年七十釣于渭渚，……初下得鮒，次得鯉。刺魚腹得書，書文曰『呂望封於齊』。望知其異。」〔註107〕

考文：

（1）《大傳》文與《中候雒師謀》相同，惟文字較簡，又少「望公七年」二句。

（2）玉璜刻辭，以《大傳》及第112組《中候雒師謀》302～03條所述，附以讖緯文例析之，當為三字、七字合併之歌謠體：「姬受命，呂佐檢，德合於今昌來提，撰爾雒鈐報在齊。」惟此一刻辭又與《雒師謀》304～05條者不同，或為方士傳述致異也。

（3）《大傳》、《帝命驗》、《中候雒師謀》皆謂呂尚答文王，惟第116組《中候合符后》310條言及文王既沒，呂尚答武王，曰：「臣請前。臣得玉璜，刻曰：『姬受命，呂佐旌。』」則與此四則對象不同，當是後代方士異說，非也。

〔註107〕《史記》卷32，〈齊太公世家〉頁1478，《正義》引。

111　丹書言呂尚佐周

301《中候雒師謀》	《宋書・符瑞志上》	《春秋命歷序》
呂尚出遊於雒，戊午，有赤人出，授吾簡，丹書曰：「命由呂。」	尚出游，見赤人自雒出，授尚書曰：「命曰呂，佐昌者子。」	文王受丹書，呂望佐昌發。

考文：

《雒師謀》所言與《宋志》相似，惟丹書文字缺四字。

釋義：

「戊午」實即文王受命之年，《易乾鑿度》云：「入戊午部，二十九年伐崇侯，作靈臺，改正朔，布王號於天下，受錄應河圖。」周爲火德屬赤，故《雒師謀》云「戊午有赤人出」。

112　文王遇呂尚

302～3《中候雒師謀》	《史記・齊太公世家》	《太公六韜・文韜・文師》
王將畋，史編卜之，曰：「將大獲，非熊非羆，天遺汝師臣。太祖史疇爲禹卜，得皋陶，其兆如此。」王即回駕水畔，至磻谿之水，呂尚釣於崖，王下趨拜曰：「望公七年矣，乃今見光景於斯。」尚立變名，答曰：「望釣得玉璜，刻曰：『姬受命，呂佐檢，德合昌來，提撰爾雒鈐，報在齊。』」號曰師尚父。	西伯將出獵，卜之，曰：「所獲非龍非彲，非虎非羆，所獲霸王之輔。」於是周伯獵，果遇太公於渭之陽，與語大說，曰：「自吾先君太公曰：『當有聖人適周，周以興。』子眞是邪？吾太公望子久矣。」故號之曰「太公望」，載與俱歸，立爲師。	文王將田，史編布卜，曰：「田於渭陽，將大得焉。非龍非彲，非虎非羆，兆得公侯，天遺汝師，以之佐昌，施及三王。」文王曰：「兆致是乎？」史編曰：「編之太祖史疇爲禹占，得皋陶，兆比於此。」文王乃齋三日，乘田車，駕田馬，田於渭陽，卒見太公，坐茅以漁，……乃載與俱歸，立爲師。（卷一，頁40）

考文：

（1）《中候雒師謀》之前段當改易自先秦之傳聞，後段玉璜刻詞，則爲方士所好言者。下組《帝命驗》等讖文所言即是。

（2）《括地志》謂：「《呂氏春秋》云：『太公釣於茲泉，遇文王。』酈元云：『磻磎中

有泉，謂之茲泉。泉水潭積，自成淵渚，即太公釣處。』」〔註108〕是則文王遇太公於磻谿之傳說，由來久矣。

(3)《雒師謀》「尚立變名」，《路史》引《尚書中候》作「遂變名曰望」〔註109〕，文意較明淺。

(4)《太公六韜》所言，亦見於銀雀山武帝早期之漢墓竹簡《六韜》中，云：「非罷，非虎非狼，得王侯公。天……□為禹卜□□……□田于渭之陽。」〔註110〕可知今本《六韜》文句，與武帝時《六韜》相類，由此可證識文所言，為襲取西漢成書而來者。

(5)《宋書‧符瑞志》多取緯書文字，黃奭本此段佚文分為二條，覈以《宋志》，可知當合為一段方是。今列述《宋志》於下，以備參照：

【將畋，史編卜之，曰：「將大獲，非熊非羆，天遺汝師以佐昌。臣太祖史疇為禹卜畋，得皋陶。其兆如此。」王至于磻谿之水，呂尚釣於涯，王下趨拜曰：「望公七年，乃今見光景于斯。」尚立變名答曰：「望釣得玉璜，其文要曰：『姬受命，昌來提，撰爾雒鈐報在齊。』」（卷二七，頁765）】

113　丹書告言

121《帝命驗》	《尚書帝命驗》云	《大戴禮‧武王踐阼》	《荀子‧議兵篇》	《太公六韜‧明傳》
季秋之月甲子，	「季秋之月甲子，			太公曰：「見善而怠，
赤雀銜丹書，	赤爵銜丹書，		凡百事之成也，	時至而疑，知非而處，
入於酆，	入于酆，	師尚父奉書而入，	必在敬之，	此三者，道之所止也。
止於昌戶，	止于昌戶。	……	其敗也，	柔而靜，恭而敬，
其書云：	其書云：	西面道書之言曰：	必在慢之。	強而弱，忍而剛，
「敬勝怠者吉，	『敬勝怠者吉，	「敬勝怠者吉，	故敬勝怠則吉，	此四者，道之所起也。
怠勝敬者滅；	怠勝敬者滅；	怠勝敬者滅，	怠勝敬則滅，	故義勝欲則昌，
義勝欲者從，	義勝欲者從，	義勝欲者從，	計勝欲則從，	欲勝義則亡；
欲勝義者凶。	欲勝義者凶。	欲勝義者凶。	欲勝敬則凶。	敬勝怠則吉，
凡事強則不枉，	凡事不強則枉，	凡事，不強則枉，		怠勝敬則滅。」
不敬則不正；	不敬則不正；	弗敬則不正，		
枉者廢滅，敬者萬世。	枉者廢滅，敬者萬世。	枉者滅廢，敬者萬世。		《瑞書》云：
		藏之約，行之行，可以為子孫常者，		「敬勝怠者吉，
				怠勝敬者滅，

		此言之謂也。且臣聞之，	義勝欲者從，
以仁得之，以仁守之，	以仁得之，以仁守之，	以仁得之，以仁守之，	欲勝義者凶。」〔註112〕
	其量百世；	其量百世；	
	以不仁得之，以仁守之，	以不仁得之，以仁守之，	
其量十世；	其量十世；	其量十世；	
以不仁得之，以不仁守之，	以不仁得之，以不仁守之，	以不仁得之，以不仁守之，	
不及其世。」	不及其世。』〔註111〕	必及其世。」	
		王聞書之言，惕若恐懼，退而爲戒書。	

考文：

（1）黃奭本 121《帝命驗》之前段，與上一組「赤雀銜書」相同，當爲方士造生之讖語。「敬勝怠」以下，與《大戴禮》相同，惟缺「藏之約……臣聞之」一段。

（2）《史記正義》所引《帝命驗》多「其量百世」等語，當爲黃奭本漏敘者，當補足。

（3）「敬勝怠」一段，《荀子・議兵》、《太公六韜》等書皆言及，當爲戰國末年之兵法觀念。

114　文王伐崇稱王

187《運期授》	《易乾鑿度》	《春秋保乾圖》
《河圖》曰：「倉帝之治，八百二十歲，立戊午蔀。」	入戊午部，二十九年伐崇侯，作靈臺，改正朔，布王號於天下，受錄應《河圖》。	黑帝治，八百歲，運極而授木，蒼帝七百二十歲而授火。

考文：

　　《詩・大雅・文王》孔穎達《正義》云「《尚書運期授》引《河圖》」云云，可知此條《運期授》當爲光武帝勅編圖讖時，編撰者取《河圖》文而爲之者，此類經讖擷取《河圖》、《雒書》之文者，不在少數。

釋義：

　　緯書之「倉帝」，有伏犧與文王二人，此處戊午蔀當指文王而言。蓋《春秋命歷序》「伐崇，作靈臺，受赤雀丹書，稱王制命，示王意」，鄭玄注云：「入戊午蔀二十九年，時有赤雀銜丹書而授之。」而《易乾鑿度》亦云：入戊午部，受《河圖》，與《運期授》語意相同。皆可視爲《運期授》所言之證。

〔註112〕《禮記正義》卷36，〈學記〉頁15，孔穎達《疏》引。
〔註111〕《史記》卷4，〈周本紀〉頁115，張守節《正義》引。

115 文王伐崇稱王

《春秋元命苞》	299《中候雒師謀》	290《中候我應》		
鳳皇銜丹書遊於文王之都，西伯既得丹書，於是僞王、改正朔，誅崇侯虎。	維王既誅崇侯虎，諸侯貢，萬民咸喜。	崇侯虎倡紂爲無道。		
		293《中候我應》 玄湯伐亂崇矍首，王曰：「於戲斯在，伐崇謝告。」		
288《中候我應》	292《中候我應》	《易是類謀》	《易乾元序制》	《易乾鑿度》
文王如豐，	伐枝弱勢。	文王比隆興，始霸	文王比隆興，始霸。	入戊午部，二十九年伐崇侯，
將伐崇，	**291《中候我應》** 作靈臺。	伐崇，作靈臺，	伐崇，作靈臺，	作靈臺，改正朔，布王號於天下，
受赤烏。	**a479《中候握河紀》** 作靈臺，緩優暇紂。	受赤雀丹書，稱王制命，示王意。	受赤雀丹書，稱王制命，示王意。	受錄應河圖。

考文：

（1）黃奭本《我應》288 條出自《詩正義・文王序》，惟詳覈〈文王序〉孔穎達疏文明曰：「鄭作〈我應序〉云：『文王如豐，將伐崇，受赤烏。』」〔註113〕可知黃奭本誤讀，此條讖文當刪除。

（2）《易緯》、《春秋緯》皆明言文王「稱王」、「布王號」。惟《春秋緯》以爲先僞王、後伐崇，《易緯》則謂伐崇、作靈臺後，始稱王。而《書緯》則不言稱王之事。

（3）《中候我應》293 條說文王事，與黑德之商湯無關，「玄湯」當有譌誤。

釋義：

（1）《詩經・大雅・靈臺》曰：「經始靈臺，經之營之，庶民攻之，不日成之。」毛《傳》云：「〈靈臺〉，民始附也。文王受命而民樂其有靈德，以及鳥獸昆蟲焉。」可見靈臺乃文王受命之象徵。至若其用途，《禮含文嘉》謂：「禮：天子靈臺，所以觀天人之際，陰陽之會也。揆星度驗徵六氣之瑞應，神明之變化，覩月氣之所驗，爲萬物獲福於無方之原。」

（2）「作邑、伐崇」輒見先秦、兩漢學者言及，如《詩・大雅・文王》云：「文王受命，有此武功，既伐于崇，作邑于豐。」董仲舒謂：「文王受命而王天下，先郊

〔註113〕《詩經正義》卷16之1，〈大雅・文王之什序〉頁4。

乃敢行事，而興師伐崇。」〔註114〕

116　武王立為太子

310《中候合符后》	《太公六韜・文韜・明傳》	295～7《中候我應》	《禮記・檀弓》
文王將沒，召太子發曰： 「嗚呼，我身老矣。 吾語汝，我所保與守。 守之哉，傳之子孫。」 文王既沒， 太子發代立，是為王。武王望羊而將伐紂， 呂尚曰：「臣請前。臣得玉璜，刻曰：『姬受命，呂佐旌。』」	文王寢疾，召太公望，太子發在側，曰： 「嗚呼！天將棄予， 周之社稷，將以屬汝。 今予欲師至道之言，以明傳之子孫。」	廢考，立發為太子。 文王戒武王曰： 「我稱非早， 一人固下。 脩我度，遵德紀， 我終之後，恒稱太子， 河雒復告，遵朕稱王。」	文王舍伯邑考而立武王， 微子舍其孫腯而立衍也。 312《中候合符后》 予稱太子發， 明慎父（命），以名卒考。

考文：

（1）《中候合符后》前段，與《太公六韜》及《周書》〔註115〕意同，可知為先秦傳聞。「文王既沒」以下，為武王伐紂之事，可與下二組參較。《宋書・符瑞志》云：「文王既沒，太子發代立，是為武王。」可知取自《合符后》原文。

（2）《中候我應》言文王廢考立武，此事除《禮記》言之外，《淮南子・泛論篇》亦云：「立子以長。文王舍伯邑考而用武王，非制也。」可知《我應》所言為漢代習聞者。

（3）《合符后》310 條謂武王「為王」，而《我應》及《合符后》311、312 條則謂武王「恒稱太子」、「不稱王」。可知緯書所據紛雜，即使同篇文意，亦或無定準。

117　文王拜夢

	〈程寤〉曰：	《周書》曰：	《帝王世紀》曰：
298《中候我應》 梓化為柏， 以告文王， 文王 幣告羣臣， 與發並拜吉夢。	「文王在翟， 太姒夢見商之庭產棘， 小子發取周械庭之梓， 樹于闕間，化為松柏械柞。 驚，以告文王。 文王 召發于明堂，拜，告夢， 受商之大命。」〔註116〕	「文王去商至程，正月既生魄， 太姒夢見商之庭產棘， 小子發取周庭之梓， 樹乎闕間，梓化為松柏械柞。 寤驚，以告文王。 王 及發并拜吉夢， 受商之大命於皇天上帝。」〔註117〕	「十年正月，文王自商至程， 太姒夢見商庭生棘， 太子發取周庭之梓， 樹之於闕間，梓化為松柏柞械。 覺而驚，以告文王。 文王不敢占，召太子發，命祝， 以幣告于宗廟羣神， 然後占之於明堂，及發并拜吉夢， 遂作〈程寤〉。」〔註118〕

〔註114〕《春秋繁露》卷15，〈郊祭〉頁375。
〔註115〕《周書》引文，見《藝文類聚》卷18，〈人部二〉頁340。
〔註116〕《太平御覽》卷533，〈禮儀部十二〉引。又見《藝文類聚》卷89，〈木部下・棘〉

考文：

（1）《中候我應》「化柏、拜夢」之事，當源於《周書》。第二、三欄引文皆出自《太平御覽》，〈程寤〉實即《周書》中之一篇，故可相互參較。

（2）《詩經‧皇矣》云：「帝省其山，柞棫斯拔，松柏斯兌，帝作邦作對。」當爲《周書》之張本，《中候我應》又襲其意而來。

（3）《帝王世紀》所言最詳，當爲皇甫謐綜合諸家之說而成者。

（4）《中候我應》所言，除上引四則外，又見於《今本竹書紀年》、《宋書‧符瑞志》〔註119〕。

（二）武　王

118　武王伐紂，見魚鳥之瑞

a550《中候合符后》	《史記‧周本紀》	《尚書大傳‧周傳》
唯四月，太子發，上祭于畢， 至于盟津之上，	九年，武王上祭于畢。 東觀兵，至于盟津。 爲文王木主，載以車，中軍。 武王自稱太子發， 言奉文王以伐，不敢自專。	唯四月，太子發，上祭于畢， 下至于盟津之上，
乃告司馬、司徒、司空、諸節： 「亢戈！ 予無知，以先祖先父之有德之臣， 左右小子予受先公戰力賞罰， 以定厥功，明于先祖之遺。」	乃告司馬、司徒、司空、諸節： 「齊栗，信哉！ 予無知，以先祖有德臣， 小子受先公，畢力賞罰， 以定其功。」遂興師。 師尚父號曰：「總爾眾庶， 與爾舟楫，後至者斬。」	乃告於司徒、司馬、司空、諸節： 「亢才， 予無知，以先祖先父之有德之臣， 左右小子予受先公戮力賞罰， 以定厥功，明于先祖之遺。」〔註120〕
313～5《中候合符后》 周大子發渡孟津，	武王渡河，	〈大誓〉曰： 「太子發升舟，

頁1549，引《周書‧程寤》，惟文字略有刪減。

〔註117〕《太平御覽》卷397，〈人事部三九〉引。又見《藝文類聚》卷79，〈靈異部下‧夢〉頁1355，引《周書》，惟文句較少。

〔註118〕《太平御覽》卷84，〈皇王部九〉引。

〔註119〕分見於王國維《今本竹書紀年疏證》卷下，頁235、《宋書》卷27，〈符瑞志〉頁764。

〔註120〕見陳壽祺《輯校二》頁1。按，同頁又有佚文一則，與終軍所引相同。終軍上書曰：「昔武王中流未濟，白魚入於王舟，俯取以燎，羣公咸曰『休哉！』」（《漢書》卷64下，〈終軍傳〉頁2816）

中流，受文命，待天謀，	中流，	中流，
白魚躍入王舟，	白魚躍入王舟中，	白魚入於王舟，
王俯取，魚長三尺，	武王俯取以祭。	王跪取出涘，以燎之。」
赤文有字，題目下名授右，		
曰：「姬發遵昌。」王蟠以告天。		
王維退寫成以世字，魚文消。		
有火自天，	既渡，有火自上	「至於五日，有火自上
止于王屋，流爲赤烏。	復于下，至于王屋，	復於下，至於王屋，
火自上，復于王屋，		
流爲烏，其色赤，其聲魄	流爲烏，其色赤，其聲魄云。	流之爲雕，其色赤，其聲魄。
五至，以穀俱來。		五至，以穀俱來。」〔註121〕
至於孟津，不期而會者，	是時，諸侯不期而會盟津者	〈泰誓〉
八百諸侯，	八百諸侯，	八百諸侯，不召自來，
咸曰：「紂可伐矣。」	諸侯皆曰：「紂可伐矣。」	不期同時，不謀同辭。
尚父禁之，	武王曰：「女未知天命，	及火復於上，至於王屋，
武王乃不從。	未可也。」乃還師歸。	流爲雕，至五，以穀俱來〔註122〕。
及紂殺比干，囚箕子，微子去之，乃伐紂。		

考文：

（1）左欄安居本 a550《中候合符后》佚文，似可補足黃奭本 313～15 所闕漏處。惟考其實，安居本此條撷自《玉函山房輯佚書》，《玉函》本言其出自《御覽》卷一四六，而《御覽》該條引文實標明「《尚書大傳》」，亦與右欄陳壽祺輯本之〈周傳〉文句相同，並非《尚書中候》。安居本亦知其誤，殆爲求蒐羅完備，故循《玉函》而錄之。再者，《宋書・符瑞志》多取緯書而成者，並無 a550 條文句，是以此段當予刪除。

（2）《史記》「齊栗，信哉」緯書誤作「言才」再衍爲「亢才」及「亢戈」。

（3）桓譚《新論・正經第八》言及祭畢、伐紂之事，可與《尚書大傳》及《合符后》相印證，以此可知，《中候》文句實亦取自漢世習傳之史料也。桓譚之文列述如下：

> 「維四月，太子發上祭于畢下，至孟津之上」，此武王已畢三年之喪，
> 欲卒父業。「升舟而魚入」，則地應也。「燎祭降烏」，則天應也。二年，聞

〔註121〕《詩經正義》卷 19 之 2，〈周頌・思文〉頁 12 疏文引「《書》曰」與此相同：「白魚入于王舟，有火復于王屋，流爲烏。」此蓋受命之符也。

〔註122〕《尚書正義》卷 11，〈泰誓上〉頁 2，疏文引〈泰誓〉佚文。

紂殺比干，囚箕子，太師、少師抱樂器奔周，甲子，日月若連璧，五星若
連珠。昧爽，武王朝，至于商郊牧野，從天討紂，故兵不血刃而定天下。
〔註123〕

（4）「八百諸侯」之事，雖不見於五經，而《尚書大傳》及漢初劉（婁）敬已有言及，
《尚書大傳·周傳》：「八百諸侯俱至孟津，白魚入舟。」〔註124〕婁敬說高祖云：
「武王伐紂，不期而會孟津上八百諸侯。遂滅殷。」〔註125〕可知緯書此說乃取
自漢初傳世成說者。

（5）左欄「火自上復于王屋」七字，似為重覆之衍文，應刪除。

（6）「魚、鳥」之瑞，可與下組說辭參覈。

119　紂之三仁及武王魚鳥象徵

311《中候合符后》
太子發以紂存三仁，雖即位，不稱王。

313～5《中候合符后》	《雒書靈準聽》	147～49《璇璣鈐》	
周大子發渡孟津，	武王伐紂，度孟津，	武王得兵鈐，謀東觀，	
中流，受文命，待天謀，	中流，	白魚入，	
白魚躍入王舟，	白魚躍入王舟，	王俯取魚以燎，	《春秋璇璣樞》
王俯取，魚長三尺，	王俯取魚，長三尺，	八百諸侯順同不謀。	魚無足翼，
赤文有字，	目下有赤文成字，	魚者視用無足翼從，	紂如魚，乃討之。
題目下名授右，	言紂可伐。	欲紂如魚，乃誅。	
曰：「姬發遵昌。」		鳥以穀俱來。	
王蟠以告天，		火者陽也，鳥有孝名，	
王維退寫成以世字，	寫以世字，	武王卒父業，故鳥瑞臻。	122《帝命驗》
魚文消。	魚文消，燔魚以告天，	赤者，周之正色也；	太子發渡河，
有火自天，	有火自天，	穀，記后稷之惪。	中流，
止于王屋，流為赤烏。	止於王屋，流為赤烏。		火流為烏，其色赤。
流為烏，其色赤，其聲魄，			
五至，以穀俱來。	鳥銜穀焉。	317～18《中候合符后》	
至於孟津，不期而會者，	穀者，紀后稷之德；	赤烏成文，雀書之福。	
八百諸侯，	火者，燔魚以告天，	穀以記后稷之德。	

〔註123〕《全後漢文》卷14，頁9。
〔註124〕陳壽祺《尚書大傳輯校2》頁1。
〔註125〕《漢書》卷43，〈劉敬傳〉頁2119。

咸曰：「紂可伐矣。」尚父禁之，武王乃不從。及紂殺比干，囚箕子，微子去之，乃伐紂。	天火流下，應以吉也。遂東伐紂，勝於牧野。兵不血刃，而天下歸之。（《宋書‧符瑞志》同）	《春秋元命包》火流爲烏，烏，孝鳥。	

考文：

（1）言及「伐紂、魚鳥」之讖文八條，文意甚爲紊雜，詳作比覈，約可以第一欄爲主。第一欄佚文已見上組所述，覈以《太平御覽‧皇王部九》所引《尚書中候》佚文一則〔註126〕，可知前段當增 311 條「三仁」之事，而「以穀俱來」之後，當補第三欄之 317～18 條，始稱完備。

（2）《雒書靈準聽》與《宋書‧符瑞志》文句相同，而與《中候合符后》略異，可知《宋志》此段取自《雒書》而來。

（3）《史記》司馬貞《索隱》謂：「《中候》及《呂氏春秋》皆云：『有火自天，止于王屋，流爲赤鳥，五至，以穀俱來。』」〔註127〕可知第一欄之《中候》佚文，部分或即源自《呂覽》。

（4）《春秋璇璣樞》「魚無足」句，與《尚書璇璣鈐》相同，而《春秋緯》並無其它〈璇璣樞〉佚文，疑「春秋…樞」或爲「尚書…鈐」之譌。

釋義：

（1）「白魚、烏、穀」之事，爲漢初習傳之事，董仲舒奏疏云：「《書》曰：『白魚入于王舟，有火復于王屋，流爲烏。』此蓋受命之符也。」〔註128〕《春秋繁露》亦引《尚書傳》，曰：「周將興之時，有大赤鳥銜穀之種，而集王屋之上者，武王喜，諸大夫皆喜，周公曰：『茂哉茂哉！天之見此以勸之也。』恐恃之。」〔註129〕

（2）赤鳥之象徵，依第二欄《璇璣鈐》等述，乃周屬火德，故色赤；武王卒父業，爲孝子，似烏之反哺孝行，故以烏象武王。《春秋元命包》云：「火流爲烏，烏，孝鳥。陽精天意，烏在日中，從天以昭孝也。」〔註130〕亦爲「赤鳥」之說解。

（3）《墨子‧非攻下》云：「反商之周，天賜武王黃鳥之旗。」《隨巢子》亦曰：「天賜武王黃鳥之旗，天兵之法，誅討之事。」〔註131〕皆言「黃鳥」，是以顧頡剛

〔註126〕《太平御覽》卷 84，〈皇王部九〉。
〔註127〕《史記》卷 28，〈封禪書〉頁 1366 引。
〔註128〕《漢書》卷 56，〈董仲舒傳〉頁 2500。
〔註129〕《春秋繁露》卷 13，《同類相動》第 57。
〔註130〕《藝文類聚》卷 92，〈鳥部下〉頁 1591。
〔註131〕《北堂書鈔》卷 2，〈徵應〉頁 4。又見《太平御覽》卷 340，〈兵部七一‧旗〉。

論此事謂：「武王得黃瑞了，與『赤烏』不衝突了嗎？作此時『五德終始說』尚未出，否則必如僞〈大誓〉之言『赤烏』了。」〔註132〕可知所謂「赤烏」，於先秦時並非流行之說辭。

（4）白魚之象徵，孔穎達《儀禮注疏》云：「鄭注引《春秋璇璣樞》曰：『魚無足翼，紂如魚，乃討之』是也。紂雖有臣，無益於股肱，若魚雖有翼不能飛。」〔註133〕說辭與《璇璣鈐》第147條相同。

（5）銜穀之意，后稷稼穡，爲周之始祖，故曰：「穀以記后稷之德。」《禮說》云：「武王赤烏、穀芒應，周尚赤，用兵，王命曰：『爲车，天意若曰：須假紂五年，乃可誅之。』武王即位，此時已三年矣，穀薿车麥也。《詩》曰：『貽我來车。』」鄭玄亦謂：「『遺我來车』，天命以是循存后稷養天下之功，而廣大其子孫之國。」〔註134〕是「銜穀」意謂先祖護佑以成建國功業之徵也。

120　魚瑞之說解

> 316《中候合符后》：魚者水精，隨流出入，得申朕意。

考文：

此文似爲武王之語，惟無法按入前組佚文中，故獨見於此。

釋義：

河魚之徵驗，西漢陰陽學說已見論及，京房《易傳》曰：「眾逆同志，厥妖河魚逆流上。」劉向解說「魚孽」，以爲：魚陰類，民之象，逆流而上者，民將不從君令爲逆行也。其在天文，魚星中河而處，車騎滿野。〔註135〕可見「魚者……得申朕意」云云，乃方士襲取成說而作改易者。

121　追王之祭

320《中候合符后》	《禮記·中庸》	《禮記·中庸》	《禮記·大傳》	平當上書言：
文王立后稷配天，追王大王亶父、王季歷。	武王纘太王、王季、文王之緒，一戎衣而有天下。」	武王末受命，周公成文武之德，追王大王、王季，上祀先公以天子之禮。	牧之野，武王之大事也，既事而退，……追王大王亶父、王季歷、文王昌。	高皇帝……尊太上皇，猶周文、武之追王太王、王季也。（《漢書·平當傳》）

〔註132〕《顧頡剛讀書筆記》頁1521。

〔註133〕《禮記正義》卷50，〈有司徹〉頁11。

〔註134〕《詩經正義》卷19之2，〈周頌·思文〉頁12。

〔註135〕京房、劉向之言，皆見《漢書》卷27中之下，〈五行志中之下〉頁1430。

考文：

(1)〈中庸〉曰「武王纘……緒」、「周公……追王」，〈大傳〉則云「武王……追王」，而漢元帝時，平當奏言乃以「文、武」追王先祖，三者主張不盡相同。《尚書·金滕》謂：武王有疾，周公爲三壇，「乃告太王、王季、文王」；而「《史記·魯周公世家》載管叔以流言讒傷周公，周公乃告太公望等曰：「恐天下畔周，無以告我先王太王、王季、文王。三王之憂勞天下久矣，於今而后成。」〔註136〕皆說周公「告祭」先王之緣由，或即〈中庸〉改稱「追王」之張本。

(2)《中候合符后》佚文見《禮記·大傳》孔《疏》引，改作「文王」追王，明指「文王」受命稱王。《詩·大雅·棫樸》疏引《中候合符后》「文立稷配」，鄭注云：「文王受命祭天，立稷以配之。」〔註137〕考《易緯》云：「文王受命，改正朔，布王號於天下。」〔註138〕可證讖文確有「文王受命、追王」之意，與經文所言周公、武王者不同。

122 周三王成業

初黃帝之世，讖言曰：「西北爲王，期在甲子，昌制命，發行誅，且行道。」〔註139〕（《宋書·符瑞志》）	287《中候稷起》 昌受命，發行誅，且弘道。	a405《尚書中候》 發行誅紂，且弘道也，是七百年之基驗也。
《春秋元命包》 文王造之而未遂，武王遂之而未成，周公且抱少主而成之，故曰成王。	《呂氏春秋·下賢》 文王造之而未遂，武王遂之而未成，周公且抱少主而成之，故曰成王。	《傳》曰： 文王基之，武王鑿之，周公內之。〔註140〕

〔註136〕《史記》卷33，〈魯周公世家〉頁1518。
〔註137〕《詩經正義》卷16之3，〈大雅·棫樸〉頁2。
〔註138〕《史記》卷4，〈周本紀〉頁119。
〔註139〕《宋書》卷27，〈符瑞志上〉頁764。《古本竹書紀年輯證》頁234同。
〔註140〕《詩經正義》卷9之1，〈小雅·小大雅譜〉頁5疏文引。

考文：

（1）安居本 a405 條出自《禮記・檀弓》之孔《疏》：「今伯邑考見在而立武王，故云『權』也。故《中候》云『發行誅紂，旦弘道』也，是七百年之基驗也。」〔註141〕是「七百年」之語為孔《疏》，並非《中候》原文。孔穎達《疏》常有「某書云『……』也」之例，「也」字下乃孔氏自作論斷之辭。文安居本未察此一文例，故於句讀時偶致誤舛。

（2）安居本 a576《中候亶甫》與黃奭本 287 條《中候稷起》文字相同，惟黃奭本並無〈亶甫篇〉。覈其篇名文意，《稷起》言周先祖后稷之興起，而《亶甫》則為周太公古公「亶甫」之號，皆記周建業之初，是有相同之指義也。

（3）《稷起》之意，與《春秋緯》相同，所異者乃《春秋緯》鈔錄《呂覽》，史家文氣厚實；而《稷起》則近似方士之謠讖語式。考《宋志》多取緯書而成者，則「黃帝之世讖言」云云，或即《稷起》之原文。

（4）周公成業之意，亦見於《春秋繁露・郊事對》，董仲舒云：「武王崩，成王立，而在襁褓之中，周公繼文、武之業，成二聖之功，德漸一地，澤被四海，故成王賢而貴之。」

（三）周公與成王

123　周公致政、禮壇沈璧

323《中候摘洛戒》	《孝經援神契》		《中候摘洛戒》云：	322《中候摘洛戒》
周公踐阼理政，	周公踐阼理政，		「曰若稽古周公旦，	曰若稽古周公旦，
與天合志，	與天合志，		欽惟皇天順踐阼。	欽惟皇天順踐阼。
萬序咸休，得氣充塞，	萬序咸得，休氣四塞，			
藩侯陪位，羣公皆就，		a521《中候摘雒戒》		324《中候摘洛戒》
立如舜。周公差應。		藩侯陪位，群公皆就，		周公差應，邪錯在後，
		立如舜，周公差應，		聖人在神位，故近之。
325～6《中候摘洛戒》	327《中候摘洛戒》			
周公攝政七年，	周公攝命七年，		即攝七年，	
制禮作樂，				
周公歸政於成王，	歸政成王，			
鸞鳳見，莫莢生。			鸞鳳見，莫莢生。	321《中候合符后》	《禮斗威儀》
周成王舉堯舜禮，				武王觀于河，	周成王觀於河，
沈璧于河，	沈璧于河，			沈璧，	沈璧
禮畢，王退俟，				禮畢，且退。	而退，

至于日昧， 榮光竝出幕河， 白雲起而青雲浮至， 乃有青龍臨壇， 銜玄甲之圖， 吐之而去。 成王觀於洛， 沈璧禮畢， 王退，	榮光幕河， 青雲浮至， 青龍 銜甲臨壇， 吐圖而去。 328《中候摘洛戒》 周公沈璧， 玄龜青純。	至于日晨， 榮光汨河， 青雲浮至， 青龍 仰玄甲，	青龍 銜甲，	至于日昧， 榮光竝塞河， 沈璧，青雲浮洛， 赤龍臨壇， 銜玄甲之圖， 吐之而去。 a407《尚書中候》 周公泥璧， 玄龜青純。	青雲浮洛， 青龍臨壇， 吐元甲之圖。
有玄龜青純蒼光， 背甲刻書， 止躋于壇， 赤文成字， 周公視，三公視。 其文言周世之事，五百之戒，與秦漢事。 周公援筆，以時文寫之。		臨壇上， 濟止圖滯， 周公視，三公視。 其文，言周世之事，五百之戒，與秦漢事。	玄龜 背書。」〔註142〕		

考文：

（1）第一欄《中候摘雒戒》323 條前三句，與第五欄《孝經援神契》全同。第四欄《摘雒戒》322、324 二條，覈以第二欄安居本 a521 條及第三欄《詩經》孔疏所引《中候摘雒戒》前二句，皆當與 323 條為文意相同之讖文。惟黃奭本 324 所言，實為《古微書·摘洛戒》之注文（卷 5 頁 2），並非緯書原文，當予刪除。

（2）第三欄之 a521 條、第四欄之孔《疏》引文，雖頗有缺漏，卻可由此推知，第一欄黃奭本 323、325～6 等三條佚文，當合為一完整段落。《宋書、符瑞志》多引緯書，於此節亦錄「周公旦攝政七年……以世文寫之。書成文消，龜墮甲而去」一段，較《摘雒戒》又多末二句。

（3）《中候摘雒戒》325～6 言「成王沈璧」，第五欄 327 文句則省減周成王事，故似指「周公沈璧」，328 則明謂「周公沈璧」。前二條出自《御覽》卷八〈天部八〉，後二條出自《開元占經》卷一二〇，〈龍魚蟲蛇占·龜負圖〉。不知為唐、宋所見傳本不同？抑原本即已不同？惟以第六欄《禮斗威儀》覈之，作「成王」者為是。

（4）第一欄黃奭本讖文三條、第二欄安居本 a521，皆取自《古微書·摘洛戒》（卷 5 頁 2）之佚文，惟黃本略有刪易，且「萬序咸得，休氣四塞」之「得、休」二字倒錯，致使文意難解。安居本則缺「周公踐阼……休氣充塞」四句。

〔註142〕《詩經正義》卷 19 之 1，〈周頌譜〉頁 2，疏文引。

（5）黃奭本 327、328 兩條為複見之佚文，文句不全，可刪除。

（6）黃奭本 321《中候合符后》言武王沈璧事，實即成王之譌誤。緯書中未見武王沈璧事，更無武王與「赤龍」有關之載錄。

（7）「攝政七年」者，曾運乾《尚書正讀》云：「周公攝政，七年而反，見於周、秦、漢人之記載，如《逸周書》、《禮明堂位》、《尸子》、《荀子》、《韓非子》及《尚書大傳》、《韓詩外傳》、《史記》、《說苑》等，不一而足。」〔註143〕可見《中候》亦取成說而來。

（8）第一欄末句「以時文寫之」，「時文」或作「世文」，故其後有以形近而誤作「以廿文寫之」、「寫以二十字」者。

釋義：

　　「青純」謂「龜甲邊緣青色」，《公羊傳・定公八年解詁》謂：「龜青純，皆為寶龜。」《禮記・樂記》云：「青黑緣者，天子之寶龜也。」《史記・樂書》同。可見「玄龜青純」乃秦、漢成說。

124　成王之歌

329《中候摘雒戒》	《宋書・符瑞志》
麒麟遊苑，鳳皇翔庭，成王於是援琴而歌曰： 「鳳皇翔兮於紫庭，余何德兮以感靈。 賴先王兮恩澤臻，于胥樂兮民以寧。」	麒麟遊苑，鳳皇翔庭，成王援琴而歌曰： 「鳳皇翔兮於紫庭，余何德兮以感靈。 賴先王兮恩澤臻，于胥樂兮民以寧。」

考文：

　　佚文僅見於黃奭本，惟《宋志》多取緯書而成，故可信此條屬《書緯》無疑。所言亦為歌謠式徵驗。

（四）其他周代王侯

125　呂侯為相

185《刑德放》：周穆王以呂侯為相。

考文：

　　《史記・周本紀》「諸侯有不睦者，甫侯言於王，作脩刑辟」，《集解》引鄭玄曰：「《書說》云『周穆王以甫侯為相』。」鄭玄所云「《書說》」者，多指稱《尚書緯》，

〔註143〕曾運乾《尚書正讀》卷 5，〈洛誥〉頁 200。

此處當亦如是。

釋義：

（1）顧頡剛考《尚書》所見古史資料，云：「〈呂刑〉一篇的『王』，並沒有說明穆王；後人因〈書序〉上說是穆王，就算他是穆王。其實〈書序〉的靠不住，正與〈詩序〉的靠不住一樣。」〔註144〕以此而言，此條讖文與經義不一定相符。

（2）西漢文獻並未言及呂侯爲相，而《尚書・呂刑》孔穎達《疏》謂：「《書緯・刑將得放》之篇有此言也。以其言相，知爲三公，即如鄭言，當以三公領司寇，不然，何以得專王刑也。」〔註145〕由此可知呂侯爲相之說，或出自緯書。

126　勿易嫡子

335《中候准讖哲》無易樹子。	葵丘之會，諸侯束牲載書而不歃血，初命曰：「誅不孝，無易樹子，無以妾爲妻。」（《孟子・告子下》）	《公羊傳・桓公三年》：桓公曰：「無障谷，無貯粟，無易樹子，無以妾爲妻。」

考文：

《准讖哲》佚文僅祇一句，以《孟子》、《公羊傳》可證爲取自先秦經傳者，原本爲齊桓公誓諸侯之辭。

釋義：

《詩經・白華・序》云：幽王「以妾爲妻，以孽代宗」，故周人作詩刺之也。孔穎達《正義》謂：「孽者，蘗也，樹木斬而後生謂之蘗。以適子比根幹，庶子比支孽，故孽，支庶也。」〔註146〕

127　嬖妻佞臣

330《中候摘雒戒》
昌受符，厲倡僕，期十之世權在相，剡者配姬以放賢，山崩水潰納小人，家伯罔主異載震。

釋義：

（1）孔穎達〈十月之交〉疏文，以爲此條讖文乃解說詩義者，云：「『昌受符』爲王命之始。即云『期十之世』，自文數之，至厲王，除文王爲十世也。剡與家伯，

〔註144〕《顧頡剛讀書筆記》頁568。
〔註145〕《尚書正義》卷19，〈呂刑〉頁16，孔《疏》。
〔註146〕《詩經正義》卷15之2，〈小雅・白華〉頁12。

與此篇事同。『山崩水潰』即此篇『百川沸騰，山冢崒崩』是也。」又引《推度災》曰：「百川沸騰眾陰進，山冢崒崩人無仰，高岸爲谷賢者退，深谷爲陵小臨大。」〔註147〕

（2）《史記・周本紀》云：「幽王二年，西周三川皆震。伯陽甫曰：『年國必依山川，山崩川竭，亡國之徵也。』」是《摘雒戒》此條佚文，當爲總括經義及先秦陰陽災異觀念而成之謠諺也。

第五節　五霸迄西漢

一、齊桓、秦穆二霸

128　霸字義

332《中候霸免》：諸侯曰霸。

釋義：

《呂氏春秋・士容覽・務大》云：「五伯欲繼湯武而不成，既足以爲諸侯長矣。」與此條文意相類。黃奭本337條《中候覬期》亦云：「秦伯，霸也。」則《霸免》指春秋五霸而言無疑。

129　齊桓功業

336《中候准讖哲》	《春秋保乾圖》
齊桓霸，遏八流，以自廣。	移河爲界枉齊呂，填閼八流以自廣。

釋義：

《尚書・禹貢》「北播九河」，《左傳・僖公四年》載管仲之言，亦云：「（周王）賜我先君履，東至于海，西至于河。」孔穎達謂：「計桓公之時，齊之西竟當在九河之最西。」〔註148〕清楊應階以爲齊桓嘗塞此九河同爲一河，以自廣其地。〔註149〕

130　齊桓功業

264《中候義明》：洞五九，禮闕郵。

〔註147〕分別見於《詩經正義》卷12之2，〈小雅・十月之交〉頁2、頁6。
〔註148〕《春秋左傳注疏》卷12，〈僖公四年〉頁11。
〔註149〕黃奭輯《春秋緯》卷9，《保乾圖》頁6。

釋義：

（1）鄭玄注云：「關，止；郵，過也。言五帝後，洞三王之世，其治各九百歲，當以禮止過也。」然而讖文「五、九」當爲竝舉，又未言「三王」，鄭注以「五帝、三王」爲說，是增字解義；至若「九百歲」一語，亦未見於史籍或緯書中，是鄭說迂曲，有待商榷。惟解「郵」爲「過」，則爲東漢常詁，《春秋緯》亦有《考異郵》以「郵」爲篇名。

（2）考《左傳・僖公四年》載管仲對楚子使云：「昔召康公命我先君大公曰：『五侯、九伯，女實征之，以夾輔周室。』」何休《解詁》云：「五等諸侯、九州之伯，皆得征討其罪。」疑與此條讖文有關。

（3）蓋春秋之世，諸侯力征，衆暴陵弱，法令滋章，盜賊多有，故管仲乃有征討五九以止此過之說。漢代方士或襲取此意爲讖，光武時又擷入《中候義明》中。此一推論，可備參考。

131　齊桓欲封禪

240《中候運衡》：年耆既艾。	《大戴禮・曾子疾病》：老年耆艾，雖欲弟，誰爲弟？
334《中候淮讖哲》：齊桓公欲封禪，謂管仲曰：「寡人日暮，仲父年艾，誰將逮政？」	

釋義：

「年艾」即「年耆既艾」之簡稱，觀諸《莊子・寓言》「無經緯本末，以期年耆」、《大戴禮》「老年耆艾」，是「年耆」亦爲秦、漢熟語也。惟依《尚書中候》編排體例，《運衡》此條實指堯帝年已耆艾，將欲禪讓於舜也。

132　齊桓欲封禪

333《中候淮讖哲》	《史記・封禪書》	《管子・封禪第五十》
維歲二月，侯在東館，	齊桓公既霸，會諸侯於葵丘，	桓公既霸，會諸侯於葵丘，
嘆曰：「於戲，仲父。		
寡人聞古霸王封大山，		
刻石紀號，立顯象。		
今寡人名爲何君？」	而欲封禪焉。	而欲封禪。……
管子曰：「衛困於狄，案兵須滅，	管仲曰：「古之封禪，……	管仲曰：「古之封禪……
乃存之仁，不純爲霸君。		
昔古聖王，功成道洽符出，乃封大山。		
今比目魚不至，	東海致比目之魚，	東海致比目之魚，
	西海致比翼之鳥，	西海致比翼之鳥，
	然后物有不召而自至者，十有五焉。	然后物有不召而自至者，十有五焉。
鳳皇不臻，麒麟遁，	今鳳皇、麒麟不來，	今鳳皇、麒麟不來，

	嘉穀不生，而蓬蒿藜莠茂， 鴟梟數至，而欲封禪， 毋乃不可乎？」於是桓公乃止。	嘉穀不生，而蓬蒿藜莠茂， 鴟梟數至，而欲封禪， 毋乃不可乎？」於是桓公乃止。
未可以封。」		

釋義：

《史記》、《管子》二書之〈封禪書〉，當有因襲關係，再者，《史記·齊太公世家》
載：桓公欲封禪，「管仲固諫，不聽；乃說桓公以遠方珍怪物至乃得封，桓公乃
止」。可知《准讖哲》所言，實爲秦漢以來傳聞。

133　泛言封禪

143《璇璣鈐》：禪讓之首，至周五代，一意故耳。		
a533《中候勑省圖》：黃倉七禪，自黑不。		
009《尚書緯》	**《詩》毛傳：**	**《史記·封禪書》：**（秦）諸儒生或議曰：
禪者，除地爲墠。	墠，除地町町者。〔註150〕	「古者封禪，……掃地而祭。」

釋義：

（1）「除地」、「掃地」意同。《禮記·禮器》孔《疏》云：「禪乎梁甫者，禪讀爲墠，
謂除地爲墠，在於梁甫，以告地也。……封者增高也，下禪梁甫之基，廣厚也。」
〔註151〕是以「墠」爲封禪儀式之一，此亦秦、漢以來傳說。惟《白虎通》云：
「封者，附廣之；禪者，將以功相傳授之。」〔註152〕與《尚書緯》等所言不同。

（2）《禮記·祭法》云：「設廟祧壇墠而祭之，乃爲親疏多少之數。」鄭玄注曰：「封
土曰壇，除地曰墠。」孔《疏》說「封土、除土」之故，乃「近者起土，遠親
除地，示將去然。」〔註153〕可知〈祭法〉所言之「墠」，以「宗廟祭祀」爲主，
又與（1）所言者不同。

（3）盧辯注《大戴禮》曰：「負土爲壇以祭天，曰封；除地爲墠以祭地，曰禪。變墠
爲禪，禪之也。」〔註154〕是盧辯以爲祭禮中，原以「墠」字稱「除地」一事，
後欲神聖其禮，乃改從「示」作「禪」。

134　秦伯出獵

〔註150〕《詩經正義》卷4之4，〈鄭風·東門之墠〉頁3。
〔註151〕《禮記注疏》卷24，〈禮器〉頁8。
〔註152〕《史記》卷12，〈孝武本紀〉頁473，張守節《正義》引。
〔註153〕《禮記注疏》卷46，〈祭法〉頁8～9。
〔註154〕黃奭輯本《通緯·詩含神霧》卷2，頁7引。

> 337《中候覬期》
>
> 維天降紀，秦伯出狩，至于咸陽，天震大雷，有火流下，化爲白雀，銜籙丹書，集于公車。公俯取書，曰：「秦伯霸也。」訖胡亥，秦家世事。

考文：

　　《易是類謀》「掇漸霸」，鄭玄注云：「穆公授白雀之書，是霸；若因之，齊桓。」又，一百二十卷本《說郛》於「咸陽」下有「日櫻庚午」四字，「曰秦伯霸」引作「言繆公之霸」。可證此條讖文乃說秦穆公霸事之符瑞者。

釋義：

（1）羅泌《路史・發揮》謂：「《書中候注》云：『霸猶把也。』傳云：『五伯之霸。』謂以諸侯長把王者之政。大抵霸即伯之強者云尒。」（卷 32 頁 37）

（2）白雀爲符瑞圖讖之常言，《孝經援神契》：「王者奉己儉約，臺榭不侈，尊事耆老，則白雀見。」《宋書・符瑞志》：「白雀，王者爵祿均則至。」曹植〈魏德論〉曰：「武帝執政日，白雀集於庭槐。」《魏略》曰：「文帝欲受禪，白雀十九見。」

二、秦末迄漢初

135　嬴秦亡徵

> 079《考靈曜》：秦失金鏡，魚目入珠。
>
> 134《帝命驗》：秦失金鏡，魚目入珠。
>
> 《雒書》：秦失金鏡，魚目入珠。

考文：

　　《考靈曜》有宋均注，《帝命驗》及《雒書》有鄭玄注，是緯書確有此三條，分別編入三書之中。緯書此類複見甚多，亦可見《雒書》與「經讖」似無分別也。

136　始皇沈璧

081《考靈曜》	《河圖考靈曜》	《河圖天靈》	《河　圖》
趙王政以白璧沈河，	趙王政以白璧沉河，	趙王政以白璧沉河者，	趙王政以白璧沈于河。
有黑公從河出，	有黑公從河出，	有一黑公從河出，	
謂政曰：	謂政曰：	謂政曰：	
「祖龍來授天寶開。」	「祖龍來授天寶開。」	「祖龍來，天寶開。」	
中有尺二玉牘。	中有尺二玉櫝。	中有（尺）二玉櫝也。	

考文：

　　《河圖》二條皆與《考靈曜》相同，當爲光武編撰圖讖時，以河雒讖文雜入各篇經讖未作分別之例證。

釋義：

　　《史記・秦始皇本紀》云：「莊襄王爲秦質子於趙，……生始皇，……名爲政，姓趙氏。」又載讖云「今年祖龍死」，故《淮南子・泰族篇》云「趙政書決獄而夜理書」，《河圖稽耀鈎》、《握矩紀》亦謂：「秦距之帝名政，……名祖龍。」黑公爲秦水德之象徵。

137　秦皇、漢高之讖

> 124《帝命驗》：賊類出，高將下。
>
> 125《帝命驗》：賊起蚩，卯生虎。

釋義：

　　黃奭本佚文下，引鄭玄注，124 條云：「賊類謂秦始皇也。呂不韋之妻任身，而奏襄王納之，生始皇。高謂丞相趙高也。始皇出，趙高下，謂天生之也。」125 條云：「賊起蚩，始皇立也；卯，劉字之別也。皇立而劉生。」蓋以賊爲「始皇」，高爲「趙高」，虎爲「劉邦」。

138　義　帝

> 338《中候覬期》：空受之帝立。

釋義：

　　《太平御覽》卷八六，收此條讖文於〈皇王部十二〉「楚義帝」下，或即因項羽分封時，謂義帝雖無功而仍王之，故後世謂其「空受」。

139　項　羽

> 339《中候覬期》：自號之王霸，姓有工。

釋義：

　　《太平御覽》卷八七，收此條讖文於〈皇王部十二〉「項籍」下。籍自號西楚霸王，姓「項」，偏旁有「工」，故有此言也。

140　孔子爲漢制法

078《考靈曜》	《春秋緯》	《春秋演孔圖》	《秋春感精符》	《春秋緯》
丘生倉際，觸期稽度， 爲赤制， 故作《春秋》以明文命，綴紀撰書，修定禮義。	丘水精，治法， 爲赤制功。	孔子論經，有鳥化爲書， ……化爲黃玉，刻曰： 「孔提命作應法， 爲赤制。」	黑孔生， 爲赤制。	丘覽史記，援引古圖，天變， 爲漢帝制法，陳敘圖錄。

釋義：

（1）王莽攝政時，處士邠鄲奏疏請歸政，云：「顯表紀世，圖錄豫設，漢歷久長，孔爲赤制。」〔註160〕與此組四條佚文所言「丘生……爲赤制」、「黑孔生，爲赤制」、「孔提命……爲赤制」，意皆相似，可知西漢末年此類讖文觀念盛行，欲以堯之火德爲漢之肇始也。

（2）黃奭本《春秋緯》又有「西狩獲麟，赤受命」、「黑龍生，爲赤，必告示象，使知命」、「作《春秋》，以改亂制」、「丘覽史記，援引古圖，推集天變，爲漢帝制法，陳敘圖錄」。可知赤制乃爲劉漢而設。

141　劉邦起義

126～7《帝命驗》	《雒書靈準聽》	《河圖握矩紀》	
有人雄起， 戴玉英，履赤矛， 析旦失籌，亡其金虎。 東南紛紛，注精起， 昌光出軫，己圖之。	有人雄起， 戴玉英， 祈旦失籌，亡其金虎。 東南紛紛，精起， 昌光出軫，己圖之。	帝劉季，日角戴勝， 斗胸龜背龍眼，長七尺八寸， 明聖而寬仁，好生主軫。 劉受季， 昌光出軫，五星聚井。	《河圖稽耀鉤》 劉紀紀， 昌光出軫，五星聚井。

考文：

以《雒書》佚文，可知《帝命驗》126～27當合爲一條。「好生主軫」說劉季，可證四條讖文皆言劉邦之事。

142　劉邦受命

080《考靈曜》	133+135《帝命驗》
卯金出軫，握命孔符，河圖子提， 期地留，赤用藏，龍吐珠也。	卯金出軫，握命孔符，河圖子提， 期地留，赤用藏，龍吐珠。

〔註160〕《後漢書》卷29，〈邠鄲列傳〉頁1025。

考文：

　　《考靈曜》與《帝命驗》字句相同，似爲複見之讖文，然而兩條佚文下所附之鄭玄注文亦完全相同，以此可知當爲後世引用之際，誤植篇名，致使輯佚者分入各篇之中，鄭玄並未在兩篇中複見其文。

釋義：

　　黃奭本佚文下，引鄭玄注云：「卯金，劉字之別；軫，楚分野之星；符，圖書，劉所握天命，孔子制圖書；河圖子，劉氏；提，起也；藏，祕也；珠，寶物，喻道也，赤漢當用天之祕道，故河龍吐之。」言之頗爲明確。

143　五星合，兵起更代

> 087《考靈曜》：帝起受終，五緯合軫。

釋義：

（1）《史記・天官書》與《漢書・天文志》皆云：「若五星入軫中，兵大起。」《巫咸占》亦謂：「五星入軫者，司其出日而數之，期二十日皆爲兵發。司始入處之率一日期，十日軍罷。」〔註161〕《春秋佐助期》曰：「五星有入軫者，皆爲兵大起。」可知五星聚合，當有戰爭。軫爲劉漢之分野，故此處「合軫」指漢高祖之徵祥也。

（2）「合軫」之事，亦有異說，如《漢書・天文志》載：「漢元年十月，五星聚於東井，以曆推之，從歲星也。此高皇帝受命之符也。故客謂張耳曰：『東井，秦地，漢王入秦，五星從歲星聚，當以義取天下。』」〔註162〕東井與軫二宿，天經相隔六十餘度，不可混言之。是可知「合軫」云云，亦非定論也。

（3）「合軫」占驗之非實，《開元占經》論曰：「周將代殷，五星聚于房；齊桓將霸，五星聚于箕；漢高祖入秦，五星聚東井。齊則永終侯伯，本無更紀之事，是五星之聚，有不易行者矣。」〔註163〕江曉原考論歷代天象，亦證「五緯合」占驗之非是，謂：史籍所載漢以後五星聚合之天象凡七次，僅有三次眞確，然而皆爲五星齊聚太陽附近之方向，根本無法觀測，當爲古人推算所得。再則，劉漢以來二千年間，可觀測之「五緯合」近二十次，其中約十次觀測條件甚佳，卻全無載錄。故江氏斷曰：「古人對於這類天象記載既不詳備，其見於記載者，又

〔註161〕《後漢書・志》第11，〈天文中〉頁3236，劉昭注引。
〔註162〕《漢書》卷26，〈天文志〉頁1301。
〔註163〕《開元占經》卷19，〈五星占二・五星相犯一〉。又見梁沈約《宋書》卷25，〈天文志三〉頁736。

因常與祥瑞、符命之類的事相附會，以致不惜牽合其至僞造其記錄。」〔註164〕
由此可見，此類讖語驗辭之不可信從。

144 劉邦興於豐

> 123《帝命驗》：天鼓動，玉弩發，天下驚。
>
> 《春秋演孔圖》：有人卯金興於豐，擊玉鼓，駕六龍。

釋義：

黃奭本佚文下，引鄭玄注云：「秦有枉矢西流，枉矢即弩星也，兵精，主天下見
之而驚。西流，秦滅也。」由《演孔圖》「興於豐」，可知說劉邦起義事無疑。

145 漢為堯後

> 340《中候覬期》：卯金刀帝出，復禹之常。
>
> a436《尚書中候》：卯金刀帝出，復堯之常。

考文：

黃奭本作「禹」，安居本作「堯」，考王莽建新以後，盛傳劉漢火德，爲帝堯之後，
故當「復堯之常」。查《公羊傳・僖十四年》何休《解詁》云：「《中候》云：『卯
金刀帝出，復堯之常。』」〔註165〕可證黃奭本有誤。

146 漢祭祀之樂

151《璇璣鈐》	152《璇璣鈐》	《河圖括地象》	《河圖括地象》
使帝王受命， 用吾道述堯理代， 平制禮，放唐之文， 化洽作樂，名斯在。	有帝漢出， 德洽作樂，名予。	有漢世 禮樂文雅出。	十代 禮樂文雅並出。

釋義：

「述堯、放唐」者，蓋劉漢爲堯後，故倣效唐堯之禮制而施政也。東漢明帝永平
三年（西元60），依圖讖《璇璣鈐》改郊廟樂爲「太予樂」、正樂官爲「太予樂官」，
並作武德舞歌詩，其有有「章明圖讖，放唐之文」一句〔註166〕，可見明帝遵圖

〔註164〕江曉原《天學眞原》頁242。
〔註165〕《公羊傳》卷28，〈僖公十四年〉頁10。
〔註166〕《東觀漢記校注》卷2，〈孝明皇帝〉卷2，頁68；又見卷5，〈郊祀志〉頁164。

讖制禮也。又，《易是類謀》曰：「甄機立功者堯，放德之名者虞。」則謂虞舜仿效唐堯而言。

第六節　其他類

一、解說經義

147　詩經篇數

a201《璇璣鈐》	《史記·孔子世家》
三百五篇。	三百五篇孔子皆弦歌之。

釋義：

孔穎達曰：「《樂緯動聲儀》、《詩緯含神務》、《尚書璇璣鈐》皆云『三百五篇』者，漢世毛學不行，三家不見〈詩序〉，不知六篇亡失，謂其唯有三百五篇。讖緯皆漢世所作，故言三百五耳。」〔註167〕以此可知《璇璣鈐》有此一條讖文。

148　《尚書·洪範》文

076《考靈曜》：建用皇極。	《尚書·洪範》：建用皇極。

149　《尚書大傳》文

a266《尚書緯》：淮雨。	《尚書大傳·周傳》：別風淮雨。

釋義：

（1）「淮雨」又作「淫雨」，唐劉賡《稽瑞》引《尚書大傳》曰：「周成時，越裳氏來獻白雉，曰：『吾聞國之黃耇曰：天無烈風淫雨，江海不波，于滋久矣。』」是「淮雨」乃「淫雨」也。又，《詩經·蓼蕭》孔《疏》，亦引《書傳》此說。〔註168〕

（2）《韓詩外傳》亦言此事：「黃髮曰：『久矣，天之不迅風疾雨也，海不波溢也。』」〔註169〕是「疾雨」即「淫雨」、「淮雨」也。

（3）《文心雕龍·練字》云：「《尚書大傳》有『別風淮雨』，《帝王世紀》云『列風淫雨』，別列、淮淫，字似潛移。淫、列義當而不奇，淮、別理乖而新異。

〔註167〕《詩經正義》，〈詩譜序〉頁5。
〔註168〕《詩經正義》卷1之1，〈小雅·蓼蕭〉頁5。
〔註169〕《韓詩外傳》卷5，頁207。

傅毅制誄，已用准雨。」可知《尚書緯》所用，乃《大傳》注文，亦爲漢代好
奇之士潛移之字詞。

150　《尚書》、《中候》篇數

140+139《璇璣鈐》	《傳》曰：	《傳》曰：
三皇百世，計神元書，	「三皇百世，計世元書；	「三皇百世，計世玄書；
五帝之世，受籙圖。	五帝之受錄圖世，	五帝之世，受錄圖；
孔子求書，	有史記從政之錄，	史記從政錄
得黃帝元孫帝魁之書，	帝魁已來，	帝魁已來，
迄於秦穆公，	訖於秦繆，除禮樂之書，	除禮樂之書，
凡三千二百四十篇，	三千三百有四十篇。	三千二百四十篇也。」〔註171〕
斷遠取近，定可以爲世法者百二十篇，	夫子刪之，斷自虞始，	
以百二篇爲《尚書》，十八篇爲《中候》。	所存百篇而已。」〔註170〕	

考文：

（1）《璇璣鈐》二條與「《傳》曰」內容類同，上欄「傳曰」引自《路史》，下欄引自
《白虎通》。考《白虎通》早佚，今本出自清陳立所輯，傳鈔譌誤難免，而《路
史》則南宋時所撰集，所見《白虎通》當較清代完整；而《路史》同卷頁又述
及「昔孔子求古史，得黃帝玄孫帝魁之書」，可證彼所謂「史記」即《璇璣鈐》
孔子所求之書。

（2）孔子求「史記」一事，《春秋緯》多言及，如《春秋緯》云：「丘覽史記，援引
古圖，天變，爲漢帝制法，陳敘圖錄。」再如《春秋說題辭》、《攷異郵》、《感
精符》皆云：「昔孔子受端門之命，刺春秋之義，使子夏等十四人求周史記，得
百二十國寶書，九月經立。」可見緯書盛言孔子自「史記」中擷取六經材料。
惟此一「史記」乃泛稱周代列國國史，並非司馬遷所撰《史記》。

151　《尚書》書名釋義

137《璇璣鈐》：《尚書》篇題號：	138《璇璣鈐》
尚者上也，上天垂文象，布節度；書者，如也，如天行也。	書務以天言之，因而謂之書，加尚以尊之。
《春秋說題辭》：《尚書》者，二帝之迹，三王之義，所以推期運，明命受之際。	
書之言信，而明天地之情，帝王之功，凡百二篇，次第委曲。尚者，上也，上世帝王之遺書也。	

〔註171〕《白虎通疏證》卷9，〈五經〉頁449引。
〔註170〕《路史・後紀六》頁3。

《孝經援神契》：《易》長於變，《書》考命符，授河。

釋義：

以《尚書》篇題之「尚」字，有「上天、上世、尊尚」三義，此蓋由於緯書各篇來源本即多歧，釋名固然不同。至若「書者，如也」，鄭玄注云：「書者，寫其言，如其意，情得展舒也。」〔註172〕蓋聖人法天行以垂教，若《易通卦驗》云：「燧皇握機矩，爲法北斗七星而爲七政」，是以此條讖文乃謂「如天行也」、「書務以天言之」。《尚書》「百二篇」之義，略見第五章「學述評析」所論。

152 五刑綜述

	《尚書·呂刑》	《白虎通·五刑》	《春秋元命包》
《刑德放》云： 「大辟刑罰之屬五百， 宮罰之屬三百， 大辟之罰，其屬二百， 五刑之屬三千。」〔註173〕 （《五行大義》引）	墨罰之屬千， 劓罰之屬千， 剕罰之屬五百， 宮罰之屬三百， 大辟之罰其屬二百。 五刑之屬三千。 上下比罪，無僭亂辭。	劓、 墨辟之屬各千， 腓辟之屬五百， 宮辟之屬三百， 大辟之屬二百， 五刑之屬三千， 張布羅眾，非五刑不見。	墨、 劓辟之屬各千， 臏辟之屬五百， 宮辟之屬三百， 大辟之屬二百， 列爲五刑，皋次三千。

考文：

《周禮·司刑》云：「墨罪五百，劓罪五百，宮罪五百，刖罪五百，殺罪五百。」罪刑與《尚書》及緯書所言者不同。

釋義：

《漢書·刑法志》云：「自建武、永平，……政在抑彊扶弱，朝無威福之臣，邑無豪桀之俠，以口率計，斷獄少於成、哀之間什八。」〔註174〕可見東漢重品德而刑獄遂少。其所以如此，或謂乃讖緯影響，如陳郁芬〈東漢讖緯與政治〉云：「東漢人主受了讖緯中儒家思想的影響，爲政遂重禮教而輕刑法。」又謂：「人君爲政煩苛，用刑刻暴，則將導致天譴，很可見讖緯是十分輕刑法的。」〔註175〕今考《尚書緯》中，論及刑法者僅有四組，可見此說可信。

〔註172〕《尚書正義》卷1，〈尚書序〉頁1。
〔註173〕陳立《白虎通疏證》卷9，〈五刑〉頁439疏文引。按，《五行大義》卷2，〈論刑〉頁28有《刑德放》引文，惟未見疏文所引此條。然而以下文所列黃奭本《刑德放》諸條佚文，則「二百」、「三千」等語，當亦見於《刑德放》也。
〔註174〕《漢書》卷23，〈刑法志〉頁1110。
〔註175〕陳郁芬〈東漢讖緯與政治〉頁184。

153　五刑綜述

178～79《刑德放》	182《刑德放》
大辟之屬二百，象天之刑。 劓象七政，日月五星，應政變易。 髕象七精，宿變易，即氣色生也。 墨象斗華。	大辟象天， 刑、罰、贖之數三千， 應天、地、人。

考文：

　　《北堂書鈔》引《刑德放》，「劓」下有「屬千」二字，同於《尚書‧呂刑》；「墨象斗華」作「墨象斗度」，又引：「墨之屬千，斗度變往名。」〔註176〕可知黃奭本所輯仍未完備。

154　五刑綜述

180《刑德放》	a231《刑德放》
涿鹿者，竿人頭也。 黥者，馬羈竿人面也。 髕者，脫去人之髕也。 髕法之屬五百，象七精。 宮者，女子淫亂，執置宮中，不得出也。 割者，丈夫淫，割其勢也。	涿鹿者，竿人頭也， 黃帝殺之涿鹿之野，身首異處，故別葬，豈竿其首于涿鹿地乎？

考文：

　　「竿」字當為「笰」之誤，笰有「壓逼」之意，謂刑傷其人也。安居本 a231 條取自《古微書》，典出《路史‧後紀四》，以「竿其首」為意，並非《刑德放》之本義，「黃帝殺之」以下，實為羅苹之注文，誤輯入緯書中者。

釋義：

（1）黃奭本佚文下引鄭玄注，云：「涿鹿、黥，皆先刺刀笰傷人，墨布其中，故後世謂之刀墨之民也。」是二刑相似。

（2）《太平御覽》引《尚書刑德放》曰：「涿鹿，竿（當作「笰」）人額也；黥者，馬

羈竿（笒）人面也。」〔註177〕可知在面曰黥，在額曰涿鹿也。

155 五刑占驗

184《刑德放》	183《刑德放》
五刑當輕反重，虐酷忽，月蝕消既，行失繩墨，大水淫，枯旱。其救之也，惟敬五刑，以成三惪。	當赦而不赦，月爲之蝕。

考文：

《刑德放》183 條意同於 184 條首句，當爲前人引用時偶作字詞之更易，遂使輯佚者並收不別。183 條可予刪除。

釋義：

先秦之星占類書，皆有月與刑德之感應說辭，如《星傳》曰：「月者刑也，月蝕修刑。」〔註178〕《刑德放》此條所述，當亦爲秦、漢習傳之星占觀念也。

二、雜　說

156 天文地理

068《考靈曜》
通天文者明，審地理者昌。明者，天之時也；昌者，地之財也。明王之治，鳳皇下之。

釋義：

天文以曆法、四時、二十四節氣爲主，以之定農時，故曰「天之時」；地理以物產爲主，故曰「地之財」也。「明王之治，鳳皇下之」，爲緯書所常言者。

157 天地形質

165《璇璣鈐》：上清下濁，號曰天地。

釋義：

以清濁判分天地，爲我國古代之基本宇宙觀，言之者甚多，如：

《尚書大傳·禹頁》：湛濁爲地。又曰積陰爲地。故地者濁陰也。

《黃帝素問·陰陽應象大論》：積陽爲天，積陰爲地，故清陽爲天，濁陰爲地。

《淮南·天文篇》：清陽者薄靡而爲天，重濁者凝滯而爲地。

〔註177〕《太平御覽》卷 648，〈刑法部一四〉，引《尚書刑德放》。
〔註178〕《開元占經》卷 17，〈月占七·救月蝕二二〉引。

漢代圖讖亦取此意雜入各緯之中，如：

《雒書靈准聽》：「其氣清者，乃上浮爲天，其質濁者，乃下凝爲地。」

《易乾鑿度》：1、「清輕者，上爲天；濁重者，下爲地。」

2、「清氣之輕者，上浮爲天；濁質之重者，下凝爲爲地。」

158　天道傳賢

106《帝命驗》：天道無適莫，常傳其賢者。

釋義：

　　《左傳・魯僖公五年》載：宮之奇諫虞君，引《周書》曰：「皇天無親，惟德是輔。」〔註179〕《老子》第七九章曰：「天道無親，常與善人。」皆與《帝命驗》所言相似。今據《漢書》載錄，昭帝以後，漢當順堯之德，禪讓天下於賢者之論寖盛，如眭弘奏云：「漢家堯後，有傳國之運。漢帝宜誰差天下，求索賢人，禪以帝位，而退自封百里，如殷周二王後，以承順天命。」〔註180〕其後宣帝果起於民間，入即大位。宣帝朝，京房、蓋寬饒亦先後奏言天下當以賢者繼世。此或即《帝命驗》所言之張本也。

159　九　族

《尚書緯》：	夏侯、歐陽等以爲：
「九族，乃異姓之有屬者。 父族四，母族三、妻族二。」〔註181〕	「九族者，父族四、母族三、妻族二， 皆據異姓有服。」〔註182〕

考文：

　　二文出自《尚書・仲虺之誥》及〈堯典〉孔疏。第一則孔疏於文前註云：「案《禮》戴及《尚書緯》、歐陽說」，知三者說義相同。黃奭本未收此條讖文，安居本錄「九族乃異姓之有屬者」一句，缺後句。

160　姓名讖語

265《中候義明》：仁人傑出，握表之象，日角姓，合音之于。

〔註179〕《春秋左傳》卷12，〈魯僖公五年〉頁23。
〔註180〕《漢書》卷75，〈眭弘傳〉頁3154。
〔註181〕《尚書正義》卷8，〈仲虺之誥〉頁9。
〔註182〕《尚書正義》卷2，〈堯典〉頁8引《異義》。

釋義：

（1）《南齊書・祥瑞志》載：晉光祿大夫何禎解此「音之于」為曹字，謂魏氏也。
　　　王隱《晉書》云：「卯金音于，亦為魏也。」是謂此條乃說曹丕篡漢之事。惟蘇
　　　偘則解曰：「蕭，角姓也。又八音之器有簫管也。」以之為蕭道成篡劉宋而建齊
　　　朝之讖。〔註183〕按：何、蘇兩說皆為附會之語。

（2）此條蓋謂帝堯之形象也。「握」者，《握河紀》，代稱帝堯也；「表」者，帝堯之
　　　表象也。「日角」，《易乾鑿度》「〈復〉，表日角」，鄭玄注云：「表者，人形體之
　　　章誠也。（原註：黃奭謹案：張惠言曰：「『誠』當『識』。」）」《春秋合誠圖》：「赤
　　　帝之為人，……龍顏日角，八采三眸。」「赤帝體為朱鳥，其表龍顏」皆明言帝
　　　堯容貌為「日角」。鄭玄《尚書中候注》云：「日角謂庭中骨起，狀如日。」（范
　　　曄《後漢書》卷1頁1注引）

（3）又，「音之于」與吹律定姓有關。蓋堯姓伊祁，《詩含文嘉》：「慶都與赤龍合昏，
　　　生赤帝伊祁，堯也。」《河圖》：「慶都與赤龍合，生帝堯於伊祁。」伊祁與「音
　　　之于」之關係，皮錫瑞《尚書中候疏證》嘗作考論：「『于』疑『羽』字，聲涉
　　　而謀。堯姓伊祁氏，屬羽音。」蓋吹律定姓為漢代之通識，《潛夫論・氏姓篇》
　　　云：「吹律定姓，唯聖能之。」《春秋演孔圖》：「孔子曰：某援律吹律，而知有
　　　姓也。」《樂緯》云：「孔子曰：丘吹律定姓，一言得土曰宮，三言得火曰徵，
　　　五言得水曰羽，七言得金曰商，九言得木曰角。」《是類謀》云：「吹律卜名」，
　　　又云：「聖人興起，不知其姓，當吹律聽聲，以別其姓。」《孝經鉤命決》云：「聖
　　　王吹律有姓。」是吹律以定姓名，古蓋有之。《漢書・京房傳》載：「房本姓李，
　　　推律自定為京氏」即吹律改姓之顯例也。

（4）是則此條佚文原本當作：「仁人傑出，握表之象，日角，姓合音之于（羽）。」
　　　謂帝堯之容貌乃中庭鼓起如日，其姓伊祁氏，音律與五音之羽相符合也。

161　祥風之瑞

a166《帝命驗》	《孝經援神契》	《尚書大傳・金滕傳》
德至於元，則祥風起。	王者憙至八方，則祥風至。	王者德及皇天，則祥風起。〔註184〕

162　動　物

〔註183〕《南齊書》卷18，〈祥瑞志〉頁350。
〔註184〕四庫本《尚書大傳》卷3，〈金滕傳〉頁1。

012《尚書緯》：五靈。

a445《中候握河紀》：麒似大麋一角，麟似馬而無角，赤目。

釋義：

《爾雅・釋獸》云：「麐，麕身，牛尾一角。」《春秋感精符》亦曰：「麟一角。」皆與《握河紀》不同。羅泌《路史・餘論五》有〈麟難〉一文，詳述歷代諸書言及「麟」事者，並歎曰：諸書所言，「若是其不一也。」〔註185〕

163　大竹之瑞

172《璇璣鈐》：少室之山，大竹堪爲釜甑。

《河圖》：少室之山，大竹堪爲釜甑。

釋義：

晉郭文隱居於吳興餘杭大辟山中，亦有大竹之甑，《御覽》引《郭文傳》云：「文以竹爲甑。」〔註186〕是知可爲釜甑之竹不限於少室山矣。李石《續博物志》亦曰：「《山海經》：『舜林中大竹，一節可以爲船。』漢竹大者，一節受一斛，小者數升。」〔註187〕可證大竹之瑞爲古代常言者。

164　黃河之瑞

a449《尚書中候》：黃河千年一清，聖人千年出世。

釋義：

《拾遺記》曰：「黃河千年一清，聖王之大瑞也。」〔註188〕後漢襄楷亦引京房《易傳》云：「河水清，天下平。」〔註189〕可知「河清」與「太平」，爲漢代學者論災異時之熟習觀念。

165　桑精之異

100《考靈曜》：桑者，箕星之精。	《典術》曰：「桑木者，箕星之精神。
木蟲食之，葉爲文章；人食之，老翁爲小鬼。	木蟲食葉爲文章；人食之，老翁爲小童。」〔註190〕

〔註185〕《路史・餘論五・麟難》頁 8。
〔註186〕《太平御覽》卷 757，〈器物部二〉。
〔註187〕《續博物志》卷 10，頁 143。
〔註188〕《太平御覽》卷 61，〈地部二六〉。
〔註189〕《後漢書》卷 30 下，〈襄楷列傳〉頁 1080。
〔註190〕《藝文類聚》卷 88，〈木部上・桑〉頁 1520。

考文：

此條佚文最早出自元陶宗儀《說郛‧尚書考靈耀》，未見《說郛》以前之其他典籍引用。其文與《藝文類聚》所引《典術》佚文相類，《太平御覽》亦載首句，曰：「桑木者，箕星之精。」〔註 191〕《典術》亦不知爲何世、何人之書，覈其文意言災祥，又及箕星之精，或與星命占驗之類有關也。

釋義：

「蟲食葉爲文章」，亦見《漢書》載：成帝末年，上林苑中大柳樹斷枯臥地，亦自立生，有蟲食樹葉成文字，曰「公孫病已立」〔註 192〕王充以爲：「草木之生，華葉青蔥，皆有曲折，象類文章，謂天爲文字，復爲華葉乎？」〔註 193〕可知此類或爲自然界偶見之異象。

166　毀乘忍

> 《尚書中候》：「毀乘忍。」〔註 194〕

考文：

此條出自《北堂書鈔‧暴虐》，未見歷代輯本收錄。惟僅三字，言君王暴虐之事，不知其本意如何。

三、誤作讖文

《尚書緯》輯本中，尚有誤收之例，若未細作查覈，或將造成評斷緯書價值上之錯誤，故以下列述一○組誤收之例。又，除此處一○組當刪外，尚有前述第49、89、118等三組，亦有部分佚文當予刪除，已於各組「考文」中詳言矣。

167　以「古《尚書》」為讖文（六宗祭祀）

130《帝命驗》 天宗日月北辰，	a254《尚書緯》 六宗，天地神之尊者， 天宗三，地宗三， 天宗日月北辰，	古《尚書》說： 六宗，天地神之尊者， 天宗三，地宗三， 天宗日月星辰，

〔註 191〕《太平御覽》卷 955，〈木部四〉。
〔註 192〕《漢書》卷 75，〈睦弘列傳〉頁 3153。
〔註 193〕《論衡校釋》卷 18，〈自然〉頁 779。
〔註 194〕《北堂書鈔》卷 41，〈政術部‧暴虐四四〉頁 4。

地宗岱河海也。	地宗岱河海。	地宗岱山河海。
日月爲陰陽宗，	日月爲陰陽宗，	日月屬陰陽宗，
北辰爲星宗，	北辰爲星宗，	北辰爲星宗，
河爲水宗，	河爲水宗，	岱爲山宗，
海爲澤宗，	海爲澤宗，	河爲水宗，
岱爲山宗。	岱爲山宗。	海爲澤宗。
	祀天則天文從祀，	祀天則天文從祀，
	祀地則地理從祀。	祀地則地理從祀。〔註195〕

考文：

（1）黃奭本《帝命驗》迻錄自《古微書》，而《古微書》未言出處。安居本 a254 條則謂此條佚文出自《周禮‧大宗伯》賈《疏》所引「《尚書緯》」。然而詳考〈大宗伯〉賈《疏》原文，實爲轉引許慎《五經異義》中之「古《尚書》說」（亦即第三欄引文）者，並無「《尚書緯》」之稱。

（2）許慎《五經異義》解此「六宗」，先引「今歐陽夏侯說」，繼引「古《尚書》說」，原文如下：「今《尚書》歐陽夏侯說：『六宗者，……故郊祭之。』古《尚書》說：『六宗，天地神之尊者，……地理從祀。』謹案：夏侯歐陽云……。（許慎以爲）與古《尚書》同。」〔註196〕許慎爲古文家，其〈說文敘〉已有明言，云：「其偁《易》孟氏、《書》孔氏、《詩》毛氏、《禮》《周官》，《春秋》左氏、《論語》、《孝經》，皆古文也。」其稱「古《尚書》說」即明以《尚書》學派分別，並非稱「《尚書緯》」也，鄭玄《駁五經異義》亦未視許慎所引之「古《尚書》說」爲緯書。《古微書》不知何以輯此條古文入《帝命驗》中。安居本錯讀賈《疏》，又增字解詁，改「古《尚書》」爲「《尚書緯》」，故有此誤也。

（3）安居本 a254 條又謂：〈大宗伯疏〉此條「《尚書緯》」，亦見於《唐類函》卷八八。惟覆查《唐類函》該卷所引「古《尚書》」云云〔註197〕，實轉引自《北堂書鈔》，內容亦即迻錄《五經異義》而來。是可確證：許慎、鄭玄時，此條解說並未編入《尚書緯》之中。

〔註195〕《周禮注疏》卷 18，〈大宗伯〉頁 56 引許慎《異義》。又見《禮記正義》卷 46，〈祭法〉頁 6 引。《天中記》卷 42，〈六宗〉頁 24，亦引《異義》此條「古《尚書》說」。

〔註196〕《周禮》卷 18，〈大宗伯之職〉頁 5，賈公彥《疏》引。又，《禮記》卷 46，〈祭法〉頁 6，孔穎達《疏》引《異義》亦同。

〔註197〕《唐類函》卷 88，〈禮儀‧六宗〉頁 20。

（4）詳考兩漢、魏、晉學者，言及「六宗」之義，各有所本，惟全未見有《尚書緯》之名義於其中（詳見第五章第一節所考）。南宋羅泌撰《路史》，多引緯書文句，於〈餘論五‧六宗論〉一節，詳言諸家說法，亦未見有緯書篇名於其中。後世輯本所以收錄此條，當為誤認許慎之「古《尚書》說」，為鄭玄習稱之緯書別名「《尚書說》」，因而致誤也。

168　誤以「古《尚書》」為讖文（天之五號）

129《帝命驗》	《尚書說》云：	《詩‧王風‧黍離‧毛傳》	《爾雅‧釋天》	今《尚書》
天有五號，	「天有五號，各用所宜稱之。	蒼天，以體言之。	穹蒼，蒼天也。	歐陽說：
尊而君之則曰「皇天」，	尊而君之則曰『皇天』，	尊而君之則曰「皇天」，	春為「蒼天」，	春曰「昊天」，
元氣廣大則稱「昊天」，	元氣廣大則稱『昊天』，	元氣廣大則稱「昊天」，	夏為「昊天」，	夏曰「蒼天」，
仁覆閔下則稱「旻天」，	仁覆閔下則稱『旻天』，	仁覆閔下則稱「旻天」，	秋為「旻天」，	秋曰「旻天」，
自上監下則稱「上天」，	自上監下則稱『上天』，	自上監下則稱「上天」，	冬為「上天」。	冬曰「上天」，
據遠視之蒼蒼然	據遠視之蒼蒼然	據遠視之蒼蒼然	四時。	總曰「皇天」。
則稱「蒼天」。	則稱『蒼天』」。〔註198〕	則稱「蒼天」。		

考文：

（1）黃奭本《帝命驗》129條，迻錄自《古微書》，安居本則列之為《尚書緯》a253條，並注曰：「〈大宗伯疏〉作《尚書緯》。」惟詳覈《周禮‧大宗伯》賈《疏》，此條實為鄭玄《駁異義》所引之「《尚書說》」，並無「緯」字〔註199〕。鄭玄解經義時，凡引緯書多名之曰「說」，故學者亦誤以此條為緯書佚文，惟不知何以收入《帝命驗》中。

（2）許慎《五經異義》云：「古《尚書》說：『元氣廣大謂之昊天』，則昊昊，廣大之意。」〔註200〕可知鄭玄所引「《尚書說》」，實即許慎所引之「古《尚書》說」，一如「今歐陽《尚書》說」、「今夏侯《尚書》說」，並非指稱《尚書緯》而言。

（3）所謂「古《尚書》說」者，並非即指《尚書緯》，如《周禮‧秋官‧司刑》賈公彥《疏》，所引「古《尚書》說：『鍰者率也』」云云，即與「夏侯歐陽說」不同〔註201〕，亦未見歷代輯佚家收入讖緯輯本中。

（4）毛《傳》所言，見〈黍離〉「悠悠蒼天」《傳》〔註202〕，孔穎達疏並謂：「毛公

〔註198〕《周禮》卷18，頁4〈大宗伯之職〉賈公彥《疏》引。
〔註199〕《駁異義》原文見《周禮》卷18，頁4〈大宗伯之職〉賈公彥《疏》。
〔註200〕《禮記‧月令》卷14，頁7，孔穎達《疏》引。
〔註201〕《周禮》卷36，〈秋官‧司刑〉頁8，賈公彥《疏》引。
〔註202〕《詩經正義》卷4之1，〈王風‧黍離〉頁4。又見《爾雅‧釋天》邢昺疏文所引；

此傳當有成文，不知出自何書？」今查許愼《說文》「旻」字下，引「《虞書》說：『仁覆閔下則偁旻天。』」〔註203〕許愼爲古文經學派，所論多據古文家言，可證《古尙書》當有此說，惟後世或佚而已。

（5）依歷代緯書輯本所言，此條《帝命驗》佚文出處，原本實作「古《尙書》說」，唐代以前凡引此文時，亦未見賦予緯書篇目，是輯本誤收入《尙書緯》中，原因當與前組「六宗」之考文所述相同。

釋義：

（1）《說文解字》云：「昦（即「昊」字），春爲昦天，元氣昦昦也。」〔註204〕則又合毛《傳》與今《尙書》歐陽說而言。是以段玉裁謂：「許君作《異義》時，是毛《傳》。非《爾雅》、歐陽《尙書》，鄭君駁之。而許造《說文》，於「昊」下、「旻」下，皆用《爾雅》參合毛《傳》，略同鄭說。《說文解字》爲定說。」〔註205〕

（2）《莊子・逍遙遊》云：「天之蒼蒼，其正色邪？」可知天色蒼然，故命曰蒼天，由來已久。

169　以鄭注爲讖文（五帝名號）

a532《中候握河紀》	a452《尙書中候》	按《春秋運斗樞》	《春秋命歷序》
德合五帝坐星者，稱帝，	五帝座：	以	
則黃帝、	帝鴻、	帝鴻、	黃帝一曰帝軒轅，傳十世，二千五百二十歲。
金天氏、	金天、	金天、	次曰帝宣，曰少昊，一曰金天氏，則窮桑氏，傳八世，五百歲。
高陽氏、	高陽、	高陽、	次曰顓頊，則高陽氏，傳二十世，三百五十歲。
高辛氏、	高辛、	高辛、	次是帝嚳，即高辛氏，傳十世，四百歲。
陶唐氏、	唐、	唐、	
有虞氏是也。	虞氏。	虞爲五代。〔註206〕	
實六人而稱五者，以其俱合五帝坐星也。			

考文：

（1）安居本 a532 出自《禮記・曲禮》孔穎達《疏》，原文作：「其五帝者，鄭注《中候勅省圖》云：『德合五帝坐星稱帝，則黃帝、金天氏、高陽氏、高辛氏、陶唐氏、有虞氏是也。實六人而稱五者，以其俱合五帝坐星也。』」〔註207〕是則安

　　　《舊唐書・禮儀志一》亦引。
〔註203〕《說文解字注》七篇上，頁1。
〔註204〕《說文解字注》十篇下，頁17。
〔註205〕《說文解字注》十篇下，頁17。
〔註206〕《路史・後紀六》頁2，羅泌按語引。
〔註207〕《禮記正義》卷1，〈曲禮上〉頁13。

居本 a532 當爲誤收鄭注而成者，當予刪除。

（2）僞古文〈尚書序〉孔穎達《疏》言及五帝，曰：「鄭玄注《中候》，依《運斗樞》以『伏犧、女媧、神農』爲三皇，又云『五帝坐：帝鴻、金天、高陽、高辛、唐、虞氏』。」〔註 208〕則安居本 a452 條又誤以鄭注爲讖文者。

（3）依羅泌《路史·後紀六》所言：「鄭康成於《書中候》，所以依《運斗樞》，以帝鴻爲五帝，而乃指之爲黃帝也。」可見《運斗樞》確有言五帝者，惟今本緯書輯佚皆不見收錄此條。再依《命歷序》所言，可知《春秋緯》確有「五帝」之說，與鄭玄注文相同，惟其說並非《尚書緯》所有，故不應列入《書緯》佚文之中。

170 誤以孔疏引文為讖文。

045《考靈曜》：當日則光盈，近日則明盡。

考文：

（1）此條佚文僅見於趙在翰《七緯》及黃奭本，黃奭本佚文下夾注云：「《事文類聚·天道部》。」按：語見《周髀》，《月令正義》引此亦作《周髀》文。」〔註 209〕覈其實，則黃奭本此條及注文，全悉迻錄趙在翰《七緯》之輯佚與注文〔註 210〕。「事文類聚」當爲「藝文類聚」之誤。

（2）今詳覈《周髀算經》、《禮記·月令》孔穎達疏、《藝文類聚》及歷代緯書輯本，可知此條實爲趙在翰誤收《禮記·月令》孔穎達《疏》所引《周髀算經》注文而成者。蓋孔《疏》原文爲：「《考靈曜》云：『九百四十分爲一日……。』月是陰精，日爲陽精，故《周髀》云：『日猶火，月猶水，火則外光，水則含景。故月光生於日所照，魄生於日所蔽，當日則光盈，就日則明盡。』」〔註 211〕趙氏將《考靈曜》以下《周髀》文字，皆視爲一段，故有此誤也。

釋義：

（1）「光盈、明盡」云云，乃述月光明闇之因。《周髀算經》「日兆月，月光乃出」，後漢趙爽（字君卿）注曰：「日者青陽之精，譬猶火光；月者陰之精，譬猶水光。月舍影，故月光生於日之所照，魄生於日之所蔽，當日即光盈，就日即明盡。

〔註 208〕《尚書正義》卷 1，〈尚書序〉頁 4。
〔註 209〕黃奭《通緯·尚書緯》卷 2，《尚書考靈曜》頁 6。
〔註 210〕趙在翰《七緯》卷 10，《尚書攷靈曜》頁 4。
〔註 211〕《禮記》卷 14，〈月令〉頁 4，孔《疏》。

月稟日光而成形兆，故云日兆月也。」〔註212〕此段又見於《禮記‧月令》孔《疏》所引，惟略有刪節，已見前引。《藝文類聚》引「舊曆說」，亦曰：「日猶火也，月猶水也，火則施光，水則含影，故朏生於向日，魄生於背日，當日則光盈，近日則明滅。」〔註213〕二文皆言月之光度強弱與日攸關。

（2）「日猶火、月猶水」之說，《淮南子‧天文篇》已有說明，曰：「天地之襲精爲陰陽，陰陽之專精爲四時，四時之散精爲萬物。積陽之熱氣生火，火氣之精爲日；積陰之寒氣爲水，水氣之精者爲月。日月之淫爲精者爲星辰。」〔註214〕以此可知，《周髀》、趙爽注之說辭，皆見於漢代曆法成說中。

171 以孔疏為讖文

> **a271《尚書緯》**
>
> 故先師準緯候之文，以爲三皇行道，五帝行德，三王行仁，五霸行義。

考文：

安居本取自《緯攟‧尙書緯》，而《緯攟》未言其出典，其他輯本概未收錄此條。詳考其源，實即孔穎達〈禮記正義序〉引「先師」之語。孔氏先引《老子》「失道而後德，失德而後義」全章，繼而謂：「故先師準緯候之文，以爲『三皇行道，五帝行德，三王行仁，五霸行義』，若『失義而後禮』，豈周之成、康在五霸之後？」〔註215〕可知原本並非讖文，《緯攟》誤收，而安居本又誤從之。又，「道德仁義」之說，與《意林》引《新論》文句相似，云：「三皇以道治，五帝以德化，三王由仁義，五霸用權治。」〔註216〕

172 以學者注文為讖文

025《尚書緯》	028《尚書緯》
星有好風，星有好雨。	庶民惟星，好風好雨，
注：以言風雨，遂專主箕、畢，	
其實不專言箕、畢也。	不專主箕、畢，
凡星之所同好者，	其他眾星之所好同者，

〔註212〕《周髀算經》卷下，頁32。
〔註213〕《藝文類聚》卷1，〈天部上〉頁8。又見陳耀文《天中記》卷1，頁73。
〔註214〕《淮南子》卷3，〈天文篇〉頁80。
〔註215〕《禮記正義》，孔穎達〈序〉頁10。
〔註216〕《意林》卷3，頁7。

如黿、龜、魚、鱉等星， 何嘗不應風雨。 以此推之，他星皆可候而知， 但須善惡要審之明耳。	亦眩于此。 以雜星應庶民，亦一理也。 亦不可執其說以論之。

考文：

（1）此二則說義相近，應本屬一條而引文者自作刪易，故有微異之詞。又，輯本中僅黃奭本錄之，謂出自《開元占經·候星善惡占》及〈雜星占〉。惟詳索四庫本《占經》並未見此二則引文，是黃奭說辭當再作商榷。

（2）《尚書·洪範》云：「庶民唯星，星有好風，星有好雨。」細繹二條《尚書緯》說辭，首句為經文，其下當為解經之注文，並非讖緯文字。025 條有一「注」字可證。

173　以《書傳略說》為讖文

a262《尚書緯》	《尚書大傳》曰：	《禮稽命徵》
周以至動，殷以萌，夏以牙。	「周以至動，殷以萌，夏以牙。 物有三變，故正色有三， 是故周人以日至為正， 殷人以日至卅日為正， 夏以日至六十日為正。火有三統，土有三王。」〔註217〕	天有三統，物有三變，故正色有三， 天有三生三死，故土有三王，王特一生死。 周以至動，殷以萌，夏以牙。

考文：

（1）《禮記·檀弓》孔穎達《疏》引《書傳略說》云：「天有三統，物有三變，故正色有三。天有三生、三死，故土有三王，王特一生死。」「周以至動，殷以萌，夏以牙。」〔註218〕與黃奭本《稽命徵》相同。

（2）安居本《禮稽命徵》收《書傳》此文，並按云：「《禮疏》『周』以下不為緯文。」然而於《尚書緯》，安居本又收錄「周以至動……」為《尚書緯》第262條。是前後所從不一。

（3）安居本 a262《尚書緯》自注云：取自《公羊傳·隱公元年》徐彥《疏》所引《書傳略說》。〔註219〕覈其內容實與〈檀弓〉孔《疏》者相同。安居本不當於同一

〔註217〕《玉燭寶典》卷11，〈十一月仲冬〉頁362。又見《尚書大傳·略說》，陳壽祺《輯校三》頁7，內容微異。
〔註218〕《禮記》卷6，〈檀弓〉頁12。
〔註219〕《公羊傳》卷1，〈隱公元年〉頁8。

引文而有依違之異。

（4）《書傳略說》所言，當源自《尚書大傳》。直至唐代，《略說》仍未被視作讖文，
　明、清讖緯輯佚書所以收之者，當爲誤以《略說》爲緯書之故。

（5）《尚書緯》僅有《稽命徵》之末句，其原始出處既爲《公羊傳·隱公元年》徐《疏》
　所引《書傳略說》，則確非讖文無疑。

174　以注文為讖文

> a571《尚書中候日角》
>
> 夫子素案圖錄，知庶姓劉季當代周，見薪采者獲麟，知爲其出。
>
> 何者，麟者，木精；薪采者，庶人；燃火之意，此赤帝將代周。

考文：

（1）詳覈《公羊傳·哀十四年》何休《解詁》、徐彥疏皆引此文，皆無篇名，徐彥又
　於引文「夫子」之上標明「注云」〔註220〕，可知必非讖緯佚文。

（2）「麟者，木精」之說，又見《春秋演孔圖》、《禮斗威儀》。惟《春秋說》又云：「麟
　生於火，游於中土，軒轅大角之獸。」〔註221〕而《鶡冠子·度萬篇》亦謂：「麟
　者，玄枵之獸，陰之精。」〔註222〕皆與何休此「注云」不同。

175　誤以他文為讖文

035《考靈曜》	《爾雅·釋地》	〈曾子問〉曰：	《周禮·職方氏》
七戎、八蠻、 九夷、八狄， 總而言之，謂之四海。 海之言昏晦，無所睹也。	九夷、八狄、 七戎、六蠻， 謂之四海。	「九夷、八蠻、 六戎、五狄， 百姓之難至者也。」〔註223〕	「掌四夷、八蠻、 七閩、九貉、 五戎、六狄之人民。

考文：

（1）《考靈曜》「四海」一文出自張華《博物志》卷一〈地〉，上句緊接《考靈曜》「舟
　行人不覺」之讖文。

（2）朱彝尊《經義考·毖緯三》於《尚書考靈曜》之按語中，引《博物志》之「舟
　行」與「四海」兩段合一，未言其出處。《玉函》本襲之，遂以此「四海」云云

〔註220〕卷28，頁10。
〔註221〕《春秋公羊傳》卷28，〈僖公十四年〉頁8徐《疏》引。
〔註222〕《鶡冠子·度萬篇》頁44。
〔註223〕見《白虎通疏證》卷3，〈禮樂〉頁112引。今本《禮記·曾子問》無此語。

為《考靈曜》之佚文。

（3）歷代之類書、緯書輯本未見引錄「四海」為佚文者，如趙爽注《周髀算經》多引《考靈曜》文句，於《算經》「四海」一詞，乃引《爾雅》、《河圖括地象》為說〔註224〕；吳淑《事類賦》卷六，〈地部〉一，引《尚書考靈異》「舟行人不覺」讖文，未接「四海」文句。陶宗儀《說郛·考靈曜》頁一引「四游、舟行」佚文，亦無「四海」一段。迄至《古微書》，尚未收錄「四海」為佚文。

（4）孔穎達於《詩》、《書》注疏中謂：「徧檢經傳，四夷之數，參差不同，先儒舊解，此《爾雅》殷制。」〔註225〕又云：「此（按：指毛《傳》）及《中候》直言『四海』，不列其數，故引上文解之。」〔註226〕是頗引緯書之孔穎達，已明指《中候》有「四海」二字，惟當指「昭理四海」之類，本與異族無關，故「不列其數」。

（5）喬松年《緯攟》即對此段佚文有所懷疑，曰：「愚按：《博物志》此段在『舟行而人不覺』之下，疑是張茂先語，非《考靈曜》正文。」〔註227〕《博物志》尚有不相關之二文合為一條之例，如卷八〈史補〉錄「大姒夢梓化松柏」，其下即續接「冬日之陽」云云，二事本無任何關聯。〔註228〕

（6）綜合上述諸例，誤取「四海」為讖文，當始於《經義考》。細繹張華原文，再覈歷代引錄，此條「四海」文字實非讖文，應刪除。

176 誤以他緯及唐人奏疏為讖文

167《璇璣鈐》：	《唐玄宗實錄》曰：	《易通卦驗》曰：
冬至陰雲，郡國有雲，迎日來者，歲大美。此竝聖德，光被四表，上感天心，請付有司，以彰嘉瑞。從之。	上御含元殿受朝。太史奏曰：「朔日至，曆數之元，嘉辰之會。按《樂計圖徵》云『朔日冬至，聖主厚祚』，又按《春秋感精符》云『冬至陰雲祁寒，有雲迎日者，來歲大美』。此并聖德光被，上感天心。請付有司，以彰嘉瑞。」從之。〔註229〕	「冬至之日，見雲送迎，從下來者，歲美，人民和，不疾疫。無雲迎送，德薄，歲惡。」〔註230〕

〔註224〕《周髀算經》卷上，頁23。
〔註225〕《尚書正義》卷13，〈旅獒〉頁1。
〔註226〕《詩經正義》卷1之1，〈小雅·蓼蕭〉頁5。
〔註227〕《緯攟》卷2，頁8。
〔註228〕《博物志校證》卷8，〈史補〉頁93。
〔註229〕《太平御覽》卷28，〈時序部十三〉。

考文：

（1）此段佚文最早出現於《說郛・璇璣鈐》，未注明出處，以「請付」、「從之」觀之，實爲大臣之奏疏，而誤作爲讖文也。原文屢經傳鈔，文字微有倒錯，《說郛・璇璣鈐》原文爲：「冬至陰雲，祁寒，有雲迎日者，來歲大美。此竝聖德光被四表，上感天心，請付有司，以彰嘉瑞。從之。」

（2）覈以《玄宗實錄》，可知《說郛》、黃奭本皆誤以《春秋感精符》爲《璇璣鈐》，「此竝聖德」以下，確爲太史之奏言。故黃奭本 167 條的非《尚書緯》佚文。

以上所述，皆可證知黃奭本《尚書緯》佚文三四一條，另增新補佚文六十五條〔註231〕，可組合爲一百六十六組（一○組誤認者不計），十之七八可尋得相關之出處；其中複見之讖文，亦不勝枚舉。比覈複出之佚文與各緯之篇目，如：北斗星占（14）、天子釋名（50）、人皇氏（61）、帝堯感生（68）、玄鳥生契（101）、鳳皇銜書（108）、始皇沈璧（136）等，難見學術意義上之關聯性。是以此類複出，應屬編纂時之草率所致。

若以歷代輯本而論，則不乏誤收之讖文，其中誤收「古《尚書》說」二例（167、168），乃使學者據以論斷：緯書含有古文經學之思想。是於讖緯學述之釐清，實屬不利。

再者，《尚書緯》本身亦有重複之情況：（一）屬《尚書緯》不同篇目者，如：天雁流星（27）、帝名總釋（52）、五行帝占驗（58）、秦亡徵（135）、劉邦受命（152）；（二）屬《尚書中候》不同篇目者，如：禹遇河精（97）、成王沈璧（123）；（三）《尚書緯》與《尚書中候》雷同者，如：甲寅曆元（31）、黃帝瑞徵（64）、桀無道（100）。是皆可見《尚書緯》之內容與篇名，原無明顯之分野；而《尚書中候》亦非藉《尚書緯》之緒餘所纂輯成編者。後世以爲二書性質有別，應非東漢編纂之實情也。

考論緯書所言之災祥占驗，則有彼此不一之說辭，如：日景長短（8）、太白經天（18）、七政二說（15、16）、枉矢射王（26）、帝堯菁莢（80）等。此類情況，顯

〔註230〕《太平御覽》卷28，〈時序部十三・冬至〉。《北堂書鈔》卷156，〈歲時部4・豐稔篇〉頁8，引《易通卦驗》，文句略同而有刪減。又，《藝文類聚》卷3，〈歲時上・冬〉頁55，引此文較詳。

〔註231〕新增黃奭本所無之佚文六十五條，分別見於第二、三章「內容考原」：一九、二二、二三、二五、三一、三六、三八、三九、五五、六七、七七、八五、九九、一五九、一六一、一六四、一六六等組；另有一○二組黃奭本誤作鄭玄注文者，今予列次讖文中。

示緯書擷取秦、漢各類占驗之辭、及諸學菩流派之傳注說解，並未架構嚴謹之思想系統。

至若《尚書緯》中看似繁複瑣細、演算精確之曆法數據，如：周天度數（1）、日月行度（32）等；以及詳實可貴之文獻，如：五季之政（43）、舜禪於禹（92）、禹遇河精（97）、丹書告言（113）等；皆爲襲取或摘引漢代流行且存於今世之文獻，如《周髀算經》、《太公六韜》、《呂氏春秋》、《淮南子》等書中。

持平論之，光武帝編定八十一篇圖讖，本以政治目的爲主，其所取材亦源自當時傳流之方士讖書及經籍傳注，學術價值已受當時學者質疑。就今日而言，若與緯書佚文相關、相同之文句來源已不存在，則《尚書緯》之文獻價值即屬珍貴；然而今知其思想來源之原文或專書具在，且內容更較《尚書緯》詳實，則讖文於此類說解，當不具思想上之特殊價值矣。再則《尚書緯》之議題，亦未盡以解說《尚書》經義爲主；而解說《尚書》議題者，又有不見於《尚書緯》篇中，卻別見於他緯中者。是皆可證《尚書緯》之經學價值，在東漢不足以取代正經之地位；於現今文獻學中，亦難作爲兩漢思想之代表文獻也。

第四章 《尚書緯》篇目及體例擬測

　　歷來學者探究緯書，多嘗就篇名試作解題，以利研讀時之提領，如孫瑴《古微書》、陳槃《讖緯書錄解題》、鍾肇鵬《讖緯論略》等，論者已多。然而筆者就《尚書緯》佚文，依其篇目一一比覈內容後，覺察《尚書緯》與《尚書中候》讖文頗多雷同複見者，實無《隋志》及後世學者以為「《書緯》屬緯，《中候》屬讖」之差異。而各篇名目與內容亦不具必然之關聯性，其中有一條佚文複見於三種篇目中者，如上文第三章第 51 組；有不同篇目十數條引文皆言同一事者，如 43 及 119 組；又有內容與篇名全然無關者，如《尚書刑德放》除刑法外，又有「三公象三能」、「玄鳥生（契）」等星占、感生說雜文。

　　再者，緯書篇目多取三字為名，如《乾鑿度》、《元命包》等，命名模式似乎前有依循。王利器即嘗「尋《莊子》內七篇小題為：《逍遙遊》、《齊物論》、《養生主》、《人間世》、《德充符》、《大宗師》、《應帝王》，因而認為讖緯篇名來由「一般認為是受《莊子》的影響」，更據古文獻載錄，推論「這些三字之名的廣泛出現，絕大部分都和三楚有關，……換言之，也就是楚語的對音」，「如《史記·歷書》之『大荒落』，宋本、毛本作『大芒落』，索隱本作『大芒駱』，〈天官書〉又作『大荒駱』，即其明證」。〔註1〕惟詳覈《尚書緯》各篇名，似未見藉「對音」以釋名之必要。

　　惟藉用難於驟解之三字詞作為篇名者，除《莊子》外，亦見於《春秋繁露》中，如〈離合根〉、〈立元神〉、〈保位權〉、〈考功名〉、〈通國身〉、〈仁義法〉、〈天道施〉，惟其怪異程度不似緯書之深，故仍可觀名索義。此類似異實平淺之篇名，緯書亦有之，如《帝命驗》、《通卦驗》、《鉤命訣》、《帝覽嬉》等，看似難解，至若細繹其文，亦可知其主旨不外帝王命期之類，並無深奧難解之處。殆如《文心·宗經》所云「覽文如詭而尋理即暢」也。

〔註 1〕 王利器〈讖緯五論〉，見安居香山編《讖緯思想之綜合的研究》頁 383。

　　至若讖文原編之體例，雖無法於輯本中窺知，而梁沈約《宋書・符瑞志》庶幾乎留存長篇讖文原貌，可循以推測原編次第，故或藉重焉。

　　基於上述，本章除概論學者所釋篇題名義外，並由前兩章百餘組考源，探討讖文複見之意義，以徵實篇名與內容關係不大；更嘗試擬測《尚書緯》編纂體例，以利於讖文之解讀。

第一節　《尚書緯》篇目釋義

　　黃奭本《尚書緯》凡五篇，先後依次為：《考靈曜》、《帝命驗》、《璇璣鈐》、《刑德放》、《運期授》。惟若以讖文內容性質為區分，則《考靈曜》、《璇璣鈐》言曆象，《帝命驗》、《運期授》言帝王受命，《刑德放》言帝王之德，依此歸類以讀《尚書緯》，似較易掌握其書大要。是以下文之論述，依此三類為篇目編次，不更依循黃奭本舊編。再者，歷代輯本或有《洪範記》、《洪範緯》等篇，乃誤以《洪範五行傳》等佚文雜纂而成，為後世偽託者，並未在光武所編纂之圖讖中，故不予列入。

一、《尚書緯》各篇名目釋義

　　古今學者闡釋《尚書緯》篇名涵義之文甚多，頗利後學循之以明各篇主旨，如趙在翰《七緯・尚書緯敘錄》云：「首《璇璣鈐》，璇璣者帝王御運，治曆觀天之器也。曆之理非數無以顯。曆之數，非象無以明，於事為首，故弟為先。璇璣立九野之道，四遊之極，得而攷焉，《攷靈曜》次之。王者觀象治民，惪為政本，刑以弼教，斗華取象，庶獄哀矜，《刑惪傚》又次之。《帝命驗》、《運期授》則明五行相代之期，易姓而興之理，故以終焉。」〔註2〕其說明簡捷而涵蓋性較廣，惟有關細節尚乏例證具論，是以筆者試為闡釋篇名之義，並析述諸篇佚文所偏重之議題，以顯示各篇內容之實情。其篇名之解義，參酌各家說辭，並博覽各篇佚文彼此之關聯，前賢可取者則遵循不易，若有窺管之見，亦不腆愚憨而出之，以就教於方家。

（一）《考靈曜》，或作《考靈耀》、《攷靈燿》

　　孫轂謂：「渾儀之圖，師准璿璣，歷代寶用。……漢儒窮緯，故談天為至精，此《考靈曜》所繇名也。」〔註3〕以「談天」為得名由。趙在翰《七緯・書緯敘目》解此篇名曰：「七政行天，兩儀斡運，測景燿靈，時成不忒。」陳槃解說較詳細，曰：「靈曜謂日。……『曜』謂日光；『靈』者，神之辭也。然則『考靈曜』者，考察天象也。……

〔註2〕趙在翰《七緯》卷38，〈尚書緯敘錄〉頁2。
〔註3〕孫轂《古微書》，卷1頁1。

日月三光亦可稱『靈曜』，故《尚書緯》類復有《三光考靈曜》之篇」〔註4〕。

　　《尚書緯》各篇佚文，以《考靈曜》為最多，約有七十餘條，多依〈堯典〉「歷象日月星辰，敬授民時」之意，詳述歷法、節氣、農政之事，頗見科學理念，故朱彝尊表之曰：「《考靈曜》文大都推步之說，……攷其言無悖於理。隋燔緯書，若此與《括地象》，雖不燔，可也。」〔註5〕然而《考靈曜》偶取先秦「星經」類書，以五行生剋言星象占驗者，如「太白經天水決江」、「黑帝亡狼弧張」等，皆無理緒可循，是其不足取者。

　　緯書佚文中多見星曜之事，如：《考靈曜》「天地開闢，曜滿舒光，元曆紀名，日月首甲子冬至，日月五星，俱起牽牛初」、《春秋感精符》「日者，陽之精，曜魄光明，所以察下」、又云「列星分布，耀靈舒精」、《易通卦驗》「太皇之先，與燿合元，精五帝期，以序七神」等，皆就天象星辰所宿，以定節氣，行政令。所言「靈曜」、「耀靈」、「曜魄」、「與燿合元」，用字雖有「曜、耀、燿」之異，指義殆無不同也。圖讖以「曜」為篇名者，除此篇名，尚有《春秋文曜鈞》、《河圖稽燿鈞》、《洛書甄曜度》。

（二）《璇璣鈐》，或作《璇機鈐》、《琁機鈐》、《旋機鈐》、《璿璣鈐》

　　趙在翰《七緯·書緯敘目》解此篇名曰：「稽古璿機，撫辰鈐要，聖德儲精，天文宣要。」是則此篇內容蓋以天文為主。

　　「鈐」原指「鉤鈐」，有關鍵、秘要之意，如《易通卦驗》「矩衡神，五鈐興象，出亡徵應」，鄭玄注云：「『矩』，法也。『鈐』猶要也。」《易乾鑿度》「知命守錄，其可防鉤鈐，解命圖興」。又或指東方七宿房宿中「鉤、鈐」二星，如《春秋元命包》云：「鉤、鈐星別為豫州。」《孝經內事》：「昆弟有親親之恩，則鉤、鈐不離房。」《雒書靈準聽》說夏禹形貌為「戴成鈐、懷玉斗」，鄭玄注云：「懷璇璣、玉衡之道，『戴鈐』謂有骨表，如鉤、鈐星也。」此皆直指星名而言。又有兼釋星名字義者，如《春秋元命包》云：「房有鉤、鈐兩星，以閉防神，主閨舒，為主鉤距，以備非常也。」是則作為星名者，實亦包有防閑、關鍵之指意，緯書篇目則取之以稱「秘要」也。

　　「璇機」一詞，漢代多以指稱「渾天儀」，《尚書大傳》云：「機衡者，璣為轉運，衡為橫簫，運璣使動于下，以衡望之。」馬融云：「璿，美玉也。機，渾天儀可轉旋，故曰機。衡，其中橫筩。以璿為機，以玉為衡，蓋貴天象也」。(《史記·天官書索隱》

〔註4〕〈古讖緯書錄解題（6）〉，見《古讖緯研討及其書錄解題》頁449。
〔註5〕《經義考》卷265，〈毖緯三〉頁1。

引）鄭玄曰：「璿璣，玉衡，渾天儀也。」（《史記・天官書集解》引）「機」爲渾天儀機具，以美玉製成，故作从玉作「璣」。

至若緯書常見之「璇璣」，則以指稱「北斗七星」爲主，如《尚書緯》曰：「璇、璣、斗、魁四星，玉衡、杓、横三星，合七，齊四時、五威。」七星又名七政，藉七星「以齊七政」，乃西漢之常言，緯書取以入讖，《考靈曜》云：「在璇璣、玉衡，以齊七政。璇璣未中而星中，是急。……璇璣中而星中，爲調，調則風雨時。」《雒書靈準聽》：「璇璣、玉衡，以齊七政，厤象日月、星辰。」《春秋演孔圖》：「堯眉八彩，是謂通明，歷象日月，璇璣、玉衡。」《春秋運斗樞》：「天有將相之位，佐列宿爲衛，皆據璇璣、玉衡，以齊七政，四時布惠，三道正气。」皆指天象之北斗而言。以七星觀天象、人事之關係，其方式與漢代渾天儀相似，故璇璣又有作天象儀器解者，如《春秋潛潭巴》「琁機者，轉舒天心；玉衡，平氣立常也」、《春秋演孔圖》「璇機，一低一昂，是七期驗敗，毀滅之徵也」、《易乾鑿度》「合七八以視旋機，審矣」，欲人君據斗星所宿，以布農時，行仁政，並無微奧之旨。

（三）《帝命驗》，或作《帝命期》、《帝驗期》

篇名有三說，曰「命」、曰「驗」、曰「期」，皆爲天命預兆徵象之意，「帝」則爲有此兆象之人。故孫瑴謂：「帝王之興自有運命，五德終始，錄圖更承，皆先革之於天象，錯之以地文。」趙在翰《七緯・書緯敘目》解此篇名曰：「燿魄五精，其降爲命，有驗於人，苞符啓聖。」王令樾亦云：「此篇多述天之五號、五帝，天地之所宗主，及三皇堯舜禹桀以至秦漢興亡的徵驗。名《帝命驗》，是說帝王受天命，更迭承代的符驗，以示五德終始的深奧道理。」〔註6〕緯書於「驗」字亦有所述，如《尚書中候》云：「發行誅紂，且弘道也，是七百年之基驗也。」《易通卦驗》曰：「蒼精作易，無書以盡序，驗曰：『矩衡神，五鈴興象，出亡徵應。』」皆自謂緯書所載言語，乃王政興亡之先期兆驗也。

今黃奭本《帝命驗》凡三十六條，有與《刑德放》、《璇璣鈐》複見者（52），有襲自《逸周書》者（57），有與《尚書中候》同者（64），有與《中候握河紀》同者（84），有與《雒書靈準聽》同者（89），可見其篇名並無專指，而爲泛舉圖讖所好言之帝王事蹟爲主。此外，輯本又有誤錄《古尚書》（167）及《毛傳》（168）等古文說者，習者不察，乃誤斷《尚書緯》含有古文經學。

（四）《運期授》，或作《期運授》

此篇與《帝命驗》名義相似，《春秋說題辭》：「《尚書》者，二帝之迹，三王之

〔註6〕《緯學探原》第2章，〈緯之名義〉頁30。

義，所以推期運，明命受之際。」《易乾鑿度》云：「此皆律歷運期，相一匡之神也。」
《春秋佐助期》「司命神，名爲滅黨……通於命運期度。」趙在翰《七緯‧書緯敍目》
解此篇名曰：「五運應期，維天所授，元聖制命，悉爲緯候。」蓋言以律歷匡帝王之
天命，故「運期」當爲帝命之期也。緯書以此爲篇名者，有《易運期》、《河圖期運
授》、《洛書錄運期》等。

　　黃奭本僅錄佚文九條，除 189「房，四表之道」言星宿運行外，其餘八條皆爲
敍述白、倉、黃、赤、黑五色帝興亡徵驗之簡短讖語，似謂帝王起滅皆由天授，將
亡則天地必有特定之異象，以告其運期已盡。

（五）《刑德放》，或誤作《刑德攷》

　　「刑德放」，「放」者「倣效」、「法效」也；《尚書璇璣鈐》「平制禮，放唐之文」，
《易是類謀》「甄機立功者堯，放德之名者虞」，鄭玄《詩譜序》「《詩》之道放於此
乎」，皆即此義也。趙在翰《七緯‧書緯敍目》解此篇名曰：「書道政事，是放天行，
陰刑陽德，六合化成。」故知此篇以「倣效天文、陰刑陽德」爲主旨。

　　至若「刑德」一詞，則爲先秦之常言。尉繚子答梁惠王曰：「黃帝所謂刑德者，
以刑伐之，以德守之，非世之所謂刑德也。世之所謂刑德者，天官、時日、陰陽、
向背者也。黃帝者，人事而已矣。」〔註7〕以「刑伐、德守」之人事，與「天時陰
陽」等天道生剋爲刑德二義。《淮南子‧兵略篇》解說天道之義，曰：「明於奇正，
賁陰陽、刑德、五行、望氣、候星、機祥，此善爲天道者也。」〔註8〕先秦《星傳》
則合二說爲一，曰：「日變脩德，月變省刑，星變結合。」〔註9〕與《管子‧四時》
所言相似，云：「日掌陽，月掌陰，星掌和，陽爲德，陰爲刑，和爲事，……是故聖
王日食則修德，月食則修刑，彗星見則修和，風與日爭明則修生，此四者，聖王所
以免於天地之誅也。……德始於春，長於夏；刑始於秋，流於冬。刑德不失，四時
如一；刑德離鄉，時乃逆行。」〔註10〕

　　是則「刑德」包有「天道」與「人事」二類。今存是篇讖文凡十三條，除論述
人事之刑法科條外，又有「日月東行」、「日月五星應政變易」等天象詞語，可知編
纂者實欲涵括二類於其中，故云：「倣」效陰陽「刑德」之法而爲之。學者多謂篇名
出自《尚書‧呂刑》「惟敬五刑，以成三德」等語，而以爲言及陰陽者，乃方士雜學

〔註7〕　《尉繚子淺說》卷1，〈天官第一〉頁45。
〔註8〕　《淮南子》卷15，〈兵略篇〉頁516。
〔註9〕　《史記》卷27，〈天官書〉頁1351。又見《漢書》卷26，〈天文志〉頁1291引《星
　　　　傳》。
〔註10〕　《管子》，〈四時第四十〉頁691。

混入所致，是未詳察先秦此名之涵義，原已包含星象、陰陽之義矣。

是篇內容有與諸緯相類與複見之處（43、52、75、76），實非有專門不二之主旨也。

二、《尚書中候》各篇列次先後

《尚書緯》篇名有「中候」者，其篇目多寡，學者所述非一，鄭珍《鄭學集》列述所見云：「今見疏傳引者，有《摘雒戒》（《周官》疏）、《握河紀》、《契握》、《敕省圖》、《運衡篇》、《准纖哲》、《洛予命》、《稷起》、《我應篇》（《禮記正義》）、《儀明》（《南齊書‧符瑞志》）、《考河命》、《題期》、《立象》（《太平御覽》）十三篇，其五篇無聞。」〔註11〕惟皮錫瑞增補所闕，曰：「尚有《苗興》篇目，見《詩疏》、《路史》；《雒師謀》篇目，見《詩疏》、《御覽》；《合符后》篇目，見《詩》、《禮記》二疏；《霸免》篇目，見《詩》、《禮記》二疏；《覬期》篇目，見《詩疏》。共五篇，適得十八篇之數。是《中候》雖亡，十八篇之目尚在也。」〔註12〕

黃奭《通緯‧尚書中候》亦輯錄十八篇，安居香山《重修緯書集成》則綜合歷代輯本增爲二十二篇，惟後四篇實亦罕見前賢引用，茲依次列述如下：

（1）《敕省圖》、（2）《運衡》、（3）《握河紀》、（4）《考河命》、（5）《題期》、（6）《立象》、（7）《義明》、（8）《苗興》、（9）《契握》、（10）《雒予命》、（11）《稷起》、（12）《我應》、（13）《雒師謀》、（14）《合符后》、（15）《摘雒戒》、（16）《霸免》、（17）《準讖哲》、（18）《覬期》、（19）《赤雀命》、（20）《日角》、（21）《亶甫》、（22）《雜篇》。

孔廣林嘗考論《尚書中候》十八篇之列次先後，云：

> 以《宋書‧符瑞志》參校，略爲比次其文。蓋《宋志》說堯、舜、禹、湯、文、武符命，皆取諸《中候》也。其篇次則以時代序焉：
>
> 《敕省圖》總敘帝皇，其最先者，故以爲首。
>
> 承帝之德，啓王之運者，堯、舜、禹也，……然則未禪作《握河紀》，既禪作《運衡》，故先《握河紀》，而次《運衡》。
>
> 《帝命驗》云：「《考德》、《題期》、《立象》。」……凡三篇是舜事也，故繼之。
>
> 紹帝者王，故繼之以《義明》。《義明》洞五九。……
>
> 三王之祖，並立堯庭，並有異徵，故繼之以《苗興》。……

〔註11〕《後漢書‧百官二》志第25，頁3572李賢注引。

〔註12〕《詩經正義》卷18之2，〈大雅‧雲漢〉頁14。

　　纘禹者湯，湯之先契，故繼之以《契握》，而《洛予命》次之。

　　商廢、周興，肇基后稷，故繼之以《稷起》。

　　受命者文，助化者尚，故繼之以《我應》、《雒師謀》。

　　卒文業者武，故繼之以《合符后》。

　　成文武之德者周公，故繼之以《摘雒戒》。……

　　五霸興焉，故繼之以《霸免》。

　　五霸桓公爲盛，故繼之以《準讖哲》。……

　　繼周而王者秦，故終之以《覬期》。(〈《尚書中候》鄭注序錄〉)

　　所言《宋志》「皆取諸《中候》」，並非實情。蓋《宋志》所載帝王事蹟，除取自《中候》外，亦多《河》、《雒》及《春秋緯》、《孝經緯》等其他緯書者。至若《中候》篇目排次，與《古微書》不同，又謂「篇次以時代序焉」，則似有可徵，黃奭本即取其篇序，僅第二、三篇倒置。而此二篇內容所述，皆爲堯、舜禪讓之期運，本無前後差異之必要。楠山春樹〈毛詩正義所引之緯書〉中，列有「《中候》十八篇內容明示表」，更可明見《中候》諸篇之先後，依次爲：三皇五帝、帝堯、舜、三代、契稷皋陶、湯、稷起、文王、呂尚、武王、周公、五霸、齊桓、秦霸等。與孔廣林所言相同。今依第三章《尚書緯》帝王事蹟所列組次，亦可證知《中候》確實略依帝王時代先後爲次。

　　依此體例類推，則《尚書緯》諸篇列次，當亦有其原則，或即以「天文、帝王」等依次序列。準此，則《考靈曜》言日月天象，當列爲篇首；《璇璣鈐》言北斗七星與四季政令關係，攸關農作民生，則列其次；《帝命驗》與《運期授》皆言帝王興亡徵兆，又爲其次，其中《帝命驗》言人君，《運期授》言五行之帝，當以何者爲先，緯書或自有考量也。至若《刑德放》言帝王之刑法，又當次於帝王之後矣。是則黃奭本所列次第，或可另作更易矣。

三、《尚書中候》各篇名目釋義

　　至若「中候」之名義，迄今未見具體之論述，試以漢代文獻中「候」字解義略言之如下。

　　「候」有觀看等候，候察星象之意。《漢官》曰：「靈臺待詔四十一人，其十四人候星，二人候日，三人候風，十二人候氣，七人候鍾律。一人一舍。」〔註13〕鄭玄《詩經‧雲漢箋》曰：「天河，水氣也，精光轉運於天，時旱渴雨，故宣王夜仰視

〔註13〕《漢書》卷42，〈張蒼傳〉頁2099。又，《史記》卷96，〈張丞相列傳〉頁2682亦同，《集解》引臣瓚曰：「中候，官名。」與《漢書》注同。

天河，望其候也。」〔註14〕皆言「候」即覘視星候之意也。或可據以推論，《尚書中候》所言或與星宿占驗有關。

再者，「候」又或與節候徵應有關，《尚書考靈曜》謂：「鳥星爲春候，火星爲夏期，專陽相助，同精感符；虛星爲秋候，昴星爲冬期，陰陽相佐，德乃弗邪。」（41）兩漢言災異、稽察災祥者，輒喜依據節候而言災異之應，如《易乾鑿度》：「候六甲子日中，寒暑風雨，記其日占，發時方來，萬不失一。幽、冀起〈坎〉初六候之，兗、鄭〈坎〉六四候之。」《易乾元序制記》「候卦要法：謹察卦用事日分數，當寒者寒，當暑者暑。」《易通卦驗》「謹候日，冬至之日，見雲送迎，從下鄉來，歲美，人民和，不疾疫。」「各以其炁候之，其雲不應，以其事占吉凶。」「各以其卦用事候之。」「春三月，候卦炁比不至，則日食無光，君失政。」孫瑴曰：「古今曆法載晷影之數，互有參差，考之《通卦驗》，更爲悉備。蓋以晷影候病，通於《內經》五運六氣矣。」

三者，「中候」不知與漢初官稱有無關係。蓋漢初有官名曰「中候」，《漢書·張蒼傳》云：「蒼任人爲中候，任人姦利。上以爲讓，蒼遂病免。」張晏注曰：「所選舉保任也。按中候，官名。」顏師古亦云：「蒼有所保舉，而其人爲中候之官。」〔註15〕秦於將作少府下設此官，漢初沿之，置北軍中候，「掌監五營」〔註16〕；武帝陽朔三年（西元前22）始廢，是以後人罕言其職。「將作」爲司空、考工之類官稱。

依據第二、三章細覈之後，可知《中候》之內容，實與《尚書緯》五篇所述，並無明顯差異，衡諸《璇璣鈐》所云：取黃帝以來政錄，「斷遠取近，定可以爲世法者百二十篇，以百二篇爲《尚書》，十八篇爲《中候》」，則《中候》與《尚書》皆爲取自黃帝以來政錄，其地位及內容當與漢代傳世之《尚書》等同矣。然而《中候》何以又與多篇經讖文句雷同複見，而《隋志》又摒之於儒家正經之外？其所以有與諸緯雷同之條文，是否皆因擷自相同之古帝「政書」乎？是知《璇璣鈐》所言必非實情，《中候》與《尚書緯》之分別，亦爲後人強加之辭也。

（一）《勑省圖》，或作《勅省圖》、《敕省圖》

陳槃曰：「『勑省』，義即誡省，自責。亦作『省勑』。」並引《易是類謀》「帝世者必省勑維躬」及鄭注「帝世，當世處帝位者，維思言若能自勑省以責其躬」，以爲「此本五行家『變復』之說」，惟「輯本《勑省圖》遺文，變復之說，今則無可考者。」

〔註14〕《後漢書·志》第27，〈百官四〉頁3612。
〔註15〕鄭珍《鄭珍集·經學》頁330。
〔註16〕皮錫瑞《鄭志疏證》卷2，頁7。

〔註 17〕王令樾則解云：「勅訓理，省訓察，即說爲帝王者，整理察視其德行，用符圖錄之所示，表示王者修德應天的意義。」〔註 18〕

今存《勅省圖》佚文僅兩條，一言五帝三正之事（63），與《禮稽命徵》言三皇五帝之正者義同而文有刪簡；一言禪代之事（133），文句不全，難以解讀。

（二）《運衡篇》，或作《運衡》、《運行》

黃奭本收錄佚文八條，實則前六條所言爲一事（81、83），謂堯禪讓於舜，設壇行禮於雒，五星化爲五老，降壇告舜當受天命。《論語比考讖》與此相同而內容更詳。可見此篇名「運衡」或名「比考」，實無眞正區別。

皇甫謐《帝王世紀》曰：「（堯）率羣臣刻璧爲書，東沈於洛，言天命當傳舜之意，今《中候運衡》之篇是也。」〔註 19〕今細繹「運衡」、「運行」名義及所言堯禪舜繼云云，可知確與「帝命運行」有關，命名之意或與《運期授》相近，惟《運期授》言五色帝興亡之運，而「運行」則祇及堯、舜二帝間之帝運行代而已。

（三）《握河紀》，或作《握河矩》

《握河紀》之成篇背景，《春秋命歷序》嘗述其由云：「《河圖》，帝王之階，圖載江河、山川、州界之分野，後堯壇於河，受龍圖，作《握河紀》，逮虞、舜、夏、商，咸亦受之。」其意以爲堯既受《河圖》，乃推演其事，並「紀」以文字，命其篇曰「握河」，蓋謂「握持河圖所載之理也」。《命歷序》既舉《握河紀》篇名，則成書當在其後。

《握河紀》以唐堯祭河沈璧事蹟爲主，皇甫謐《帝王世紀》即謂：「禪後二年，刻璧爲書，沈洛，今《中候運衡篇》也。所授之圖書，今《握河紀》也。」〔註 20〕孔穎達亦云：「《中候握河紀》說堯，《考河命》說舜。」〔註 21〕

「紀」字緯書多見，如「元厤紀名」、「五百載，聖紀符」、「帝王錄紀，興亡之數」等等，不勝枚舉。

黃奭本收錄《中候握河紀》佚文凡三十七條，多述黃帝、堯、舜、禹四帝德政及受命、禪讓、禮壇於河雒之事蹟，並未言及《河圖》所載之內容。

（四）《考河命》

〔註 17〕〈古讖緯書錄解題（4）〉，見《古讖緯研討及其書錄解題》頁 329～30。
〔註 18〕《緯學探原》第 2 章，〈緯之名義〉頁 32。
〔註 19〕《太平御覽》卷 80，〈皇王部五〉引。
〔註 20〕《路史・後紀十》頁 10，羅泌按語引。
〔註 21〕《經義考・毖緯》，卷 265，頁 1338 引孔穎達曰。又見《詩經正義》卷 20 之 4，〈商頌・長發〉頁 4。

（五）《題期》

（六）《立象》

歷代緯書輯本於此三篇皆合輯不分，黃奭謂：「徧檢諸書，多引《考河命》，而《題期》、《立象》無稱。疑《題期》、《立象》乃《考河命》中下篇也，故引者概稱《考河命》。今已亡秩，不能別異，總列左方，存此三題，以完其篇目云。」詳索其故，蓋以《尚書帝命驗》嘗曰：「順堯考憲，題期、立象。」宋均注云：「堯巡省河洛，得龜龍文圖書。舜受禪後，習堯禮，得之，演以爲《考河命》、《題五德之期》、《立將起之象》，凡三篇，在《中候》也。」由此可知，讖文已有明言：舜即位後，循順唐堯所受之圖書，並制爲《考憲》（即《考河命》）、《題期》、《立象》三篇。「考」字之義，或謂「成」也，《禮記》：「禹、湯、文、武、成王、周公，由此其選也。此六君子者，未有不謹於禮者，以考其信，示人有常。」鄭玄注云：「考，成也。」〔註22〕以謹於禮而「成六君子之信」。循此爲言，則《考河命》或亦謂：成就雒水、黃河所出之帝王符命也。

歷代緯書輯本於此三篇未作分別，黃奭謂：「徧檢諸書，多引《考河命》，而《題期》、《立象》無稱。疑《題期》、《立象》乃《考河命》中下篇也，故引者概稱《考河命》。今已亡秩，不能別異，總列左方，存此三題，以完其篇目云。」〔註23〕

今存此三篇佚文二十一條，內容與《握河紀》相類，僅言舜、禹二帝禮壇之事。而舜禪於禹一條（92），則與《尚書大傳》所言相同。

（七）《義明》，或作《儀明》

今存佚文僅兩條：「洞五九，禮闕郵」與「仁人傑出，握表之象，日角，姓合音之于」。似言五霸事蹟者，惟難由之以論篇名涵義。

（八）《苗興》

陳槃解《苗興》曰：「謂苗裔或苗胄興起也。……自西京末至東漢間人屬文多省稱『苗』。」〔註24〕王令樾亦云：「苗指苗裔，是說先王德澤遠及後裔，異世代代而興，並應驗上天符象，表示聖王傳世的緜遠，繼世的並應期運。」〔註25〕

今存佚文僅三條（82），言及皋陶之「苗」裔「興」而建秦，內容與《刑德放》、《契握》、《握河紀》皆有相似之處。

（九）《契握》

〔註22〕黃奭《通緯‧尚書中候》頁14，〈立象〉題下夾注。

〔註23〕《初學記》卷13，〈總載禮一〉頁315引。

〔註24〕〈古讖緯書錄解題（4）〉，見《古讖緯研討及其書錄解題》頁333。

〔註25〕《緯學探原》第2章，〈緯之名義〉頁32。

佚文僅三條，一言湯由七十里興，次言契由玄鳥感生，三言賜姓契爲子氏。可知此篇蓋言殷商之事。篇名曰「契握」者，殆謂殷商之始祖「契」，因能「握」持天命，殷由是以興也。

（十）《雒予命》，或作《洛予命》

佚文凡十四條，合之則僅得 100、104 二組，略言湯觀禮于「雒」，天乃授「予」其帝「命」，故曰《雒予命》也。

（十一）《稷起》

佚文僅得兩條：「蒼耀稷生感迹昌」、「昌受命，發行誅，旦弘道」，蓋言后「稷」「起」而受命興周，而文、武、周公三王繼成周業也。次條實與《春秋元命包》、《呂氏春秋》所言相類。

由〈苗興〉說皋陶（秦），〈契握〉說契（商），〈雒予命〉說湯，〈稷起〉說稷（周），可知《中候》篇次之編排，仍有其原定之史觀先後也。

（十二）《我應》

黃奭本佚文凡十一條，言文王伐崇及立發爲太子之事。讖文言及文王曰：「我稱非早，一人固下。」又受赤鳥之命，則篇名或即喻意文王自言：「我」有天命之「應」以伐崇云。

（十三）《雒師謀》

黃奭本佚文凡十二條，言文王於「雒」水磻谿處遇呂尚，尊之爲父「師」，載以俱歸，故呂尚乃獻兵「謀」以助之。

（十四）《合符后》

黃奭本佚文凡十三條，言周太子姬發即位伐紂，以尊父命，故恆稱太子；惟於雒河盟津處，有白魚入舟、赤鳥銜穀之瑞。似謂姬發雖不稱君「后」之名，而仍「合」於天命之「符」，故祥瑞數臻也。「合符」一辭，早見於《史記・孝武本紀》、〈封禪書〉，云：「黃帝封東泰山，禪凡山，合符，然后不死焉。」是其原文以爲：「合符」之「後」乃得不死。

（十五）《摘雒戒》，或作《摘雒貳》、《擿雒貳》、《摘洛戒》、《擿洛戒》

陳槃謂：「摘」、「擿」音同，又並有「發」義，讖文有「河、雒摘靈」，猶言「河龍圖發」，並斷曰：「擿發雒中所出圖書，豫爲訓戒，書以《擿雒戒》爲名，其義當在此。」〔註26〕或作「貳」字者，當爲「戒、貳」形近而譌也。

〔註26〕〈古讖緯書錄解題（4）〉，見《古讖緯研討及其書錄解題》頁 325～327。

　　朱彝尊《經義考・逸緯》以是篇有周公「即攝七年，鸞鳳見，蓂莢生，龍銜甲」遂謂「疑是王莽居攝時所獻書」。〔註27〕陳槃循此，又據平帝元始二年（西元3年）王莽掌政時仿《周書》作〈大誥〉，言及「《河圖》、《雒書》，遠自昆侖，出於重壂」云云，故斷曰：「擬此書為王莽居攝時所獻，理或然歟？」〔註28〕

　　然而「昆侖」之語，早見於《史記・大宛列傳》，云：「天子案古圖書，名河所出山曰昆侖云。」〔註29〕若甘露、蓂莢、嘉禾、鸞鳳、圖書等祥瑞之徵，武帝時，君臣詔策答問之間，已輒有所言，宣帝朝更形普徧。惟詳覈其說，鼂錯於文帝十五年（西元前165）答詔策時，已述及此事，云：

> 德上及飛鳥，下至水蟲草木諸產，皆被其澤。然後陰陽調，四時節，日月光，風雨時，膏露降，五穀孰，袄孽滅，賊氣息，民不疾疫，河出圖，洛出書，神龍至，鳳鳥翔，德澤滿天下，靈光施四海。此謂配天地，治國大體之功也。（《漢書》卷49，〈鼂錯傳〉頁2293）

是則可知《摘雒戒》雖言瑞徵，亦不能證得書出王莽居攝之時。更徵諸《摘雒戒》內容，明言「歸政成王」之事，所有瑞徵皆見於「歸政、禮壇」之時，絕非慶賀王莽「攝政即真」者，又載成王即位援琴而歌之樂，此皆非王莽所樂見之史實也。是可知與王莽攝政並無關涉。

　　佚文凡十條，由分類考述第123組所述，可知是篇內容有與《中候合符后》、《孝經援神契》、《禮斗威儀》文句相同者，並非獨具內容。再由第一章考證所知，則光武朝臣校定圖讖時，已捐除新莽時所編造者，《摘雒戒》應不例外，故是篇當屬光武朝臣，擷取當時流行之方士讖語諸篇，雜纂而成之「緯書」也。

（十六）《霸免》

　　佚文僅「諸侯曰霸」四字。孔穎達疏〈詩譜序〉，引《中候霸免注》云：「霸猶把也，把天子之事也。」〔註30〕當為解釋此條佚文者。《白虎通・號》亦謂：「霸猶迫也，把也。迫脅諸侯，把持王政。」是則此條或指春秋五霸之事蹟者。

（十七）《準讖哲》，或作《淮讖哲》、《準纖哲》

　　佚文凡四條，言齊桓功業及稱霸欲封禪之事。王令樾說解篇題曰：「準是『依』的意思，讖是表明符瑞的應驗。就是說明智之君皆『依讖』所顯示的符瑞，來行道

〔註27〕《經義考》卷265，〈逸緯三〉頁4。
〔註28〕〈古讖緯書錄解題（4）〉，見《古讖緯研討及其書錄解題》頁329。
〔註29〕《史記》卷123，〈大宛列傳〉頁3173。
〔註30〕《詩經正義》，〈詩譜序〉頁5。

圖功而應合天心，也就是表示王者順天之道。」〔註31〕

（十八）《覬期》

　　佚文凡五條，言秦穆公狩獵及秦末豪傑起義之事。所言以義帝爲「空受之帝」，項羽爲「自號之王」，似謂二人「覬」覦帝王之命「期」，故有是名也。惟條數太少，不能論斷。竊以《考靈曜》「丘生倉際，觸期稽度」一語，則「期」解作「帝王期運」爲宜。

（十九）《赤雀命》

（二十）《日角》

（二一）《宣甫》

（二二）《雜篇》

　　四篇皆見於安居香山輯本：《赤雀命》僅「崇孽首」三字，實出自《我應》（115）；《日角》言「劉季當代周」一條，出自《公羊傳‧哀公十四年》何休注文，並非緯書佚文，黃奭本亦未收錄；《宣甫》僅錄「昌受命、發行誅、旦弘道」九字，實爲《稷起》之文（122）；《雜篇》四條，一言「堯子丹朱不肖」，二言「堯長子監明早死」，皆見《握河紀》（84），三僅「四海」二字，可歸入《合符后》中（108），四言「星孛房、四邦災」六字，與《摘雒戒》相似（22）。由此可見，安居本獨見之《中候》四篇，實皆可予刪除。

第二節　《尚書緯》複見內容考微

　　緯書頗見各篇之間相互雷同及同於秦、漢子史傳注之文句，漢末以降，論者已多，如司馬彪《續漢書‧律歷志》云：「中興以來，圖讖漏泄，而《考靈曜》、《命歷序》皆有甲寅元。」又謂：「《元命苞》、《乾鑿度》皆以爲開闢至獲麟二百七十六萬歲。」〔註32〕其餘史籍、傳注亦多見述及，如：

（1）徐彥《公羊傳疏》云：「案：閔因敘云：『昔孔子受端門之命，制春秋之義，使子夏等十四人求周史記，得百二十國寶書，九月經立。』《感精符》、《考異郵》、《說題辭》具有其文。」〔註33〕

〔註31〕《緯學探原》第 2 章，〈緯之名義〉頁 35。
〔註32〕分見《後漢書‧志第二》，〈律曆中〉頁 3033、3038。
〔註33〕所舉實例依次見於：
　　　（1）《公羊傳注疏》卷 1，〈隱公序〉頁 1，徐彥〈疏〉。
　　　（2）《穀梁傳注疏》卷 10，〈文公 3 年〉頁 6，楊士勛〈疏〉。

（2）楊士勛《穀梁傳疏》曰：「《公羊》與《考異郵》皆云：『蚃死而墜於地。』」

（3）《晉書・天文志》曰：「《洛書甄曜度》、《春秋考異郵》皆云：『周天一百七萬一千里，一度爲二千九百三十二里七十一步二尺七寸四分四百八十七分之三百六十二。』」

（4）《隋史・天文志》云：「《考靈曜》、《周髀》、張衡《靈憲》及鄭玄注《周官》並云：『日影於地，千里而差一寸。』」

（5）司馬貞《史記索隱》曰：「《中候》及《呂氏春秋》皆云：『有火自天，止于王屋，流爲赤鳥，五至，以穀俱來。』」

（6）孔穎達《禮記・檀弓疏》謂：「《春秋緯元命苞》及《樂緯稽耀嘉》云『夏以十三月爲正，息卦受〈泰〉』，『殷以十二月爲正，息卦受〈臨〉』，『周以十一月爲正，息卦受復』。」

（7）孔穎達《禮記・月令疏》云：「此《易乾鑿度》文。乃《樂緯》、《春秋緯》，其語同也。」

（8）孔穎達《尚書・仲虺之誥疏》云：「漢代儒者說『九族』有二。案：《禮》戴及《尚書緯》、歐陽說：『九族，乃異姓之有屬者。父族四，母族三、妻族二。』」

（9）孔穎達《詩經・詩譜序疏》謂：「《樂緯動聲儀》、《詩緯含神務》、《尚書璿璣鈐》皆云：『三百五篇』者，漢世毛學不行，三家不見〈詩序〉，不知六篇亡失。」

（10）孔穎達《尚書・堯典疏》云：「周天三百六十五度四分度之一，而日日行一度，則一朞三百六十五日四分日之一。今《考靈曜》、《乾鑿度》諸緯皆然，……《六歷》、諸緯與《周髀》皆云：『日行一度，月行十三度十九分度之七。』」

（11）孔穎達《尚書序疏》謂：「《尚書緯》及《孝經讖》皆云『三皇無文字』。」

由此可見，漢末迄李唐之時，學者親見緯書，於讀取之際，已察覺諸緯之間，頗多明顯重覆之說辭，更知緯書又與秦、漢子史文獻載事相同。近世治讖緯學者亦或論及此事，然以未能論斷今存緯書輯本實即光武宣布天下之圖讖八十一篇之佚文，故

（3）《晉書》卷 11，〈天文志上〉頁 286。
（4）《隋史》卷 19，〈天文志上〉頁 525。
（5）《史記》卷 28，〈封禪書〉頁 1366 司馬貞《索隱》。
（6）《禮記正義》卷 6，〈檀弓〉頁 12。
（7）《禮記正義》卷 17，〈月令〉頁 19。
（8）《尚書正義》卷 8，〈仲虺之誥〉頁 9。
（9）《詩經正義》，〈詩譜序〉頁 5。
（10）《尚書正義》卷 2，〈堯典〉頁 18。
（11）《尚書正義》卷 1，〈尚書序〉頁 2。

於雷同、複見之本末，無法循據史實，論述正確緣由。

如鍾肇鵬即謂：「緯書爲西漢末的產物，緯以配經，故緯書中的經說都採今文經說。……後漢立十四博士也全是今文經而經師亦援引讖緯爲證。」〔註34〕以爲「緯書」出於西漢末季，原即爲「配經」而作者，故十四博士等經師皆援引讖緯證經義。覈以第一章考論，知「緯」稱起於東漢末年鄭玄之手，光武立十四博士時，圖讖僅爲政治而造作，尚未與經義結合（即「經讖」尚未出世），《公羊》學李育更非議光武初年陳元、范升二人之經義辯難「多引圖讖，不據理體」，是可知陳、范二人所據東漢初年之圖讖，並不副合今文學之《公羊》經義也。

惟由歷代史籍及緯書佚文析繹，可知光武有心將當世流傳之圖讖與經義結合，故朝臣奉勅編校，亦多取經義融入其中，甚或膽繕經傳子史文字，假爲讖文，如鍾肇鵬據讖文覈以《公羊傳》，證知：「在讖緯中有的直接鈔錄《公羊傳》的原文，有的是對傳文略加解釋，有的則是對傳文的疏證闡發。總之都取《公羊》家之說。」〔註35〕然而纂臣鈔錄編校之際，頗爲草率，前後雖耗時將近三十載，概未編制專責人員，用心既然不深，是以成稿輒見重複雷同之處，且重覆條文亦無學術意義之關聯。

此類缺失，蓋與唐《五經正義》之闕漏相似，皮錫瑞嘗訾議孔《疏》之失有三，其二曰「彼此互異，學者莫知所從」，又「朱紫無別，眞贗莫分，唐初編定諸儒誠不得辭其咎」。〔註36〕惟各本疏文互相鈔襲之處，則皮氏未言，如《爾雅注疏》與《禮記正義》〔註37〕、《左傳注疏》與《尚書正義》〔註38〕、《詩經正義》與《爾雅注疏》〔註39〕、《禮記正義》與《周禮注疏》〔註40〕，皆有相同之長段疏文，爲編纂之際，爲求其便而作襲用者。今緯書輒有複見之文句，實亦由於編纂草率所致。

今試據《尚書緯》佚文之各種複見情況，分別析論其緣由及所顯示之意義。

〔註34〕《讖緯論略》第5章，頁116。
〔註35〕《讖緯論略》第5章，頁120。
〔註36〕皮錫瑞《經學歷史・經學統一時代》頁198、201。
〔註37〕《禮記正義》卷14，〈月令〉頁2論「案鄭注《考靈耀》」與《爾雅注疏》卷6，〈釋天〉頁1所引相同。
〔註38〕《尚書正義》卷8，〈仲虺之誥〉頁9論「漢世儒者說『九族』」，與《左傳注疏》卷6，〈桓公六年〉頁20同。
〔註39〕《詩經正義》卷4之1，〈王風・黍離〉頁5，引李巡等人釋「昊天」，與《爾雅注疏》卷6，〈釋天〉頁4同。
〔註40〕《禮記正義》卷46，〈祭法〉頁6，言「6宗」，與《周禮注疏》卷18，〈大宗伯〉頁5同。

一、《尚書緯》本身各篇內容複出情況

（一）《尚書緯》與《考靈曜》相同，當為前賢引用時，一無篇名，一有篇名，而收錄之際，並未覈校，故作兩存也。此類情況輒見於黃奭輯本中。

018《尚書緯》	062《考靈曜》
氣在初夏，其紀熒惑星，謂發氣之陽， 可以毀消金銅，與氣同光，使民備水火， 皆清已膺，是謂敬天之明，必勿行武。 與季夏相輔，初是夏之時，衣赤， 與季夏同期，如是則熒惑順行矣。	氣在初夏，其紀熒惑，是謂發氣之陽， 可以毀消金銅，與氣同光，使民備火， 皆清已膺，是謂敬天之明，必勿行武。 與季夏相輔，初是夏之時，衣赤， 與季夏同期，如是則熒惑順行，甘雨時矣。

（二）《考靈曜》複見三條，當為黃奭收錄時，偶爾失察所致，今留存第 39 條即可。

039《考靈耀》	084《考靈耀》	040《考靈耀》
日照四極九光， 東日日中，南日日永， 西日宵中，北日日短， 光照四十萬六千里。	日照東極九光， 東日日中，南日日永， 西日宵中，北日日短， 光照四十四萬六千里。	日 光隆照四十萬六千里。

（三）《考靈曜》兩條複見，一為 96，一為 102，鈔錄條碼相差甚遠，當為收錄時失察所致。

096《考靈耀》	102《考靈耀》
春夏民欲早作，故令民先日出而作，是謂「寅賓出日」。 秋多民欲早息，故令民候日入而息，是謂「寅餞納日」。 春迎其來，秋送其去，無不順矣。	春夏民欲早作，故令民先日出而作，是謂「寅賓出日」。 秋多民欲早息，故令民候日入而息，是謂「寅餞納日」。 春迎其來，秋送其去，無不順。

（四）《考靈曜》與《帝命驗》文字全同，皆言劉邦之受天命，可見《考靈曜》雖言星曜，亦含括帝王與亡占驗之語。

080《考靈耀》	133+135《帝命驗》
卯金出軫，握命孔符， 河圖子提，期地留，赤用藏，龍吐珠也。	卯金出軫，握命孔符。 河圖子提，期地留，赤用藏，龍吐珠。

（五）《考靈曜》與《中候握河紀》相同，惟《握河紀》漏敓頗多。二者皆言曆候，由此可見，二者除篇名不同外，並無主旨之差異。

057《考靈曜》	206《中候握河紀》
天地開闢，曜滿舒光，元厤紀名，	天地開闢，
日月首甲子	甲子
冬至，日月五星，俱起牽牛初，	冬至，
日月若懸璧，仰觀天形如車蓋。	日月若懸璧，
五星若編珠，青龍甲子，攝提格挈。	五星若編珠。

（六）三條佚文中，221《中候握河紀》最為完整，10《尚書緯》具其前段，131《帝命驗》僅有後兩句。惟三條佚文之內容相同，則無須置疑。若131《帝命驗》為經讖，則221《中候》亦有相同解經之文，且更為詳細，固不應如《隋志》將之摒除於經讖之外也。10《尚書緯》之篇名，當屬前人引用時之略舉泛稱，今既收錄兩條有確定篇名者，故可將其刪除。

221《中候握河紀》	010《尚書緯》	131《帝命驗》
初堯在位七十載矣，	初堯在位七十載矣，	
見丹朱之不肖，	見丹朱之不肖，	
不足以嗣天下，	不足以嗣天下，	
乃求賢以於位。	乃求賢以異於位，	
至夢長人，見而論治，	至夢長人，見而論治。	堯夢長人，見而論治，
舜之潛德，堯實知之，		
於是疇咨於眾，詢四嶽，		
明明揚仄陋，		
得諸服澤之陽。		舉舜于服澤之陽。

（七）《考靈曜》與《璇璣鈐》皆言星象占驗，並無差異。

073《考靈曜》：太白經天水決江。	163《璇璣鈐》：太白經天水決江。

（八）《考靈曜》與《運期授》皆言星象占驗，並無差異。

089《考靈曜》：黑帝亡，二日竝照。	194《運期授》：黑帝亡，二日竝出。

（九）《帝命驗》與《運期授》皆言帝亡之徵驗，並無差異。

118《帝命驗》：桀失其玉鏡，用其噬虎。	195《運期授》：桀失玉鏡，用噬其虎。

二、《尚書緯》與其他緯書重複情況

（一）《考靈曜》與《河圖》全同，而《祿運法》又具二者後段，可知此條讖文原編當見於《考靈曜》與《河圖祿運法》二書。

034《考靈曜》	《河圖》	
地有四遊。	地有四遊。	
多至，地上北而西，三萬里。	多至，地上行，北而西，三萬里。	
夏至，地下南而東，復三萬里。	夏至，地下行，南而東，復三萬里。	
春、秋分，則其中矣。	春、秋二分，則其中矣。	《河圖祿運法》：
地恆動不止，人不知。	地常動不止，而人不知。	地恆動不止，
譬如人在大舟中，閉牖而坐，	譬如閉舟而行，	譬如人在大舟上，閉牖而坐，
舟行而人不覺也。	不覺舟之運也。	舟行不覺也。

（二）《璇璣鈐》兩條文字微異，當為前人引用時，偶有誤筆，而黃奭收錄時乃作並存；惟覈以後兩條，則知文句以《潛潭巴》為是。此條並見二書，當為編纂時即已複見。

154《璇璣鈐》	155《璇璣鈐》	《春秋緯》	《春秋潛潭巴》
北斗第一星變色，	北斗第一星變色，	日之將食，則斗弟二星變色，	日之將蝕，則斗弟二星變色，
數赤不明，	微赤不明，	微赤不明，	微赤不明，
七月兩日蝕。	六月而日蝕。	七日而食。	七日而食。

（三）《璇璣鈐》與《春秋保乾圖》相同，而後者文句當有漏敓。

168《璇璣鈐》	《春秋保乾圖》
天子之尊也，神精與天地通，	天子至尊也，神精與天地通，
血氣與日月摠，含五帝之精，天之愛子也。	血氣含五帝精。天愛之、子之也。

（四）《璇璣鈐》與《易坤靈圖》及《易緯》相同，惟缺「德配天地」一句。

171《璇璣鈐》	《易坤靈圖》	《易緯》
在政不私公位，	故德配天地，天地不私公位，	德配天地，不私公位，
稱之曰帝。	稱之曰帝。	稱之曰帝。

（五）《璇璣鈐》與《春秋命歷序》、《河圖》文句皆同，《雒書靈準聽》則有其前三句，由此可知，經讖與《河》、《雒》之內容，並無分別。

173《璇璣鈐》	《春秋命歷序》	《春秋命歷序》	《河　圖》	《雒書靈準聽》	《雒　書》
人皇氏九頭，	人皇九頭，	人皇九頭，	人皇九頭，	人皇	
駕六羽，	乘雲車，	提羽蓋，	乘雲車，	駕六提羽，	駕六提羽，
乘雲車，	駕六羽，	乘雲車，	駕六羽，	乘雲祇車。	乘雲祇車。
出谷口，	出谷口，	出暘谷，	出谷口，		
分九州。	分長九州。	分九河。	兄弟九人，		
			分長九州。		

（六）《考靈曜》與《孝經鈎命》相同，當為編纂時複見，以是可見，二書於此當無差異。

067《考靈曜》	《孝經鈎命決》
春政不失，五穀孳；夏政不失，甘雨時；	春政不失，五穀蘖；初夏政不失，甘雨時；
季夏政不失，地無菑；	季夏政不失，地無菑；
秋政不失，人民昌；冬政不失，少疾喪；	秋政不失，人民昌；冬政不失，多疾喪；
五政不失，百穀稚熟，日月光明。	五政不失，百穀稚熟，日月光明。

（七）《考靈曜》與《河圖考鈎》、《河圖天靈》皆同，是則《隋志》所言《河》、《雒》與「經讖」有別，於光武編校之圖讖中，並非實情也。

081《考靈曜》	《河圖考鈎》	《河圖天靈》
趙王政以白璧沈河，	趙王政以白璧沉河，	趙王政以白璧沉河者，
有黑公從河出，	有黑公從河出，	有一黑公從河出，
謂政曰：	謂政曰：	謂政曰：
「祖龍來授天寶開。」	「祖龍來授天寶開。」	「祖龍來，天寶開。」
中有尺二玉牘。	中有尺二玉牘。	中有（尺）二玉牘也。

（八）《帝命驗》與《雒書靈準聽》相同，二者當有相同之來源。

126～7《帝命驗》	《雒書靈準聽》
有人雄起，戴玉英，履赤矛，析旦失籌，亡其金虎。	有人雄起，戴玉英，祈旦失籌，亡其金虎。
東南紛紛，注精起，昌光出軫，己圖之。	東南紛紛，精起，昌光出軫，己圖之。

（九）《中候握河紀》與《春秋合誠圖》內容相同，惟互有繁簡，疑為編纂時襲取相同來源而成。由此可知，《中候》與經讖之內容，並無實質差別。

197《中候握河紀》	《春秋合誠圖》：年二十，寄伊長孺家，無夫，
粵若堯母曰慶都，遊於三河，	出觀三河之首，常有若神隨之者。
龍負圖而至，其文要曰：「亦受天佑，	有赤龍負圖出，慶都讀之，「赤受天運」，
眉八采，鬢髮長七尺二寸，	下有圖人，衣赤光，面八采，鬢長七尺二寸，
圓，兌上豐下，足履翼宿。」	兌上豐下，足履翼宿，署曰「赤帝起，成天寶」。
既而陰風四合，赤龍感之，孕十四月而生於丹陵，其狀如圖，身長十尺。	

（十）《中候運衡》與《論語比考讖》相同，惟文句短缺甚多。《論語讖》凡有此類佚文七條，而不見於西漢文獻中，推論或即取自漢代方士讖文。

234～6《中候運衡》	《論語比考讖》
歸功於舜，將以天下禪之，乃潔齊修壇于河雒之間，擇良日，牽舜等升首山，遵河渚，	仲尼曰：吾聞堯牽舜等游首山，觀河渚，
有五老遊焉，蓋五星之精也。	有五老遊河渚，
相謂曰：「河圖將來，告帝以期，	一曰：「河圖將來告帝期。」二曰：「河圖將來告帝謀。」
	三曰：「河圖將來告帝書。」四曰：「河圖將來告帝圖。」
	五曰：「河圖將來告帝符。」
	有頃，赤龍銜玉苞，舒襀刻版，題命可卷，金泥玉檢，封盛書威，
	曰：「知我者重童也。」五老乃飛為流星，上入昴。
知我者，重瞳黃姚。」五老因飛爲流星，上入昴。	黃姚視之，龍沒圖在，堯等共發，曰：「帝當樞百，則禪于虞。」
	堯喟然曰：「咨汝舜，天之曆數在汝躬，允執其中。
	四海困窮，天祿永終。」乃以禪舜。

（十一）此組以《中候雒予命》十二條最完整，其餘《帝命驗》、《春秋命歷序》、《雒書靈準聽》則皆具其部分文句。此亦可證，《中候》與《雒書》、經讖並無差異也。

272～83《中候雒予命》）	117《帝命驗》
夏桀無道，殺關龍逢，	夏桀無道，殺關龍逢，
絕滅皇圖，壞亂歷紀。	絕滅皇圖，壞亂厤紀，
殘賊天下。	殘滅天下，
賢人遁逃。	賢人逃遁，
淫色嫚易。	淫色嫚易，

		《春秋命歷序》
不事祖宗，	不事祖宗。	
枉矢射，	夏桀無道，枉矢射。（a357《尚書中候》）	
山亡土崩，	夏桀無道，山亡土崩。（a362 仝右）	桀無道，地吐黃霧，
地吐黃霧，	桀爲無道，地吐黃霧。（a358 仝右）	夏隕霜，冬下露。
	桀無道，夏出霜。（116《帝命驗》）	
天雨血，	夏桀無道，天雨血。（a360 仝右二）	

	a371《尚書中候》	《雒書靈準聽》
天乙在亳，（夏桀迷惑）	天乙在亳，	湯臂四肘，在亳，
諸鄰國褫負歸德，	諸鄰國褫負歸德，	能修其德，
湯東觀於雒，	東觀於洛，	東至于洛，
云：「寡人愼機。」	習禮堯壇，降，	觀帝堯之壇，
湯降三分璧，沈于雒水。	三分沈璧，	沈璧，
退立，榮光不起。	退立，榮光不起。	退立，
黃魚雙躍，出躋于壇。	黃魚雙躍，出濟于壇。	黃魚雙踊，
黑烏以雄，隨魚亦止。	黑烏以雄，隨魚亦止，	黑烏隨魚，止于壇，
化爲黑玉，	化爲黑玉，	化爲黑玉，又有黑龜，
赤勒曰：	赤勒曰：	並赤文成字，
「玄精天乙，受神福命之，	「玄精天乙，受神福，	言夏桀無道，
予伐桀命克，予商滅夏，天下服。」	伐桀克。」	湯當代之。
三年，天下悉合。	三年，天下悉合。	

（十二）《中候合符后》與《雒書靈準聽》相同，當有同一來源。

309《中候合符后》	《雒書靈準聽》
孟春五緯聚房，鳳皇銜書曰：	有鳳皇銜書，游文王之都，書文曰：
「殷帝無道，虐亂天下，世命已移，不得復久。	「殷帝無道，虐亂天下，皇命已移，不得復久。
靈祇遠離，百神歔去，五星聚房，昭理四海。」	靈祇遠離，百神吹去，五星聚房，昭理四海。」

（十三）《中候摘雒戒》為完整之讖文，《中候合符后》與《禮斗威儀》則具其部分。可知《中候》各篇並無明顯之區分，與經讖亦有相同之內容。

325～6《中候摘雒戒》	327《中候摘雒戒》	《禮斗威儀》	321《中候合符后》
周公攝政七年，制禮作樂， 周公歸政於成王，鸞鳳見，蓂莢生。 周成王舉堯舜禮，沈璧于河， 禮畢，王退俟，至日昧， 榮光竝出幕河， 白雲起而青雲浮至，乃有青龍臨壇， 銜玄甲之圖，吐之而去 成王觀於洛，沈璧禮畢，王退， 有玄龜青純蒼光，背甲刻書，止躋于壇，赤文成字，周公視，三公視。 其文言周世之事，五百之戒，與秦漢事。周公援筆，以時文寫之。	周公攝命七年， 歸政成王， 沈璧于河， 榮光幕河， 青雲浮至，青龍 銜甲臨壇，吐圖而去，	周成王觀於河，沈璧 而退， 青雲浮洛，青龍臨壇， 吐元甲之圖。	武王觀于河，沈璧， 禮畢，且退，至于日昧， 榮光竝塞河，沈璧， 青雲浮洛，赤龍臨壇， 銜玄甲之圖吐之而去

三、《尚書緯》與經傳子史載記相同考論

（一）《考靈曜》與《淮南子》相同，當為襲取其說，或二者皆源自當時之天文觀念。

042《考靈耀》	《淮南子・天文篇》
月行十三度十九分度之七。	月日行十三度七十六分度之二十六，
044《考靈耀》	
凡九百四十分為一日，	
二十九日	二十九日
與四百九十九分為一月。	九百四十分日之四百九十九而為月，而以十二月為歲。

（二）《考靈曜》與《刑德放》所言，皆當源自《周髀算經》。

032《考靈耀》	085《考靈耀》	古歷、緯及《周髀》皆言：	
周天三百六十五度 四分度之一，	二十八宿， 周天三百六十五度 四分度之一，	周天三百六十五度 四分度之一，	
181《刑德放》 日月東行	186《刑德放》： 日、月、五星皆行， 而日行遲，月行疾也。三十日。	日月皆右行於天，	041～2《考靈耀》
而日日行一度， 則一朞三百六十五度 四分日之一。	日過三十， 月過四百， 行有遲速也。	日日行一度， 月日行十三度十九分度之七， 是月行疾，日行遲。	日行一度。 月行十三度十九分度之七。

（三）《考靈曜》擷取《尚書大傳》部分文句而成。

099《考靈曜》	《尚書大傳》曰：
晦而月見西方曰朓，	「晦而月見西方謂之朓，朓則侯王其舒；
朔而月見東方曰側匿。	朔而月見東方謂之側匿，側匿則侯王其肅。」

（四）東漢成稿之《考靈曜》與西漢編成之《說苑》，所言二十八宿配屬，當有相同來源。

a129《考靈曜》	《說苑・辨物》
二十八宿，天元氣，萬物之精也，	所謂二十八星者：
故東方角、亢、氐、房、心、尾、箕七宿，其形如龍，曰左青龍，	東方曰角、亢、氐、房、心、尾、箕，
南方井、鬼、柳、星、張、翼、軫七宿，其形如鶉鳥，曰前朱雀，	北方曰斗、牛、須女、虛、危、營室、東壁，
西方奎、婁、胃、昴、畢、觜、參七宿，其形如虎，曰右白虎；	西方曰奎、婁、胃、昴、畢、觜、參，
北方斗、牛、女、虛、危、室、壁七宿，其形如龜蛇，曰後玄武。	南方曰東井、輿鬼、柳、七星、張、翼、軫。
二十八宿皆有龍虎鳥龜之形，隨天左旋。	所謂宿者，日月于星之所宿也。

（五）《考靈曜》所言與《淮南子》相同，而二書或又襲取《呂覽》而來。惟《考靈曜》之文句頗有刪減。

069《考靈曜》	《淮南子・天文篇》	《呂氏春秋・有始覽》
天有九野，	天有九野，	天有九野，地有九州，土有九山，
九千九百九十九隅，	九千九百九十九隅，	山有九塞，澤有九藪，
去地五億萬里。	去地五億萬里，……	風有八等，水有六川。
何謂九野？	何謂九野？	何謂九野？
中央均天，其星角、亢；	中央曰鈞天，其星角、亢、氐；	中央曰鈞天，其星角、亢、氐；
東方暤天，其星房、心；	東方曰蒼天，其星房、心、尾；	東方曰蒼天，其星房、心、尾；
東北變天，其星斗、箕；	東北曰變天，其星箕、斗、牽牛；	東北曰變天，其星箕、斗、牽牛；
北方元天，其星須、女；	北方曰玄天，其星須女、虛、危、營室；	北方曰玄天，其星婺女、虛、危、營室；
西北幽天，其星奎、婁；	西北方曰幽天，其星東壁、奎、婁；	西北曰幽天，其星東壁、奎、婁；
西方成天，其星胃、昴；	西方曰顥天，其星胃、昴、畢；	西方曰顥天，其星胃、昴、畢；
西南朱天，其星參、狼；	西南曰朱天，其星觜嶲、參、東井；	西南曰朱天，其星觜嶲、參、東井；
南方赤天，其星輿、鬼、柳；	南方曰炎天，其星輿鬼、柳、七星；	南方曰炎天，其星輿鬼、柳、七星；
東南陽天，其星張、翼、軫；	東南方曰陽天，其星張、翼、軫。	東南曰陽天，其星張、翼、軫。

（六）《考靈曜》與「曾子云」、《尚書大傳》相同，而與《說苑》、《淮南子》相類，可見此條取自漢代成說無疑。

056《考靈耀》	曾子云：	《尚書大傳·堯典》
主春者鳥星，昏中可以種稷；	「春分鳥星，昏主春者，中可以種稷。	主春者張，昏中可以種穀；
主夏者心星，昏中可以種黍；	夏至心星，昏主夏者，中可以種黍菽。	主夏者火，昏中可以種黍；
主秋者虛星，昏中可以種麥；	秋分虛星，昏主秋者，中可以種麥。	主秋者虛，昏中可以種麥；
主冬者昴星，昏中則入山，	冬至昴星，昏主冬者，中山人可以	主冬者昴，昏中可以收斂。
可以斬伐，具器械。	伐器械，家人可以收萑葦、蓄積、田獵，	田獵斷伐，當上告之天子，而下賦之民。
王者南面而坐，視四星之中者，	王者坐視四星之中，	故天子南面而視四星之中，
而知民之緩急。	而知民之緩急，	知民之緩急，
急則不賦力役，	急則不賦力役，	急則不賦籍，不舉力役。
敬授民時。	故曰：敬授民時也。」	故曰「敬授人時」，此之謂也。

《淮南子·主術篇》	《說苑·辨物》
故先王之政，……	古者有主四時者：
昏張中則務種穀，	主春者張，昏而中，可以種穀，上告于天子，下布之民；
大火中則種黍菽，	主夏者大火，昏而中，可以種黍菽，上告于天子，下布之民；
虛中則種宿麥，	主秋者虛，昏而中，可以種麥，上告之天子，下布之民；
昴中則收斂蓄積，伐薪木。	主冬者昴，昏而中，可以斬伐田獵蓋藏，上告于天子，下布之民。
上告于天，下布之民。	故天子南面視四星之中，知民之緩急，急利不賦籍，不舉力役。
（卷九，頁 309）	《書》曰：「敬授民時。」《詩》曰：「物其有矣，維其時矣。」
	物之所以有而不絕者，以其動之時也。（卷１８，頁 608）

（七）《尚書緯》所言無疑出自《逸周書》。

004《尚書緯》	《逸周書·作雒第四八》
天子社，	乃建大社于國中，其壝：
東方青，南方赤，西方白，北方黑，	東，青土；南，赤土；西，白土；北，驪土；
上冒以黃土，	中央釁以黃土。
將封諸侯，各取方土，	將建諸侯，鑿取其方一面之土，燾以黃土，
苴以白茅，以爲社。	苴以白茅，以爲社之封。故曰「受列土于周室」。

（八）《中候握河紀》言黃帝升天，與《史記》、「儒書」、《列仙傳》所言同，當即取自漢代方士之言者。

213《中候握河紀》	《史記·孝武本紀》	《史記·封禪書》	《漢書·郊祀志》	《列仙傳·黃帝》	《論衡·道虛》
	申公曰：……	申公曰：……	申公曰：……	《仙書》曰：	儒書言：
	黃帝采首山銅，	黃帝采首山銅，	黃帝采首山銅，	「黃帝採首山之銅，	「黃帝採首山銅，
乃鑄鼎荊山之下，	鑄鼎於荊山下。	鑄鼎於荊山下。	鑄鼎於荊山下。	鑄鼎於荊山之下，	鑄鼎於荊山下。

成，	鼎既成，	鼎既成，	鼎既成，	鼎成，	鼎既成，
有龍	有龍垂胡髯	有龍垂胡髯	有龍垂胡髯	有龍垂胡髯	有龍垂胡髯
下迎，	下迎黃帝	下迎黃帝。	下迎黃帝。	下迎帝，	下迎黃帝。
黃帝上龍，	黃帝上騎，	黃帝上騎，	黃帝上騎，	乃升天。	黃帝騎龍，
羣臣、后宮，	羣臣、後宮	羣臣、後宮	羣臣、後宮	羣臣、百僚	羣臣、後宮
從上天者秦秩余人，	從上者七十餘人，	從上者七十餘人，	從上龍七十餘人，		從上七十餘人，
	龍乃上去。	龍乃上去。	龍乃上去。		龍乃上去。
小臣	餘小臣不得上，	餘小臣不得上，	乃悉持龍髯，	悉持龍髯，從帝而升，	乃悉持龍髯。
悉持龍髯，	乃悉持龍髯，	乃悉持龍髯，			
拔，	龍髯拔，	龍髯拔墮，	龍髯拔墮，	攀帝弓及龍髯，拔，	龍髯拔，
墜黃帝弓。	墮黃帝之弓。	墮黃帝之弓。	憤黃帝之弓。	而弓墜。	墮黃帝之弓。」
	（卷12，頁468）	（卷28，頁1394）	（卷25上，頁1228）	（卷上，頁9）	（卷七，頁313）

（九）《中候立象》所言與《列女傳》、《通史》相同，而與《史記》微異，或皆取自西漢末之傳聞。

243《中候立象》	《列女傳》云：	《通史》云：	《史記·五帝本紀》：
父母憎之，	「瞽叟與象謀殺舜，	「瞽叟	瞽叟尚復欲殺之，
使其塗廩，	使塗廩。舜告二女，二女曰：	使舜滌廩，舜告堯二女，女曰：	使舜上塗廩，
自下焚之，	『時唯其牷汝！時唯其焚汝！	『時其焚汝！	瞽叟從下縱火焚廩。
舜乃服鳥工之衣	鵲如汝裳，衣鳥工往。』	鵲衣汝裳，鳥工往。』	舜乃以兩笠自扞而下，
飛去。	舜既治廩，牷旋階。	舜既登廩，	去，
	瞽叟焚廩，舜往飛。	得免去也。」	得不死。
又使浚井，	復使浚井。舜告二女，二女曰：	「舜穿井，又告二女。二女曰：	後瞽叟又使舜穿井，
自上壖之，	『時亦唯其牷汝！時其掩汝！		
舜服龍工之服，	汝去裳，衣龍工往。』	『去汝裳，衣龍工往。』	舜穿井爲匿空旁出。
自傍而出。	舜往浚井，格其入，從掩，	入井，瞽叟與象下土實井，	舜既入深，瞽叟與象共下土實井，
	舜潛出。」	舜從他井出去也。」	舜從匿空出，去。

（十）《中候立象》與《尚書大傳》相同而更詳，當為後學轉精，或為取自相同之傳聞。

252～7《中候立象》	《尚書大傳·虞夏傳》
在位十有四年，奏鍾石笙筦，未罷，	維十有四祀，鍾石笙筦變聲，樂未罷，
而天天雷雨，疾風發屋、伐木，	疾風發屋，天大雷雨。
桴鼓播地，鍾磬亂行，舞人頓伏，樂正狂走。	
舜乃擁權持衡而笑曰：「明哉，	帝沈首而笑曰：「明哉，
夫天下非一人之天下也，亦見於鍾石笙筦乎？」	非一人天下也，乃見於鍾石。」
乃薦禹於天，行天子事。於時和氣普應，慶雲興焉，	

若烟非烟，若雲非雲，郁郁紛紛，蕭索輪囷。	
白工相和而歌慶雲，帝乃倡之曰：	時俊乂百工，相和而歌卿雲，帝乃唱之曰：
「慶雲爛兮，糺縵縵兮，日月光華，旦復旦兮。」	「卿雲爛兮，糺縵縵兮，日月光華，旦復旦兮。」
羣臣咸進，稽首曰：	八伯咸進，稽首曰：
「明明上天，爛然星陳，日月光華，弘於一人。」	「明明上天，爛然星陳，日月光華，弘於一人。」
帝乃載歌曰：	帝乃載歌，旋持衡曰：
「日月有常，星辰有行，四時從經，萬姓允誠。	「日月有常，星辰有行，四時從經，萬姓允誠。
於予論樂，配天之靈，遷於賢聖，莫不咸聽，	於予論樂，配天之靈，遷於賢聖，莫不咸聽，
饗乎鼓之，軒乎舞之，精華以竭，褰裳去之。」	饗乎鼓之，軒乎舞之，菁華已竭，褰裳去之。」
於時八風修通，慶雲叢聚，蟠龍奮迅於厥藏，	於時八風循通，卿雲蔡蔡，蟠龍賁信於其藏，
蛟魚踊躍於厥淵，龜鼈咸出厥穴，遷虞而事夏。	蛟魚踘躍於其淵，鼈鼈咸出於其穴，遷虞而事夏也。
舜乃設壇於河，如堯所行。	
至於下稷，容光休至，黃龍負圖，長三十二尺，置於壇畔，赤文綠錯，其文曰：「禪於夏后，天下康昌。」	

（十一）《中候合符后》當為取自《大戴禮》，或二者皆為當時方士之傳聞。

319《中候合符后》	《大戴禮記·明堂》
周德既隆，草木盛茂，	周時德澤洽和，
蒿堪爲宮室，名之曰蒿宮。	蒿茂大以爲宮柱，名蒿宮也。此天子之路寢也，不齊不居其屋。

（十二）《中候雒師謀》與《史記》、《六韜》文意相類，而增有玉璜刻辭，當為方士所加者。

302～3《中候雒師謀》	《史記·齊太公世家》	《太公六韜·文韜·文師》
王將畋，史偏卜之，	西伯將出獵，卜之，	文王將田，史編布卜，
曰：「將大獲，非熊非羆，	曰：「所獲非龍非彲，非虎非羆，	曰：「田於渭陽，將大得焉。非龍非彲，非虎非羆，
天遺汝師臣。	所獲霸王之輔。」	兆得公侯，天遺汝師，以之佐昌，施及三王。」
太祖史疇爲禹卜，		文王曰：「兆致是乎？」史編曰：「編之太祖史疇爲禹占，
得臯陶，其兆如此。」		得臯陶，兆比於此。」
王即回駕水畔，		文王乃齋三日，
至礒磎之水，	於是周伯獵，	乘田車，駕田馬，
呂尚釣於崖，	果遇太公於渭之陽，	田於渭陽，卒見太公，
王下趨拜曰：	與語大說，曰：	坐茅以漁，……
「望公七年矣，	「自吾先君太公曰：	
乃今見光景於斯。」	『當有聖人適周，周以興。』	
尚立變名，答曰：	子眞是邪？吾太公望子久矣。」	
「望釣得玉璜，刻曰：		
『姬受命，呂佐檢，		
德合昌來，提撰爾雒鈐，	故號之曰「太公望」，	
報在齊。』」號曰師尚父。	載與俱歸，立爲師。	乃載與俱歸，立爲師。

（十三）《帝命驗》與《大戴禮》文意相同，惟增前段讖語，而後續文句亦有刪減。《六韜》與《荀子》、《瑞書》皆有相同之說辭，可見《帝命驗》所言為當世之熟語。

121《帝命驗》	《大戴禮·武王踐阼》	《荀子·議兵篇》	《太公六韜·明傳》
季秋之月甲子，赤雀銜丹書， 入於酆，止於昌戶， 其書云： 「敬勝怠者吉， 怠勝敬者滅； 義勝欲者從， 欲勝義者凶。	師尚父奉書而入， …… 西面道書之言曰： 「敬勝怠者吉， 怠勝敬者滅， 義勝欲者從， 欲勝義者凶。	凡百事之成也， 必在敬之；其敗也， 必在慢之。 故敬勝怠則吉， 怠勝敬則滅， 計勝欲則從， 欲勝敬則凶。	太公曰：「見善而怠， 時至而疑，知非而處， 此三者，道之所止也。 …… 故義勝欲則昌， 欲勝義則亡； 敬勝怠則吉， 怠勝敬則滅。」
凡事強則不枉，不敬則不正； 枉者廢滅，敬者萬世。	凡事，不強則枉，弗敬則不正， 枉者滅廢，敬者萬世。 藏之約，行之行，可以為子孫常者，此言之謂也。且臣聞之，		
以仁得之，以仁守之， 其量十世； 以不仁得之，以不仁守之， 不及其世。」	以仁得之，以仁守之，其量百世； 以不仁得之，以仁守之，其量十世； 以不仁得之，以不仁守之， 必及其世。」王聞書之言，惕若恐懼，退而為戒書。		

（十四）《中候我應》與《周書》相同，二者當有相同之來源。

298《中候我應》	《程寤》曰：	《周書》曰：
梓化為柏， 以告文王， 文王幣告羣臣， 與發並拜吉夢。	「文王在翟，太姒夢見商之庭產棘， 小子發取周梂庭之梓，樹于闕間，化為松柏棫柞。 驚，以告文王。 文王 召發于明堂，拜，告夢，受商之大命。」	「文王去商至程，正月既生魄，太姒夢見商之庭產棘。 小子發取周庭之梓，樹乎闕間，梓化為松柏棫柞。 寤驚，以告文王。 王 及發并拜吉夢，受商之大命於皇天上帝。」

（十五）《尚書緯》當取自當時之經說而成者。

《尚書緯》：	夏侯、歐陽等以為：
「九族，乃異姓之有屬者。 父族四，母族三、妻族二。」	「九族者，父族四、母族三、妻族二， 皆據異姓有服。」

四、綜合式

（一）《尚書緯》、《帝命驗》、《刑德放》與《璇璣鈐》等四條佚文全同，可知
　　後三篇於光武編纂時，即已重複收錄。再者，《易乾鑿度》、《春秋元命包》
　　及《孝經鉤命決》皆具部分文句，或為後人引用時，祇取數語之故，可知
　　編纂時並未分別此條專屬何緯。

029《尚書緯》	128《帝命驗》	175《刑德放》	169～70《璇璣鈐》	《易乾鑿度》：	《易緯》
帝者，天號； 王者，人稱。	帝者，天號也； 王者，人稱也。	帝者，天號； 王者，人稱也。	帝者，天之號； 王者，人之稱	帝者，天稱也； 王者，美行也；	帝者，天號也。
天有五帝以立名， 人有三王以正度。	天有五帝以立名， 人有三王以正度。	天有五帝以立名， 人有三王以正度。	天有五帝以立名， 人有三王以正度。		《孝經鉤命決》
天子，爵稱； 皇者，煌煌也。	天子，爵稱也； 皇者，煌煌也。	天子，爵稱也； 皇者，煌煌也。	天子，爵稱也； 皇者，煌煌也。	天子，爵號也。 皇者，煌煌也（《春秋元命包》）	天子，爵偁也。

（二）《璇璣鈐》與《春秋命歷序》相同，《雒書甄耀度》具其三句，可知當有同
　　一來源。

174《璇璣鈐》	《春秋命歷序》	
有神人，名石年，蒼色大眉， 戴玉理，駕六龍，出池輔， 號皇神農，始立地形，甄度四海， 東西合九十萬里， 南北八十一萬里。	有神人，名石耳，蒼色大眉， 戴玉理，駕六龍，出地輔， 號皇神農，始立地形，甄度四海， 東西九十萬里， 南北八十一萬里。	《雒書甄耀度》 四海， 東西九十萬里， 南北八十萬里。

（三）《考靈曜》與《考異郵》、《甄耀度》所言相同，當源自《周髀算經》者。

033《考靈曜》	《春秋攷異郵》	《雒書甄耀度》	《周髀算經》
一度二千九百三十二里， 千四百六十一分里 之三百四十八， 周天百七萬一千里。	周天一百七萬一千里， 一度為二千九百三十二里 七十一步二尺七寸四分 四百八十七分之三百六十二。	周天一百七萬一千里， 一度為二千九百三十二里 七十二步二尺七寸四分 四百八十七分之三百六十二。	周一百七萬一千里，分為度， 度得二千九百三十二里、 七十一步、 千四百六十一分步 之六百六十九。

（四）《考靈曜》與《洪範五行傳》、《石氏星經》、《史記》所言相同，可信此條
　　實乃方士等取自當時星占之類書也。

071《考靈曜》	《尚書洪範五行傳》曰：	石氏曰：「心三星，帝座。	《史記・天官書》：
心，火星，天王也，	「心之大星，天王也。	大星者，天子也。……	東宮蒼龍，房、心；
其前星太子，	其前星，太子也；	心爲明堂，中大星，天王位；	心爲明堂，大星，天王；
後星庶子也。	後星，庶子也。」	前後小星，子屬。以開德發陽，	前後星，子屬。
		不欲直，直，王失勢。」	不欲直，直則天王失計。

（五）《考靈曜》、《璇璣鈐》、《易通卦驗》、巫咸說皆同，可知此二條讖文實取自
　　　戰國以來之星經占驗等書。

92～3《尚書攷靈曜》	164《尚書璇璣鈐》	《易緯通卦驗》：	（戰國楚星官）巫咸云：
流星色青赤，地雁，	流星色青赤，名地雁，	青流星名曰地雁，	「流星有光，
其所墜處，兵起。	其所墜處，兵起。	其所墜者，起兵。	青赤，其長二三丈，名曰天雁，
青赤，天雁，	天雁，	青赤長二三丈，名曰天雁，	將軍之精也，其國起兵。」
軍中之精華也。	軍中之精華也。	軍中之精華，曰其國起兵。	

（六）此組以《中候立象》爲主，《中候握河紀》具其前段，先秦之《尸子》具
　　　其三句，《呂覽》及《淮南子》則具其後段。可知《立象》、《握河紀》所
　　　言皆當取自先秦以來之傳聞也。

259～62《中候立象》	223～31《中候握河紀》伯禹在庶。四嶽師，舉薦之帝堯。堯使禹治水，握括命， 不試，爵授司空。伯禹稽首，讓于益、歸， 帝曰：「何斯若眞。」出爾命圖示乃天。 伯禹曰：「臣觀河伯，面長，人首魚身， 出曰：『吾河精也。』」 表曰：「文命治淫水。」 授臣河圖，鼋入淵。	《尸子》 禹理水，觀於河，見白面長人魚身出， 曰：「吾河精也。」 授禹《河圖》，而還於淵中。
觀於河，有長人，白面魚身， 出曰：「吾河精也。」 呼禹曰：「文命治淫。」言訖， 受禹河圖，言治水之事。乃退入於淵。 於是以告曰：「臣見河伯面長， 人首魚身，曰：『吾河精。』 授臣河圖。」治水既畢，		
天悉玄珪，以告成功。	《史記・夏本紀》 於是帝錫玄圭，以告成功于天下，天下于是太平治。	
夏道將興，草木暢茂，郊止青龍，		
祝融之神，降於崇山。	《尚書・禹貢》 禹錫玄圭，告厥成功。	
乃受舜禪，即天子之位，		
天乃悉禹《洪範》九疇，		
洛出龜書五十六字，此謂洛出書者也。	《呂氏春秋・知分》 禹南省，方濟乎江，黃龍負舟。	《淮南子・精神篇》 禹南省方，濟乎江，黃龍負舟。
南巡狩濟江，中流有二龍負舟， 舟人皆懼，禹笑曰： 「吾受命於天，屈力以養人， 性也。死，命也。奚憂龍哉？」 龍於是曳尾而逃。	舟中之人，五色無主。禹仰視天而歎曰： 「吾受命於天，竭力以養人。 生，性也；死，命也。余何憂於龍焉？」 龍俛耳低尾而逝。 則禹達乎生死之分，利害之經也。	舟中之人，五色無主。禹乃熙笑而稱曰： 「我受命于天，竭力而勞萬民。 生，寄也；死，歸也。何足以滑和？」 視龍猶蝘蜓，顏色不變， 龍乃弭耳掉尾而逃。禹之視物亦細矣。

（七）《中候契握》、《詩含神霧》、《詩推度災》、《史記》、《列女傳》所言皆同，可知當為取自相同之傳聞。

270《中候契握》 玄鳥翔水， 遺卵下流， 娀簡 易拾吞， 生契，封商。 後萌水易。	《詩含神霧》 湯之先爲契，無父而生。 契母與姊妹浴於元邱水， 有燕 銜卵墮之， 契母得， 故含之，誤吞之， 即生契。	《詩推度災》 契母有娀浴于元邱之水， 睹玄鳥 銜卵，過而墮之， （契母） 得而吞， 遂生契。	《史記・殷本紀》：殷契，母曰簡狄， 有娀氏之女， 爲帝嚳次妃。 三人行浴， 見玄鳥 墮其卵， 簡狄 取吞之， 因孕生契。 （卷三，頁91）	《列女傳・契母簡狄》 契母簡狄者，有娀氏之 長女也，當堯之時， 與其妹娣浴於玄丘之水， 見玄鳥 銜卵過而墜之，五色甚好。 簡狄與其妹娣競往取之。 簡狄得而含之，誤而吞之， 遂生契焉。 （卷一，頁2）

（八）《璇璣鈐》與《中候雒予命》皆得《田俅子》之部分文句，《雒書靈準聽》亦有相同之文意，可知皆當取自先秦以來之傳聞。此組《書緯》與《中候》無異，《雒書》亦輒與經讖相同。此皆圖讖編纂之際，並未如後世以為之明確區格也。

146《璇璣鈐》 湯受金符帝籙， 白狼銜鉤入殷朝。	285《中候雒予命》 湯牽白狼， 握禹籙。	《雒書靈準聽》 檮杌之神，見于邳山， 有人牽白狼， 銜鉤而入，	《田俅子》曰： 「商湯爲天子，都于亳， 有神手牽白狼， 口銜金鉤而入湯庭。」

（九）《中候合符后》與《史記》相同，惟《史記》無方士常言之「赤文有字」等語；《尚書大傳》亦頗與《合符后》相同，可知讖文當取自秦、漢傳注傳說。而《雒書靈準聽》部分文句與《合符后》相同，可見編纂之時並未區分各篇特色。

313～5《中候合符后》 周大子發渡孟津， 中流，受文命，待天謀， 白魚躍入王舟， 王俯取，魚長三尺， 赤文有字， 題目下名授右， 曰：「姬發遵昌。」 王蟠以告天，	《史記・周本紀》 武王渡河， 中流， 白魚躍入王舟中， 武王俯取以祭。	《雒書靈準聽》 武王伐紂，度孟津， 中流， 白魚躍入王舟， 王俯取魚，長三尺， 目下有赤文成字， 言紂可伐。	〈大誓〉曰： 「太子發升舟， 中流， 白魚入於王舟， 王跪取出涘，以燎之。」

王維退寫成以世字， 魚文消。 有火自天， 止于王屋，流爲赤烏。 火自上，復于王屋， 流爲烏，其色赤，其聲魄， 五至，以穀俱來。 至於孟津，不期而會者， 八百諸侯， 咸曰：「紂可伐矣。」 尚父禁之， 武王 乃不從。 及紂殺比干，囚箕子，微子去之，乃伐紂。	既渡，有火自上 復于下，至于王屋， 流爲烏，其色赤，其聲魄云。 是時，諸侯不期而會盟津者 八百諸侯， 諸侯皆曰：「紂可伐矣。」 武王曰： 「女未知天命，未可也。」 乃還師歸。	寫以世字， 魚文消，燔魚以告天， 有火自天， 止於王屋，流爲赤烏。 鳥銜穀焉。 穀者，紀后稷之德； 火者，燔魚以告天， 天火流下，應以吉也。 遂東伐紂，勝於牧野。 兵不血刃，而天下歸之。	「至於五日，有火自上 復於下，至於王屋， 流之爲雕，其色赤，其聲魄， 五至，以穀俱來。」 〈泰誓〉： 八百諸侯，不召自來， 不期同時，不謀同辭。 及火復於上，至於王屋， 流爲雕，至五，以穀俱來。

　　以上選取一六六組中複見文句較爲明顯者，以爲實例，凡得《尚書緯》複見四種類型：

　　（1）本篇複見者九組；
　　（2）與他緯重複者十三組；
　　（3）與先秦迄於西漢之文獻相同者十五組；
　　（4）混合各類之綜合式者九組，共有四十六組。

　　其餘文意雖同而需比覈說明者，更不勝枚舉，略以內容類分，則有：（1）文句全同；（2）少數文字更易（或因傳鈔、編纂之故）；（3）取原文之意而成者；（4）奪胎換骨，略改原文數字，乃成新義者；（5）解說原典之意者。凡五種。

五、複出情況所顯示之意義

　　第二、三章依循疏證方式，一一疏解《尚書緯》佚文出處時，已知讖文泰半仍可尋獲源頭，由本節四類複見之統計中，更可見得各篇名稱與內容之不具特殊性。

　　（一）《尚書緯》與他緯相同複見者，依次列述如下：

　　（1）《考靈曜》：讖文又複見於《璇璣鈐》、《帝命驗》、《運期授》、《中候握河紀》、《易通卦驗》、《春秋考異郵》、《孝經鈎命決》、《河圖祿運法》、《河圖考鈎》、《河圖天靈》、《雒書甄耀度》。

　　（2）《帝命驗》：讖文又複見於《璇璣鈐》、《刑德放》、《運期授》、《中候握河紀》、《中候雒予命》、《易乾鑿度》、《春秋命歷序》、《孝經鈎命決》、《雒

書靈準聽》。

（3）《璇璣鈐》：讖文又複見於《中候雒予命》、《春秋潛潭巴》、《春秋保乾圖》、《春秋命歷序》、《易坤靈圖》、《河圖》、《雒書靈準聽》、《雒書甄耀度》。

（4）《運期授》：讖文複見於《考靈曜》、《帝命驗》。

（5）《刑德放》：讖文複見於《帝命驗》。

（6）《中候握河紀》：讖文複見於《考靈曜》、《帝命驗》、《中候立象》、《春秋合誠圖》、《論語比考讖》、《論語撰考讖》。

（7）《中候合符后》：讖文又複見於《摘雒戒》、《禮斗威儀》、《雒書靈準聽》。

（8）《中候雒予命》：讖文複見於《帝命驗》、《璇璣鈐》。

（9）《中候摘雒戒》：讖文複見於《合符后》。

（10）中候契握》：讖文又複見於《詩含神霧》、《詩推度災》。

總合所列，則《尚書緯》五篇皆有相互重覆之例，又有與《易緯》、《春秋緯》、《禮緯》、《孝經緯》、《河圖》、《雒書》相同複見者。《中候》則亦有與《尚書緯》及《春秋緯》、《禮緯》、《詩緯》、《雒書》等複見者。由此可見，《尚書緯》與《尚書中候》其實並無明確之區隔。是以本論文取「《尚書》讖緯」爲題，實亦鑒於此也。

更由第二、三章所述，《尚書》讖緯相同複見之例，尚有《春秋佐助期》、《春秋元命包》、《春秋說題辭》、《春秋演孔圖》、《禮斗威儀》、《孝經援神契》、《樂協圖徵》、《河圖稽耀鈎》等篇。由此可知，僅以《尚書緯》一種爲例，以考其複見之情況，《河圖》、《雒書》、七經讖及《論語讖》等緯書文句，皆有相互雷同與重複之例，益可證明圖讖諸篇皆非獨自成書者。

（二）《尚書緯》與先秦、西漢之文獻近似者，凡有：

（1）《星經》：《考靈曜》、《璇璣鈐》。

（2）《尸子》：《中候握河紀》、《中候立象》。

（3）《田俅子》：《璇璣鈐》、《中候雒予命》。

（4）《荀子》：《帝命驗》。

（5）《太公六韜》：《帝命驗》、《中候雒師謀》。

（6）《呂氏春秋》：《中候握河紀》、《中候立象》。

（7）《周髀算經》：《考靈曜》。

（8）《尚書大傳》：《考靈曜》、《帝命驗》、《中候合符后》、《中候立象》、《中候握河紀》。

（9）《尚書洪範傳》：《考靈曜》。

（10）《逸周書》：《尚書緯》、《中候我應》。

（11）《淮南子》：《考靈曜》、《中候握河紀》、《中候立象》。

（12）《大戴禮》：《帝命驗》、《中候合符后》、《中候握河紀》。

（13）《韓詩外傳》：《尚書緯》。

（14）歐陽《尚書》：《尚書緯》。

（15）《史記》：《中候握河紀》、《中候雒師謀》、《中候契握》、《中候合符后》。

（16）《說苑》：《考靈曜》。

（17）《列女傳》：《中候立象》、《中候契握》。

（18）《列仙傳》：《中候握河紀》。

此外尚有與《尚書》、《墨子》、《孟子》、《春秋繁露》、《周禮》、京房《易》、《禮記》等書相類之文句。由此亦可知，《書緯》乃襲取諸書之集結，並非專為《尚書》而作之系統思想著作。更覈以道家經典如《老子》、《莊子》等，則知《尚書緯》雖內容方士仙道、占驗、封禪思想，卻無《老》、《莊》文句。

是或可證，西漢末葉之方士讖語，並未包籠道家思想於其中也。至若《尚書緯》所根源之十八書中，有六種之傳流可疑，以下即列述其原，以證其書出於光武圖讖宣布之前。

1、《逸周書》為先秦文獻

屈萬里論《周書》之年代，據朱右曾所考，以為「從朱氏所舉的這些證據看來，《周書》不但沒有漢以後人的作品，也不會有偽作的資料」。而其中三十五篇，確定為戰國年間之著作，「其餘二十五篇，……從文體的格調來看，它們早的可能到春秋晚年，而絕大多數當是戰國時人所作」。是以「《周書》雖然闕了十篇，雖然有些脫文訛字；但它究竟是先秦時代的一部古書」。〔註41〕

2、《太公六韜》戰國後期已成書

《漢書・藝文志・道家類》載有《太公》、《兵》、《謀》、《言》等書四百餘篇，惟原書已佚，而今本《太公六韜》修定於唐初，故其內容及年代頗受爭議。幸得一九七二年於山東銀雀山，發掘漢武帝初年之墓葬，獲《太公六韜》殘簡，取以比覈今本，內容多相近（如112）。是以房中立論曰：「銀雀山、定州出土的漢簡證明：《六韜》至晚在戰國後期已經成書。其內容與傳世文獻相合，印證了《六韜》是一部成

〔註41〕屈萬里《先秦文史資料考辨》頁398。

書於先秦的古籍。」〔註42〕

3、《田俅子》戰國末葉傳世

阮廷焯〈田俅子考佚〉謂：田俅子齊人，學墨子之術，事見於《呂氏春秋》、《淮南子》之書。又謂：「其書盛陳符瑞，或同於儒言，然文用之說，猶歸墨義。……今茲所輯，重加考訂，合爲一峽，都十三事，此書佚文，略具於是矣。」〔註43〕本論文第三章「內容考原」之79、80、104 三組，皆取其佚文爲證，故可信出《尚書緯》之前無疑。

4、《尸子》戰國末已成書

《尸子》早佚，清汪繼培自《呂氏春秋》、《淮南子》、《說苑》等西漢以前成書及唐代經疏、《太平御覽》中輯出爲兩卷，或仍具原書之一斑。

5、《文子》漢初已傳世

徐慧君〈論文子〉云：「一九七三年，河北定縣四○號漢墓出土的竹簡中，有《文子》的殘簡，其中與今本《文子》相同的的文字有六章。……中山王用《文子》作隨葬品，想必西漢時已有先秦古籍《文子》在流傳。」〔註44〕吳光〈《文子》新考〉亦謂：「《文子》成於韓非之後，漢武之前，當是漢初文、景之間的古籍。」〔註45〕

6、《周髀算經》西漢已成書

周鈿桂以爲《周髀算經》「不是一人一時之作，大約成書於公元前三世紀，戰國後期或者秦朝時代」〔註46〕，胡曉林則謂「成書於西漢成帝中期（約西元前 100 年）」〔註47〕。

第三節　《尚書緯》編排體例擬測

緯書之來源本爲方士讖語，造作之初，爲求易於誦讀，多採詩句、歌謠形式，故常見三字、四字、五字、六字、七字句，或一韻、或換韻、或無韻腳，周玟慧嘗編製〈讖緯韻譜〉，略求緯書韻腳，得《易緯》、《書緯》、《詩緯》、《禮緯》、《孝經緯》

〔註42〕房中立《姜太公全書》頁 11。

〔註43〕阮廷焯《先秦諸子考佚》頁 229～233。

〔註44〕徐慧君等《文子校詮》頁 1、頁 3。

〔註45〕吳光《古書考辨集》頁 76。

〔註46〕周鈿桂《中國歷代思想史・秦漢卷》，第 17 章〈科學思想〉頁 436。

〔註47〕《中國秦漢科技史》頁 18。

等皆有韻文。〔註48〕今試就《尚書緯》中歸納句式整齊之文句，以明讖文之句例。再者，緯書又常見數百字之長文，與一般觀念中讖文簡短之體認不同，亦於本節中略作探就。

一、常見三字、四字、五字、七字歌謠

（一）三　字

（1）《考靈曜》：

　　061 佩蒼璧，乘蒼馬，以出遊。

　　090 黑帝亡，狼弧張。

　　098 日射虹，臣謀兵。

（2）《帝命驗》：

　　108 握石椎，懷神珠。

　　110 舜受命，蕢莢孳。

　　116 桀無道，夏出霜。

　　119 姬受命，呂佐旌。

　　124 賊類出，高將下。

　　125 賊起蚩，卯生虎。

　　123 天鼓動，玉弩發，天下驚。

（3）《璇璣鈐》：

　　141 五帝出，受籙圖。

　　144 開龍門，導積石，決岷山，治九貢。

　　145 開龍門，導積石，元圭出。

　　173 駕六羽，乘雲車，出谷口，分九州。

　　174 有神人，名石年，蒼色大眉，戴玉理，駕六龍，出池輔。

（4）《尚書中候》

　　238 黑龜出，赤文題。（《中候運衡》。284《中候雒予命》同）

　　264 祠五九，禮闕郵。（《中候義明》）

　　287 昌受命，發行誅，旦弘道。（《中候稷起》）

　　288 文王如豐，將伐崇，受赤鳥。（《中候我應》）

　　336 齊桓霸，遏八流，以自廣。（《中候淮讖哲》）

（二）四　字

（1）《考靈曜》：

031 天以圓覆，地以方載。

055 子助母收，母合子符。

079 秦失金鏡，魚目入珠。

087 帝起受終，五緯合軫。

088 天失日月，遺其珠囊。

095 微式出冥，惟審其形。

074 放勳欽明，文思晏晏。

039 東日日中，南日日永，西日宵中，北日日短。

084 東日日中，南日日永，西日宵中，北日日短。

078 丘生倉際，觸期稽度，……以明文命，綴紀譔書，修定禮義。

063 奪人一畝，償以千金；殺人不當，償以長子。……犯地之常，滅悳之光。

（2）《帝命驗》：

109 順堯考悳，題期立象。

115 有人大口，兩耳參漏，足文履己，首戴鈎鈐，胸懷玉斗，分別九州，隨山
濬川，任土作貢。

117 夏桀無道，殺關龍逢，絕滅皇圖，壞亂麻紀，殘滅天下，賢人逃遁，淫色
嫚易，不事祖宗。

121 枉者廢滅，敬者萬世。以仁得之，以仁守之，其量十世。

133 卯金出軫，握命孔符。

134 秦失金鏡，魚目入珠。

136 河龍圖出，洛龜書威，赤文象字，以授軒轅。

（3）《璇璣鈐》：

153 鬼哭山鳴。

（4）《運期授》：

195 桀失玉鏡，用噬其虎。

（5）《中候握河紀》：

201 德政清平，比隆伏羲。

207～08 昔帝軒提像，配永循機。天地休通，五行期化。

210 麒麟在囿，鸞鳥來儀。

214 堯曰：「皇道帝德，非朕所專。」脩壇河雒。

206 天地開闢，甲子冬至，日月若懸璧，五星若編珠。

215 沈璧於河，禮備，至于日稷，榮光出河，休氣四塞。

203 鳳皇止庭，朱草生郊，嘉禾孳連，甘露潤液，醴泉出山。

211 黃帝巡洛，河出龍圖，洛出龜書，曰：「赤文象字，以授軒轅。」

（6）《中候雒予命》：

272 夏桀無道，殺關龍逢，絕滅皇圖，壞亂歷紀。

274～76 殘賊天下。賢人遁逃。淫色嫚易。

280～81 黃魚雙躍，出蹐于壇。黑鳥以雄，隨魚亦止。

282 化爲黑玉，赤勒曰：「玄精天乙，受神福命之，予伐桀命克，予商滅夏，天下服。」

（7）《中候立象》：

263 文命盛德，俊乂在官，則朱草生郊，醴泉出山。

252 桴鼓播地，鍾磬亂行，舞人頓伏，樂正狂走。

254 和氣普應，慶雲興焉，若烟非烟，若雲非雲，郁郁紛紛，蕭索輪困。

255 帝乃倡之曰：「慶雲爛兮，糺縵縵兮，日月光華，且復且兮。」

256 羣臣咸進，稽首曰：「明明上天，爛然星陳，日月光華，弘於一人。」

257 日月有常，星辰有行，四時從經，萬姓允誠。於予論樂，配天之靈，遷於賢聖，莫不咸聽，鼗乎鼓之，軒乎舞之，精華以竭，褰裳去之。

257 設壇於河，如堯所行。至於下稷，容光休至，黃龍負圖，長三十二尺，置於壇畔，赤文綠錯，其文曰：「禪於夏后，天下康昌。」

（8）《尚書中候》餘篇：

292 伐枝弱勢。（《中候我應》）

294 攝提移居。（《中候我應》）

296 文王戒武王曰：「我稱非早，一人固下。」（《中候我應》）

240 年耆既艾。（《中候運衡》）

241 日月營始。（《中候運衡》）

235 河圖將來，告帝以期，知我者，重瞳黃姚。（《中候運衡》）

270 玄鳥翔水，遺卵下流。（《中候契握》）

271 賜姓子氏，以題朕躬。（《中候契握》）

316 魚者水精，隨流出入，得申朕意。（《中候合符后》）

317 赤鳥成文，雀書之福。（《中候合符后》）

328 周公沈璧，玄龜青純。（《中候摘雒戒》）

323 周公踐阼理政，與天合志，萬序咸休，得氣四塞，藩侯陪位，羣公皆就，立如舜。周公差應。(《中候摘雒戒》)

335 無易樹子。(《中候淮讖哲》)

334 寡人日暮，仲父年艾，誰將逮政？(《中候淮讖哲》)

265 仁人傑出，握表之象，日角姓，合音之于。(《中候義明》)

266 契之卵生，稷之迹乳。(《中候苗興》)

337 維天降紀，秦伯出狩，至于咸陽，天震大雷，有火流下，化爲白雀，銜籙丹書，集于公車。(《中候覬期》)

（三）五　字

006 三皇無文字。(《尚書緯》)

338 空受之帝立。(《中候覬期》)

339 自號之王霸，姓有工。(《中候覬期》)

340 卯金刀帝出，復禹之常。(《中候覬期》)

230 表曰：「文命治淫水。」(《中候握河紀》)

206 天地開闢，甲子冬至，日月若懸璧，五星若編珠。(《中候握河紀》)

（四）七　字

（1）《考靈曜》：

091 熒惑反明白帝亡。

073 太白經天水決江。

043 萬世不失九道謀。

081 祖龍來授天寶開。

072 歲星得度五穀孳。熒惑順行甘雨時。塡星得度地無灾。

067 春政不失五穀孳；夏政不失甘雨時；季夏政不失地無菑；秋政不失人民昌；冬政不失少疾喪。

（2）《尚書緯》餘篇：

020 熒惑反明白帝亡。(《尚書緯》)

163 太白經天水決江。(《璇璣鈐》)

146 白狼銜鈎入殷朝。(《璇璣鈐》)

191 黃帝亡也黃星墜。(《運期授》)

192 赤帝亡也五郡陷。(《運期授》)

193 白帝亡也五殘出。(《運期授》)

127 東南紛紛注精起，昌光出軫己圖之。(《帝命驗》)

029 天有五帝以立名，人有三王以正度。(《帝命驗》。《璇璣鈐》仝)

(3)《尚書中候》：

　　a357 夏桀無道枉矢射。(《尚書中候》)

　　a360 夏桀無道天雨血。(《尚書中候》)

　　a356 皋陶於洛見黑書。(《尚書中候》)

　　228 出爾命圖示乃天。(《中候握河紀》)

　　285 湯牽白狼握禹籙。(《中候雒予命》)

　　286 蒼耀稷生感迹昌。(《中候稷起》)

　　304 雒受金鈐師名呂。(《中候雒師謀》)

　　305 踐爾兵革審權矩，應詐縱謀出無孔。(《中候雒師謀》)

　　329 鳳皇翔兮於紫庭，余何德兮以感靈。賴先王兮恩澤臻，于胥樂兮民以寧。
　　　　(《中候摘雒戒》)

（五）綜合型

　　080 卯金出軫，握命孔符，河圖子提，期地留，赤用藏，龍吐珠。(《考靈曜》)

　　126 有人雄起，戴玉英，履赤矛，析旦失篇，亡其金虎。(《帝命驗》)

　　140 三皇百世，計神元書，五帝之世受籙圖。(《璇璣鈐》)

　　216 白雲起，回風搖，龍馬銜甲，赤文綠地，自河而出。(《中候握河紀》)

　　277 不事祖宗，枉矢射，山亡土崩，地吐黃霧，天雨血，天乙在亳。(《中候雒
　　　　予命》)

　　094 王良策馬狼弧張，呡咀害，血將將。(《考靈曜》)

　　257 八風修通，慶雲叢聚，蟠龍奮迅於厥藏，蛟魚踊躍於厥淵，龜黿咸出〔於〕
　　　　厥穴，遷虞而事夏。(《中候立象》)

　　330 昌受符，厲倡嫛，期十之世權在相，剡者配姬以放賢，山崩水潰納小人，
　　　　冢伯罔主異載震。(《中候摘雒戒》)

　　由此類大量句式整齊之謠諺文體，可知讖語原本即以歌謠形式為主，此亦方士
行文之特色也。惟日後編纂成書之際，乃雜入散體之傳注文句，或非方士原編之目
的也。

二、緯書常見數百字之長文

　　常人所見者，皆為緯書之殘存片段，雜亂無章，故習謂緯書乃歌謠語錄式之簡

短文錄，覈以今存佚文所述《河圖》之形制與字數，皆可證合此事，如《中候握河紀》云：「龍負圖而至，其文要曰：『亦受天佑，眉八采，鬢髮長七尺二寸，圓，兌上豐下，足履翼宿。』」圖文凡二十三字；又如《春秋演孔圖》云：「得麟之后，天下血書魯端門，曰：「趨作法，孔聖沒，周姬亡，彗東出，秦政起，胡破術，書記散，孔不絕。』」書文二十四字。可知方士傳聞中，圖書字數確然不多。

再者，《河圖玉板》云：「靈龜負書，丹甲青文，以授之帝。文止二十八字，景刻于陽虛之石。」《孝經援神契》云：「麟蒙其耳，吐圖三卷，廣三寸，長八寸，每卷二十四字。」皆顯示二十五字上下當為一卷之長，三卷則約七十餘字，其長寬亦僅三寸、八寸而已，固無法多納文字也。衡諸《尚書‧洪範》「天乃錫禹《洪範》九疇」，《中候立象》解云：「天乃悉禹《洪範》九疇，洛出龜書五十六字。此謂洛出書者也。」是則可知緯書所云之《河圖》、《雒書》符命，既著錄於面積不大之絹帛或刻於龜甲上，字數當不如學林書牘之多也。且方士謠讖為便於記誦，本即出之以簡捷口語形式，字數固不可多。

是以安居香山先生亦云：「（緯書）象預言書之類，本來就是以短文字謎為特徵的，讖緯的緯是注釋經書的，所以也是短文。」〔註49〕

然而隋蕭吉《五行大義》卷三，〈第十四論雜配‧論配聲音〉所引《樂緯汁圖徵篇》「坎主多至……故樂用枳梧」，得白文五四〇字。隋代緯書猶存，故知蕭吉所見應為緯書原貌。再如唐劉昭注《後漢書‧律曆志》，引《易緯》「冬至晷長……應在芒種」，約八五〇字〔註50〕；《開元占經》卷六，〈日占二〉所引《孝經雌雄圖》「子日畫冥者……水灌兗州人民也」、卷六七〈石氏中官〉所引《春秋運斗樞》「王者承度行義……痛儢失樞」，兩條讖文皆約二七〇字。而今存《易緯》文句最為完整，乃《四庫全書》纂臣鈔錄自明代官修之《永樂大典》者，其《通卦驗》讖文「春分震風至……八風失時人無膚」，一條竟逾千字。至若緯書輯本亦見二至四百字之長文，如黃奭本《樂動聲儀》「官有六府……吐滋液」（約三九一字）、《詩推度災》「夫王者布德于子…將生之理也」（約二八〇字）、《推度災》「氣東北行于壁……形體匝顧也」（約二四〇字）皆是。此皆與傳統以為短文者不同。此或因方士讖書偶有長文，而光武編校圖讖之際，欲使與經義融合，更揉雜文獻中與經義有關之文句，是以每條讖文之字數乃驟然增多，遂與《尚書大傳》、《春秋繁露》等長文形式相類矣。

〔註49〕安居香山著、田人隆譯《緯書與中國神秘思想》第 6 章，〈緯書的形成和種類〉頁139。

〔註50〕《後漢書‧志》第三，〈律曆下〉頁 3079～80。

以下選取《易》、《書》、《春秋》、《論》、《樂》、《河圖》諸緯之長文十六例，以見此類長文所言內容與「解經」文字及「預言」之關係。

（1）110 字：《河圖》，言天文二十八宿配屬。

（2）124 字：《河圖》，言天文二十八宿行度。

（3）130 字：《河圖》，言五行帝形象及屬性。

（4）169 字：《河圖帝覽嬉》，月之九道與四遊解說。

（5）172 字：《河圖祿運法》，黃帝、天老言鳳之德。

（6）206 字：《河圖挺佐輔》，黃帝與天老言祥瑞。

（7）145 字：《春秋演孔圖》，言鳳皇形貌與德操。

（8）191 字：《春秋演孔圖》，孔子之形貌與出生。

（9）219 字：《春秋感精符》，救日蝕法。

（10）265 字：《春秋感精符》，三代三正說解。

（11）131 字：《樂協圖徵》，五鳳名稱、形貌及災祥。

（12）156 字：《論語比考讖》，唐堯禮壇五老告祥。

（13）170 字：《考靈曜》，五星異稱及與五季之政關係。

（14）204 字：《璇璣鈐》，日在十二辰變色之占驗。

（15）290 字：《中候立象》，舜將擅政於禹，天見異象。

（16）255 字：《易通卦驗》，四季十二月卦象占驗。

（1）110 字（《河圖》，言天文二十八宿配屬）

> 日月五星同道過牽牛女虛危室壁奎婁胃昴皆行其南去之九尺畢北七尺觜參北一丈三尺貫東井出鬼南六尺出柳北六尺出七星張北一丈三尺出翼軫北一丈三尺貫角亢出氐南二尺出房左右股間出心北二尺出尾北九尺出箕北六尺貫南斗復至牛此日月五星常道也

（2）124 字（《河圖》，天文二十八宿行度）

> 二十八宿各有行度牽牛女虛危奎壁胃昴諸宿皆行日月之南去其度九尺畢之北七尺參之北一丈三尺貫井出鬼南六尺出柳北八尺出七星張北一丈三尺行翼軫北一丈三尺貫角行氐南二尺行房左右股間心北二尺行尾北九尺箕北六尺行南斗復至牛日月之行度即星之次舍行度流星俱失之故反其常

（3）130字（《河圖》，言五行帝形象及屬性）

東方蒼帝體爲蒼龍其人長頭面大角骨起眉皆豐博順金授火南方赤帝體爲朱鳥其人
尖頭圓面方頤長目小上廣下鬚髯傴胸順水授土中央黃帝體爲軒轅其人面方廣顙兌
頤緩脣背豐厚順木授金西方白帝體爲白虎其人方顙直面兌口大鼻小角順火授水北
方黑帝體爲玄武其人夾面兌頭深目厚耳垂腹反羽順土授木

（4）169字（《河圖帝覽嬉》，月之九道與四遊解說）

黃道一青道二出黃道東赤道二出黃道南白道二出黃道西黑道二出黃道北日春東從
青道夏南從赤道秋西從白道冬北從黑道立春星辰西遊日則東遊立夏星辰北遊日則
南遊春分星辰西遊之極日東遊之極日與星辰相去三萬里夏至則星辰北遊之極日南
遊之極日與星辰相去三萬里立秋星辰東遊日則西遊立冬星辰南遊日則北遊秋分星
辰東遊之極日西遊之極冬至星辰南遊之極日北遊之極相去各三萬里

（5）172字（《河圖祿運法》，黃帝、天老言鳳之德）

黃帝即位施聖恩承大明一道修德惟仁是行宇內和平未見鳳皇乃召天老而問之曰鳳
象何如天老對曰夫鳳象鴻前而麟後蛇頭而魚尾龍文而龜身燕頷而雞喙首戴德頸揭
義背負仁心入信翼挾義足履正尾繫武小音金大音鼓延頸奮翼五色備舉黃帝曰允哉
朕何敢與之焉於是黃帝乃服黃衣帶黃紳戴黃冠齋於殿中鳳乃蔽日而至黃帝降於東
階西面再拜稽首皇天降祉不敢不承命鳳乃止帝東園集梧樹食竹實沒身不去

（6）206字（《河圖挺佐輔》，黃帝與天老言祥瑞）

黃帝修德立義天下大治乃召天老而問焉余夢見兩龍挺白圖即帝以授余於河之都覺
昧素喜不知其理敢問於子天老曰河出龍圖雒出龜書紀帝錄列聖人所紀姓號興謀治
平然後鳳皇處之今鳳皇以下三百六十日矣古之圖紀天其授帝圖乎黃帝乃祓齋七日
衣冠黃冕駕黃龍之乘載交龍之旗天老五聖皆從以遊河洛之間求所夢見之處弗得至
於翠媯之淵大鱸魚泝流而至乃問天老曰見夫中河泝流者乎曰見之顧問五聖皆曰莫
見乃辭左右獨與天老跪而迎之五色畢具天老以授黃帝帝舒視之名曰錄圖

（7）145字（《春秋演孔圖》，言鳳皇形貌與德操）

火精爲鳳生于丹穴非梧桐不棲非竹實不食非醴泉不飲身備五色鳴中五音有道則見
鴻前麟後蛇頸魚尾龍文龜背燕頷雞喙聲若蕭翼若干有六像九包六像者頭象天目象
日背象月翼象風足象地尾象緯九包者口包命心合度耳聽達舌屈伸彩色光冠矩州距
銳鈎音激揚腹文戶行鳴曰歸嬉止鳴曰提扶夜鳴曰善哉晨鳴曰賀世飛曰郎都知我者
惟黃持竹實

（8）191 字（《春秋演孔圖》，孔子之形貌與出生）

孔子長十尺海口尼首方面月角日準河目龍顙斗脣昌顏均頤輔喉駢齒龍形龜脊虎掌
胼脅修肱參膺圩頂山臍林背翼臂注頭阜脥堤眉地足谷竅雷聲澤腹修上趨下末僂後
耳面如蒙俱手垂過膝耳垂珠庭眉十二采目四六十四理立如鳳峙坐如龍蹲手握天文
足履度字望之如朴就之如升視若營四海躬履謙讓腰大十圍胸應矩舌理七重鈎文在
掌胸文曰制作定世符運孔子母徵在遊大澤之陂夢黑帝使請己往夢交語汝乳必于空
桑之中孔子曰某援律吹律而知有姓也

（9）219 字（《春秋感精符》，救日蝕法）

救日蝕天子南面稟圖書察九野萌者絕始正本案類敕下開府郡官修政招賢進士獨戒
其萌所以防□屮者故日蝕大水則鼓用牲於社社者陰屮主朱絲縈社鳴鼓脅屮也消變
屮道案明壇南郊日屮將蝕漸青黑謹遣大將三公如變所感屮過以告天曰天子臣某謹
承天戒退避正居思行□誤陽精有蔽己政類棄正事去非釋苛禁不敢直命遣臣欽踰己
絕國害屮讁近以緒盡力宣文思維己過願得修政以奉宗祖追往翼今勉開嘉紀縱大陽
精以興日寶歸報天子三日就宮遣使召諸侯問過舉名士察奸理冤督教化不宣者審以
勑身務佐爲行天子吉

（10）265 字（《春秋感精符》，三代三正說解）

十一月建子天始施屮端謂之天統周正服色尚赤襂物萌色赤也十二月建丑地始化屮
端謂屮地統殷正服色尚白襂物牙色白正月建寅人始化屮端謂屮人統夏正服色尚黑
襂物生色黑也此三正律者赤以應五惪相承以前三皇爲正謂天皇地皇人皇皆以天地
人爲法周而復始其歲首所書乃因以爲名欲體三才屮道而君臨萬邦故受天命而王者
必調六律而改正朔受五气而易服色法三正之道也周以天統服色尚赤者陽道尚左故

天左旋周以木德王火是其子火色赤左行用其赤色也殷以地統服色尚白者陰道尚右
其行右轉殷以水悳王金是其母金色白故右行用其白色夏以人統服色尚黑者人□尚
左夏以金悳王水是其子水色黑故左行用其黑色

（11）131 字（《樂協圖徵》，五鳳名稱、形貌及災祥）

五鳳皆五色爲瑞者一爲孽者四似鳳有四竝爲妖一曰鸐䲹鳩喙圓目身義戴信嬰禮膺
仁負智至則旱役之感也二曰發明鳥喙大翼大頸大脛身仁戴智嬰義膺信負禮至則喪
之感也三曰焦明長喙疏翼圓尾身義戴信嬰仁膺智負禮至則水之感也四曰幽昌兌目
小頭大身細足脛若鱗葉身智戴信嬰義膺禮負仁至則旱之感也

（12）156 字（《論語比考讖》，唐堯禮壇五老告祥）

仲尼曰吾聞堯率舜等游首山觀河渚有五老遊河渚一曰河圖將來告帝期二曰河圖將
來告帝謀三曰河圖將來告帝書四曰河圖將來告帝圖五曰河圖將來告帝符有頃赤龍
銜玉苞舒禮刻版題命可卷金泥玉檢封盛書威曰知我者重童也五老乃爲流星上入昴
黃姚視之龍沒圖在堯等共發曰帝當樞百則禪于虞堯喟然曰咨汝舜天之厤數在汝躬
允執其中四海困窮天祿永終乃以禪舜

（13）170 字（《考靈曜》，五星異稱及與五季之政關係）

歲星爲規熒惑爲矩塡星爲繩太白爲衡辰星爲權權衡規矩繩竝皆有所起周而復始故
政失於春歲星滿傴不居其常政失於夏熒惑逆行政失於季夏塡星失度政失於秋太白
失行出入不當政失於冬辰星不效其鄉五政俱失五星不明年穀不登春政不失五穀孳
夏政不失甘雨時季夏政不失地無菑秋政不失人民昌冬政不失少疾喪五政不失百穀
稚熟日月光明此則日月五星共爲七政之道亦名七耀以其是光耀運行也

（14）204 字（《璇璣鈐》，日在十二辰變色之占驗）

日以子丑二辰變色齊楚之邦非兵即旱其君多疾若色黑白必有水與喪日以寅卯二辰
變色燕宋之郊青草不生糴貴四倍若色青色其君有憂且多水災日以辰巳二辰變色鄭
楚之邦水旱不調兵民戕賊必有失地之主若色怒而赤其邦亢旱三年日以午未二辰變
色西秦與東周各有強兵相侵戰爭不息若色黑白周國有殃秦邦禍輕日以申酉二辰變

色趙魏之邦兵甲滿野大水入城傷民若色青白其災二年乃息日以戌亥二辰變色魯衛之邦君臣不和上下各有陰謀若月色赤者君逐其臣月色黑者臣逐其君

（15）290字（《中候立象》，舜將擅政於禹，天見異象）

在位十有四年奏鍾石笙筦未罷而天大雷雨疾風發屋伐木栫鼓播地鍾磬亂行舞人頓伏樂正狂走舜乃擁權持衡而笑曰明哉夫天下非一人之天下也亦見於鍾石笙筦乎乃薦禹於天行天子事於時和氣普應慶雲興焉若烟非烟若雲非雲郁郁紛紛蕭索輪困白工相和而歌慶雲帝乃倡之曰慶雲爛兮糺縵縵兮日月光華旦復旦兮羣臣咸進稽首曰明明上天爛然星陳日月光華弘於一人帝乃載歌曰日月有常星辰有行四時從經萬姓允誠於予論樂配天之靈遷於賢聖莫不咸聽饕乎鼓之軒乎舞之精華以竭褰裳去之於時八風修通慶雲叢聚蟠龍奮迅於厥藏蛟魚踊躍於厥淵龜黿咸出厥穴遷虞而事夏舜乃設壇於河如堯所行至於下稷容光休至黃龍負圖長三十二尺置於壇畔赤文綠錯其文曰禪於夏后天下康昌

（16）255字（《易通卦驗》，四季十月二卦象占驗）

春三月一卦不至則秋蚤霜二卦不至則雷不發三卦不至則三公有憂在八月夏三月一卦不至則秋草早死二卦不至則冬無冰人民病三卦不至則臣內殺三公有纏絰之服以三月爲期秋三月一卦不至則中臣有用事者春下霜二卦不至則霜著著木在二月三卦不至則臣專政草木春落臣有免者則已冬三月一卦不至則夏雨雪二卦不至則水三卦不至則湧水出人君之政所致之故各以其卦用事候之甲日見者青乙日見者青白丙日見者赤丁日見者赤黑戊日見者黃己日見者青黃庚日見者白辛日見者赤白壬日見者黑癸日見者黃黑各以其炁候之其雲不應以其事占吉凶假令坎炁不至艮而見坎乘艮山上有水之象其比類也

第五章　漢代《尚書》讖緯學述評析

　　《尚書緯》既編成於光武帝末年，其所據之方士讖書與先秦迄於西漢之諸子、經傳，如《尚書大傳》、《春秋繁露》、《淮南子》、《韓詩外傳》……等書，當爲其讖文之來源，而其後之學者，如桓譚、班固、楊賜、賈逵、王充、王符、許愼、張衡、鄭玄、宋均……等，有關《尚書》讖緯之論述，東漢碑誌、壁畫及天文圖錄所涉及之讖緯思想，皆可顯示《尚書緯》對東漢社會及學術之影響。

　　史載：沛獻王劉輔編纂《五經通論》，頗引經讖文句；曹褒雜取五經、讖記之文，重定漢儀百五十篇。以此而言，光武圖讖八十一卷，於東漢制度、經學中，應有顯明影響矣。惟劉輔、曹褒之書早已亡佚，徧檢東漢緯書出世後之子、史、文集與解經載錄，如《白虎通》、《論衡》、《說文解字》、《潛夫論》、《蔡中郎文集》、《鄭志》、《駁五經異義》與《東觀漢紀》、《後漢紀》、《後漢書》等，於讖緯雖有引用，惟本章以漢代《尚書緯》爲主，故他緯不應論述；而《尚書緯》歷代之流衍，若與漢代學者無關，亦不當列入。

　　分析諸文獻後發現，東漢學者於《尚書緯》之引用及提註，實爲罕見。金發根謂：順帝陽嘉二年（西元 133），朗顗「先後二奏、二對尚書、二陳事，其中稱引讖緯有《易稽覽圖》、《易天人應》、《易卦氣度》、《易乾鑿度》、《易內傳》、《易飛候》、《易雌雄秘歷》、《易中孚傳》、《易傳》、《詩緯推度圖災》、《詩氾歷樞》、《詩緯含神霧》、《春秋演孔圖》、《春秋元命包》、《春秋保乾圖》、《春秋合誠圖》、《春秋緯文耀鉤》、《春秋考異郵》、《孝經鉤命決》等；而且一類讖緯少稱引一二次，多者竟至五六次；實可作爲東漢儒生據讖緯言事求變之代表」。〔註1〕今覈朗顗所引凡十九種，無一爲《尚書緯》。

　　再如王符，雖與鄭玄同時，而其《潛夫論》則罕言讖緯，更未見述及《尚書緯》

〔註1〕金發根〈讖緯思想下的東漢政治和經學〉，《沈剛伯先生八秩榮慶論文集》頁45。

篇目者；其〈五德志〉言帝王世系及感生傳說，雖似讖緯之意，實亦東漢通識，並非專據《尚書緯》爲言者。

其餘文獻偶有提及《尚書緯》者，亦著重於政令宣導或曆算行度上之數字更易；至若經義之佐助，東漢今、古文家學者皆甚少提及，而多見於唐代《五經正義》等經傳注疏，或《北堂書鈔》、《開元占經》、《藝文類聚》等類書之中。故欲取東漢解經章句與《尚書緯》作一價值與影響之比較，將難得見學者舊有體認中之弘大影響矣。

再者，東漢桓、靈以後，碑誌墓銘之風浸盛，其文則雜揉讖緯文句，故學者亦多據以論述讖緯學說，如皮錫瑞有〈漢碑引緯考〉、呂宗力有〈東漢碑刻與讖緯神學〉、內野熊一郎有〈漢碑銘文所引經書句說、讖緯〉、中村璋八有〈漢碑裏的緯書說〉。以此而言，東漢讖緯學當可另闢一蹊徑矣。惟詳覈其實，其中可印證《尚書緯》議題者，仍屬尠少，實難藉以顯現《尚書緯》在東漢之眞正影響。故下文只能據文獻所載，論述《尚書》讖緯對東漢之影響。

第一節　經學思想

前人皆謂緯書影響東漢經學厥深，《隋書・經籍志》云：「漢時，又詔東平王蒼，正五經章句，皆命從讖。俗儒趨時，益爲其學，篇卷第目，轉加增廣。言五經者，皆憑讖爲說。」言經義而「憑讖爲說」，習見於漢末鄭玄學說之中。然而就今存之漢代其餘文獻考之，則《尚書緯》之影響，乃少有徵實。

至若《尚書緯》所從之經學思想，厥屬今文學。蓋光武帝之初，學官立今文十四博士，哀、平迄王莽時新得勢之古文經學，遂又失勢。亦在此時，光武命朝臣校定圖讖，捐除說符侯崔發爲王莽所造作之讖語，故圖讖中所雜入之經說以今文學爲主，不見王莽時之古文經義，亦不足爲奇矣。如《尚書緯》論「九族」（考原第159組）取今文夏侯歐陽說，以「異姓有屬」爲意，而異於古文《尚書》說「從高祖至玄孫」之同姓爲屬。〔註2〕

緯書之學術部派，崔觶甫以爲「緯書爲古文支流，今文家不應闌入」，章太炎則視爲今文家思想〔註3〕，呂宗力又謂緯書以今文爲主，惟或偶雜古文，曰：「在緯書釋經、釋義的內容中，也有一些源自《左傳》、《毛詩》等古文經學，……但古文經

〔註2〕《尚書正義》卷8，〈仲虺之誥〉頁9論「漢世儒者說『九族』」，與《左傳注疏》卷6，〈桓公六年〉頁20同。

〔註3〕顧頡剛《中國上古史研究講義》頁312。

學對緯書的影響，比起今文經學來，就不可同日而語了。」〔註4〕史載賈逵以《左傳》證合圖讖，明「劉爲堯後」。前文第一章亦述及《禮含文嘉》、《禮稽命徵》襲取古文《周禮》之文句者；惟證諸輯本《尚書緯》，則不見與《左傳》、《周禮》或其餘古文經義相類之說解；而源自《古尚書》（167「六宗」）及《毛詩傳》（168「天之五號」）之佚文，雖有兩條，詳考其實，乃輯佚者之誤收，並非東漢經讖之眞象也。

今以「六宗」爲例，唐劉昭注《續漢書‧律曆志》，嘗抄集伏生以迄東漢，所言六宗之義凡六種〔註5〕：

（1）伏生、馬融曰：「萬物非天不覆，非地不載，非春不生，非夏不長，非秋不收，非冬不藏。禋于六宗，此之謂也。」

（2）歐陽和伯、夏侯建曰：「六宗上不謂天，下不謂地，傍不謂四方，在六者之間，助陰陽變化者也。」

（3）孔安國曰：「精意以享謂之禋。宗，尊也。所尊祭其祀有六：埋少牢于太昭，祭時也；相近於坎壇，祭寒暑也；王宮，祭日也；夜明，祭月也；幽禜，祭星也；雩禜，祭水旱也。禋于六宗，此之謂也。」

（4）劉歆曰：「六宗謂水、火、雷、風、山、澤也。」

（5）賈逵曰：「六宗謂日宗、月宗、星宗、岱宗、海宗、河宗也。」

（6）鄭玄曰：「六宗，星、辰、司中、司命、風伯、雨師也。星，五緯也。辰謂日月所會十二次也。司中、司命、文昌第五、第四星也。風師，箕也。雨師，畢也。」

六種說解，賈逵所言之「天宗三、地宗三」，實即古文《尚書》說，與黃奭本《帝命驗》相同，然劉昭未視作緯書。晉范甯注《虞書》云：「考觀眾議，各有說難。鄭氏證據最詳，是以附之。案六宗眾議，未知孰是。」〔註6〕唐孔穎達於《禮記正義》中引賈、鄭、蔡邕「六宗」說，與劉昭所言略同〔註7〕；北魏高閭以爲自漢迄於魏、晉，「六宗」之說「凡有十一家」〔註8〕；皆未言及緯書有「六宗」說解。劉昭、孔穎達好引緯書，當不致於隱晦其篇名者，可見此時尚未以「天宗、地宗」爲讖文也。忽於明代《古微書》中，引「六宗」佚文一條，其內容又與許愼《五經異義》所引「古《尚書》說」相同，可見必非鄭玄迄劉昭、孔穎達所見之眞象也。

〔註4〕呂宗力〈緯書與西漢今文學〉，見安居香山編《讖緯思想之綜合的研究》頁426。
〔註5〕《後漢書‧祭祀中》志第8，頁3184。
〔註6〕《後漢書‧祭祀中》志第8，頁3187，劉昭注引。
〔註7〕《禮記正義》卷17，〈月令〉頁14。
〔註8〕《魏書》卷108之1，〈禮志一〉頁2743。

至若《毛傳》，孔穎達謂：「緯候之書及《春秋命歷序》言五帝傳世之事，爲《毛說》者皆所不信。」〔註9〕是可信《毛傳》之解意，當未見於孔穎達所用之緯書諸篇中。而段玉裁則更以爲：「凡緯書皆用今文。」〔註10〕由前第二、三章考述，可知緯書不含古文說，於《尚書緯》中已得確證矣。

以下析述《尚書緯》所述經學議題，及其對於東漢經學之影響。

一、今文經義

（一）「曰若稽古」釋義

007《尚書緯》：曰若稽古帝堯。稽，同也；古，天也。

245《中候立象》：　曰若稽古，帝舜曰重華。

269《中候契握》：　曰若稽古王湯，既受命興，由七十里起。

322《中候摘雒戒》：曰若稽古周公旦，欽惟皇天順踐阼。

《尚書》「曰若稽古」一詞，見於〈堯典〉、〈皋陶謨〉二篇，而《尚書緯》則堯、舜、湯與周公皆言之。至若說解，則有兩種：《史記・三王世家》褚先生解「維稽古」一詞，云：「維者，度也、念也；稽者，當也；當順古之道也。」〔註11〕僞孔《傳》與之相類，云：「若，順；稽，考也。能順考古道而行之者。」〔註12〕賈逵、馬融、王肅皆取此說；而鄭玄則謂：「稽古同天，言堯同於天也。」〔註13〕同於《尚書緯》之意。蓋《詩經・玄鳥》「古帝命武湯」，鄭《箋》云：「古帝，天也，天命有威武之德者成湯，使之長有邦域，爲政於天下。」以「天」釋「古帝」，其義未明，故孔《疏》云：「湯之受命，上天命之，故知古帝謂天也。《尚書緯》云：『曰若稽古帝堯。』稽，同也；古，天也。是謂天爲古，故得稱天爲古帝也。」〔註14〕可知鄭《箋》當爲襲自《尚書緯》者。詳溯其源，似與《春秋繁露・楚莊王》所言相類：「《春秋》之道，奉天而法古。故聖者法天，賢者法聖。」然而《逸周書・武穆篇》首句亦云：「曰若稽古，曰昭天之道。」孫星衍以爲：「上既云『古』，下又云『天』，明古義不得兼天。」〔註15〕是緯書之義，有待商榷。

惟訓「古」爲「天」，實未見於先儒傳注，故《白虎通・聖人篇》於此不取緯說，

〔註9〕《詩經正義》卷17之1，〈大雅・生民〉頁3。

〔註10〕《說文解字注》13篇下，頁17「壚」字注。

〔註11〕《史記》卷60，〈三王世家〉頁2115，褚先生曰。

〔註12〕《尚書正義》卷2，〈堯典〉頁6。

〔註13〕《三國志》卷4，〈魏書・三少帝紀〉頁137。

〔註14〕《詩經正義》卷20之3，〈商頌・玄鳥〉頁17。

〔註15〕孫星衍《尚書今古文注疏》卷1，〈堯典〉頁3。

云：「何以言皋陶聖人也？以目篇『曰若稽古皋陶』，聖人而能爲舜陳道。」是以舜之道爲古也。魏博士庾峻爲高貴鄉公講授經筵《尚書》，論鄭玄、王肅二說，亦以肅義爲長，曰：「先儒所執，各有乖異，……肅義爲長。」〔註16〕其後，孔穎達更非議鄭玄，謂：「鄭玄信緯，訓稽爲同，訓古爲天。言能順天而行之，與之同功。……然則聖人之道，莫不同天合德，豈待同天之語，然後得同之哉？《書》爲世教，當因之人事；以人繫天，於義無取，且古之爲天，經無此訓。」〔註17〕

　　考「曰若」一語，乃古代習用語，如《尚書・召誥》言「越若來三月」，而《逸周書・世俘篇》亦有「越若來二月」，《漢書・律曆志》引〈武成篇〉則作「粵若來三月」，金文又有「雩若二月」、「雩若翌日」文例，蓋皆發語詞也。〔註18〕蔡沈《書集傳》亦謂：「曰、粵、越通，古文作粵。曰若者，發語辭。」〔註19〕是則緯書及古文此句訓解，皆未的當。而《後漢書》中，未見君臣詔令、奏疏或言論中說解「曰若稽古」四字，可知《尚書緯》此條未在東漢經義上造成影響。

（二）〈堯典〉「放勳」、「安安」釋義

　　074《考靈曜》：放勳欽明，文思晏晏。

　　237《尚書中候》：帝堯刻璧，率臣東沈于雒，書「天子臣放勳，德薄，施行不元」。

　　（1）「放勳」釋義不同：

　　《尚書・堯典》：「曰若稽古帝堯，曰放勳，欽明文思安安，允恭克讓，光被四表，格于上下。」僞《孔傳》以「放勳」爲「倣效上世之功」，云：「勳，功；欽，敬也。言堯放上世之功，化而以敬明文思之四德安天下之當安者。」〔註20〕《史記・五帝本紀》云「帝嚳……生放勳」、「帝堯者放勳」。以「放勳」爲堯名，《尚書中候》取其說，故《白虎通・爵篇》述云：「《中候》曰：『天子臣放勳。』」馬融、鄭玄皆從之。後世解經者多據此而謂馬、鄭從緯書爲訓。〔註21〕若閻若璩《四書釋地又續》則又以「名、號」釋之，云：「古帝王有名有號，如堯、舜、禹，其名也；放勳、重華、文命，皆其號也。」〔註22〕

　　（2）「晏晏」與「安安」

〔註16〕《三國志》卷4，〈魏書・3 少帝紀〉頁137。

〔註17〕《尚書正義》卷2，〈堯典〉頁7。

〔註18〕周法高《金文詁林》卷11，頁1696。

〔註19〕蔡沈《書集傳》卷1，〈堯典〉頁1。

〔註20〕《尚書正義》卷2，〈堯典〉頁6。

〔註21〕黃奭《通緯・考靈曜》卷2，頁15注引。

〔註22〕《白虎通疏證》卷1，〈爵〉頁4。

《新語・輔政》云：「堯……高而益安，動而益固，處晏安之臺，承克讓之塗。」謂堯「高安」、「晏安」。清唐晏曰：「按：此用《古文尚書》文，則『高安』者，『安安』也。《今文》作『晏晏』，改于西漢儒者，陸生不必見之也。」〔註23〕是知「文思安安」爲古文經字，「文思晏晏」則爲今文經字，《考靈曜》以今文學爲主，故作「晏晏」也。

光武圖讖既定，東漢學者多以「晏晏」爲詞，如建武末，馮衍以前過不用，不得志，退而作賦，曰：「思唐虞之晏晏兮，揖稷、契與爲朋。」〔註24〕肅宗初即位，尚書陳寵上疏曰：「陛下即位，率由此義，數詔羣僚，弘崇晏晏。」〔註25〕第五倫亦上疏以勸成風德，曰：「陛下即位，躬天然之德，體晏晏之姿，以寬弘臨下。」〔註26〕侍御史何敞則上疏訟理獄太繁，曰：「誠不欲聖朝行誹謗之誅，以傷晏晏之化，杜塞忠直，垂譏無窮。」〔註27〕其餘《論衡・恢國篇》「唐之晏晏」、崔瑗〈司隸校尉箴〉「唐虞晏晏，庶績以熙」、蔡邕〈司空遠逢碑〉「其惠和也晏晏然」，皆屬今文用字。〔註28〕以此可知，陸賈所見經字從古文作「安安」，東漢儒者循緯書今文已皆改爲「晏晏」矣。段玉裁亦謂：「晏之言安也，古晏、安通用，故今文〈堯典〉『晏晏』，古文作『安安』；《左傳》『安孺子』，〈古今人表〉作『晏孺子』。」〔註29〕

（三）豔妻依《齊詩》說

> 330《中候摘雒戒》：昌受符，屬倡嬖，期十之世權在相，剗者配姬以放賢，
>
> 山崩水潰納小人，家伯周主異載震。

> 013《尚書緯》：艷妻謂屬王之婦。

《詩・小雅・十月之交》「皇父卿士……豔妻煽處方」，毛《傳》曰：「豔妻，褒姒也。」鄭《箋》云：「當爲刺屬王。……此篇疾豔妻煽方處。」一爲幽王，一爲屬王，二說不同。孔穎達論二者是非云：「敵夫曰妻，王無二后，褒姒是幽王所嬖豔妻，非幽王之后。……幽當爲屬也。毛以豔妻爲褒姒，美色曰豔，則褒姒、豔妻爲一。鄭必爲別人者，以詩論天子之后，非如曲說邪淫，不當以色名之。」〔註30〕

〔註23〕《新語校注》卷上，〈輔政〉第3，頁52。

〔註24〕《後漢書》卷28下，〈馮衍列傳〉頁992。

〔註25〕《後漢書》卷46，〈陳寵列傳〉頁1549。

〔註26〕《後漢書》卷41，〈第5倫列傳〉頁1398。

〔註27〕《後漢書》卷29，〈郅惲列傳〉頁1034。

〔註28〕蔡根祥《〈後漢書〉〈尚書〉考辨》頁70。

〔註29〕《說文解字注》7篇上，頁5「晏」字注。

〔註30〕《詩經正義》卷12之2，〈小雅・十月之交〉頁1。

今考《摘雒戒》既言「昌受符」爲王命之始，又云「期十之世」，自文王數之，至厲王，除文王爲十世也。「山崩水潰」即〈十月之交〉「百川沸騰，山冢萃崩」是也；剡、豔古今字，《尚書緯》又明指「豔妻謂厲王之婦」，不斥褒姒；皆可以明此爲指厲王也。鄭玄雖據《尚書中候》之意說《詩》，卻未引用讖文。其所以如此，孔穎達以爲乃因「緯候之書，人或不信，故鄭不引之」〔註31〕。由此例，清陳喬樅亦謂：「《中候》多《齊詩》說，如《摘雒戒》言『剡者配姬以放賢』是其明證。」〔註32〕

二、對經學之影響

崔述〈考信錄提要〉云：「漢自成、哀以後，讖緯之學方盛，說經之儒多采以註經。其後相沿，不復考其所本，而但以爲先儒之說如是。……大抵漢儒之說，本於七緯者不下三之一。」〔註33〕其說若是，則讖緯對於東漢之經學影響，當爲深宏遠鉅矣。惟本論文既已考知：《尚書緯》實剌取西漢以前之傳注文字，以說經義。纂成於光武朝之其餘經讖當復如是。是則東漢學者引用傳注以解經義，其文意若偶同於讖緯者，似難以視作讖緯對經學之影響。若依此爲準則，《尚書緯》於東漢經學之影響，實不彰顯。以下列述二項以明其事。

（一）《尚書》、《中候》篇數之來源

139《璇璣鈐》：孔子求書，得黃帝元孫帝魁之書，迄於秦穆公，凡三千二百四十篇，斷遠取近，定可以爲世法者百二十篇，以百二篇爲《尚書》，十八篇爲《中候》。

（1）百二篇

「黃帝元孫」之語，顧頡剛謂：「古無玄孫，看《詩》、《書》可見。」〔註34〕則《璇璣鈐》所言「帝魁之書」云云，爲後世新造者無疑。若「百二篇」之意，《春秋說題辭》亦有載記，曰：「書之言信，而明天地之情，帝王之功，凡百二篇，次第委曲。」惟此類說辭，全不見於西漢正經、傳注所述，可知乃緯書之意。考《漢書·藝文志》於「《尚書古文經》四十六卷（五十七篇）、《經》二十九卷」之外，尚有「《周書》七十一篇」，劉向以爲後者乃「周時誥誓號令也，蓋孔子所論百篇之餘也」。〔註35〕以是而言，遲至劉向時，尚未以「百二篇」爲儒家《尚書》篇數也。

〔註31〕《詩經正義》卷12之2，〈小雅·十月之交〉頁2。
〔註32〕皮錫瑞〈尚書中候疏證〉頁13引。
〔註33〕崔述《考信錄》，〈考信錄提要卷上〉頁10。
〔註34〕《顧頡剛讀書筆記》頁547。
〔註35〕《漢書》卷30，〈藝文志〉頁1705～06。

王充考論「百二篇」之源，以爲起於成帝時張霸之造僞，《論衡‧正說篇》云：

說《尚書》者，或以爲本百兩篇，後遭秦燔詩、書，遺在者二十九篇。

夫言秦燔詩書，是也；言本百兩篇者，妄也。蓋《尚書》本百篇，孔子以授也。……至孝景帝（按：當爲武帝）時，魯共王壞孔子教授堂以爲殿，得百篇《尚書》於牆壁中。武帝使使者取視，莫能讀者，遂祕於中，外不得見。至孝成皇帝時，徵爲古文《尚書》學，東海張霸案百篇之序，空造百兩之篇，獻之成帝。帝出祕書百篇以校之，皆不相應，於是下霸於吏。吏白霸罪當至死。成帝高其才而不誅，亦惜其文而不滅。故百兩之篇，傳在世間者，傳見之人則謂《尚書》本有百兩篇矣。

此外，王充於〈佚文篇〉、〈感類篇〉皆有此言，可知《璇璣鈐》之辭，王充並不信從也。惟鄭玄則信而言之，並以之說篇數，故孔穎達非之曰：「前漢之時，有東萊張霸僞造《尚書》百兩篇，而爲緯者附之，因此鄭云異者，其在大司徒、大僕正乎？此事爲不經也。鄭作《書論》，依《尚書緯》。」〔註36〕

　　（2）三千篇

　　至若《書》有三千篇，緯書之前並無所聞，其後則有《白虎通‧五經》襲之，云：周衰道失，綱紀散亂，五教廢壞，故五帝之經，咸失其所象。《易》失理，則陰陽萬物失其性而乖，設法謗之言竝作，《書》三千篇作，《詩》三百篇而歌謠怨誹也。

　　然而詳考古史，「三千」之數實非，蔣善國歷考諸家所言，謂：周時各國見於《春秋》經傳的共一百三十一國，因而「把漢代以來所可考的一百七十篇（《逸周書》在內），加上各國的書篇一百三十一，應有三百篇。」是以蔣氏論曰：「以上所統計的數目，雖不是三千二百四十篇，却有三百篇的可能。」〔註37〕

（二）「尚書」釋名

　　137《璇璣鈐》：《尚書》篇題號：尚者，上也，上天垂文象，布節度；書者，如也，如天行也。

　　138《璇璣鈐》：書務以天言之，因而謂之書，加尚以尊之。

　　以「尚」爲「上古」之意，僞孔安國《尚書序》以爲出自漢初伏生，謂：「伏生年過九十，失其本經，口以傳授，裁二十餘篇，以其上古之書，謂之《尚書》，百篇之義，世莫得聞。」〔註38〕僞孔傳出於東晉之世，所言或難徵實。惟以「尚」爲「上」則早見於《墨子‧非命下》：或問天命，墨子答曰：「子胡不尚考之乎商、周、虞、

〔註36〕《尚書正義》卷1，〈尚書序〉頁9。
〔註37〕蔣善國《尚書綜述》頁5。
〔註38〕《尚書正義》卷1，〈尚書序〉頁10。

夏之記，從十簡之篇以尚，皆無之。」〔註39〕是以顧頡剛云：「所謂『尚考之乎商、周、虞、夏之記』，即《尚書》一名之所由來也。」〔註40〕其後，西漢之《書》家則習以此說爲意矣，如王充引歐陽《尚書》說即是。王充《論衡・正說篇》云：

> 說《尚書》者，以爲上古帝王之書，或以爲上所爲、下所書，授事相實而爲名，不依違作意以見奇。

《論衡・須頌篇》亦云：

> 古之帝王建鴻德者，須鴻筆之臣褒頌記載，鴻德乃彰，萬世乃聞。問說《書》者：「『欽明文思』以下，誰所言也？」曰：「篇家也。」「篇家誰也？」「孔子也。」然則孔子鴻筆之人也。……或說《尚書》曰：「尚者，上也；上所爲，下所書也。」「下者誰也？」曰：「臣子也。」然則臣子書上所爲矣。

以《尚書》爲「上所爲，下所書」，與僞孔所言相類。皮錫瑞嘗謂：「仲任所引皆今文說，而與鄭不同者，仲任習歐陽《尚書》，所引蓋歐陽說。」〔註41〕是則西漢已有此類說解矣。東漢緯書遂取其說，如《春秋說題辭》解《尚書》名義，亦與伏生及《璇璣鈐》相同，曰：「尚者，上也，上世帝王之遺書也。」自此而下，迄於鄭玄，乃「依《書緯》，以尚字是孔子所加，故《書贊》曰：『孔子乃尊而命之曰《尚書》。』《璇璣鈐》云：『因而謂之書，加尚以尊之。』又曰：『書務以天言之。』」〔註42〕成爲正統說解矣。其後，劉熙《釋名・釋典藝》亦循其說曰：「尚書，尚，上也；以堯爲上，始而書其時也。」

孔穎達不以爲是，評之曰：「鄭玄溺於《書緯》之說，何有人言而須繫之於天乎？且孔君親見伏生，不容不悉。」〔註43〕

　　《尚書緯》於東漢經學上之流衍及影響，略如上述，可知其價值並不如學者習以爲之重要。再者，《尚書緯》經歷代引用者傳鈔、刪節，後世輯佚又未能盡知其詳，故輒有字形、文句訛舛處，使解讀困難，如禹「身長九尺有六、虎鼻」，誤鈔爲「身長九尺，有只虎鼻」（95）；至於經義之解說，亦輒生混淆，難以定論，如〈堯典〉「嵎夷」，黃奭本《帝命驗》及《考靈曜》皆作「嵎銕」（73），《史記索隱》引《帝命驗》作「嵎鐵」，《經典釋文》引《考靈曜》則作「嵎夷」，而阮刻本及屈萬里之今、

〔註39〕《定本墨子閒詁》卷9，〈非命下〉頁175。
〔註40〕《顧頡剛讀書筆記》頁1316。
〔註41〕《論衡校釋》卷28，〈正說〉頁1140〈校釋〉引。
〔註42〕《尚書正義》卷1，〈尚書序〉頁12疏。
〔註43〕《尚書正義》卷1，〈尚書序〉頁12疏。

古文《尚書》皆作「嵎夷」，後人欲由《尚書緯》引文或輯本，強分「嵎夷」之今、古文區別，將憑添困擾。又如論刑罰之「涿鹿、黥」二刑，為「竿人頭、竿人面」（154），實乃「竿人額、竿人面」之誤；一字之差，遂使輕刑易為斬首之酷矣。

第二節　史學思想

一、感生神話

> 197《中候握河紀》：粵若堯母曰慶都，遊於三河，龍負圖而至，其文要曰：「亦受天佑，眉八采，鬢髮長七尺二寸，圓，兌上豐下，足履翼宿。」既而陰風四合，赤龍感之，孕十四月而生於丹陵，其狀如圖，身長十尺。
>
> 266《中候苗興》：契之卵生，稷之迹乳。
>
> 114《帝命驗》：禹，白帝精，以星感脩紀，山行見流星貫昴，意感栗然，生姒戎文命禹。

聖王以天命而生，《詩經》多有所言，如〈玄鳥〉「天命玄鳥，降而生商」，〈長發〉「帝立子生商」，〈生民〉「姜嫄……履帝武敏歆」，皆言帝王承天命而生。惟事涉神奇之「感生」，則後世解說多異，如〈玄鳥〉《毛傳》云：「湯之先祖，有娀氏女簡狄配高辛氏。帝率與之祈子郊禖，而生契。」〔註44〕未以作為「感生」之傳說。明言感生之說，始自《公羊傳》：「聖人皆感天而生。」《春秋繁露》亦謂：「后稷，母姜嫄履天之跡而生。」其後說經者乃據而逆推《詩經》有感生說。如褚少孫補《史記・三代世表》云：

> 《詩》言契生於卵，后稷人迹者，欲見其有天命精誠之意耳。鬼神不能自成，須人而生，柰何無父而生乎！一言有父，一言無父，信以傳信，疑以傳疑，故兩言之。……《詩傳》曰：「湯之先為契，無父而生。契母與姊妹浴於玄丘水，有燕銜卵墮之，契母得，故含之，誤吞之，即生契。……文王之先為后稷，后稷亦無父而生。后稷母為姜嫄，出見大人蹟而履踐之，知於身，則生后稷。姜嫄以為無父，賤而弃之道中，牛羊避不踐也。」

然而「卵生、迹乳」之說，鄭玄《詩箋》從緯，《毛傳》則不言感生，二者說辭不同。若「吞卵生契」之說，似由「玄鳥、高禖」傳說演變而來。《禮記・月令》「玄鳥至，至之日，以大牢祠于高禖」，鄭玄注：「高辛氏之出，玄鳥遺卵，娀簡吞之而生契。

後王以爲謀官嘉祥，而立其祠焉。」〔註45〕沈瓞民以爲「吞卵」乃以「助生」而非「感生」，並舉其幼時居浙東海濱，見海燕事爲證，曰：「卵出殼時，……所遺卵殼，人獲之，可治難產，……甚驗。豈有娀生契，未能先生如達，吞玄鳥之卵殼而生歟？古者禖祭之舉，殆原於始於此。而鄭玄〈月令〉注……似言玄鳥之卵，可以催生，非契感玄鳥而生者也。」〔註46〕是則「吞卵」之前，早已有娠待產矣，非因吞卵而致娠也。

《呂氏春秋》言「吞卵」之事，說理較爲平實，云：「有娀氏有二佚女，爲之九成之臺，飲食必以鼓。帝令燕往視之，鳴若謚隘。二女愛而爭搏之，覆以玉筐，少選，發而視之，燕遺二卵，北飛，遂不反，二女作歌一終，曰『燕燕往飛』，實始作爲北音。」〔註47〕是以緯書所襲用之感生說，當自秦、漢以後之方士傳說而來。

《尙書緯》中，堯、舜、契、湯皆有「感生」傳說，此實緯書之常言。呂宗力謂：「在緯書中，舉凡聖人、帝王，無不『感生』。『感生』的方式，從履大人迹到遇到神龍、雲虎、仙人、電光，乃至見流星、大虹、白氣而『意感』、『氣感』等。……它將『感生』觀念與『五德相生』說相結合，構成獨特的『感生帝』說。……受命必依五行相生之序，決不能越位。」〔註48〕可見《尙書緯》所言之「感生」，尙不及其餘緯書所言之繁雜。

二、帝王相貌特徵

197《中候握河紀》：（堯）眉八采，鬢髮長七尺二寸，圓，兌上豐下，足履翼宿。

258《中候立象》：脩己剖背，而生禹於石紐，虎鼻彪口，兩耳參鏤，首戴鉤鈴，匈懷玉斗，足文履己，故名文命。長九尺九寸，夢自洗於河，以手取水飲之，乃見白狐九尾。

緯書既謂帝王由天帝感生，故其相貌當與常人不同，以示得天命之明證，因而常言帝王異相。呂宗力考緯書所言異相，類型略有：牛首、蛇身、鳥喙、牛唇、半人半獸、四目、重瞳、三肘、四乳、日角、隆準（鼻）、琦表射出、雙握嘉文、豐下兌上等。此類形象，輒見於「從《山海經》到東漢的畫像石」，「很可能是原始宗教從圖騰、動物神崇拜向人格神崇拜過渡時期的遺留物，長期通行於民間，後來爲讖

〔註45〕《禮記》卷15，〈月令〉頁5。
〔註46〕沈瓞民〈讀呂記隨筆・玄鳥至〉，《中華文史論叢》第2輯，頁209。
〔註47〕《呂氏春秋》卷6，〈季夏紀・音初〉頁325。
〔註48〕呂宗力〈從漢碑看讖緯學對東漢思想的影響〉，《中國哲學》12輯，頁116。

緯所吸收」者。〔註49〕

考諸先秦子、史，此類相貌異狀已然習見，如《孟子‧告子》云：「文王十尺，湯九尺。」《荀子‧非相》曰：「禹跳、湯偏、堯、舜參牟子。」范蠡謂句踐「越王為人長頸、鳥喙」，尉繚子亦述秦始皇王之為人：「隆準，長目，摯鳥膺，豺聲。」〔註50〕《史記‧孔子世家》載鄭人描述孔子形貌之言曰：「東門有人，其顙似堯，其項類皋陶，其肩類子產，然自要以下不及禹三寸。」皆可謂緯書之嚆矢。

迄至西漢，此類載記仍屢見不鮮，如張敞形容廢昌邑王賀形貌云：「故王年二十六七，為人青黑色，小目，鼻末銳卑，少須眉，身體長大，疾痿，行步不便。」〔註51〕《漢書》載王莽形貌，則「為人侈口蹙顄，露眼赤睛，大聲而嘶；長七尺五寸，好厚履高冠，以氂裝衣，反膺高視，瞰臨左右」〔註52〕。《東觀漢記》述光武形貌亦謂：「上為人隆準，日角，大口，美鬚眉，長七尺三寸。」〔註53〕皆與緯書所言有類似之處，可知異相之說，其來久矣，至方士所造讖語，言及帝王形貌則更為浮誇。其所影響，於東漢光武帝亦頗覺困擾，乃於詔令中明言：

> 詔書令功臣家各自記功狀，不得自增加，以變時事。或自道先祖形貌
> 表相，無益事實。復曰齒長一寸，龍顏虎口，奇毛異骨，形容極變，亦非
> 詔書之所知也。（《東觀漢記校注》卷22，〈散句〉頁886）

可見緯書中所言形貌，光武並不認為可於常人身中見及也。惟觀諸後漢安帝時弘儒周燮，「生而欽頤折頞，醜狀駭人」，其母欲棄之，父不聽，曰：「吾聞聖賢多有異貌。興我宗者，乃此兒也。」〔註54〕可見緯書聖人異相，對於「異相興宗」說或亦有其影響也。

第三節　政治思想

緯書好言符瑞、受命之徵祥，第一章述及戰國時《墨子》已言「赤烏銜珪，降周之岐社」、漢初樊噲亦知「人君受命必有瑞應」等天命預言，可見緯書所取擷，實為常人所習言者。《尚書緯》之政治思想，蓋亦不出此範疇，如謂「桀失玉鏡用噬其虎」（98）、「文王……將伐崇受赤烏」（115）、「丘生倉際……為赤制」（140）。

〔註49〕呂宗力〈從漢碑看讖緯學對東漢思想的影響〉，《中國哲學》12輯，頁118。
〔註50〕分別見於《史記》卷41，〈越王句踐世家〉頁1764；卷6，〈秦始皇本紀〉頁230。
〔註51〕《漢書》卷63，〈武五子傳〉頁2767。
〔註52〕《漢書》卷99中，〈王莽傳中〉頁4124。
〔註53〕《東觀漢記校注》卷1，〈世祖光武皇帝〉頁1。
〔註54〕《後漢書》卷53，〈周燮列傳〉頁1741。

至於漢代，更始帝旋立尋亡，隗囂以爲乃讖語「一姓不再興」（57）之效〔註55〕。而明帝更以「德洽作樂名予」（146）之讖文，改郊廟樂爲「大予樂」。若區分其議題，則略有：受命、禪讓、禮壇儀式、封禪、追王……等事。

一、受命與禪讓

> 077《帝命驗》：五百載，聖紀符，四千五百六十歲，〔七〕精反初，握命，人起，河出圖，聖受思。

> 150《璇璣鈐》：《河圖》命紀也，圖天地、帝王、終始、存亡之期，錄代之矩。

> 105《帝命驗》：自三皇以下，天命未去，饗使一姓不再命。

> 234《中候運衡》：歸於舜，將以天下禪之，乃潔齊修壇于河雒之間，擇良日，率舜等升首山，遵河渚，有五老遊焉，蓋五星之精也。

> 258《中候立象》：舜乃設壇於河，如堯所行。至於下稷，容光休至，黃龍負圖，長三十二尺，置於壇畔，赤文綠錯，其文曰：「禪於夏后，天下康昌。」

星象占驗中，以「五百載」爲運數之期，如《史記·天官書》云：「天運，三十歲一小變，百年中變，五百載大變。」其餘則《孟子盡心下》、《史記·太史公自序》、《法言·五百》皆以五百歲爲聖人出世之期限。是以緯書多取其數，爲言期運。再者，《帝命驗》「四千五百六十歲，〔七〕精反初」，爲受命易代之說，實取自西漢專論《易經》陰陽消息之《易九戹》而來。劉歆《三統曆》引《易九戹》曰：

> 初入元，百六，陽九；次三百七十四，陰九；次四百八十，陽九；次七百二十，陰七；次七百二十，陽七；次六百，陰五；次六百，陽五；次四百八十，陰三；次四百八十，陽三。凡四千六百一十七歲，與一元終。
> 經歲四千五百六十，災歲五十七。（《漢書》卷21上，〈律曆志上〉頁984）

據此乃論其代革之意。至若代革之法，則以五德終始轉移爲據，自戰國末葉鄒衍之後，即逐漸擴充發揚，迄於西漢今文經學，乃更形熾盛；惟劉向以後乃幡然改圖，以相生爲說。其內容非三言兩語可盡，宋李石簡述其實，曰：「自古帝王五運之次有二說，鄒衍以五行相勝爲義，劉向則以五行相生爲義，漢、魏共尊劉說。」〔註56〕諸緯書所常言之帝王受命代革等語，實即盡取此類生剋終始說而成者。然《尚書緯》於此終始循環之意，著墨卻少，僅取五德代運之結果，以言帝王興亡之事蹟，所依

〔註55〕《資治通鑑》卷41，〈漢紀三三〉頁1328。
〔註56〕《續博物志》卷1，頁9。

—287—

據者，則一歸諸於《河圖》而已。此一主題實亦《尚書緯》不及他緯論述之詳細，然《尚書緯》並未以五德代運循環之角度，看待此事，故其言之雖較他緯爲少，當爲編纂時之忽略，或後世引用較少之故，並非《尚書緯》於此類議題有其科學眼光也。

二、受命禮壇

讖文皆選擇性論述歷代帝王中，與易代革命有關之帝王事蹟。而其禮儀則以禮壇祭祀爲主。今於《尚書緯》所言及唐堯（82）、虞舜（90）、商湯（104）、武王（119）及周公致政於成王（123）等四組讖文之禮壇受命儀式，可知儀式之進行過程爲：

（1）帝王率羣臣臨觀河、雒，禮壇、沈璧。

（2）日稷之時，榮光起河，休氣四塞，有色祥雲降至。

（3）龍馬、鳳、龜、雀、魚等，或負圖瑞而出、或有圖字在身，獻瑞後或沒水中。

（4）圖書之形制、顏色，皆與五行屬德有關，而內容則敘述朝代興替之天命。

（5）帝王循圖書文字所言而禪讓、興師。

由是可知，受命皆在黃河、洛水之上；禮壇時間則由日出迄至日稷。

「日稷」（或作：下稷、日昃、日昧、日跌）之意，《史記·天官書》分日出迄日入爲五段，云：「旦至食，爲麥；食至日昳，爲稷；昳至餔，爲黍；餔至下餔，爲菽；下餔至日入，爲麻。」鄭玄注《大傳》亦謂：「平旦至食時爲日之朝，隅中至日跌爲日之中，晡時至黃昏爲日之夕。」〔註57〕是以顧頡剛云：「古人記時之法，平旦爲寅時，日出爲卯時，晞桑爲辰時，禺中爲巳時，日中爲午時，日昳爲未時，日晡爲申時，日入爲酉時，黃昏爲戌時。」〔註58〕可知「日稷」當爲下午一至三時也。

至於受命者之屬色，圖書瑞應自有依據，顧頡剛謂：帝王受命之時，當依其所屬五德之性，沿襲相生之「五德轉移說」或相勝之「三統說」，以定各帝王之符應，如黃帝土德、色黃，堯爲火德、色赤，舜德爲土、色黃，夏禹水德、色黑，商湯金德、色白，周則火德、色赤。靁然而有關帝王禮壇時所見顏色，衡諸《尚書緯》之佚文，則頗有錯置紊亂之處。以堯爲例，或云得青雲、或得白雲，甲圖或爲龍馬所銜之赤文綠底、或爲黑龜背甲之赤文。一堯之瑞而有白、青、赤、黑四色。再者，湯德屬金、色白，禮壇時卻有白狼、黃魚、黑龜、黑鳥、黑玉，其籙圖則赤文成字，亦爲一湯之瑞而有黃、黑、白、赤四色。周公致政禮壇，則有白雲、青雲、青龍、

〔註57〕《法言義疏》13，〈重黎〉頁13引。
〔註58〕《顧頡剛讀書筆記》頁7046。

赤龍、玄龜青純蒼光、玄甲，火德色赤之周，其瑞乃有白、青、蒼、赤、玄等色。〔註59〕

　　僅以《尚書緯》一種，即可見此類含混之五行配屬，由此可知，緯書編制之思想，並非純然精密者。再覈光武帝建武三十二年（西元56）封禪泰山、徧祭羣神時，所見祥瑞亦未與此類儀式有所聯結，則此類儀節之具體可行性，似乎有待商榷。孔穎達於此，亦有所疑，惟惑於緯書之權威性，乃以「不皆逐正色」爲之曲解，曰：

　　　　是天之所命，亦各隨人所尚，符命雖逐所尚，不必皆然，故天命禹觀
　　河，見白面長人；《洛予命》云「湯觀於洛，沈璧而黑龜與之書，黃魚雙
　　躍」；《泰誓》言武王伐紂而白魚入於王舟。是符命不皆逐正色也。（《禮記
　　正義》卷6，〈檀弓〉頁12）

　　此外，祭禮時所得之龜龍赤雀等籙圖丹書，符文各異，帝堯時爲龍馬銜甲，「上有列宿，斗正之度，帝王籙紀，興亡之數」，虞舜時則爲黃龍負圖，「赤文綠錯，其文曰：『禪於夏后，天下康昌。』」商湯則爲「黑玉赤勒曰：『玄精天乙，受神福命之，予伐桀命克，予商滅夏，天下服。』」文王時赤雀所銜之丹書則曰：「姬昌，蒼帝子，亡殷者紂也。」周公時龜甲刻書，「其文言周世之事，五百之戒，與秦漢事」。所載符文皆明言改朝易代、帝王與亡之事。此類皆屬後世爲政治目的之附會，並無奇特之處，更無學術經說之價值也，故於東漢學者解釋經義時，並未產生明顯影響。

第四節　自然科學思想

　　古代之自然科學，實以天文、曆算爲主，蓋「天文科學是指導農業的科學，世界各民族的文化莫不從天文科學開始」〔註60〕，而我國自古以農立國，殷墟卜辭中「十三月」凡四見，可見已使用置閏法以配合農時，若《尚書・堯典》、《左傳・昭公十七年》亦皆言及二分、二至以立農時之法。是以論及《尚書緯》中之自然科學，亦當以天文、曆法、日月運行等事爲主。

　　詳考《尚書緯》所述之天文曆象，偶亦不盡準確，如言「冬夏至日景長短」（08）爲尺五寸及丈三尺，與《周髀算經》、劉向《洪範傳》皆不相同；更有傳鈔訛誤，致使文義晦澀難解之例，如言多至斗宿度數（34）、解說節氣之應（39）等。惟仔細類分、重組輯本佚文，仍可窺見《尚書緯》所言此類議題之大要，以下即列述其說。

一、蓋天說

〔註59〕顧頡剛《中國上古史研究講義》頁292。
〔註60〕《顧頡剛讀書筆記》頁4555。

057《考靈曜》天地開闢，曜滿舒光，元厤紀名，日月首甲子冬至，日月五星，俱起牽牛初，日月若懸璧，仰觀天形如車蓋。五星若編珠，青龍甲子，攝提格挈。

031《考靈曜》：天从上臨下八萬里，天以圓覆，地以方載。

181《刑德放》：日月東行。

《尚書緯》所言宇宙說，殆以「蓋天說」及「四分厤」爲主，蓋天說爲我國最古老之宇宙論，以天圓地方、日月右旋爲主旨；四分厤則爲《周髀算經》所言，而漢武帝據以修訂爲《太初厤》，頒行天下，又稱曰甲子厤。孔穎達列述古人所論天地形狀云：天地人既定，萬物備生其間，分爲天地，天地形狀之殊異，各家說辭不同，略述其實，約有六種：

一曰蓋天，文見《周髀》，如蓋在上。

二曰渾天，形如彈丸，地在其中，天包其外，猶如雞卵白之繞黃。楊雄、桓譚、張衡、蔡邕、陸績、王肅、鄭玄之徒，並所依用。

三曰宣夜，舊說云殷代之制，天了無質，仰而瞻之，高遠無極，其色蒼蒼然。漢郗萌記先師之言。唯蔡邕以爲此說絕無師法。

四曰昕天，天北高南下，若車之軒。吳姚信所說。

五曰穹天，天如穹隆在上，幕接四海之表，浮於元氣之上。虞喜叔族虞聳所言也。

六曰安天，天高無窮，地深不測。晉虞喜所論。〔註61〕

今由中國天文學史所言，可知「蓋天」及「渾天」二說爲漢代盛行之宇宙論。然而蓋天說實有前後二期，前期如《周禮・考工記》云：「軫之方也以象地也，蓋之圓也以象天也。」與《文子・符言》之「天爲蓋，地爲軫」、《周髀算經》之「天圓如張蓋，地方如棋局」、宋玉〈大言賦〉之「方地爲輿，圓天爲蓋」〔註62〕，意皆相同：以爲天如覆盂，地如棋盤，半圓之天形覆於方平之地上。後期亦見於《周髀算經》云：「天似蓋笠，地法覆盤。」以爲天、地皆如圓拱形，中央隆起，四周低下。此乃說其形制外觀者。

至若天體之運行，蓋天說以「日月東行」爲意，如揚雄《太玄經》云：「日動而東，天動而西也。」〔註63〕天道左右旋轉之現象，可使地上之觀測者以爲「日

〔註61〕《禮記正義》卷14，〈月令〉頁2疏文。又見高平子《學厤散論》頁433所述。

〔註62〕宋玉之言，見《北堂書鈔》卷149，〈天部一〉頁3。又見《事類賦注》卷6，〈地部一〉頁105。

〔註63〕《北堂書鈔》卷149，〈天部一〉頁10。

月東行」、「日月右行」，緯書即持此蓋天說以示宇宙圖式。更有西漢天文學者以爲：天左旋，日月五星右旋之天體運行觀念，早見於先秦存世之《夏曆》中。劉向嘗據《尚書鴻範傳》駁議其非是，以爲出自好異者之編撰〔註64〕。可見「蓋天說」實不合宇宙運行之眞相，緯書雖襲用此誤說，而早於緯書編成之前，西漢大儒桓譚即已由觀象經驗，知其謬誤，乃倡言「渾天」之意，其《新論·雜事篇》嘗詳言此事，曰：

> 通人揚子雲因眾儒之說天，以天爲如蓋轉，常左旋，日月星辰，隨而東西，乃圖畫形度，參以四時、厤數、昏畫夜，欲爲世人立紀律，以垂法後嗣。

> 余難之曰：「春秋畫夜欲等平，旦日出于卯，正東方，暮日入于酉，正西方。今以天下人占視之，此乃人之卯酉，非天之卯酉。天之卯酉，當北斗極，北斗極天樞，樞，天軸也，猶蓋有保斗矣。蓋雖轉，而保斗不移，天亦轉周匝，斗極常在，知天之爲中也。仰視之，又在北，不正在人上，而春秋分時，日出入乃在斗南如蓋轉，則北道近，南道遠。彼畫夜刻漏之數，何從等平？」

> 子雲無以解也。後與子雲奏事，待報，坐白虎殿廊廡下，以寒，故背日曝背。有頃，日光去背，不復曝焉。因以示子雲曰：「天即蓋轉，而日西行，其光影當照此廊下而稍東耳。無乃是反應渾天家法焉。」子雲立壞其所作。則儒家以爲天左轉，非也。（《全後漢文》卷15，《新論·雜事第十一》頁2）

桓譚以爲當世儒者所公認之「天左轉」爲非，而言其「渾天」之意。可知此「右旋」現象取決於觀者之立足點而定，並非天體實況，是以東漢黃憲著《天文》非之云：「天之旋也，左耶？右耶？曰：『清明不動之謂天，動也者，其日月星辰之運乎？是故言天之旋，非也。』」

漢儒所以採信蓋天說，《白虎通·三正》嘗言其故，曰：

> 天道左旋，改正者右行，何也？改正者，非改天道也，但改日月耳。

> 日月右行，故改正亦右行也。

以「改正」爲意，實從政治立場以作附會之論。王充《論衡·說日》則循日常實見之現象立論，曰：

> 儒者論曰：「天左旋，日月之行，不繫於天，各自旋轉。」難之曰：「使

〔註64〕周桂鈿《中國古人論天》頁48。

> 日月自行，不繫於天，日行一度，月行十三度，當日月出時，當進而東旋，
> 何還始西轉？繫於天，隨天四時轉行也。其喻若蟻行於磑上，日行行遲，
> 天行疾，故日月實東行而反西旋也。」

又曰：

> 天平正與地無異。然而日出入上下者，隨天運轉，視之若覆盆之狀，
> 故視日上下然，似若出入地中矣。……平正，四方中央高下皆同，望天之
> 四邊若下者，非也，遠也。非徒下，若合矣。

可知王充所言之「東旋」、「西轉」，皆著眼於觀者所見實象故也。此即為漢代及緯書
「蓋天說」之概要。惟《尚書緯》所言此項議題，甚為簡略，若非熟知《周髀算經》
及《四分曆》者，較難了解本節目首段所引之《考靈曜》等三條佚文，與「蓋天說」
究有何關係。

二、地動說

034 《考靈曜》：地有四遊。冬至，地上北而西，三萬里。夏至，地下南而
　　　東，復三萬里。春、秋分，則其中矣。地恆動不止，人不知。譬如
　　　人在大舟中，閉牖而坐，舟行而人不覺也。

　　漢代「地恆動不止說」僅見此條載錄，所言或取自《河圖祿運法》。其地動觀念，
向為天文學者嘉許，以為哥白尼（西元 1473～1543）創立「日心地動說」之前千餘
年，中國已有地球自轉之體悟矣。陳遵嬀據《考靈曜》申言曰：「人們乘坐這麼高大
的樓船，自然感覺平穩。如果把門窗關上，人就感覺不出樓船在行進；打開窗戶，
就可以看到窗外的景物似乎都在向後運動。古人可能就是在乘坐樓船的時候，聯想
到天象的變化，而悟出地動的道理來。……不過，由於多方面的因素，使這種地動
思想停留在樸素的初級階段，沒能發展成科學的日心地動說。」〔註65〕

　　然而《考靈曜》所言之「地恆動」，是否指稱為「球形之圓轉」，實有可疑。當
由《考靈曜》本文、漢代「宇宙觀」及緯書所述「天地形質」詳論之。

　　先論《考靈曜》「大舟」之語，或與漢武帝伐越有關。蓋元狩六年至元鼎二年（西
元前 117～115）間，「越欲與漢用船戰逐，（武帝）乃大修昆明池，列環觀之。治樓
船，高十餘丈，旗幟加其上，甚壯」〔註66〕。人坐此大舟行於湖上而不覺舟動，聯
想至「地恆動」而人不知，或僅指稱：大地浮於大海之上，如舟之漂浮，未有靜止

〔註65〕陳遵嬀《中國天文學史》第 4 冊，第 2 章〈天旋地動說〉頁 1822。
〔註66〕《史記》卷 30，〈平準書〉頁 1436。按：〈平準書〉原文，樓船事上接「楊可告緡錢」
　　　　（西元前 117 年），下續武帝「作柏梁臺」（西元前 115 年），故樓船當建於此三年中。

之時。謂大地浮於海中，實為先秦以來之觀念，如《楚辭・天問》：「鼇戴山抃，何以安之？」王逸注引《列仙傳》曰：「巨靈之鼇，背負蓬萊之山，而抃舞戲滄海之中。」〔註67〕《春秋說題辭》亦襲其意，云：「巨靈贔負，首頂靈山，負蓬萊山，即巨蟹也。」所言巨鼇負山浮游滄海，恰如大舟浮於大海；居山、居舟之人不覺浮動，乃因所居處龐大故也。可知緯書確實有「地浮動」之理解。

　至若陸地之形狀，由《尚書》「方行天下，至于海表」（〈立政〉）、「決九川，距四海」（〈皋陶謨〉），可見古人以為四海為大地九州之邊緣；〈堯典〉又謂地表有亙古不變之日出、日入處所，即東方暘谷「寅賓出日」，西方昧谷「寅餞納日」。可證《尚書》中之陸地，確為平面之大地。再以漢代流傳之「蓋天說」兩種，無論「地方如棋盤」，或「地法覆盤」，皆無法如球形之旋轉也。

　其次，桓譚力倡之「渾天說」，似有「地如卵黃」之意，張衡《渾天儀注》嘗有說解，云：

> 渾天如雞子，天體圓如彈丸，地如雞中黃，孤居于天內。天大而地小，天表裏有水，天之包地，猶殼之裏黃。天地各乘氣而立，載水而浮。……周天三百六十五度四分度之一，又中分之，則半復地上，半繞地下，故二十八宿半見半隱。……天轉如車轂之運也，周旋無端，其形渾渾，故曰「渾天」也。（《北堂書鈔》卷149，頁3引）

此「渾天說」，又見於《春秋元命包》：「天如雞子，天大地小，表裏有水，地各承氣而立，載水而浮。天如車轂之過，水者天地之包幕，五行之始焉，萬物之所繇生，元氣之所騰液也。」可知緯書亦有「渾天」之意。

　然而「地如卵黃」，實為渾天家論述天地之體積對比關係：天之大小如雞卵，地之大小如卵黃，二者大小差異明顯，並非視大地如球形也。金祖孟嘗詳論張衡「渾天說」實為「地平觀點」，云：陸地四周皆為海洋，而四海與球形之天相交接，故曰「孤居于天內」；觀測者所居之陸地，與天之比例甚小，故曰「地如雞中黃，天大而地小」；地必為平面，始可中分圓天為上半球與下半球，使「二十八宿半見半隱」。〔註68〕

　金祖孟又考古天文家之言，得知：古時言天者，「對於陸地來說，在任何時代都不可能有球形與否的問題。……用蛋黃作比方是容易引起誤解的。因此，南北朝的何承天（370～447）就把『地如雞中黃……天表裏有水』改為『地中高外卑，水周其下』。按何承天的理解，渾天說的地，只是一片為海洋所包圍的中部高於四周的陸

〔註67〕洪興祖《楚辭補注》卷3，頁14。
〔註68〕金祖孟《中國古宇宙論》頁39。

地」〔註 69〕。因而斷曰：「當代一些天文史家曾經長期認爲，渾天說的地是一個球體。經過二十多年的爭論，人們終於明白：渾天說的地面不是一個球面，而是一個平面。更加確切的說，那是一個圓形平面。」〔註 70〕由此比覈前節所述天地形質「蓋天、渾天」等六種說法，可知迄至晉世虞喜時，仍無陸地爲球形之概念，自然亦無地球自轉之可能。

再者，《考靈曜》言及「地與星辰四遊」（02），似屬渾天說，以爲春夏秋冬四季，地各遊至一處。是以鄭玄注《考靈曜》云：「地之升降於三萬里之中。」然而「渾天之體雖繞於地，地則中央正平，天則北高南下」。〔註 71〕可知緯書與漢末之鄭玄，雖取渾天家言，仍謂大地爲平面，隨四季遊於四極之中，而球形陸地之自轉觀念，則完全未見踪影。是以高平子亦謂：「緯書學者雖有地遊之觀念，但他們絕無地體自轉的想像。他們所謂的『遊』，只是像一個槃兒托在手裏，上下四周的轉動，而決沒有把槃兒翻來覆去的大膽想法。……所謂『四遊』，是指這個槃兒似的地，帶著星辰天，作冬南、夏北、春西、秋東、以及夏降、冬升的運動。」〔註 72〕可謂知言也。

先秦除「地浮動說」之外，又有「地右轉說」，亦類似後人以爲之「地球自轉」。其說首見於《尸子》：「天左舒而起牽牛，地右闢而起畢昴。」〔註 73〕詳覈其意，實謂「天左旋、地右轉」也，此意緯書亦多言之：

《易是類謀》：天道左旋，地道右周。

《春秋元命包》：天左旋，地右轉。

《河圖括地象》：天左動，起於牽牛；地右動，起於畢。

《春秋元命包》：地所以右轉者，氣濁精少，含陰而起遲，故右轉迎天，佐其道。

《易乾鑿度》：陽唱而陰和，男行而女隨。天道左旋，地道右遷。

《禮含文嘉》：計天地左旋，日月右行。

所言似謂球形之天穹向左而旋，球形之地則向右旋轉。然而緯書實承《周髀算經》而說「蓋天」之意，本無球形大地之旨意。

考《晉書‧天文志》載《周髀》家云：「天圓如張蓋，地方如棊局。天旁轉如推磨而左行，日月右行，隨天左轉，故日月實東行，而天牽之以西沒。譬之於蟻行磨石之上，磨左旋而蟻右去，磨疾而蟻遲，故不得不隨磨以左迴焉。」〔註 74〕可由此

〔註 69〕 金祖孟《中國古宇宙論》頁 166。
〔註 70〕 金祖孟《中國古宇宙論》頁 119。
〔註 71〕 《爾雅注疏》卷 6，〈釋天〉頁 1。
〔註 72〕 高平子《學曆散論》頁 438。
〔註 73〕 《事類賦注》卷 6，〈地部一〉頁 105。又見《太平御覽》卷 37，〈地部二〉。
〔註 74〕 《晉書》卷 11，〈天文志上〉頁 279。

推測，天地旋轉之意，實藉此意而引申：「天如蓋，地如盤」，天如傘蓋向左盤轉，地亦如覆盤向右平轉。故王充據蓋天之說，以駁渾儀曰：「舊說天轉從地下過，……甚不然也。日隨天而轉，非入地。……今視日入，非入也，亦遠耳。……何以明之？今試使一人把大炬火，夜行於平地，去人十里，火光滅矣；非滅也，遠使然耳。」〔註75〕無論其說是否合乎科學，惟由此可知：東漢之蓋天說者，仍以地爲平面，而日不入地爲言。如此，則絕無地球自轉之可能也。

《考靈曜》「地動說」之本旨，既已詳論如上，可知僅爲單純敘述大地浮遊現象，並非眞已知曉「地球自轉」之宇宙規律。其後亦未見學者再作有關之論述，更無任何演進改良。可見此說於古代天文曆算學說中，乍現即逝，未造成任何影響。後人以今律漢，言過其實，未能依境取意，是以失之客觀，衍生過譽本旨之闡釋也。

三、漢初曆法

057《考靈曜》：天地開闢，曜滿舒光，元厤紀名，日月首甲子冬至，日月五星，俱起牽牛初，日月若懸璧，仰觀天形如車蓋。五星若編珠，青龍甲子，攝提格舉。

206《中候握河紀》：天地開闢，甲子冬至，日月若懸璧，五星若編珠。

a125《考靈曜》：元紀己巳元起，旃蒙攝提格之歲，畢娵之月，正月己巳朔旦立春，日月五星，皆起營室至度。

058《考靈曜》：冬至日，月在牽牛一度，求昏中，取六頃，加三旁，蠡順除之。

059《考靈曜》：斗三十二度無餘分，冬至在牽牛所起。

042《考靈曜》：月行十三度十九分度之七。

044《考靈曜》：凡九百四十分爲一日，二十九日與四百九十九分爲一月。

032《考靈曜》：周天三百六十五度四分度之一，而日日行一度，則一朞三百六十五日四分日之一。

曆法爲帝王施政之重要依據，太史公曰：「神農以前尚矣。蓋黃帝考定星曆，建立五行，起消息，正閏餘，於是有天地神祇物類之官，是謂五官。各司其序，不相亂也。民是以能有信，神是以能有明德。民神異業，敬而不瀆，故神降之嘉生，民以物享，災禍不生，所求不匱。」〔註76〕以「定星曆、正閏餘」爲帝王大事。《尚

〔註75〕《晉書》卷11，〈天文志上〉頁281。
〔註76〕《史記》卷26，〈曆書〉頁1256。

書‧堯典》亦云：虞舜即位，「乃命羲和，欽若昊天，曆象日月星辰，敬授人時。」《史記‧五帝本紀》說其事曰：「帝堯老，命舜行天子之政，以觀天命。舜乃在璿璣玉衡，以齊七政。」《史記‧曆書》亦謂：「王者易姓受命，必慎始初，改正朔，易服色，推本天元，順承厥意。」皆可明見曆法於政治上之重要地位。《尚書緯》所言自不例外。

　　緯書所載曆法，乃漢初所通行之兩種。司馬彪《續漢書‧律曆志》云：「《考靈曜》、《命曆序》皆有甲寅元，其所起在《四分》庚申元後百一十四歲。」〔註77〕宋劉義叟《長曆》則謂：「漢初用《殷曆》。或云：用《顓頊曆》。」〔註78〕陳嫄遵以爲：「實際這兩種曆都是戰國時期的《四分曆》的一種。……《殷曆》用甲寅年十一月甲子日平朔冬至爲曆元，《顓頊曆》則用六十一年後的乙卯歲正月己巳日平朔立春爲曆元。」〔註79〕以此可知，漢初曆法三種，《殷曆》用「甲寅元」，乃圖讖《考靈曜》、《命曆序》所引據者；《顓頊曆》用「乙卯元」，《考靈曜》亦有引錄；皆屬戰國時期之《四分曆》系統。而《四分曆》用「庚申元」，次其後一百十四年歲在「甲寅」則爲《殷曆》之曆元，甲寅之後六十一年歲次「乙卯」則爲《顓頊曆》之曆元。

　　漢初所用二曆之內容，東漢劉洪略有所述，云：

> 甲寅、己巳，緯雖有文，略其年數，是以學人各傳所聞，至於課校，周得厥正。夫甲寅元天正正月甲子朔旦冬至，七曜之起，始於牛初。乙卯之元人正己巳朔旦立春，三光聚天廟五度。課兩元端，閏餘差百五十二分之三，朔三百四，中節之餘二十九。（《後漢書‧志》卷 2，〈律曆志中〉頁 3043）

甲寅元《殷曆》取天正，乙卯元《顓頊曆》取人正，皆以「朔旦」爲準，司馬貞謂：「以建子爲正，故以夜半爲朔；其至與朔同日，故云夜半朔旦冬至。若建寅爲正者，則以平旦爲朔也。」〔註80〕《晉書‧天文志》所言顓頊與殷湯之曆法，亦與之相同，而可相互參照，云：

> 顓頊以今之孟春正月爲元，其時正月朔旦立春，五星會于天廟，營室也。……湯作《殷曆》，弗復以正月朔旦立春爲節也，更以十一月朔旦冬

〔註77〕《後漢書‧律曆中》志第 2，頁 3033。
〔註78〕《資治通鑑目錄》卷首引劉義叟《長曆》。
〔註79〕詳見陳遵嬀《中國天文學史》第 3 冊，第 2 章〈歷代曆法〉頁 1424。按：原作「六十一年後的己卯歲」，查「甲寅」歲之後六十一年，當爲「乙卯」歲，今據以改正。
〔註80〕《史記》卷 26，〈曆書〉頁 1262，司馬貞《索隱》。

至爲元首。下至周、魯及漢，皆從其節，據正四時。夏爲得天，以承堯、
舜，從顓頊故也。(《晉書》卷17，〈天文志上〉頁502)

可知堯、舜、夏禹三代皆從《顓頊曆》，爲得天時；而周、魯、漢皆從《殷曆》以正
四時。然而劉洪謂甲寅元在「正月甲子朔旦」，《晉志》則易作「十一月朔旦」，月數
不同，乃因周用天統，以子月爲正月，於陰曆則爲十一月故也。

　　今依相關資料，列次三種曆法於下，再據文獻所述，一一論述其詳，以明《尚
書緯》所言之曆法內容。

曆　法	歲（曆元）	月	日	時	節氣	星　象
四分曆（堯曆）	庚　申	十　月	甲子	朔		
（天正、太陰元）	焉逢、攝提格	（正月）				日月若連璧，五星若編珠
殷曆（周、魯、漢）	甲　寅	十一月	甲子	夜半朔旦	冬至	日月、五星俱起牛前五度
（人正）	旃蒙、單閼	畢娵				
顓頊曆（堯、舜、禹）	乙　卯	正月	己巳	朔旦	立春	日月五星俱起營室五度

（一）《四分曆》庚申元

　　《四分曆》並非《尚書緯》所言之曆法，然而卻與緯書有密切關係，故專闢一
目，略言其說，以利下文之論述。

　　蔡邕論漢代曆法，曰：「漢興承秦，曆用《顓頊》，元用乙卯。百有二歲，孝武
皇帝始改正朔，曆用《太初》，元用丁丑，行之百八十九歲。孝章皇帝改從《四分》，
元用庚申。」〔註81〕章帝改用《四分曆》，見於元和二年（西元85）二月甲寅制書，
曰：「朕聞古先聖王，先天而天不違，後天而奉天時。史官用《太初》鄧平術，冬至
之日，日在斗二十一度，而曆以爲牽牛中星，先立春一日，則四分數之立春也。……
今改行《四分》，以遵於堯，以順孔聖奉天之文。」〔註82〕可知章帝時，蓋視《四
分曆》爲堯時曆法，然而《易坤靈圖》言堯曆則有異說，曰：「堯以甲子天元爲推術，
甲子爲部首，起十月之朔。」以爲堯用「甲子、十月朔」等爲數據，又與章帝詔中
所言之《四分曆》不同。

　　再者，《四分曆》之庚申元實不見於圖讖之中，故東漢中葉朝臣論辯曆法時，頗
見紛爭。如東漢靈帝熹平四年（西元175），五官郎中馮光、沛相上計掾陳晃言：

　　曆元不正，故妖民叛寇益州，盜賊相續爲害。曆當用甲寅爲元而用庚
申，圖緯無以庚申爲元者。近秦所用代周之元。(《後漢書‧律曆中》志第

〔註81〕《後漢書‧律曆中》志第2，頁3038。
〔註82〕《後漢書‧律曆中》志第2，頁3039。

二，頁 3037）

以爲甲寅元較合節氣，而章帝起用庚申元，失其歲時，以致陰陽不協，乃盜賊蠭起之原因。惟蔡邕不以爲然，曰：

> 今光、晃各以庚申爲非，甲寅爲是，……所據則殷曆元也。……及用
> 《四分》以來，考之行度，密於《太初》，是又新元有效於今者也。延光
> 元年（西元 122），中謁者宣誦亦非《四分》庚申，上言當用《命曆序》
> 甲寅元。（《後漢書・律曆中》志第二，頁 3038）

以爲庚申元《四分曆》較《太初曆》正確。至若庚申元之曆法內容，蔡邕亦有解說，曰：

> 《元命苞》、《乾鑿度》皆以爲開闢至獲麟二百七十六萬歲；及《命曆
> 序》積獲麟至漢，起庚午蔀之二十三歲，竟己酉、戊子及丁卯蔀六十九歲，
> 合爲二百七十五歲。漢元年歲在乙未，上至獲麟則歲在庚申。推此以上，
> 上極開闢，則元在庚申。讖雖無文，其數見存。而光、晃以爲開闢至獲麟
> 二百七十五萬九千八百八十六歲，獲麟至漢百六十一歲，轉差少一百一十
> 四歲。云當滿足，則上違《乾鑿度》、《元命苞》，中使獲麟不得在哀公十
> 四年，下不及《命曆序》獲麟至漢相去四蔀年數，與奏記譜注不相應。（《後
> 漢書・律曆中》志第二，頁 3038）

其意略謂：圖讖所云，天地開闢以迄獲麟（魯哀公 14 年庚申、西元前 481），凡二百七十六萬年；獲麟至漢高祖元年乙未（西元前 206）凡二七五年。而馮光、陳晃所倡之甲寅元，則謂開闢至獲麟凡「二百七十五萬九千八百八十六歲」，以此換算獲麟至漢高祖元年則僅得「百六十一歲，轉差少一百一十四歲」。由此遂有「甲寅元其所起在《四分》庚申元後百一十四歲」之說辭。如安帝延光二年（西元 123），中謁者宣誦言當用「甲寅元」，侍中施延等議：「甲寅元與天相應，合圖緯，可施行。」太子舍人李泓等四十人議：「即用甲寅元，當除《元命苞》天地開闢獲麟中百一十四歲，推閏月六直其日，……以應《保乾圖》『三百歲斗曆改憲』之文。」〔註83〕

是則庚申元之堯時曆法，與圖讖所言者並不相同，惟亦見曆法家述之以論漢曆也。

（二）《殷曆》甲寅元、《顓頊曆》乙卯元

漢初用《殷曆》爲準，司馬彪《續漢書・律曆志》云：

> 斗之二十一度，去極至遠也，日在焉而冬至，羣物於是乎生。故律首

黃鍾，曆始冬至，月先建子，時平夜半。當漢高帝受命四十有五歲，陽在
上章，陰在執徐，冬十有一月甲子夜半朔旦冬至，日月閏積之數，皆自此
始，立元正朔，謂之《漢曆》。(《後漢書・志》卷2，〈律曆志中〉頁3057)

《爾雅・釋天》云：太歲「在庚曰上章」，太歲「在辰曰執徐」。可知漢開國四十五
年亦即文帝後元三年（西元前161），歲次「庚辰」，始纂《漢曆》，以「冬十有一月
甲子夜半朔旦冬至」爲準據，似近《殷曆》，惟年干「庚辰」，又與習見之「甲寅」、
「乙卯」二元不同。

　　據《淮南子》所述漢代曆法觀之，則後世分別明晰之「甲寅」、「乙卯」二元，
漢初並未詳作區分。《淮南子・天文篇》曰：

　　　　天一元始，正月建寅，日月俱入營室五度。天一以始建七十六歲，日
　　　月復以正月入營室五度無餘分，名曰一紀。凡二十紀，一千五百二十歲大
　　　終，日月星辰復始甲寅元。日行一度，而歲有奇四分度之一，故四歲而積
　　　千四百六十一日而復合，故舍八十歲而復故曰。(《淮南子》卷3，〈天文篇〉
　　　頁94)

《淮南天文問詁》亦云：

　　　　太陰元始建於甲寅，日月俱入營室五度。天一以始建七十六歲，日月
　　　復以正月入營室五度，無餘分，名曰一紀。天下凡二十紀，千五百二十歲
　　　大終，日月星辰復始甲寅之元。(《開元占經》卷5，〈日占一・日行度〉
　　　引) 〔註84〕

據前文所列「曆法表」，可知「太陰元、甲寅」爲《殷曆》歲元，「正月入營室五度」
爲《顓頊曆》所言，「千四百六十一日、一千五百二十歲」則爲二曆之共同數據。而
《淮南》所以合之不別，當即漢初實況也。是以前引劉羲叟「漢初用《殷曆》。或云：
用《顓頊曆》」之語，亦可證知此事也。此二曆迄於武帝據「甲寅元」立《太初曆》
時，仍未作區隔。

　　《史記》云：武帝即位，招致方士唐都，分其天部；而巴落下閎運算轉曆，然後
日辰之度與夏正同。元封七年（西元前104）乃改元，更官號，封泰山。因詔御史曰：
「以至子日當冬至，則陰陽離合之道行焉。十一月甲子朔旦冬至已詹，其更以七年爲
太初元年。年名『焉逢攝提格』，月名『畢聚』，日得甲子，夜半朔旦冬至。」〔註85〕

〔註84〕《淮南子・天文篇》亦有與此曆元終始相近之論，云：「律曆之數，天地之道也。……
　　　太陰元始建于甲寅，一終而建甲戌，二終而建甲午，三終而後得甲寅之元。」(卷3，
　　　頁117)

〔註85〕《史記》卷26，〈曆書〉頁1260。封禪、改曆之事，〈封禪書〉亦有所言：「其後二

《史記‧曆書》詳之，曰：「曆術甲子篇。太初元年，歲名「焉逢攝提格」，月名「畢聚」，日得甲子，夜半朔旦冬至。正北，十二，焉逢攝提格太初元年。」〔註86〕「焉逢攝提格」等語，依《爾雅‧釋天》所云：「太歲在甲曰閼逢」、「太歲在寅曰攝提格」、「月在甲曰畢」、「正月為陬」，可知太初元年改曆，據「甲寅」、「正月甲子夜半朔旦冬至」為準，乃《殷曆》、《顓頊曆》之融合也。

惟武帝既以元封七年十一月為太初元年正月，此後凡論漢曆，乃多依此一定數。如晉虞喜云：

> 天元之始，於十一月甲子夜半朔旦冬至，日月若連珠，俱起牽牛之初。歲，雄在閼逢，雌在攝提格；月，雄在畢，雌在訾，訾則娵訾之宿。日，雄在甲，雌則在子。此則甲寅之元，天道之首。（《史記》卷26，〈曆書〉頁1262，《索隱》引）

由此可知《尚書緯》之甲子曆法，實即西漢所行之曆法。而哀、平之時，桓譚仍言此曆，曰：

> 通曆數家算法，推考其紀，從上古天元以來，訖十一月甲子夜半朔冬至，日月若連璧。（《全後漢文》卷15，《新論‧雜事第十一》頁2）

是皆論述《殷曆》以「甲寅歲十一月甲子日」為元始之意者也。此後乃與「乙卯元正月己巳」之《顓頊曆》分論矣。

惟《顓頊曆》亦為漢初盛行之曆法，由當時之帛書所載，可見其詳。陳遵媯云：「自從馬王堆的出土帛書《五星占》中的天文記錄後，提供了解開顓頊曆曆元問題、五星運行和顓頊曆的關係問題、顓頊曆紀年問題的鑰匙，使主張是顓頊曆者，更堅信秦及漢初實行顓頊曆是毫無疑義的。這樣，證實了顓頊曆確是古四分曆，使用365,1/4日的回歸長度、十九年七閏、29有499/940日的朔策方法。」〔註87〕由第三

歲，十一月甲子朔旦冬至，推曆者以本統。天子親至泰山，以十一月甲子朔旦冬至日，祠上帝明堂，毋脩封禪。」（《史記》卷28，〈封禪書〉頁1401）武帝纂曆之意，《漢書》言之較詳，班固述其事云：至武帝元封七年，漢興百二歲矣，大中大夫公孫卿、壺遂、太史令司馬遷等言「曆紀壞廢，宜改正朔」。……乃以前曆上元泰初四千六百一十七歲，至於元封七年，復得閼逢攝提格之歲，中冬十一月甲子朔旦冬至，日月在建星，太歲在子，已得太初本星度新正。……宦者淳于陵渠復覆太初曆晦朔弦望，皆最密，日月如合璧，五星如連珠。陵渠奏狀，遂用鄧平曆，以平為太史丞。（《漢書》卷21上，〈律歷志〉頁974～76）

〔註86〕《史記》卷26，〈曆書〉頁1262。「甲子篇」得名之故，司馬貞《索隱》云：「以十一月朔旦冬至得甲子，甲子是陽氣支干之首，故以甲子命曆術為篇首，非謂此年歲在甲子也。」

〔註87〕詳見陳遵媯《中國天文學史》第3冊，第2章〈歷代曆法〉頁1425～26。

章《尚書緯》之曆法考述中，可知《顓頊曆》此類數據，亦習見於《淮南子》、《周髀算經》及圖讖專書之中。

　　蓋《周髀算經》曰「月積後天十三周又與百三十四度餘」，約合「13 又 7/19 周」，此則一歲之間月行天球之周數。「一周」亦即曆算之一次朔望月，故一歲凡得十三次餘，惟此期間日亦行滿一周，故當須減一，遂得一歲有「12 又 7/19」月。而一歲凡計「365 又 1/4 日」，今以二者相除，得一月之日爲：「365 又 1/4 日」除以「12 又 7/19」＝「29 又 499/940 日」。此類瑣細之數據，爲秦、漢曆算家之常數，今仍泛見於兩漢文獻之中，《尚書緯》實即取用此說，故亦有看似詳盡之數字也。

　　由是可證：圖讖中之曆法觀念，實皆沿襲漢代通行之《殷曆》、《顓頊曆》兩種曆法而來，其內容仍存留於今見之漢代文獻中，並無特出獨到之新見也。

　　以上四節所論述，僅爲《尚書緯》思想之部分探討，其餘未及之處，尚待更作深入詳繹，或可得較爲完備之價值評述。惟由已論述之部分，亦可略知《尚書緯》之今文經說、感生神話及帝王形貌特徵等，蓋刺取秦、漢以來之傳注、傳聞；其餘若受命、禪讓、禮壇儀節，乃至於宇宙自然之思想，亦多上有所承，非邃然造生者。其文句或有拗執窒澀，令人難以卒解處，惟詳考其實，或乃肇因於編纂之初，文句取捨刪刈未見用心，重以歷代傳鈔之譌誤，致生捫象扣盤之誤解。

　　今略取讖文說辭中已見錄於秦、漢之文獻者，互爲比對，乃知《尚書緯》之思想並無奇異獨特之處，其周天度數看似難解繁瑣，惟於索源覈義之後，亦可知乃古星曆、算學之緒餘，其原書文句，迄今尚存，並非古方士之怪說也；至若星象占驗之荒誕語詞，楚漢相爭時預言項羽、義帝之讖文等，則屬方士所造生無稽之談，不足深詰。是以顧頡剛謂：「看緯書，言天文、地文處極多。當時可惜此類學問不能離經而獨立，又不能離怪妄而入科學，以至遺傳下來的只有惡影響，眞是可惜萬分。」〔註88〕至若其餘可供吾人論述之《尚書緯》思想，若能溯其源流，察知其編纂動機，則將許以較爲公允之評價，不致崇之、尊之、譏之、貶之，各持極端矣。

　　任繼愈論及東漢末葉朝臣奏疏引用讖緯之意義，雖非直言《尚書緯》者，或亦可藉爲本章之結語，曰：「東漢末年，爆發了比西漢哀、平之際更爲深重的危機，許多經學家也援引讖緯，向君主諫諍。……實際上，這些經學家援引讖緯，就像西漢的經學家援引《尚書大傳》、《五行陰陽》一樣，只是作爲一種論據，本身並沒有去直接去編造預言。」〔註89〕是亦說明：《尚書緯》於政治上之作用，實大於經學上

〔註88〕《顧頡剛讀書筆記》頁 549。
〔註89〕任繼愈主編《中國哲學發展史》（秦漢卷），頁 430〈緯書綜述〉。

之價值也。

結　論

　　據第一章考覈可知，「讖」於漢初即已具備二種型式：一爲「日常生活依準所用之讖書」，賈誼、淮南王時已見其書；二爲「政治目的所造作之讖語」，則歷代屢見不鮮，以王莽時最爲熾盛，又或稱曰「符命、圖籙」，多爲歌謠口訣式之短文，偶亦有編纂成冊者，如王莽常言之《紫閣圖》、李焉讖書十餘萬言。惟此二類「讖書」、「讖語」皆與儒家經義無關。

　　漢光武既賴《赤伏符》讖文興復漢室，基於政治目的，乃命朝臣校定當世流傳之圖讖，並著意使之與經義結合，其後纂成八十一卷，更宣布於天下，以爲習學者之依準。此即歷代學者論述所依據之「緯書」。然而此八十一卷當時並無「緯」名，而東漢學者如班固、王充、許愼、張衡等人引用此書時，概名之曰「讖」，而無「緯」稱。

　　迄至鄭玄注釋八十一卷更取以解說羣經大義時，方稱其名曰「緯」、曰「讖」、曰「說」，惟其內容實即光武圖讖，絕無別出新書。任繼愈以爲：光武既立，「人心思定，當時誰也不想編一條災異去宣傳『漢歷中衰』，也不想編一條符合去論證誰來取代現存的政權，讖緯作爲一種社會思潮，已經完成了它的歷史使命，而演變爲經學家用來『以緯證經』的學術面目了」〔註1〕。或亦說明光武之「經讖」，所以衍爲鄭玄傳注中「讖緯」之始末。

　　「讖」、「緯」內容有預言與解經之分別，此一觀念迄至三國曹魏初年，尚未見形成。蓋獻帝建安二十五年（西元220）十月，漢帝禪位於魏，魏王曹丕辭讓不受，博士蘇林、董巴奏曰：「謹按古之典籍，參以圖緯，魏之行運及天道所在，即尊之驗，在於今年此月，昭晢分明。」侍中劉廙等，亦「考圖緯之言，以效神明之應」。查朝臣條奏所引，有《春秋漢含孳》、《春秋玉版讖》、《春秋佐助期》、《孝經中黃讖》、《易

〔註1〕任繼愈主編《中國哲學發展史》（秦漢卷），頁429〈緯書綜述〉。

運期讖》、《詩推度災》〔註2〕。可見曹魏君臣所見之「圖緯」，其中部分實爲後世學者視曰「讖」者，是亦可知，此時尙無「讖、緯」歧義之分也。

曹丕既已篡漢，蜀太傅許靖、軍師將軍諸葛亮等，遂亦奏請劉備即帝位於蜀，疏中言及孔子「讖記」，云：「今上天告祥，羣儒英俊，並進《河》、《洛》，孔子讖記，咸悉具至。」蜀朝諸臣，如譙周、杜瓊等，亦上言：「臣聞《河圖》、《洛書》，五經讖緯，孔子所甄，驗應自遠。」〔註3〕皆以「讖記」、「讖緯」乃「孔子所甄」，並未區分「讖、緯」有何別義。迨《隋書・經籍志》取後世崇緯觀念，乃強分八十一卷爲「讖」、「緯」二部分，篇名依附六經者視曰「緯」，謂以配經；其餘「讖」類，則雜入後代方士造作之《孔老讖》等占驗書中，視爲「預言之讖」。致使歷代學者鑽研時產生誤解，以爲古代本有孔子所撰之「緯書」，內容與預言徵祥之「讖書」相異。

鄭玄所注之光武官定圖讖，雖浸亡於歷代詔燬禁令之中，而東漢以迄唐、宋之子史、傳注、類書等文獻中，迭見引用，故元、明兩代乃有陶宗儀、孫瑴等緯書輯佚之出，讖緯之大要遂又漸知於世，並爲好奇者採錄，研習者亦漸次增加。

今既得緯書流衍之實，則研討之際，若欲依據光武帝官定圖讖之佚文而專作論述，則當視爲光武朝之專書，不必附會先秦、西漢之圖籙符命，亦不必下及於魏、晉以後新造之讖語。若欲泛論歷代讖緯、符命、籙圖等流衍或名義異同，則不必與今傳之緯書輯本糾葛，以免徒生混淆。

由第二、三章可知《尚書緯》黃奭本三四一條與安居本五八〇條，比覈後僅得一百六十六組長短不一之佚文（誤收之一〇組不計），所論述之內容以天文、星曆及歷代帝王事蹟爲主，而敘述文句則雜合方士占驗及五德終始之思想。至於純然解說經義之讖文則較爲少見。既已論定《尚書緯》實即光武帝官定圖讖之佚文，則可藉由西漢以前文獻中細繹其出處，今乃發現讖文泰半有其源流，而與經義有關之讖文亦多襲自西漢諸家之傳注。此類《尚書緯》所源出之文獻凡計《逸周書》、《呂氏春秋》、《周髀算經》、《尚書大傳》等約二十餘種。

析論《尚書緯》之內容，則知其所述地理、天文、曆法等，間有符合後世科學理念之載錄者，實多出自秦、漢傳世之成書也。而學者以爲新奇可喜之「地動說」，亦非今日所謂之「地球自轉說」。其餘讖文內容實多與《尚書》經旨無關，而論及《尚書》議題之讖文，又有祇見於其他讖篇者，如《春秋說題辭》述及《尚書》之篇題名義，《雒書靈準聽》論及「王者不偏黨」，又引《顧命》「天球……」之文，《論語

〔註2〕 引文皆見《三國志》卷2，〈魏書・文帝紀〉頁63～71裴松之註。董巴奏疏，又見於《宋書》卷27，〈符瑞志上〉頁775。

〔註3〕 二段引文，分別見於《三國志》卷32，〈蜀書・先主傳〉頁887、888。

讖》言「舜烈風雷雨不迷」，此皆屬《尚書》經義之議題，而爲《尚書緯》未嘗涉及者。是皆可證朝臣編纂圖讖諸書，並未專就其篇名與內容作仔細考量也。至若緯書視爲重要內容之星曆、祭祀、受命、禮壇、災驗諸事，《尚書緯》所論並不明晰，實應更取他緯詳作比覈，始能考論證成議題之原旨。

再則《尚書緯》各篇之間，常見內容、文句雷同複重之例，而與其他讖篇相較，亦復如是，可信東漢官定圖讖各篇之間，原即含有相同之內容；而一篇之中又有前後文義相異之處，如《考靈曜》既述《顓頊》乙卯曆元，又以《殷曆》甲寅曆元爲節候依準；同屬《尚書緯》，既以北斗七星爲七政，又以日月五星爲七政；可見編纂之初，即雜纂以新莽時所流傳之方士諸讖書，再附會經傳注文，並未賦予編纂者本身之學派思想也。

至若今存輯佚書，亦頗有誤判讖文之例，若學者不察，將因而衍生錯誤之判斷也。如誤收「古《尚書》說」爲讖緯佚文，「禹鐵、禹銕」用字混淆，「笭人額」誤作「笭人頭」，禹「身長九尺有六、虎鼻」誤鈔爲「身長九尺，有只虎鼻」，皆爲可議。

第四章試釋《尚書緯》篇名、體例，則覈知其篇名與內容之間，其實並無必然之關聯。篇名皆以三字爲準如《考靈曜》者，或即編者欲神其說，乃取此類「覽文如詭，尋理即暢」之名詞爲篇目，並無深刻之意涵。更由複見、雷同之例，證得各篇皆有爲數不少、意義相似或文句相同之讖文，可知藉由篇名以定各緯之宗旨，實亦爲後世學者之主觀意見也。《尚書中候》內容似略依帝王年代以爲先後篇次，惟亦有不盡符合者；至若其篇數雖多至十八篇，而佚文字數則遠較《尚書緯》五篇爲少，不知爲原本如此，抑後世亡佚太多所致。

至於《尚書緯》之編排體例，則行文中頗雜以三至七字句之詩歌謠諺，或即取擷自方士爲便於傳誦之撰作也；而讖文長短不一，最長者爲《中候立象》「舜將禪禹」一段，今存佚文凡二百八十九字。以是可知光武所宣布之圖讖文，原先並非殘叢短語之預言而已。

第五章論述東漢學者言及讖文之情況，以此印證《尚書緯》在當時之學術影響與價值。惟分析之際，似難見知《尚書緯》有獨具之學術思想，能受東漢學者崇信。蓋《尚書緯》所言既然泰半有所出處，其中看似繁密或合乎科學之論議，如日月運行之度數，實多見於今存之秦、漢古籍之中。故漢儒於論議之際，如班固《白虎通》、王充《論衡》等，乃多取其原始出處如《周髀算經》、《淮南子》等書爲依據。

據上述所論，或可略謂：《尚書緯》之價值在於裒輯東漢初年所流行之學術文獻，頗類《說苑》之流，是以顧頡剛亦謂：「讖緯書的年代：它至早不能過王莽，至遲可以到唐；其中的材料大部分是東漢初期的。於是我們可以在讖緯書中抽出它們所記

載的古史，而觀察東漢初期的人的古史觀念。」〔註4〕今日吾人研討《尚書緯》，其中方士夸誕之讖文固不足取信，而解經義、論天文、說曆象之佚文，若已無法見於今存漢代文獻中，則亦可藉為探討漢代學術之資也。固不必盲目崇之、偉之，亦不必任意貶之、棄之也。

〔註 4〕顧頡剛《中國上古史研究講義》頁 270。

參考書目

1. 《周易正義》，唐：孔穎達，（臺北：藝文印書館）。
2. 《尚書正義》，唐：孔穎達，（臺北：藝文印書館）。
3. 《詩經正義》，唐：孔穎達，（臺北：藝文印書館）。
4. 《禮記正義》，唐：孔穎達，（臺北：藝文印書館）。
5. 《周禮注疏》，唐：賈公彥，（臺北：藝文印書館）。
6. 《春秋左傳注疏》，唐：孔穎達，（臺北：藝文印書館）。
7. 《春秋公羊傳注疏》，唐：徐彥，（臺北：藝文印書館）。
8. 《春秋穀梁傳注疏》，唐：楊士勛，（臺北：藝文印書館）。
9. 《爾雅注疏》，宋：邢昺，（臺北：藝文印書館）。
10. 《書集傳》，宋：蔡沈，（臺北：新陸書局）。
11. 《尚書今古文注疏》，清：孫星衍，（北京：中華書局）。
12. 《尚書正讀》，清：曾運乾，（臺北：洪氏出版社）。
13. 《尚書大傳》，清：孫之騄輯，（臺北：臺灣商務印書館）。景《四庫全書》本）。
14. 《尚書大傳》，清：陳壽祺輯，（臺北：漢京《皇清經解續編》本）。
15. 《尚書大傳》，清：皮錫瑞疏證，（臺北：藝文印書館）。《尚書類聚初集》第 8 冊）。
16. 《逸周書集訓校釋》，清：朱右曾釋，（臺北：臺灣商務印書館）。
17. 《韓詩外傳今註今譯》，賴炎元註釋，（臺北：臺灣商務印書館）。
18. 《大戴禮記今註今譯》，高明註釋，（臺北：臺灣商務印書館）。
19. 《禮記正義引書考》，葉程義，（臺灣：義聲出版社）。
20. 《穀梁廢疾申何》，清：劉逢祿，（臺北：漢京《皇清經解》本）。
21. 《白虎通疏證》，清：陳立，（臺北：漢京《皇清經解》本）。
22. 《六藝論》，清：陳鱣輯佚，（臺北：臺灣商務印書館）。《叢書集成簡編》本）。
23. 《駁五經異義》，清：王復輯佚，（臺北：臺灣商務印書館）。《叢書集成簡編》本）。

24. 《箴膏肓》，東漢：鄭玄，（臺北：臺灣商務印書館《叢書集成簡編》本）。

25. 《鄭志攷證》，清：成蓉鏡輯佚，（臺北：新文豐出版公司）。

26. 《鄭志疏證》，皮錫瑞，（臺北：世界書局）。

27. 《許慎之經學》，黃永武，（臺北：臺灣中華書局）。

28. 《經義考》，清：朱彝尊，（京都：中文出版社景刻本）。

29. 《經義叢鈔》，清：嚴杰，（臺北：漢京《皇清經解》本）。

30. 《經學歷史》，皮錫瑞，（臺北：河洛圖書出版社）。

31. 《兩漢經學今古文評議》，錢穆，（臺北：東大圖書有限公司）。

32. 《漢代春秋學研究》，馬勇，（四川：人民出版社）。

33. 《西漢經學與政治》，楊向奎，（臺灣：獨立出版社）。

34. 《西漢經學源流》，王葆玹，（臺北：東大圖書有限公司）。

35. 《鄭珍集‧經學》，清：鄭珍，（貴州人民出版社）。

36. 《周髀算經注》，魏：趙爽注，（臺灣商務印書館《四部叢刊》本）。

37. 《五行大義》，隋：蕭吉，（知不足齋叢書本）。

38. 《陰陽五行及其體系》，鄺芷人，（臺北：文津出版社）。

39. 《從漢書五行志看春秋對西漢政教的影響》，劉德漢，（臺北：華正書局）。

40. 《甲骨綴合新編》，嚴一萍，（臺北藝文印書館）。

41. 《甲骨文合集》，（中國社科院史研所）。

42. 《甲骨文選注》，李圃，（上海：古籍出版社）。

43. 《金文詁林》，周法高，（中文出版社）。

44. 《說文解字注》，東漢：許慎撰、清：段玉裁注 ，（臺北：漢京文化事業有限公司）。

45. 《說文解字詁林》，清：丁福保，（臺灣商務印書館）。

46. 《說文博采通人考釋》，劉煜輝，（臺北：文津出版社）。

47. 《隸釋》，宋：洪适，臺灣商務印書館）。《四部叢刊》廣編本）。

48. 《兩漢金石文選評註》，黃公渚，（臺灣商務印書館）。

49. 《新莽漢簡輯證》，饒宗頤、李均明，（臺北：新文豐出版公司）。

50. 《石刻史料新編》，（臺北：新文豐出版公司）。

51. 《漢學堂叢書‧通緯逸書考》（1934 年朱長圻重刊本），清：黃奭，（上海：古籍出版社）。

52. 《重修緯書集成》鉛排本 8 冊，日‧安居香山、中村璋八編輯，（東京：明德出版社出版）。

53. 《緯書集成》，（上海古籍出版社）。

54. 《尚書中候疏證》，皮錫瑞，（臺北：藝文印書館《尚書類聚初集》本）。

55. 《尚書中候鄭注》，清：孔廣林，（臺北：新文豐出版社《叢書集成初編》）。

56. 《讖緯的整理與研究》，張以仁，（臺北：國科會研究獎助論文）。

57. 《古讖緯研討及其書錄解題》，陳槃，（臺北：國立編譯館）。

58. 《緯學探原》，王令樾，（臺北：幼獅文化事業公司）。

59. 《讖緯論略》，鍾肇鵬，（遼寧教育出版社）。

60. 《神秘文化—讖緯文化新探》，王步貴，（北京：中國社會科學出版社）。

61. 《神秘的預言—中國古代讖言研究》，丁鼎、楊洪權，（山西人民出版社）。

62. 《三才大觀—中國象數學源流》，鄢良，（北京：華藝出版社）。

63. 《緯書與漢代文化》，李中華，（新華出版社）。

64. 《鄭玄之讖緯學》，呂凱，（臺北：嘉新水泥文化基金會獎助出版）。

65. 《鄭玄之讖緯學》，呂凱，（臺北：商務印書館）。

66. 《緯書》，日·安居香山，（東京：明德出版社）。

67. 《緯書之基礎的研究》，日·安居香山、中村璋八，（東京：漢魏文化研究社）。

68. 《緯書之成立及其展開》，日·安居香山，（東京：國書刊行會）。

69. 《讖緯思想之綜合的研究》，日·安居香山編，（東京：國書刊行會）。

70. 《中國古代金石文所含經書讖緯神仙説攷》，日·內野熊一郎，（東京：汲古書院）。

71. 《緯學研究論叢》，日·中村璋八編，（東京：平河出版社）。

72. 《緯書與中國神秘思想》，日·安居香山著，田人隆譯，（河北人民出版社）。

73. 《史記》，西漢：司馬遷，（北京：中華書局標點本）。

74. 《漢書》，東漢：班固，（北京：中華書局標點本）。

75. 《漢書補注》，清：王先謙，（臺北：新文豐出版公司）。

76. 《東觀漢紀校注》，吳樹平校注，（中州古籍出版社）。

77. 《漢紀》，東漢：荀悅，（臺北：華正書局景刻本）。

78. 《後漢紀》，晉：袁宏，（臺北：華正書局）。

79. 《後漢書》，劉宋：范曄，（北京：中華書局標點本）。

80. 《三國志》，晉：陳壽，（北京：中華書局標點本）。

81. 《晉書》，唐：房玄齡等，（北京：中華書局）。

82. 《宋書》，蕭梁：沈約，（北京：中華書局）。

83. 《隋史》，唐：魏徵等，（北京：中華書局）。

84. 《舊唐書》，後晉：劉昫等，（北京，中華書局）。

85. 《新唐書》，宋：歐陽修等，（北京：中華書局）。

86. 《華陽國志校注》，劉琳校注，（巴蜀書社）。

87. 《西京雜記》，題晉葛洪，（臺北：新興書局筆記小說大觀本）。

88. 《路史》，宋：羅泌，（臺灣中華書局仿宋刻本）。

89. 《繹史》，清：馬驌，（臺灣商務印書館《四部叢刊》本）。

90. 《資治通鑑》，宋：司馬光，（臺北：宏業書局標點本）。

91. 《郡齋讀書志校證》，孫猛校證，（上海古籍出版社）。

92. 《直齋書錄解題》，宋：陳振孫，（上海古籍出版社）。

93. 《四部正譌》，明：胡應麟，（臺灣：華聯出版社）。

94. 《四庫全書總目》，清：紀昀，（臺北：漢京文化事業有限公司）。

95. 《補後漢書藝文》，清：顧櫰三，（臺北：新文豐《叢書集成續編》本）。

96. 《先秦文史資料考辨》，屈萬里，（臺北：聯經版事業公司）。

97. 《先秦諸子考佚》，阮廷焯，（臺北：鼎文書局）。

98. 《古書考辨集》，吳光，（臺北：允晨文化出版）。

99. 《偽書通考》，張心澂，（臺北：宏業書局）。

100. 《先秦文史資料考辨》，屈萬里，（臺北：聯經出版事業有限公司）。

101. 《商周制度考信》，王貴民，（臺北：明文書局）。

102. 《考信錄》，崔述，（臺北：世界書局）。

103. 《中國上古史研究講義》，顧頡剛，（臺北：洪業文化事業有限公司）。

104. 《秦漢間的方士與儒生》，顧頡剛，（臺北：里仁書局）。

105. 《顧頡剛讀書筆記》，顧頡剛，（臺北：聯經出版事業公司）。

106. 《呂思勉讀史札記》上冊，呂思勉，（上海古籍出版社）。

107. 《中國思想通史》，侯外廬等，（北京人民出版社）。

108. 《中國哲學史》上冊，北大哲學系主編，（北京：中華書局出版）。

109. 《中國哲學發展史》（秦漢卷），任繼愈主編，（北京人民出版社）。

110. 《中國歷代思想史·秦漢卷》，周紹桂，（臺北：文津出版社）。

111. 《先秦兩漢冥界及神仙思想探源》，蕭登福，（臺北：文津出版社）。

112. 《中國秦漢科技史》，胡曉林主編，（北京人民出版社）。

113. 《漢晉學術編年》，劉汝霖，（臺北：長安出版社）。

114. 《中國古代天文學簡史》，陳遵媯，（臺北：木鐸出版社）。

115. 《中國天文學史》第一冊，陳遵媯，（臺北：明文書局）。

116. 《中國天文學史》第三冊，陳遵媯，（上海：人民出版社）。

117. 《中國天文學史》第四冊，陳遵媯，（上海：人民出版社）。

118. 《天學真原》，江曉原，（遼寧教育出版社）。

119. 《中國古宇宙論》，金祖孟，（華東師範大學出版社）。

120. 《中國古人論天》，周桂鈿，（北京：新華出版社）。

121. 《學曆散論》，高平子，（中央研究院數學研究所）。

122. 《星占學與傳統文化》，江曉原，（上海：上海古籍出版社）。

123. 《民國八十四年天文日曆》（交通部中央氣象局編印）。

124. 《中國度量衡史》，吳承洛，（上海商務印書館）。

125. 《王充年譜》，鍾肇鵬，齊魯書社）。

126. 《清代名人傳略》，美·A.W.Hummel 撰，《清代名人傳略》翻譯組譯，（青海人民出版社）。

127. 《姜太公全書》，房立中主編，（北京：學苑出版社）。

128. 《晏子逸箋》，鄒太華輯注，（臺灣中華書局）。

129. 《鄒衍遺說考》，王夢鷗，（臺灣商務印書館）。

130. 《莊子今註今譯》，陳鼓應註譯，（臺灣商務印書館）。

131. 《莊子集釋》，清：郭慶藩，（臺北：河洛圖書出版公司）。

132. 《尉繚子淺說》，徐勇，（解放軍出版社）。

133. 《文子要詮》，徐慧君等校注，（復旦大學出版社）。

134. 《尸子》，清：汪繼培輯證，（臺北：鼎文書局，景光緒三年浙江書局刻本）。

135. 《鶡冠子》，宋：陸佃解，（臺灣商務印書館）。

136. 《論衡校釋》，黃暉校釋，（北京：中華書局標點本）。

137. 《風俗通義校注》，王利器校注，（臺北：明文書局）。

138. 《申鑒》，東漢：荀悅，（臺灣：文文書局景抄本）。

139. 《蔡中郎集》，東漢：蔡邕，（臺灣中華書局倣宋版）。

140. 《金樓子》，蕭梁元帝，（臺灣商務印書館《四庫全書》本）。

141. 《劉申叔先生遺書》，劉師培，（臺北：華世出版社）。

142. 《山海經》，晉郭璞註，（臺灣中華書局）。

143. 《楚辭補註》，宋：洪興祖，（臺北：藝文印書館）。

144. 《全漢文》，清：嚴可均編，（中文出版社《全上古三代兩漢文》）。

145. 《昭明文選》，唐：李善注，（臺北：藝文印書館）。

146. 《博物志》，晉：張華，（臺北：明文書局）。

147. 《搜神記》，晉：干寶，（臺北：里仁書局）。

148. 《文心雕龍》，蕭梁：劉勰，（臺北：明倫出版社）。

149. 《意林》，唐：馬總，（臺灣中華書局仿宋刻本）。

150. 《稽瑞》，唐：劉賡，（臺北：新文豐《叢書集成初編》）。

151. 《續博物志》，宋：李石，（巴蜀書社）。

152. 《北堂書鈔》，隋：虞世南，（臺北：宏業書局景刻本）。

153. 《玉燭寶典》，隋：杜臺卿，（臺北：新文豐《叢書集成初編》本 43 冊）。

154. 《初學記》，唐：徐堅，（北京：中華書局）。

155. 《藝文類聚》，唐：歐陽詢，（臺北：西南書局鉛排本）。

156. 《開元占經》，唐：釋瞿曇悉達，（臺灣商務印書館，景《四庫全書》本）。

157. 《雲笈七籤》，宋：張君房，（臺灣：自由出版社）。

158. 《太平廣記》，宋：李昉等，（臺北：古新書局標點本）。

159. 《太平御覽》，宋：李昉等，（臺灣商務印書館）。

160. 《事類賦注》，宋：吳淑，（北京：中華書局鉛排本）。

161. 《玉海》，宋：王應麟，（臺北：文海出版社）。

162. 《說郛》，明：陶宗儀，宛委山堂本（一二〇卷本）。

163. 《唐類函》，明：余安期纂輯，（北京：團結出版社）。

164. 《天中記》，明：陳耀文，（臺灣商務印書館，景《四庫全書》本）。

期刊論文（依出版時間次列）

1. 〈漢碑引緯攷〉，皮錫瑞，《石刻史料新編》第 27 冊

2. 〈讖緯考〉，陳延傑，《東方雜誌》21 卷 6 號，民國 13 年 3 月。

3. 〈參同契的年代〉，胡適，《胡氏論學近著》第一集，香港三達出版社。

4. 〈三統說的演變〉，顧頡剛，《文瀾學報》2 卷 1 期，民國 25 年。

5. 〈鄭康成著述考〉，陳家驥，《文學年報》1936 年 2 期，民國 25 年。

6. 〈舜禪讓說起源的另一推測〉，童書業，《文瀾學報》3 卷 1 期，民國 26 年 3 月。

7. 〈讖緯釋名〉，陳槃，《中研院史語所集刊》第 11 本，民國 36 年。

8. 〈讖緯溯源上〉，陳槃，《中研院史語所集刊》第 11 本，民國 36 年。

9. 〈讖緯起源舊說平議〉，陳槃，《文史雜誌》6 卷 3 期，民國 37 年 10 月。

10. 〈說讖〉，施之勉，《大陸雜誌》1 卷 12 期，民國 39 年 12 月。

11. 〈論讖緯及其分目〉，陳槃，《大陸雜誌》特刊 1 期，民國 41 年 7 月。

12. 〈周易正義引書考〉，王忠林，師大國研所碩士論文，民國 47 年 6 月 16 日。

13. 〈讀呂記隨筆・玄鳥至〉，沈瓞民，《中華文史論叢》第二輯，1962 年 11 月。

14. 〈陰陽五行對兩漢經學的影響（書說部分）〉，李漢三，《幼獅學誌》3 卷 2 期，民國 53 年 4 月。

15. 〈三禮鄭氏學發凡〉，李雲光，師大國研所博士論文，民國 53 年。

16. 〈緯書集成河圖類鍼誤〉，張以仁，《中研院史語所集刊》第 35 本，民國 53 年 9 月。

17. 〈河圖洛書的本質及其原來的功用〉,戴君仁,《臺大文史哲學報》15 期,民國 55 年 8 月。

18. 〈高昌國毛詩、論語、孝經立學官的原因試釋〉,曹仕邦,《新亞書院學術年刊》8 期,民國 55 年 9 月。

19. 〈禮記正義引佚書考〉,何希淳,師大國研所碩士論文,民國 55 年 8 月。

20. 〈河圖洛書的本質補證〉,戴君仁,《臺大文史哲學報》16 期,民國 56 年。

21. 〈金樓子校注〉,許德平,政大中研所碩士論文,民國 56 年 5 月。

22. 〈讖緯思想下的政治社會—東漢時期〉,金發根國科會研究獎助論文,民國 57 年。

23. 〈日本神道宗教中的圖騰文化要素〉,衛惠林,《臺大考古人類學刊》31～32 期,民國 57 年 11 月。

24. 〈陰陽五行家與星曆及占筮〉,王夢鷗中研院史語所集刊》43 本 3 分,民國 60 年 12 月。

25. 〈東漢讖緯學之研究〉,呂凱,國科會研究獎助論文,民國 61 年。

26. 〈釋九錫〉,劉盼遂,《國學論叢》2 卷 2 號,民國 62 年 5 月。

27. 〈孔子的另一部書—緯書〉,徐進雄,《幼獅月刊》39 卷,4 期,民國 63 年 4 月。

28. 〈兩漢儒學研究〉,夏長樸,臺大中文所碩士論文,民國 63 年 6 月。

29. 〈白虎通義引禮考述〉,陳玉台,師大國研所碩士論文,民國 63 年 6 月。

30. 〈中國天文史上的一個重要發現—馬王堆漢墓帛書中的,《五星占》〉,劉雲友,《文物》1974 年 11 期,1974 年。

31. 〈《五星占》附表釋文〉,馬王堆漢墓帛書整理小組,《文物》1974 年 11 期,1974 年。

32. 〈白虎通義研究〉,王新華,政大中研所碩士論文,民國 64 年 5 月。

33. 〈從帛書《五星占》看「先秦渾儀」的創制〉,徐振韜,《考古》1976 年 2 期,1976 年。

34. 〈從宣化遼墓星圖論二十八宿和黃道十二宮〉,夏鼐,《考古學報》1976 年 2 期,1976 年。

35. 〈讖緯思想下的東漢政治和經學〉,金發根,《沈剛伯先生八秩榮慶論文集》,民國 65 年 12 月。

36. 〈東漢讖緯與政治〉,陳郁芬,臺大中文所碩士論文,民國 66 年。

37. 〈就對許慎及其《說文》的指責談一點看法〉,王顯,《中國語文》1978 年 4 期。

38. 〈試論五星占的時代和內容〉,何幼琦,《學術研究》1979 年 1 期。

39. 〈馬王堆漢墓帛畫的神話史意義〉,鍾敬文,《中華文史論叢》1979 年 2 期。

40. 〈馬王堆漢墓帛畫日月神話起源考〉，周士琦，《中華文史論叢》1979 年 2 期。

41. 〈太平經的哲學思想〉，卿希泰，《四川師院學報》，1980 年 1 期，1980 年 3 月。

42. 〈尚書鄭氏學〉，陳品卿，師大國研所博士論文，民國 69 年手抄自印本。

43. 〈論讖緯神學和階級鬥爭〉，鍾肇鵬，《中國哲學》2 輯，1980 年。

44. 〈書經中的河圖洛書〉，黎凱旋，《中華易學》1 卷 4 期，民國 69 年 6 月。

45. 〈河圖與天文曆律〉，黎凱旋，《中華易學》1 卷 5 期，民國 69 年 7 月。

46. 〈漢代天文學與陰陽五行說之關係〉，王璧寰，政大中研所碩士論文，民國 69 年 6 月。

47. 〈東漢碑刻與讖緯神學〉，呂宗力，中國社會科學院研究生畢業論文，1981 年。

48. 〈《文心雕龍‧正緯篇》探微〉，畢萬忱，《文史哲雙月刊》1981 年 5 期，1981 年 9 月。

49. 〈兩漢讖緯神學與反讖緯神學的鬥爭〉，王友三，《複印報刊資料（中國哲學史）》1981 年 11 期。

50. 〈讖緯之學產生的思想淵源的歷史條件初探（西漢）〉，李宋清，《華山師範學報》1982 年增刊。

51. 〈經、緯與西漢王朝〉，劉修明，《中國哲學》9 輯，1983 年 2 月。

52. 〈《後漢書》《尚書》考辨〉，蔡根祥，師範大學國研所碩士論文，民國 73 年 5 月。

53. 〈緯書名義論〉，王令樾，《輔仁學誌—文學院之部》12 期，民國 72 年 6 月。

54. 〈白虎通與讖緯〉，林麗雪，《孔孟月刊》22 卷，3 期。

55. 〈後漢書尚書考辨〉，蔡根祥，師大國研所碩士論文，民國 73 年 5 月。

56. 〈少昊氏稽索〉，李洪甫，《徐州師範學院學報》1984 年 1 期。

57. 〈論漢代讖緯神學〉，黃開國，《中國哲學史研究》1984 年 1 期。

58. 〈從漢碑看讖緯學對東漢思想的影響〉，呂宗力，《中國哲學》12 輯，1984 年 8 月。

59. 〈漢碑裏的緯書說〉，日‧中村璋八撰，陳鴻森譯，《孔孟月刊》23 卷 6 期，民國 74 年 2 月。

60. 〈談談許慎及其《說文》跟讖緯的問題〉，王顯，《古漢語論集》第一輯，1985 年 3 月。

61. 〈黃巾口號之謎〉，劉九生，《陝西師大學報》1985 年 2 期。

62. 〈夏小正之經傳〉，莊雅洲，《淡江學報》，民國 74 年 10 月。

63. 〈稷生神話探源〉，傅錫壬，《淡江學報》24 期，民國 75 年 4 月。

64. 〈詩緯星象分野考〉，林金泉，《成功大學學報—人文篇》21 卷，民國 75 年 11

月。

65. 〈讖緯的散失和明清時的輯佚〉，李勤德，《古籍整理研究學刊》1987 年 1 期。

66. 〈讖緯在哀平時期的泛濫及其思想意義〉，金春鋒，《漢代思想史》1987 年 4 月，中國社會科學出版社。

67. 〈東漢蜀楊厚經緯學宗傳〉（上、下） 程元敏，《國立編譯館》17 卷 1、2 期，民國 77 年 6 月,12 月。

68. 〈何休春秋公羊解詁研究〉，張廣慶，師大國研碩士論文，79 年 5 月。

69. 〈讖緯思想與訓詁符號—以白虎通爲例〉，羅肇錦，《臺北師院學報》第 3 期，民國 79 年 6 月。

70. 〈試論漢代的古史系統〉，王仲孚，《漢代文學與思想學術研討會論文》。

71. 〈論讖緯〉，鄭先興，《南都學壇》（社科版），1991 年 3 期。

72. 〈漢代災異學說與儒家君道論〉，楊世文，《中國社會科學》，1991 年 3 期。

73. 〈東漢時期思想變遷略論〉，韓敬，《孔子研究》，1991 年 3 期。

74. 〈讖緯中的宇宙秩序〉，殷善培，淡江中研所碩士論文，民國 80 年 6 月。

75. 〈緯書政治神話研究〉，冷德熙，北大哲學系博士論文，1991 年。

76. 〈緯書與政治神話研究〉，冷德熙，《天津社會科學》，1992 年 5 期。

77. 〈論漢代讖緯之學的興起〉，董平，《中國史研究》，1993 年 2 期。

78. 〈談讖緯文獻〉，方志平，《文獻學研究》，1993 年。

79. 〈論讖緯文獻中的天道聖統〉，徐興無，南京大學中文系研究生畢業論文，1993 年 5 月。

80. 〈《白虎通》禮制研究〉，唐兆君，輔大中研所碩士論文，民國 83 年 6 月。

81. 〈讖緯韻譜〉，周玟慧，《中國文學研究》第 9 期，1995 年 6 月出版。

附錄：黃奭輯《通緯・尙書緯》原文

《尙書緯》佚文

1、共計 416 條，其中黃奭《通緯》341 條、安居《重修本》66 條、增補 9 條。

2、阿拉伯數字「001」等，乃筆者爲便於檢索，依黃奭《通緯》原書所編次之條碼。
　　編碼前有字母「a」者，爲取材自安居香山《重修緯書集成・尙書緯》。

3、佚文前有「補」字者，則爲各輯本尙未收錄之增補佚文

《尙書緯》

001 春夏相與交，秋冬相與互，謂之母成子，子助母。

002 東方春龍，房位其規，仁好生不賊。

003 其帝青，表聖明，行趨惠也。

004 天子社，東方青，南方赤，西方白，北方黑，上冒以黃土，將封諸侯，各取方
　　土，苴以白茅，以爲社。

005 三公，司徒、司馬、司空也。

006 三皇無文字。

007 曰若稽古帝堯。稽，同也；古，天也。

008 刻爲商。

009 禪者，除地爲墠。

010 初堯在位七十載矣，見丹朱之不肖，不足以嗣天下，乃求賢以巽於位，至夢長
　　人，見而論治。

011 黃帝將亡則地裂。

012 五靈。

013 艷妻謂屬王之婦。

014 璇、璣、斗、魁四星，玉衡、杓、橫三星，合七，齊四時、五戚。五戚者，五行也。五戚在人爲五命，七星在人爲七端。北斗居天之中，當昆侖之上，運轉所指，隨二十四气，正十二辰，建十二月。又州國分野年命，莫不政之，故爲七政。

015 棟星亡，皋深重誅。

016 枉矢流，天射王。

017 時五紀。氣在于春紀，可以勸農桑，禁斬伐，以安國家。如是，則歲星行度，五穀滋矣。政失于春，星不居其常。

018 氣在初夏，其紀熒惑星，謂發氣之陽，可以毀消金銅，與氣同光，使民備水火，皆清巳脣，是謂敬天之明，必勿行武。與季夏相輔，初是夏之時，衣赤，與季夏同期，如是則熒惑順行矣。

019 政失於夏，則熒惑逆行。

020 熒惑反明，白帝亡。

021 人主政治寬平，則填星從陽道而行，天下昇平。人主政治酷暴，則填星從陰道而行，邊境兵起。

022 填星乘守右角，色黃明，必有德令，期二月。

023 填星逆行，乘守箕，后夫人多憂疾。若六畜瘟其肉，殺人。若貴人多罪斥，皆期不出年。

024 紀星有五，一主歲，二主月，三主日，四主星辰，五主歷數。

025 星有好風，星有好雨。注：以言風雨，遂專主箕、畢，其實不專言箕、畢也。凡星之所同好者，如黿龜魚鱉等星，何嘗不應風雨。以此推之，他星皆可候而知，但須善惡要審之明耳。

026 文政失于東冬，星辰不動其居。

027 時雨、時暘、時燠、時寒、時風，此休徵也。人主五事修明，則雜星之吉者出而應之。恒雨、恒暘、恒燠、恒寒、恒風，此咎徵也。人主五事失道，則雜星之凶者出而應之。

028 庶民惟星，好風好雨，不專主箕、畢，其他眾星之所好同者，亦賅于此。以雜星應庶民，亦一理也。亦不可執其說以論之。

029 帝者，天號；王者，人稱。天有五帝以立名，人有三王以正度。天子，爵稱也；皇者，煌煌也。

030 鄭氏注：甄，表也。附錄

a266 淮雨。

a270 文王年九十六，始稱王。

a271 故先師準緯候之文，以爲三皇行道，五帝行德，三王行仁，五霸行義。

《尚書考靈曜》

031 天從上臨下八萬里，天以圓覆，地以方載。

032 周天三百六十五度四分度之一，而日日行一度，則一朞三百六十五日四分日之一。

033 一度二千九百三十二里、千四百六十一分里之三百四十八，周天百七萬一千里。
爾雅百十萬

034 地有四遊。冬至，地上北而西，三萬里。夏至，地下南而東，復三萬里。春、秋分，則其中矣。地恆動不止，人不知。譬如人在大舟中，閉牖而坐，舟行而人不覺也。

035 七戎、八蠻、九夷、八狄，總而言之，謂之四海。海之言晦晦，無所睹也。

036 春則星辰西遊，夏則星辰北遊，秋則星辰東遊，冬則星辰南遊。

a20 二十八宿之外，各有萬五千里，是爲四游之極，謂之四表。

037 日道出于列宿之外萬有餘里。

038 正月假上八萬里，假下十萬四千里。

039 日照四極九光，東日日中，南日日永，西日宵中，北日日短，光照四十萬六千里。

040 日光隆照，四十萬六千里。

041 日行一度。

042 月行十三度十九分度之七。

043 月萬世不失九道謀。

044 凡九百四十分爲一日，二十九日與四百九十九分爲一月。

045 當日則光盈，近日則明盡。

046 分周天爲三十六頃，頃有十度九十六分度之十四。長日分於寅，行二十四頃，入於戌，行十二頃。短日分於辰，行十二頃，入於申，行二十四頃。

047 仲春、仲秋，日出於卯，入於酉。仲夏，日出於寅，入於戌。仲冬，日出於辰，入於申。

048 日永，景一尺五寸：日短，景尺三寸。日景於地，千里而差一寸。

049 夏至之景，尺有五寸，謂之地中。

050 日入三刻爲昏，不盡三刻爲明。

051 晝夜漏三十六頃。

052 分寸之晷，代天氣生，以制方員，方員以成，參以規矩。昏明主時，乃命中星，觀玉儀之遊。

053 玉儀之制，昏明主時。

054 在璇璣玉衡，以齊七政。璇璣未中而星中，是急，急則日過其度，月不及其宿。璇璣中而星未中，是舒，舒則日不及其度；月過其宿，璇機中而星中，爲調，

調則風雨時。風雨時，則草木蕃庶，而百穀熟，萬事康也。

055 鳥星爲春候，火星爲夏期，專陽相助，同精感符。虛星爲秋候，昴星爲冬期，陰陽相佐，德乃弗邪。子助母收，母合子符。

056 主春者鳥星，昏中可以種稷；主夏者心星，昏中可以種黍；主秋者虛星，昏中可以種麥；主冬者昴星，昏中則入山，可以斬伐，具器械。王者南面而坐，視四星之中者，而知民之緩急。急則不賦力役，敬授民時。

a40 主夏者心星，昏中，可種半夏之斗矣。

a41 主冬者昴星，昏如中，則山人以斷伐，具器械矣。虞人可以入澤梁，收萑葦，以畜積田獵。

057 天地開闢，曜滿舒光，元厤紀名，日、月首甲子冬至，日、月、五星，俱起牽牛初，日、月若懸璧，仰觀天形如車蓋。五星若編珠，青龍甲子，攝提格舉。

058 冬至日，月在牽牛一度，求昏中，取六頃，加三旁，蠹順除之。

a123 夏至日，日在東井廿三度有九十六分之九十三，求昏中者，取十二頃，加三旁，蠹順除之。

a124 冬至日，日在牽牛一度有九十六分之五十七，求昏中者，取六頃，加三旁，蠹順除之。求明中者，取六頃，加三旁，蠹却除之。

a125 元紀己巳允起，旃蒙攝提格之歲，畢娵之月，正月己巳朔旦立春，日、月、五星，皆起營室（至）〔五〕度。

a126 以仲春、仲秋，晝夜分之時，光條照四極，周經凡八十二萬七千里，日光接，故曰寸晷，代天氣生。

a9 甲寅元，其所起在四分庚申元，後百十四歲，朔差却二日。

a10 旃蒙之歲，乙卯元也。

補：以閏月定四時成歲，順序日月之圖。閏者，陽之餘。（《北堂書鈔》引《尚書考靈耀》）

059 斗三十二度無餘分，冬至在牽牛所起。

060 時五紀。气在於春紀，可以觀農桑，禁斬伐，以安國家。如是，則气星得度，五穀滋矣。政失于春，星不居其常。

061 春佩蒼璧，乘蒼馬，以出遊，發令於外。春行仁政，順天之常，以安國也。

062 气在初夏，其紀熒惑，是謂發氣之陽，可以毀消金銅，與氣同光，使民備火，皆清已膚，是謂敬天之明，必勿行武。與季夏相輔，初是夏之時，衣赤，與季夏同期，如是則熒惑順行，甘雨時矣。

063 气在於季夏，其紀填星，是謂大靜，無立兵。立兵命曰犯命。奪人一畝，償以千金；殺人不當，償以長子。不可起土功，是謂犯地之常，滅惠之光。可以居正殿，安處舉。有道之人，與之慮國，人以順式，時利以布大惠，修禮義，不可以行武事。可以赦辜人，與惠相應。其禮衣黃，是謂順陽陰奉天之常也。如是，則填星得度，其地無灾。

064 西方秋虎。

065 秋絕太白，是謂大武，用時治兵得功。

066 气在於冬，其紀辰星，是謂陰明。

　　a122 氣在於冬，其紀辰星，是謂陰明。無發冬氣，使物不藏，無害水道，與氣
　　　　相葆。物極於陰，復始爲陽。其時衣黑，與氣同則。如是則辰星宜放其鄉，
　　　　冬藏不泄，少疾喪矣。

067 歲星爲規，熒惑爲矩，塡星爲繩，太白爲衡，辰星爲權。權衡規矩繩，並皆有
　　所起，周而復始。故政失於春，歲星滿偃，不居其常；政失於夏，熒惑逆行；
　　政失於季夏，塡星失度；政失於秋，太白失行，出入不當；政失於冬，辰星不
　　效其鄉；五政俱失，五星不明，年穀不登。春政不失，五穀孳；夏政不失，甘
　　雨時；季夏政不失，地無菑；秋政不失，人民昌；冬政不失，少疾喪；五政不
　　失，百穀稚熟，日、月光明。此則日、月、五星，共爲七政之道。亦名七耀，
　　以其是光耀運行也。

068 通天文者明，審地理者昌。明者，天之時也；昌者，地之財也。明王之治，鳳
　　皇下之。

069 天有九野，九千九百九十九隅，去地五億萬里。何謂九野？中央均天，其星角、
　　亢；東方皞天，其星房、心；東北變天，其星斗、箕；北方元天，其星須、女；
　　西北幽天，其星奎、婁；西方成天，其星胃、昴；西南朱天，其星參、狼；南
　　方赤天，其星輿、鬼、柳；東南陽天，其星張、翼、軫。

　　a61 觀玉儀之游，昏明主時，乃命中星，中央鈞天，其星角、亢；東方皞天，其
　　　　星房；東北變天，其星斗、箕；北方玄天，其星須、女；西北幽天，其星
　　　　奎、婁；西方成天，其星天狼、胃、昴；西南朱天，其星觜、參；南方赤
　　　　天，其星輿、鬼、柳；東南方陽天，其星張、翼、軫。

070 歲星，木精；熒惑，火精；塡星，土精；太白，金精；辰星，水精。

071 心，火星，天王也，其前星太子，後星庶子也。

072 歲星得度，五穀孳。熒惑順行，甘雨時。塡星得度，地無灾。太白出入當，五
　　穀成熟，人民昌。

073 太白經天，水決江。

074 放勳欽明，文思晏晏。

075 宅嵎銕。

076 建用皇極。

077 五百載，聖紀符，四千五百六十歲，精反初，握命，人起，河出圖，聖受思。

078 丘生倉際，觸期稽度，爲赤制，故作《春秋》以明文命，綴紀誤書，修定禮義。

　　a88 孔子爲赤制，故作《春秋》。

079 秦失金鏡，魚目入珠。

080 卯金出軫，握命孔符，河圖子提，期地留，赤用藏，龍吐珠也。

081 趙王政以白璧沈河，有黑公從河出，謂政曰：「祖龍來授天寶開。」中有尺二玉牘。

082 七政，曰日月者，時之主也；五星者，時之紀也。

083 春一日，日出卯入酉，昴星一度，中而昏，斗星十二度，中而明。仲夏一日，日出寅入戌，心星五度，中而昏，營室十度，中而明。秋一日，日出卯入酉，須女四度，中而昏，東井十一度，中而明。仲冬一日，日出辰入申，奎星一度，中而昏，氐星九度，中而明。卯酉，陰陽交會，日月至此為中道，萬物盛衰、出入之所，故號二八之門，以當二、八月也。

084 日照東極九光，東日日中，南日日永，西日宵中，北日日短，光照四十四萬六千里。

085 二十八宿，周天三百六十五度四分度之一。

    a129 二十八宿，天元氣，萬物之精也，故東方角、亢、氐、房、心、尾、箕七宿，其形如龍，曰左青龍；南方井、鬼、柳、星、張、翼、軫七宿，其形如鶉鳥，曰前朱雀；西方奎、婁、胃、昴、畢、觜、參七宿，其形如虎，曰右白虎；北方斗、牛、女、虛、危、室、壁七宿，其形如龜蛇，曰後玄武。二十八宿皆有龍虎鳥龜之形，隨天左旋。

    a101 天如彈丸，圍圓三百六十五度四分度之一。

086 春發令於外，行仁政，從天常，其時衣青。夏可以毀消金銅，使備火，敬天之明，其時衣赤。中央土舉，有道之人，與之慮國，可以殺辜，不可以起土功，犯地之常，其時衣黃。秋無毀金銅，犯陰之剛，用其時持兵，宜殺猛獸，其時衣白。冬無使物不藏，毋害水道，與氣相保，其時衣黑。

    a116 氣在於春，其紀歲星，是謂大門，禁民無得斬伐有實之木，是謂伐生絕氣，於其時諸道皆通，與氣同光。佩倉璧，乘倉馬以出遊，衣青之時，是則歲星得度，五穀滋矣。

087 帝起受終，五緯合軫。

088 天失日月，遺其珠囊。

089 黑帝亡，二日竝照。

090 黑帝亡，狼弧張也。

091 熒惑反明，白帝亡。

092 流星色青赤，地雁，其所墜處，兵起，青赤。

093 天雁，軍中之精華也。

094 王良策馬，狼弧張，呲咀害，血將將。

095 微式出冥，惟審其形。

096 春夏民欲早作，故令民先日出而作，是謂「寅賓出日」。秋冬民欲早息，故令民候日入而息，是謂「寅餞納日」。春迎其來，秋送其去，無不順矣。

097 日尊故滿，滿故明，明故精在外。日滿者，長盛無虧也。日永景尺五寸，日短

景丈三尺，晝夜之量，三十六頃。

098 日射虹，臣謀兵。

099 晦而月見西方曰朓，朔而月見東方曰側匿。

100 桑者，箕星之精。木蟲食之，葉爲文章；人食之，老翁爲小鬼。

a262 周以至動，殷以萌，夏以牙。

《尚書帝命驗》

101 帝者承天立五府，以尊天重象。五府，五帝之廟：蒼曰靈府，赤曰文祖，黃曰神斗，白曰顯紀，黑曰元矩。唐、虞謂之五府，夏謂世室，殷謂重屋，周謂明堂，皆祀五帝之所也。

102 春夏民欲早作，故令民先日出而作，是謂「寅賓出日」。秋冬民欲早息，故令民候日入而息，是謂「寅餞納日」。春迎其來，秋送其去，無不順。

103 禺銕在遼西。即青之嵎夷，近日出，故敬賓出之。

104 土者，金之父也。

105 自三皇以下，天命未去，饗善使一姓不再命。

106 天道無適莫，常傳其賢者。

107 姚氏縱華感樞。

108 虞舜在側陋，光曜顯都，握石椎，懷神珠。

109 順堯考惪，題期立象。

110 舜受命，蕢莢孳。

111 舜受終，赤鳳來儀。

112 西王母於太荒之國，得益地圖，慕舜惪，遠來獻之。

113 王母之國在西荒，凡得道授書者，皆朝王母於崑崙之闕。

a248 王母之國在西荒，凡得道授書者，皆朝王母於崑崙之闕。王褒字子登，齋戒三月，王母授以瓊花寶曜、七晨素經，菜盈從西城王君，詣白玉龜臺，朝謁王母，求長生之道。王母授以玄眞之經，又授寶書，童散四方。洎周穆王，駕黿鼉魚鼈，爲梁以濟弱水，而升崑崙玄國、閬苑之野，而會于王母，歌白雲之謠，刻石紀，迹于弇山之下而還。

a249 西王母獻白玉琯及益地圖。

114 禹，白帝精，以星感。脩紀山行見流星貫昴，意感栗然，生姒戎文命禹。

115 有人大口，兩耳參漏，足文履己，首戴鉤鈐，胸懷玉斗，分別九州，隨山濬川，任土作貢。

116 桀無道，夏出霜。

a357 夏桀無道，枉矢射。

a358 桀爲無道，地吐黃霧。

a360 夏桀無道，天雨血。

a362 夏桀無道，山亡土崩。

117 夏桀無道，殺關龍逢，絕滅皇圖，壞亂厤紀，殘賊天下，賢人逃遁，淫色嫚易，不事祖宗。

118 桀失其玉鏡，用其噬虎。

119 季秋之月甲子，赤雀銜丹書入酆，止昌戶，昌拜稽首，至於磻溪之水，呂尚釣涯，王下趣拜，曰：「公望七年，乃今見光景於斯。」答曰：「望釣得玉璜，刻曰：『姬受命，呂佐旌。』」遂置車左，王躬執驅，號曰「師尚父」。

120 季秋之月甲午，赤雀銜丹書，止於昌戶，民踰山穿穴，老幼相扶，歸者八十萬戶。

121 季秋之月甲子，赤雀銜丹書，入於酆，止於昌戶，其書云：「敬勝怠者吉，怠勝敬者滅；義勝欲者從，欲勝義者凶。凡事不強則不枉，不敬則不正；枉者癈滅，敬者萬世。以仁得之，以仁守之，其量百世；以不仁得之，以仁守之，其量十世；以不仁得之，不仁守之，不及其世。」

122 太子發渡河，中流，火流爲烏，其色赤。

123 天鼓動，玉弩發，天下驚。

124 賊類出，高將下。

125 賊起蚩，卯生虎。

126 有人雄起，戴玉英，履赤矛，析旦失篇，亡其金虎。

127 東南紛紛，注精起，昌光出軫，己圖之。

128 帝者，天號也；王者，人稱也。天有五帝以立名，人有三王以正度。天子，爵稱也；皇者，煌煌也。

129 天有五號，尊而君之則曰「皇天」，元氣廣大則稱「昊天」，仁覆閔下則「旻天」，自上監下則稱「上天」，據遠視之蒼蒼然，則稱「蒼天」。

130 天宗日、月、北辰，地宗岱、河、海也。日、月爲陰陽宗，北辰爲星宗，河爲水宗，海爲澤宗，岱爲山宗。

131 堯夢長人，見而論治，舉舜于服澤之陽。

132 禹身長九尺，有只虎鼻、河目，駢齒、鳥喙，耳三漏，戴成鈐，裏玉斗，玉骭履巳。

133 卯金出軫，握命孔符。

134 秦失金鏡，魚目入珠。

135 河圖子提，期地留，赤用藏，龍吐珠。

136 河龍圖出，洛龜書成，赤文象字，以授軒轅。

a166 德至於元，則祥風起。

a255 九族，乃異姓之有屬者。

補：日月之房，惟參鳥龜，令信予明，旗星出令之。（注：）明，謂有天子之氣。
旗星，有光明之星也，謂五星也。以一隅言之，本紀曰歲，火紀曰熒惑。
（〔唐〕劉賡輯《稽瑞》引《尚書帝命驗》）

補：「勤世者，愛馬受。」宋均曰：「勤世者，勤勞應世也。馬，若堯時得馬負
圖也。」（〔唐〕劉賡輯《稽瑞》引《尚書帝命驗》）

《尚書璇璣鈴》

137 尚書篇題號：尚者上也，上天垂文象，布節度；書者如也，如天行也。

138 書務以天言之，因而謂之書，加尚以尊之。

139 孔子求書，得黃帝元孫帝魁之書，迄於秦穆公，凡三千二百四十篇，斷遠取近，
定可以為世法者百二十篇，以百二篇為尚書，十八篇為中候。

140 三皇百世，計神元書，五帝之世，受籙圖。

141 孔子曰：「五帝出，受籙圖。」

142 帝嚳以上，朴略難傳，唐、虞已來，煥炳可法。

　　a179 帝堯炳煥，隆興可觀，曰載、曰車、曰軒、曰冠、曰冕，作此車服，以賜
　　　　有功。

143 禪讓之首，至周五代，一意故耳。

144 禹開龍門，導積石，決岷山，治九貢。

145 禹開龍門，導積石，元圭出，刻曰：「（廷）〔延〕喜玉，受惠，天賜佩。」

146 湯受金符帝籙，白狼衘鈎，入殷朝。

147 武王得兵鈐，謀東觀，白魚入，王俯取魚以燎，八百諸侯順同不謀。魚者視用
無足翼從，欲紂如魚，乃誅。

148 鳥以穀俱來。

149 火者陽也，鳥有孝名，武王卒父業，故烏瑞臻；赤者，周之正色也；穀，記后
稷之惪。

150 河圖命紀也，圖天地、帝王、終始、存亡之期，錄代之矩。

151 使帝王受命，用吾道述堯理代，平制禮，放唐之文，化洽作樂，名斯在。

152 有帝漢出，德洽作樂，名予。

153 鬼哭山鳴。

　　a200 桀時，有日鬥蝕。

　　a201 三百五篇。

154 北斗第一星，變色數赤，不明，七月兩日蝕。

155 北斗第一星，變色微赤，不明，六月而日蝕。

156 日以子丑二辰變色，齊楚之邦，非兵即旱，其君多疾，若色黑白，必有水與喪。

157 日以寅卯二辰變色，燕宋之郊，青草不生，糴貴四倍，若色青色，其君有憂，

且多水災。

158 日以辰巳二辰變色，鄭楚之邦，水旱不調，兵民戕賊，必有失地之主，若色怒而赤，其邦亢旱三年。

159 日以午未二辰變色，西秦與東周，各有強兵相侵，戰爭不息，若色黑白，周國有殃，秦邦禍輕。

160 日以申酉二辰變色，趙魏之邦，兵甲滿野，大水入城傷民，若色青白，其災二年乃息。

161 日以戌亥二辰變色，魯衛之邦，君臣不和，上下各有陰謀。若月色赤者，君逐其臣；月色黑者，臣逐其君。

162 日旁氣白者為虹，日旁赤青者為霓。

163 太白經天，水決江。

164 流星色青赤，名地雁，其所墜處，兵起。天雁，軍中之精華也。

165 上清下濁，號曰天地。

166 房為明堂，主布政。參為大辰，主斬刈。兼此二者，故聖王重齒，以為表也。

167 冬至陰雲，郡國有雲，迎日來者，歲大美。此竝聖德，光被四表，上感天心，請付有司以彰嘉瑞。從之。

168 天子之尊也，神精與天地通，血氣與日月摠，含五帝之精，天之愛子也。

169 帝者，天之號；王者，人之稱。天有五帝以立名，人有三王以正度。

170 天子，爵稱也；皇者，煌煌也。

171 在政不私公位，稱之曰帝。

172 少室之山，大竹堪為釜甑。

173 人皇氏九頭，駕六羽，乘雲車，出谷口，分九州。

174 有神人，名石年，蒼色大眉，戴玉理，駕六龍，出池輔，號皇神農，始立地形，甄度四海，東西合九十萬里，南北八十一萬里。

175 帝者，天號也；王者，人稱也。天有五帝以立名，人有三王以正度。天子，爵稱也；皇者，煌煌也。

《尚書刑德放》

176 稷為司馬，禼為司徒，禹為司空，聖帝即位，三公象三能矣。

177 禹長於地理、水泉、九州，得括地象圖，故堯以為司空。

178 堯知命，表稷、契，賜姓子、姬；皋陶典刑，不表姓；言天任惠遠刑。禹姓姒氏，祖昌意以薏苡生。殷姓子氏，祖先以元鳥生也。周姓姬氏，祖以履大人跡生也。

補：大辟刑罰之屬五百，剕罰之屬五百，宮罰之屬三百，大辟之罰，其屬二百，五刑之屬三千。（《五行大義》引《刑德放》）

178 大辟之屬二百，象天之刑。

179 尉象七政，日、月、五星，應政變易。髓象七精，宿變易，即氣色生也。墨象斗華。

180 涿鹿者，竿人頭也。黥者，馬羈竿人面也。髓者，脫去人之髓也。髓法之屬五百，象七精。宮者，女子淫亂，執置宮中，不得出也。割者，丈夫淫，割其勢也。

    a231 涿鹿者，竿人頭也，黃帝殺之涿鹿之野，身首異處，故別葬，豈竿其首于涿鹿地乎？

181 日月東行。

    a104 日月東行。而日行遲，月行疾，何？君舒臣勞也。日月行一度，月日行十三度十九分度之七。

182 大辟象天，刑、罰、贖之數三千，應天、地、人。

183 當赦而不赦，月爲之蝕。

184 五刑當輕反重，虐酷忽，月蝕消，既行失繩墨，大水淫，枯旱。其救之也，惟敬五刑，以成三惪。

185 周穆王以呂侯爲相。

186 日、月、五星皆行，而日行遲，月行疾也。三十日。日過三十，月過四百，行有遲速也。

    a235 東方春，蒼龍，其智仁；南方夏，朱鳥，好禮；西方秋，白虎，執義；北方冬，玄龜，主信；會中央土之精。

《尚書運期授》

187 《河圖》曰：「倉帝之治，八百二十歲，立戊午蔀。」

188 白帝之治，六十四世，其亡也，枉矢參射。

    a287 流星出參中，白帝之亡，枉矢射參。天子失義，則枉矢射參。

189 房，四表之道。

190 蒼帝亡也，大亂，彗東出。

191 黃帝亡也，黃星墜。

192 赤帝亡也，五郡陷。

193 白帝亡也，五殘出。

    a242 熒惑反明，白帝亡。

194 黑帝亡，二日竝出。

195 桀失玉鏡，用噬其虎。

《尚書中候》

a296 皇,道;帝,德。爲內外優劣,散則通也。

a447 天能有變,厥災爲土論(淪)、山崩、谷滿(溜)、川枯。

補：呂暨姓羑字子牙,殷末東海人也,聞文王有德而往歸之,遂處磻磎之上,釣得一魚,魚腹中有玉璜,因之爲應,遂爲文王之師也。出《尚書中候》。（唐抄本《琱玉集》）

補：皇帝古者三皇,即軒轅黃帝也。時有景星出見,形如半月,麒麟、鳳凰皆遊苑囿,洛龜負書而出,河龍銜圖而至,此乃德感上天,致有斯瑞也。出《帝王世紀》及《尚書中候》。（唐抄本《琱玉集》）

補：「乃異嘉傑,存賞白首,爵唯鰥寡」,謂文王在豐邑者也。（《北堂書鈔·養老》引《尚書中候》）

補：毀乘忍。（《北堂書鈔·暴虐》引《尚書中候》）

《尚書中候勅省圖》

196 高陽氏尚赤,以十一月爲正,薦玉以赤繒。高辛氏尚黑,以十三月爲正,薦玉以黑繒。陶唐氏尚白,以十二月爲正,薦玉以白繒。有虞氏尚赤,以十一月爲正。

《尚書中候握河紀》

197 粵若堯母曰慶都,遊於三河,龍負圖而至,其文要曰：「亦受天佑,眉八采,鬢髮長七尺二寸,圓,兌上豐下,足履翼宿。」既而陰風四合,赤龍感之,孕十四月而生於丹陵,其狀如圖,身長十尺。

198 有盛德,封於唐,厥夢作龍而上,厥時高辛氏衰,天下歸之。

199 帝堯文明。

200 帝堯即政七十載。

201 德政清平,比隆伏羲。

202 景星出翼。

a320 帝堯即政七十載,景星出翼。

a325 帝堯即政七十載,德政清平,比隆伏羲,鳳皇巢於阿閣,騶林,景星出翼軫,朱草生郊,嘉禾孳連,甘露潤液,醴泉出山,修壇河洛,榮光出河,休氣四塞。

203 鳳皇止庭,朱草生郊,嘉禾孳連,甘露潤液,醴泉出山。

204 廚中自生宍,厥薄(薄)如箑,搖動則風生,食物寒而不臭,名曰箑脯。

205 草夾階而生,月朔始生一莢,月半而生十五莢,十六日已後,日落一莢,及晦而盡,月小盡,則一莢焦而不落,名曰蓂莢,又曰麻莢。

206 天地開闢,甲子冬至,日月若懸璧,五星若編珠。

207 伯禹拜曰：「昔帝軒提像,配永循機。」

208 天地休通，五行期化。

209 鳳皇巢阿閣，謹樹。

210 麒麟在囿，鸑鳥來儀。

　　a304 帝軒提像，配己永脩機。景昇於提，鳳皇巢于阿閣。

　　a307 黃帝時，麒麟在囿，鸑鳥來儀。

211 黃帝巡洛，河出龍圖，洛出龜書，曰：「赤文象字，以授軒轅。」

212 神龍負圖出河，處犧受之，以其文畫八卦。

213 乃鑄鼎荊山之下，成，有龍下迎，黃帝上龍，羣臣后宮，從上天者，柒秩余人，小臣悉持龍髯，拔，墜黃帝弓。

214 堯曰：「皇道帝德，非朕所專。」脩壇河雒，仲月辛日昧明，帝立壇，磬折西向，禹進迎舜，契陪位，稷辨護。

215 乃沈璧於河，禮備，至于日稷，榮光出河，休氣四塞。

216 白雲起，回風搖，龍馬銜甲，赤文綠地，自河而出。

　　a311 仲月辛日，昧明，禮備，至于稷，榮光出河，休氣四塞，白雲起，因風搖，帝立壇，磬西向。

　　a313 帝堯即位七十載，修壇河洛，仲月辛日，禮備，至於日稷，榮光出河，龍馬銜甲，赤文綠色，臨壇吐甲圖。

　　a467 堯即政十七年，仲月甲日，至于稷，沈璧于河，青雲起，回風搖落，龍馬銜甲，赤文綠色，自河而出，臨壇而止，吐甲迴遭。甲似龜，廣九尺，有文言虞、夏、商、周、秦、漢之事。帝乃寫其文，藏之東序。

217 堯勵德匪懈，萬民和欣，則〔河中龍馬銜甲，綠〕色，龜背廣袤九寸，五色，領下有文，赤文似字。

218 甲似龜背，袤廣九尺。

219 平上五色，上有列宿，斗正之度，帝王錄紀，興亡之數。帝乃寫其文，藏之東序。

　　a308 堯火德，故赤龍應焉。

220 禹觀於濁河，而授（受）綠字。

221 初堯在位七十載矣，見丹朱之不肖，不足以嗣天下，乃求賢以異於位。至夢長人，見而論治，舜之潛德，堯實知之，於是疇咨於眾，詢四嶽，明明揚仄陋，得諸服澤之陽。

222 稷爲大司馬，舜爲大尉。

223 伯禹在庶。

224 四嶽師，舉薦之帝堯。

225 堯使禹治水，握括命，不試，爵授司空。

226 伯禹稽首，讓于益、歸。

227 帝曰：「何斯若真。」

228 出爾命圖，示乃天。

229 伯禹曰：「臣觀河伯，面長，人首魚身，出曰：『吾河精也。』」

230 表曰：「文命治淫水。」

231 授臣河圖，蹙入淵。

232 伯禹拜辭。

233 堯曰：「嗟，朕無德，欽奉丕圖，賜爾二三子，斯封稷、契、皋陶，賜姓號。」

a486 舜曰：「朕惟不仁，莫茨浮着，百獸鳳晨。」若稽古帝舜，曰重華，欽翼皇象，帝舜至於下稷，榮光休至，黃龍負卷舒圖，出水壇畔，赤文綠錯。

a479 作靈臺，緩優暇紂。

a521 藩侯陪位，群公皆就，立如舜，周公差應，至于日晨，榮光汨河，青雲浮至，青龍仰玄甲，臨壇上，濟止圖滯，周公視三公，視其文，言周世之事，五百之戒，與秦漢事。

a532 德合五帝坐星者，稱帝，則黃帝、金天氏、高陽氏、高辛氏、陶唐氏、有虞氏是也。實六人而稱五者，以其俱合五帝坐星也。

a533 黃倉七禪，自黑不。

《尚書中候運衡》

234 歸功於舜，將以天下禪之，乃潔齊修壇于河雒之間，擇良日，率舜等升首山，遵河渚，有五老遊焉，蓋五星之精也。

235 相謂曰：「河圖將來，告帝以期，知我者，重瞳黃姚。」

236 五老因飛為流星，上入昴。

237 帝堯刻璧，率臣東沈于雒，書「天子臣放勛，德薄，施行不元」。

238 退候至于下稷，赤光起，玄龜負書出，背甲赤文成字，止壇。又沈璧於河，黑龜出，赤文題。

239 朕率羣臣，沈璧於雒河，退俟于下稷，赤光起，玄龜負書，赤文成字。

240 年耆既艾。

241 日月營始。

《尚書中候立象》

242 握登生舜於姚墟，龍顏色黑，身長六尺一寸。

243 父母憎之，使其塗廩，自下焚之，舜乃服鳥工之衣飛去。又使浚井，自上填之，舜服龍工之服，自傍而出。

244 嘗耕於歷，夢眉長與髮等。

245 曰若稽古帝舜，曰重華。

246 欽翼皇象，建皇授政改朔。

247 舜禮壇於河畔，沈璧禮畢，至於下稷，榮光休至，黃龍負卷舒圖，出水壇畔，赤文綠錯。

248 帝舜曰：「朕惟不义，莫茭孚，百獸鳳晨。」

249 襃賜羣臣，爵賞有分，稷契、皋陶益土地。

250 景星出房，地出乘黃之馬。

251 西王母獻白環、玉玦。

252 在位十有四年，奏鍾石笙筦，未罷，而天大雷雨，疾風發屋、伐木，桴鼓播地，鍾磬亂行，舞人頓伏，樂正狂走。

253 舜乃擁權持衡而笑曰：「明哉，夫天下非一人之天下也，亦見於鍾石笙筦乎？」

254 乃薦禹於天，行天子事。於時和氣普應，慶雲興焉，若烟非烟，若雲非雲，郁郁紛紛，蕭索輪囷。

255 白工相和而歌慶雲，帝乃倡之曰：「慶雲爛兮，糺縵縵兮，日月光華，旦復旦兮。」

256 羣臣咸進，稽首曰：「明明上天，爛然星陳，日月光華，弘於一人。」

257 帝乃載歌曰：「日月有常，星辰有行，四時從經，萬姓允誠。於予論樂，配天之靈，遷於賢聖，莫不咸聽，鼗乎鼓之，軒乎舞之，精華以竭，褰裳去之。」於時八風修通，慶雲叢聚，蟠龍奮迅於厥藏，蛟魚踊躍於厥淵，龜鼈咸出厥穴，遷虞而事夏。舜乃設壇於河，如堯所行。至於下稷，容光休至，黃龍負圖，長三十二尺，置於壇畔，赤文綠錯，其文曰：「禪於夏后，天下康昌。」

258 脩己剖背，而生禹於石紐，虎鼻彪口，兩耳參鏤，首戴鉤鈐，匈懷玉斗，足文履己，故名文命。長九尺九寸，夢自洗於河，以手取水飲之，乃見白狐九尾。

259 觀於河，有長人，白面魚身，出曰：「吾河精也。」呼禹曰：「文命治淫。」言訖，受禹河圖，言治水之事。乃退入於淵。於是以告曰：「臣見河伯，面長，人首魚身，曰：『吾河精。』授臣河圖。」

260 治水既畢，天悉玄珪，以告成功。夏道將興，草木暢茂，郊止青龍，祝融之神，降於崇山。

261 乃受舜禪，即天子之位，天乃悉禹洪範九疇，洛出龜書五十六字。此謂洛出書者也。

262 南巡狩濟江，中流有二龍負舟，舟人皆懼，禹笑曰：「吾受命於天，屈力以養人，性也。死，命也。奚憂龍哉？」龍於是曳尾而逃。

263 文命盛德，俊义在官，則朱草生郊，醴泉出山。

《尚書中候義明》

264 洞五九，禮閼郵。

265 仁人傑出，握表之象，日角姓，合音之于。

《尚書中候苗興》

266 契之卵生，稷之迹乳。

267 堯受圖書已，有稷名在錄，言其苗裔當干。

268 皋陶之苗爲秦。

　　a356 皋陶於洛，見黑書。

《尚書中候契握》

269 曰若稽古王湯，既受命興，由七十里起。

270 玄鳥翔水，遺卵下流，娀簡易拾吞，生契，封商。後萌水湯。

271 賜姓子氏，以題朕躬。

《尚書中候雒予命》

272 夏桀無道，殺關龍逢，絕滅皇圖，壞亂歷紀。

274 殘賊天下。

275 賢人遁逃。

276 淫色嫚易。

277 不事祖宗，枉矢射，山亡土崩，地吐黃霧，天雨血，天乙在亳。

278 諸鄰國禨負歸德，湯東觀於雒，云：「寡人慎機。」湯降三分璧，沈于雒水。

279 退立，榮光不起。

280 黃魚雙躍，出躋于壇。

281 黑鳥以雄，隨魚亦止。

282 化爲黑玉，赤勒曰：「玄精天乙，受神福命之，予伐桀命克，予商滅夏，天下服。」

283 三年，天下悉合。

　　a367 桀後十三世，生主癸，主癸之妃曰扶都，見白氣貫月，意感，以乙日生湯，號天乙。

284 湯沈璧于河，黑龜出，赤文題。

285 湯牽白狼，握禹錄。

《尚書中候稷起》

286 蒼耀稷生，感迹昌。

287 昌受命，發行誅，旦弘道。

《尚書中候我應》

288 文王如豐，將伐崇，受赤烏。

289 周文王爲西伯，季秋之月甲子，赤雀銜丹書入豐，止於昌戶，王再拜稽首，最曰：「姬昌，蒼帝子，亡殷者紂也。」

290 崇侯虎倡紂爲無道。

291 作靈臺。

292 伐枝弱勢。

293 玄湯伐亂崇嬖首，王曰：「於戲斯在，伐崇謝告。」

294 攝提移居。

295 廢考，立發爲太子。

296 文王戒武王曰：「我稱非早，一人固下。」

297 脩我度，遵德紀，我終之後，恒稱太子，河雒復告，遵朕稱王。

298 梓化爲柏，以告文王，文王幣告，羣臣與發，並拜吉夢。

《尚書中候雒師謀》

299 維王既誅崇侯虎，諸侯貢，萬民咸喜。

300 文王在豐，豐人一朝扶老，至者八十萬戶。

　　a380 周文王作豐，一朝扶老，至者八十萬戶，草居陋然，歌即曰：「鳳皇下豐也。」

301 呂尚出遊於雒，戊午，有赤人出，授吾簡，丹書曰：「命由呂。」

302 王將畋，史編卜之，曰：「將大獲，非熊非羆，天遺汝師臣。太祖史疇爲禹卜，得皋陶，其兆如此。」

303 王即回駕水畔，至磻谿之水，呂尚釣於崖，王下趨拜曰：「望公七年矣，乃今見光景於斯。」尚立變名，荅曰：「望釣得玉璜，刻曰：『姬受命，呂佐檢，德合昌來，提撰爾雒鈐，報在齊。』」號曰師尚父。

304 昔太公未遇文王時，釣魚於磻溪，夢得北斗輔星神，告尚以伐紂之意。

304 雒受金鈐，師名呂。

305 踐爾兵革，審權矩，應詐縱謀，出無孔。

306 所（殷）紂時，十日雨土於亳，紂卒國滅。

307 紂末年，雨石，皆大如甕。

　　a376 十日鬪，紂焚。

308 四海。

《尚書中候合符候》

309 孟春五緯聚房，鳳皇銜書曰：「殷帝無道，虐亂天下，世命已移，不得復久。靈祇遠離，百神歛去，五星聚房，昭理四海。」

310 文王將沒，召太子發曰：「嗚呼，我身老矣。吾語汝，我所保與守。守之哉，傳之子孫。」文王既沒，太子發代立，是爲王。武王望羊而將伐紂，呂尚曰：「臣

請前。臣得玉璜，刻曰：『姬受命，呂佐旌。』」

311 太子發以紂存三仁，雖即位，不稱王。

312 予稱太子發，明慎父（命），以名卒考。

313 至於孟津，不期而會者，八百諸侯，咸曰：「紂可伐矣。」尚父禁之，武王乃不從。及紂殺比干，囚箕子，微子去之，乃伐紂。

314 周大子發渡孟津，中流，受文命，待天謀，白魚躍入王舟，王俯取，魚長三尺，赤文有字，題目下名授右，曰：「姬發遵昌。」王蟠以告天，王維退寫成以世字，魚文消。

315 有火自天，止于王屋，流爲赤烏。火自上，復于王屋，流爲烏，其色赤，其聲魄，五至，以穀俱來。

316 魚者水精，隨流出入，得申朕意。

317 赤烏成文，雀書之福。

318 穀以記后稷之德。

　　a550 唯四月，太子發，上祭于畢，至于盟津之上，乃告司馬、司徒、司空、諸節、兌戈，予無知，以先祖先父之有德之臣，左右小子予受先公戰力賞罰，以定厥功，明于先祖之遺。

319 周德既隆，草木盛茂，蒿堪爲宮室，名之曰蒿宮。

320 文王立后稷配天，追王大王亶父，王季歷。

321 武王觀于河，沈璧，禮畢，且退，至于日昧，榮光竝塞，河沈璧，青雲浮洛，赤龍臨壇，銜玄甲之圖，吐之而去。

《尚書中候摘雒戒》

322 曰若稽古周公旦，欽惟皇天順踐阼。

323 周公踐阼理政，與天合志，萬序咸休，得氣充塞，藩侯陪位，羣公皆就，立如舜。周公差應。

324 周公差應，邪錯在後，聖人在神位，故近之。

325 周公攝政七年，制禮作樂，周公歸政於成王，鸞鳳見，蓂莢生。周成王舉堯舜禮，沈璧于河，禮畢，王退俟，至于日昧，榮光竝出幕河，白雲起而青雲浮至，乃有青龍臨壇，銜玄甲之圖，吐之而去。成王觀於洛，沈璧禮畢，王退，有玄龜青純蒼光，背甲刻書，止躋于壇，赤文成字，周公視，三公視。

326 其文言周世之事，五百之戒，與秦漢事。周公援筆，以時文寫之。

327 周公攝命七年，歸政成王，沈璧于河，榮光幕河，青雲浮至，青龍銜甲臨壇，吐圖而去。

328 周公沈璧，玄龜青純。

329 麒麟遊苑，鳳皇翔庭，成王於是援琴而歌曰：「鳳皇翔兮於紫庭，余何德兮以感靈。賴先王兮恩澤臻，于胥樂兮民以寧。」

330 昌受符，屬倡嬖，期十之世權在相，剗者配姬以放賢，山崩水潰納小人，家伯罔主異載震。

331 然。

《尚書中候霸免》

332 諸侯日霸。

《尚書中候準讖哲》

333 維歲二月，侯在東館，嘆曰：「於戲，仲父。寡人聞古霸王封大山，刻石紀號，立顯象。今寡人名爲何君？」管子曰：「衛困於狄，案兵須滅，乃存之仁，不純爲霸君。昔古聖王，功成道洽符出，乃封大山。今比目魚不至，鳳皇不臻，麒麟遁，未可以封。」

334 齊桓公欲封禪，謂管仲曰：「寡人日暮，仲父年艾，誰將逮政？」

335 無易樹子。

336 齊桓霸，過八流，以自廣。

> 補：煌煌之滅（原注「闕」）……失權流頓斬，恒星滅。（《開元占經》引《尚書中候准讖哲》）

《尚書中候覬期》

337 維天降紀，秦伯出狩，至于咸陽，天震大雷，有火流下，化爲白雀，銜籙丹書，集于公車。公俯取書，曰：「秦伯霸也。」訖胡亥，秦家世事。

338 空受之帝立。

339 自號之王霸，姓有工。

340 卯金刀帝出，復禹之常。

341 邑草生郊。

安居本《尚書中候雜篇》

a252 月行中道，移節應期，德厚受福，重華留之。

a438 用玉律，唯二至乃候，靈臺用竹律，十六候，四各如其曆，若非氣應，是動觸；及爲風所動者，其灰則聚而不散；若是氣應，則灰飛上薄。

a445 麒似大麋一角，麟似馬而無角，赤目。

a447 天能有變，厥災爲土，論山崩谷滿川枯。

a448 中能垂公輔謀。

a449 黃河千年一清，聖人千年出世。

a452 五帝座：帝鴻、金天、高陽、高辛、唐虞氏。

a487 《中候考河命》曰：「褒賜羣臣，賞爵有分，稷、契、皋陶、益土地。」

a571 夫子素案圖錄，知庶姓劉季當代周，見薪采者獲麟，知爲其出。何者，麟者，木精；薪采者，庶人燃火之意。此赤帝將代周。（安居本《尚書中候日角》）

a578 堯之長子監明早死，不得立，監明之子封于劉朱，又不肖，而弗獲嗣。